· 普通高等教育"十一五"国家级规划教材 ·

行政法原理与实务

主　编　方世荣

副主编　涂银华　石佑启

撰稿人　（以姓氏笔画为序）

方世荣　王　麟　石佑启

艾　军　孙才华　杨勇萍

周　伟　涂银华　戚建刚

中国政法大学出版社

作 者 简 介

方世荣　男,法学博士,湖北省行政学院副院长、中南财经政法大学教授、博士生导师。学术兼职主要有:中国法学会行政法学研究会副会长、湖北省法学会行政法学研究会会长、北京大学及国家行政学院教授、湖北省人民政府专家咨询委员会委员等。2000年、2002年分别赴美国加州大学洛杉矶分校、德国哥德大学做高级访问学者。主要研究领域为行政法学、行政诉讼法学。著有《论具体行政行为》、《行政法律关系研究》、《论行政相对人》、《行政诉讼法案例教程》、《行政法与行政诉讼法学》等专著、教材近40部,在《法学研究》、《中国法学》等学术刊物发表论文120余篇。

徐银华　男,法学博士,中南财经政法大学法学院副院长、副教授、硕士生导师。学术兼职主要有:湖北省行政法学研究会副会长。主要研究领域为行政法学、行政诉讼法学。著有《行政法与行政诉讼法学》、《公务员法新论》等专著、教材10余部,在《法商研究》等学术刊物发表论文30余篇。

石佑启　男,法学博士,中南财经政法大学教授、博士生导师、研究生部副主任、宪法与行政法系主任。学术兼职主要有:中国法学会行政法学研究会理事、湖北省行政法学研究会副会长兼秘书长等。2005年9月至2006年4月在英国威尔士大学做高级访问学者。主要研究领域为行政法与行政诉讼法、比较行政法。著有《论公共行政与行政法学范式转换》、《私有财产权的公法保护研究》、《税务行政赔偿》、《公务员法新论》、《国家赔偿法要论》、《行政法与行政诉讼法》等专著、教材近20部,在《中国法学》等学术刊物上发表论文80余篇。

王　麟　男,法学硕士,西北政法大学教授,硕士生导师,西北政法大学行政法学院副院长。学术兼职主要有:中国法学会行政法学研究会理事、陕西省人民检察院、陕西省西安市中级人民法院专家咨询委员会委员。主要研究领域为行政法学、行政诉讼法学。著有《行政法基础理论研究》、《行政法学》、《行政诉讼法学》等专著、教材8部,在《法律科学》等学术刊物上发表论文20余篇。

杨勇萍　女,法学硕士,中南财经政法大学副教授、硕士生导师。学术兼职主要有:湖北省行政法学研究会常务理事。主要研究领域为行政法学、行政诉讼法学。著有《公务员法要论》、《行政复议法学》、《行政法与行政诉讼法》等,在《法学评论》等刊物上发表学术论文20余篇。

戚建刚 男,法学博士,博士后研究人员,中南财经政法大学法学院副教授。学术兼职主要有:湖北省地方立法研究中心理事、湖北省行政法学研究会理事。主要研究领域为行政法学、行政诉讼法学。著有《权力制约机制及其法制化研究》、《法治国家架构下的行政紧急权力》、《行政法与行政诉讼法理论评述》、《行政法与行政诉讼法》等专著、教材6部,在《中国法学》等学术刊物上发表论文30余篇。

艾 军 男,法学博士生,湖北襄樊市中级人民法院副院长。学术兼职主要有:湖北省行政法学研究会理事。主要法律实务领域为行政审判、国家赔偿、司法改革等。著有《行政执法中的问题》等,在《湖北行政学院学报》等学术刊物上发表论文10余篇。

周 伟 男,法学博士生,河南省政法管理干部学院讲师。主要研究领域为行政法学、行政诉讼法学。在《河南省政法管理干部学院学报》等学术刊物上发表论文10余篇。

孙才华 男,法学硕士,湖北松竹梅律师事务所律师。主要法律实务领域为行政复议、行政诉讼、行政赔偿等。在《湖北社会科学》等学术刊物上发表论文多篇。

出 版 说 明

中国政法大学出版社是国家教育部主管的,我国高校中唯一的法律专业出版机构。多年来,中国政法大学出版社始终把法学教材建设放在首位,出版了研究生、本科、专科、高职高专、中专等不同层次、多种系列的法学教材,曾多次荣获新闻出版总署良好出版社、国家教育部先进高校出版社等荣誉称号。

自 2007 年起,我社有幸承担了教育部普通高等教育"十一五"国家级规划教材的出版任务,本套教材将在今后陆续与读者见面。

本套普通高等教育"十一五"国家级规划教材的出版,凝结了我社二十年法学教材出版经验和众多知名学者的理论成果。在江平、张晋藩、陈光中、应松年等法学界泰斗级教授的鼎力支持下,在许多中青年法学家的积极参与下,我们相信,本套教材一定会给读者带来惊喜。我们的出版思路是坚持教材内容必须与教学大纲紧密结合的原则。各学科以教育部规定的教学大纲为蓝本,紧贴课堂教学实际,力求达到以"基本概念、基本原理、基础知识"为主要内容,并体现最新的学术动向和研究成果。在形式的设置上,坚持形式服务于内容、教材服务于学生的理念。采取灵活多样的体例形式,根据不同学科的特点通过学习目的与要求、思考题、资料链接、案例精选等多种形式阐释教材内容,争取使教材功能在最大程度上得到优化,便于在校生掌握理论知识。概括而言,本套教材是中国政法大学出版社多年来对法学教材深入研究与探索的集中体现。

中国政法大学出版社始终秉承锐意进取、勇于实践的精神,积极探索打造精品教材之路,相信倾注全社之力的普通高等教育"十一五"国家级规划教材定能以独具特色的品质满足广大师生的教材需求,成为当代中国法学教材品质保证的指向标。

中国政法大学出版社

2007 年 7 月

说　明

　　为符合我国建设法治国家和推进依法行政的要求,适应高职高专类法学教育新形势发展的需要,我们编写了这本教育部普通高等教育"十一五"国家级教材《行政法原理与实务》。本书的编写是在反映第四次《宪法修正案》、新出台的《立法法》、《行政许可法》、《公务员法》、《各级人民代表大会常务委员会监督法》等重要法律,国务院《全面推进依法行政实施纲要》、《信访条例》等有关法规以及最新司法解释的规定,并总结我们从事法学高职高专教学经验和借鉴国内外最新研究成果的基础上进行的。我们希望本书能反映最新法律规定和法学研究成果,简明并准确地阐述本学科的基本原理和基础知识,坚持理论联系实际的原则,突出实用和法律实务操作,适合于高职高专类法学专业学生、行政法教研人员及实务工作者等学习、使用。由于水平有限,书中难免有疏漏与不足,恳请广大读者批评指正,以便于我们今后进一步修改完善。

　　本书由方世荣任主编,徐银华、石佑启任副主编,并由主编、副主编负责全书的统稿、定稿。

　　本书撰写的具体分工如下(以姓氏笔画为序):

方世荣:第十三、十四章;

王　麟:第八、十九章;

石佑启:第五、六、七、十一章;

艾　军:第二十一章;

孙才华:第十五章、附录;

杨勇萍:第十二、二十章;

周　伟:第十六、十八章;

徐银华:第一、二、三、四、十七章;

戚建刚:第九、十章。

　　本书引用、参考了国内外许多专家、学者有关行政法与行政诉讼法的著作、教材和文章,在此对他们以及相关出版单位表示衷心的感谢! 中国政法大学出版社对本书的出版给予了大力支持,这里也一并致以诚挚的谢意!

作　者

2007 年 1 月于晓南湖畔

|目 录|

第一章

行政法基础理论

学习目的与要求 通过本章学习,掌握行政法的概念、特征与调整对象,了解行政法的各种表现形式,能从行政法的特有调整对象和作用上,将行政法与民法等其他部门法区分开来;掌握行政法律关系的概念及其特征以及行政法律关系的诸构成要素,并正确运用行政法律关系的理论分析解决实际问题;掌握并能正确运用行政法的基本原则。

■ 第一节 行政法概述

一、行政

行政法是关于行政的法,理解行政法,首先必须了解行政。行政也称行政活动、行政管理,原意是指组织管理、对事务的执行。从一般的意义上讲,行政是指社会组织对一定范围内的事务进行组织与管理的活动。行政存在于所有社会组织之中,国家以及其他社会组织都有其行政活动。其中国家实施的行政活动也被称为"国家行政"或"公共行政",是指专门的国家机关基于公共利益对国家和社会事务的组织与管理。其他社会组织如各种企业、事业单位、社会团体等对自身事务所实施的组织和管理等活动则称为"私行政"。行政法所针对的行政是指国家行政即公共行政,公共行政与私行政比较,有以下几个特点:

1. 公共行政的主体只是政府即国家行政机关和法律、法规授予国家行政权的组织,而私行政的主体则可以是任何组织、单位和团体。

2. 公共行政的范围和对象是国家的公共事务,包括政治、经济、文化、教育、治安、交通等社会诸领域。在性质上属于国家管理,是行使国家权力的活动,具有国家的强制力。而私行政的范围和对象通常是某一组织内部的管理事务,这种行政也不具有国家强制力。

　　3.公共行政是为实现国家目的而进行的统一的国家管理活动。而私行政不具有此目的,其通常只是追求本团体或个人的利益。

　　4.国家行政是在国家职能分工的基础上,由专门的国家行政机关所实施的活动。现代国家的职能一般分为立法、行政和司法三种职能。其中,立法职能是由国家立法机关制定法律或作出重大决定;行政职能是由行政机关执行法律和决定,对社会实施组织和管理;司法职能则是由司法机关适用法律解决纠纷和争议。公共行政就是实现国家行政职能的活动,当然,随着社会发展的需要,行政活动已经向立法和司法领域扩展,出现了行政立法和行政司法活动,但在本质上,其基本任务仍为执行国家的法律。

二、行政法

(一)行政法的概念

　　关于行政法概念的界定,国内外行政法学者曾分别从行政法调整的对象、行政法的目的、行政法涉及的内容、行政法对行政权力的作用等不同角度加以表述。[1] 我国行政法学界较为普遍的方法是从行政法的调整对象来界定、分析行政法。通说认为,行政法是调整行政关系,规范行政组织及其职权、行政行为的条件与程序,以及对行政活动予以监督的各种法律规范之总和。对这一概念要从以下三个方面来掌握:

　　1.行政法是调整行政关系的法。行政关系是指行政权在配置、行使,以及接受监督过程中发生的各种社会关系。在行政活动的过程中必然会形成行政机关相互之间的关系,行政机关与公民、法人或其他组织之间的关系,行政机关与其他国家机关之间的关系等等,这些关系具体包括行政权力配置关系、行政管理关系和监督行政关系。行政法对上述由行政活动所形成的各种社会关系进行调整,是它与其他部门法相区别的一个重要方面。如民法便只是调整民事关系的法。行政法对上述行政关系加以规定,能明确行政关系各方之间的地位和权利义务,从而也就规范了行政活动以及涉及行政活动的相关事项。

　　2.行政法是规范行政组织及其职权、行政行为的条件与程序,以及对行政活动予以监督的法律规范。行政法主要由行政组织法、行政活动法和监督行政法三部分组成。

　　3.行政法是有关行政活动的各种法律规范的总和。在现实生活中,行政法并不是一部包罗万象的法典,它实际上是由各种各样规定行政活动的法律规范共同组成的,这些法律规范分别规定在宪法、法律、行政法规、地方性法规、行政规章、法律解释以及有关的国际条约、国际惯例等众多的法律文件之中。行政法就是这些法律规范的总和。

(二)行政法的特征

　　1.行政法没有统一、完整的法典。与民法、刑法等其他部门法不同,由于行政事务

---

[1]　应松年主编:《行政法学新论》,中国方正出版社 1998 年版,第 11 页。

的复杂、多样和广泛性,行政法尚难以制定出一部统一、完整、具有综合性的法典,它由具有不同效力层次的宪法、法律、行政法规、地方性法规和规章中的法律规范所共同组成。

2.行政法的内容广泛。行政活动涉及国家的国防、外交、经济、文化、教育、卫生、城乡建设等各方面的管理,因而决定了行政法的内容也必然极为广泛。

3.行政法通常将实体规范与程序规范合为一体。由于行政法的内容复杂、广泛,为了适用上的方便,行政法通常将实体规范与程序规范合为一体,规定在同一个法律文件之中。如《中华人民共和国行政处罚法》,就既规定了行政处罚权的设定、行政处罚的适用原则和条件等实体内容,又规定了行政处罚的简易程序、一般程序和听证程序等程序内容。

4.行政法的内容变动性较大。这一特征是由行政活动所具有的易变性所决定的。行政所面临的情况错综复杂,行政法必须适应不断变化的情况并及时作出调整。

(三)行政法的内容

行政法的内容广泛,大体可以分成行政组织法、行政活动法和监督行政法三个主要部分。行政组织法主要规定行政机关的组织形式、结构,行政机关的设置及权限分配,行政职权的设定和范围以及行政机关公务人员的管理制度等。行政活动法也称"行政行为法",主要规定行政机关实施行政活动的范围、方式,行使行政权力的条件和程序,公民、法人和其他组织一方参与行政活动的方式、方法等。监督行政法主要规定对行政机关行政活动的监督及对违法的行政活动造成后果的补救,如权力机关等国家监督机关对行政机关的监督方式、行政复议制度、行政诉讼制度以及行政赔偿制度等等。

对上述三类行政法规范,按照其性质,又可以分为实体行政法与程序行政法两大内容。实体行政法规定行政机关、公民一方以及国家监督机关在行政活动中各自具有本质属性的权利义务。如税务机关与纳税人之间的征税权力和纳税义务。程序行政法则主要规定行政机关、公民一方以及国家监督机关在行政活动中各自为保障实体性权利义务得以形成和正常运行的手段性或过程性权利义务,如行政机关行使权力的方式、步骤、顺序、时限以及监督行政的程序等。

三、行政法的调整对象

行政法的调整对象是指行政法所要规范的特定的社会关系,这些社会关系是因行政活动而形成的。具体地说,它们主要包括三类:

1.行政权的配置关系。它是行政权在配置过程中形成的行政机关与权力机关之间的关系,以及行政权在行政系统内部进行分配时形成的行政机关相互之间的关系。行政法要规定在行政权的配置中权力机关与行政机关、行政机关相互之间各自的权限和职责。

2.行政管理关系。行政管理关系是行政机关在运用行政权对行政相对人服务、管理过程中所形成的行政机关与行政机关之间的关系、行政机关与公务员之间的关系、行政机关与公民、法人及其他组织之间的关系。其中,行政权在行使过程中所形成的行政机关与公民、法人及其他组织之间的关系是最主要、最常见的行政关系,也是行政法调整的最主要的行政关系。这类关系包括行政机关与公民、法人及其他组织之间的管理与被管理的关系、服务与被服务关系、指导与被指导关系、双方的合作关系等。行政法要对上述关系各方之间的权利义务作出明确规定。

3.对行政权的监督关系。对行政权的监督关系也称"监督行政关系",它是在对行政权实施监督的过程中形成的社会关系。为了确保行政权的合法、正当行使,法定的监督主体要对行政活动实施监督,因而,会形成监督行政过程中的各种社会关系。其主要包括权力机关与行政机关及其公务员之间发生的监督与被监督关系;司法机关与行政机关及其公务员之间发生的监督与被监督关系;社会公众、新闻媒体与行政机关之间发生的监督与被监督关系;在行政系统内部上级行政机关对下级行政机关进行层级监督、专司监督职能的监察与审计机关对行政机关及其公务人员进行监督时所发生的监督与被监督关系。行政法要明确规定监督者与被监督者各自的权利义务。

四、行政法的渊源

行政法的渊源是指行政法的具体表现形式。主要包括:

1.宪法。宪法规定国家的基本制度和公民的基本权利与义务,是国家的根本法,具有最高的法律效力,是所有部门法的渊源。宪法中的行政法规范主要包括:有关行政活动的基本原则的规范;有关行政机关设置及职权的规范;有关国家行政管理事务范围及基本管理制度的规范;有关行政区域划分和设立特别行政区的规范;有关公民一方基本权利和义务的规范以及对行政机关行政活动实施监督的规范等等。

2.法律。法律是全国人民代表大会及其常务委员会制定的规范性文件。其中,全国人民代表大会制定的法律为基本法律,全国人民代表大会常务委员会制定的法律为一般法律。法律作为行政法的渊源,是指法律中有关行政活动的法律规范。如规定行政权的设定、行政权的运作以及对行政的监督和救济等的规范,它们都是行政法的基本组成部分。法律不得与宪法相抵触,否则无效。

3.行政法规。行政法规指国务院根据宪法、法律和国家权力机关的特别授权,按照法定程序制定和发布的具有普遍约束力的法律文件。行政法规的具体名称有"条例"、"规定"和"办法"三种。行政法规在全国范围内有效,其内容都与行政活动有关,它们是行政法的重要渊源。但行政法规的效力低于宪法和法律,不得与宪法、法律相抵触,否则无效。

4.地方性法规。地方性法规是指省、自治区、直辖市以及省、自治区人民政府所在地的市、经济特区市和国务院批准的较大的市的人民代表大会及其常务委员会在不同宪法、法律、行政法规相抵触的情况下制定的规范性文件。根据《宪法》和《立法法》的规定,省、自治区、直辖市的人民代表大会及其常务委员会,在不与宪法、法律和行政法规相抵触的前提下,可以制定地方性法规,报全国人民代表大会常务委员会和国务院备案。根据《地方各级人民代表大会和地方人民政府组织法》(以下简称《地方组织法》)的规定,省、自治区人民政府所在地的市、经济特区市和经国务院批准的较大的市的人民代表大会及其常务委员会,在不与宪法、法律、行政法规和本省、自治区地方性法规相抵触的前提下,可以制定地方性法规,报省、自治区人大常委会批准后施行,并由省、自治区的人大常委会报全国人大常委会和国务院备案。省、自治区的人民代表大会常务委员会对报请批准的地方性法规,应当对其合法性进行审查,同宪法、法律、行政法规和本省、自治区的地方性法规不抵触的,应当在 4 个月内予以批准。此外,经全国人大常委会特别授权的经济特区市的人民代表大会及常务委员会也有权制定地方性法规,在经济特区范围内实施。地方性法规调整的社会关系十分广泛,其中与行政活动相关的规范,都为行政法的渊源。但地方性法规的法律效力低于宪法、法律、行政法规,并且只能在本行政区域内有效。

5. 自治条例和单行条例。自治条例和单行条例是指民族自治地方的人民代表大会依照法定权限,结合当地民族的政治、经济和文化的特点所制定的规范性文件。自治区的自治条例和单行条例,报全国人民代表大会常务委员会批准后生效。自治州、自治县的自治条例和单行条例,报省或者自治区、直辖市的人民代表大会常务委员会批准后生效,并由省、自治区、直辖市的人大常委会报全国人民代表大会常务委员会和国务院备案。自治条例和单行条例可以依照当地民族的特点,对法律和行政法规的规定作出变通规定,但不得违背法律或者行政法规的基本原则,不得对宪法和民族区域自治法的规定以及其他有关法律、行政法规专门就民族自治地方所作的规定作出变通规定。自治条例和单行条例中涉及行政管理方面的内容都属于行政法的渊源。但自治条例和单行条例只在本行政区域内有效。

6. 规章。规章分为部委规章和地方政府规章。规章都是由特定国家行政机关就各自领域的行政管理事项制定的、具有普遍约束力的规范性文件,因而属于行政法的渊源。其中部委规章指国务院各部、各委员会根据法律、行政法规及国务院的决定、命令,在本部门的权限内制定的规范性文件。按照宪法和组织法的规定,国务院各部、各委员会都有权制定规章。根据现实需要,国务院的直属机构及其他工作部门在法律授权或国务院授权后也能行使规章制定权。部委规章的法律效力低于宪法、法律和行政法规,在全国范围内有效。地方政府规章是指省、自治区、直辖市人民政府,省、自治区人民政府所在地的市政府,经国务院批准的较大市的政府以及国家权力机关特别授权的市政府根据法律、行政法规、地方性法规所制定的规范性文件。地方政府规章的效力低于宪法、法律、行政法规以及本地区的地方性法规,并只在本行政辖区内有效。

7. 国际条约与协定。我国参加和批准的国际条约或与其他国家签订的协定中涉及国内行政管理的,是我国行政法的渊源。但声明保留的条款除外。

8. 法律解释。法律解释是指在法律适用过程中,有权的国家机关对法律的有关概念、界限以及如何适用所作的阐释、说明或补充。按照 1981 年 6 月 10 日第五届全国人民代表大会常务委员会第十九次会议通过的《关于加强法律解释工作的决议》的规定,法律解释包括立法解释、司法解释、行政解释和地方解释。立法解释权属于全国人民代表大会常务委员会。根据《立法法》的规定,法律有下列情况之一的,由全国人民代表大会常务委员会解释:①法律的规定需要进一步明确具体含义的;②法律制定后出现新的情况,需要明确适用法律依据的。司法解释权属于最高人民法院和最高人民检察院。凡属于审判工作或检察工作中如何具体应用法律的问题,分别由最高人民法院和最高人民检察院进行解释,两院解释如有原则分歧,报请全国人大常委会解释或决定。行政解释权属于国务院及其主管部门。不属于审判和检察工作中的其他法律如何具体应用的问题,由国务院及其主管部门进行解释。地方解释权属于省、自治区、直辖市的人大常委会和省、自治区、直辖市人民政府主管部门。凡属于地方性法规条文本身需要进一步明确界限或作出补充规定的,由制定地方性法规的省、自治区、直辖市的人大常委会进行解释或作出规定;凡属于地方性法规如何具体应用的问题,由省、自治区、直辖市人民政府主管部门进行解释。

对行政法规和规章如何进行法律解释的问题,我国目前对此缺乏明文规定。一般认为,凡属于行政法规条文本身需要进一步明确界限或作出补充规定的,由制定行政法规的国务院进行解释或作出规定;凡属于行政法规如何具体应用的问题,可由国务院或其主管部门进行解释;凡属于行政规章条文本身需要进一步明确界限或作出补充规定的,由制定行政规章的行政机关进行解释或作出规定;凡属于行政规章如何具体应用的问题,如果是部门规章,可由制定规章的国务院的工作部门进行解释,如果是地方政府规章,可由制定规章的省级人民政府及其主管部门,以及制定规章的较大的市的人民政府及其主管部门进行解释。

凡对行政法规范的法律解释都属于行政法的组成部分。法律解释的效力与所解释的法律文件相同。

五、行政法的作用

行政法与其他部门法相比,对加强国家的法治建设、促进经济发展以及建构和谐社会都具有重要作用,这主要包括:

1.行政法是实现依法治国的一个重要的法律部门。实现依法治国的重点是要求行政机关依法行政,行政法通过规定行政机关的组织、职权,行使职权的条件、方式和程序,对行政机关公务人员各项管理制度,公民一方参与行政活动的方法,监督主体对行政活动的监督以及对违法的行政活动造成后果的补救等,促使行政主体依法行政,从而实现依法治国的目标。

2.规范和控制行政权,保障公民的合法权益不受侵犯。规范和控制行政权,防止行政权被滥用,也是行政法的重要功能。通过这种规范与控制,可以防止违法行使的行政权对公民一方造成侵害,从而有效地保障公民的合法权益的享有和实现。

3.促进我国市场经济的建立与完善。市场经济要求经济自治,要求建立平等、自由、开放的竞争秩序,市场经济的建立和完善,固然离不开民商法的调整,但同样需要行政法的保障。行政法的作用,一方面是确认各市场主体的各种经济权利和义务,建立公正的竞争规则,以良好的经济秩序来促进市场经济的发展,另一方面则可以通过严格设定行政权和规范行政权的运作,排除行政权对市场的违法干预,以保障市场的正常运转。

4.预防和化解社会矛盾,促进社会和谐。和谐社会要求人与人、人与自然之间关系和谐,其中,人与人之间的和谐包括政府与公民社会的和谐以及公民社会之间的和谐,行政法的基本功能就在于建构和保障政府与公民社会的和谐关系以及公民社会自身的和谐关系。行政法一方面可以通过制度设计来保障政府服务于民,规范行政行为的依法实施,从而减少和防范政府与公民一方的冲突和纠纷产生;另一方面还可以通过行政复议、行政诉讼、行政信访等救济制度解决政府与公民之间已发生的行政争议,化解矛盾,从而促进政府与公民等一方之间关系的和谐。此外,行政法还通过行政调解、行政裁决等制度的构建,及时、妥善解决公民社会之间的纠纷,化解社会矛盾,促进公民社会之间关系的和谐。

第二节　行政法律关系

一、行政法律关系的概念与特征

(一)行政法律关系的概念

行政法律关系是指行政法对在实现国家行政职能过程中产生的各种社会关系加以调整后,所形成的行政主体之间以及行政主体与其他各方之间的权利义务关系。对这一概念需要作以下进一步说明:

1.行政法律关系是行政法规范对一定社会关系调整后所形成的特定法律关系的总称。这些社会关系是行政主体在实现国家行政职能的范围内发生的各种社会关系,其他范围的社会关系不在此列,也不由行政法规范调整。

2.行政主体在实现国家行政职能范围内发生的各种社会关系,并不等于行政法律关系。这表现为:①行政主体在实现国家行政职能范围内发生的各种社会关系在范围上要大于行政法律关系,立法者往往要从需要与可能出发,通过制定行政法将上述关系中的一部分加以调整而形成行政法律关系,未被行政法调整的那一部分尚不属于行政法律关系,行政法律关系只是行政法对社会关系调整后所形成的结果。②行政权力配置关系、行政管理关系与监督行政关系在未被行政法调整之前,不具有法定的权利义务内容,它不受法律约束,因而往往是任意、无序、不具有稳定性的事实关系,或者是由政治、道德、宗教等其他力量来约束使之有序,而一旦被行政法调整成为行政法律关系之后,便是具有法定权利义务内容的关系,并由国家强制力来保障实现。

3.行政法律关系的双方可以都是行政主体,也可以是以行政主体为一方而以其他各种当事人为另一方,双方形成由行政法所确定的权利义务关系。

(二)行政法律关系的特征

1. 在行政法律关系双方主体中,行政主体一方具有恒定性。这是行政法律关系主体方面的特征。无论是何种类型的行政法律关系,在其双方主体中必有一方是行政主体。这是因为,行政法律关系本是行政主体在实现行政职能时发生的一定社会关系的法律化,没有行政主体参与就不可能发生这类社会关系。但是,行政主体一方具有恒定性并不意味着其在行政法律关系中具有恒定的管理主体的法律身份。行政主体的恒定性只表明他们是任何行政法律关系中都不可缺少的一方,至于他们在不同行政法律关系中的法律身份却可以是多样化的:如行政立法主体、管理主体、服务主体、行政司法的裁判主体、受监督的主体、赔偿主体,等等。

2. 行政法律关系主体双方互有权利义务,但具有不对等性。这是行政法律关系在内容方面的特征,也是行政法律关系与民事法律关系相比而具有的一个显著特征。行政法律关系主体双方互有权利义务,是指主体双方相互行使权利并履行义务,不存在一方只行使权利而另一方只履行义务的情况。但这种权利义务的对应并不是权利义务的对等。互有权利义务要求主体相互之间既行使权利,又要履行义务,反之亦然。权利义务的对等则进一步要求主体双方相互的权利义务是等值的或基本等值的。行政法律关系的不对等性,是指主体双方虽对应地相互既享有权利又履行义务,但各自权利义务的质量却不对等。从质的方面讲,双方各自权利义务的性质完全不同;从量的方面讲,双方各自权利义务的价值量也不能相等。由于权利义务的性质不同也无法等量衡量,双方不能形成等价交换。在行政法律关系中,各方主体的权利义务在性质上完全不同。如当行政主体与作为行政相对人的公民之间形成行政法律关系时,行政主体行使的是国家行政职权,履行的是行政职责,而它的行政相对人行使和履行的却是普通公民、法人或其他组织的权利和义务,两类权利和义务具有根本不同的性质,也没有相等的价值量,而且一方所固有的权利义务是另一方不能具有的,因而双方的权利义务不具有对等性。

3. 行政法律关系中的国家权力一般不具有可处分性。在行政法律关系中,主体中相当一部分都是国家机关,其拥有并行使的都是国家权力。这些权力都属于国家,是作为国家的主人——全体人民赋予的,它不同于个人的私权利,一般不能由掌握有这种权力的某个国家机关自身随意处分(除自由裁量权中允许行政主体自由决定的内容外),如不能放弃、转让等,在应当运用时必须运用,在不应当运用时则不得运用。这是由其权力的性质使然。由这一特征,决定了这种权力对拥有它的国家机关来说,又是一种责任或义务。

4. 行政法律关系设定的灵活性与及时性。行政法律关系内容丰富,种类繁多,难以由一部统一的法典加以全面设定。同时,行政法所调整的行政关系由于行政事务的复杂多变而具有较大的变化,这就带来了行政法律关系设定的灵活性与及时性特征。这一特征主要表现为:①行政法律关系在不易由立法机关以统一法典全面设定的情况下,通常要以更多的方式来灵活设定。如它既可由立法机关制定的行政法律加以设定,也可由立法机关授权行政机关通过制定行政法规、规章的行政立法方式来灵活设定。②行政法律关系设定的周期较短,一旦新的社会关系出现而又有必要由行政法加以调整时,行政立法就要尽快作出反应,及时予以确认或肯定。③在许多情况下,已设定的行政法律关系存续期不长,一旦社会生活有了变化而已设定的行政法律关系与之不相适应,就需要废止或修改,已设定的行政法律关系需要及时变动。

二、行政法律关系的分类

1. 行政权配置关系、行政管理关系和监督行政关系。以行政法调整对象的基本类型为标准,可以将行政法律关系分为行政权配置过程中的法律关系、行政活动过程中的法律关系与监督行政过程中的法律关系。行政权配置过程中的法律关系是行政主体相互之间在行政职权配置过程中的权利义务关系,行政活动过程中的法律关系是行政主体相互之间以及行政主体与公民、法人和其他组织之间在行政活动过程中的权利义务关系,监督行政法律关系是各种监督主体在对行政主体实施监督活动过程中的权利义务关系。这种划分是对行政法意义上的法律关系所作的最基本的种类划分。

2. 实体法律关系与程序法律关系。以行政法律关系的属性为标准[1],可以将其分为实体法律关系与程序法律关系。实体法律关系是决定人们之间具有本质属性的事实、状态和结果的权利义务关系。这种权利义务决定着主体的存在,是目的性或结果性的权利义务关系。如税务机关与纳税人之间的征税权利和纳税义务关系就是具有本质属性的实体法律关系。程序法律关系是保障实体性权利义务关系得以形成和正常运行的权利义务关系,是手段性或过程性权利义务关系。如国家税务机关为了保障征税权的正常行使而具有调查权、执行权,纳税人对之履行接受调查、提供证据的义务,以及纳税人为保证自己履行的是合法纳税义务而具有的了解权,税务机关对之具有说明理由的义务,这些就是保障实体性权利义务关系得以正常运行的手段性程序法律关系。

3. 内部行政法律关系和外部行政法律关系。以法律关系主体的隶属关系为标准,可将其分为内部行政法律关系和外部行政法律关系。内部行政法律关系是行政主体之间或者行政主体与所属的公务人员之间因内部行政管理活动而形成的权利义务关系。外部行政法律关系是行政主体与行政相对人之间因外部行政活动而形成的权利义务关系。外部行政法律关系的主体之间没有上下级隶属关系和身份,因而没有内部管理权利义务的一些特点或形式。内外行政法律关系有不同的特点,各自的权利义务有不同的要求,在发生纠纷时,则有不同的处理方法。

4. 行政主体相互之间的关系、行政主体与其公务人员的关系、行政主体与行政相

---

[1] 也有学者从另外的角度,认为这是以行政法律关系的"效用"为标准,或是以调整行政法律关系的"法律规范"为标准。参见姜明安:《行政法与行政诉讼法》,中国卓越出版公司1990年版,第48页。

对人的关系、行政主体与监督主体的关系。以行政法律关系主体的对应结构为标准，可以分为行政主体相互之间的关系、行政主体与其公务人员的关系、行政主体与行政相对人的关系、行政主体与监督主体的关系，等等。

行政主体包括国家行政机关、法律、法规授权的组织。因此，行政主体之间的关系还可分为：①国家行政机关之间的关系。国家行政机关之间的关系主要分为：纵向隶属上、下级机关之间的关系、横向同级机关之间的关系以及斜向不同级机关之间的关系。②行政机关与法律、法规授权的组织之间的关系。行政机关与法律、法规授权的组织之间的关系主要为业务领导关系、公务协助关系以及互相监督关系。法律、法规授权的组织相互之间也有配合协助关系和互相监督关系。

此外，行政机关与受委托的组织之间也形成行政法律关系。行政机关与被委托的组织的委托关系一旦形成，被委托的组织就成为了行政主体中的一个特定构成部分，继而双方又形成了工作上的领导关系和管理关系。

行政主体与公务人员的关系是各行政主体与隶属行政主体的公务人员个人之间的关系。此时的公务人员个人是一种很特殊的行政法律关系主体，在与行政主体的关系上，他们既不等于行政主体本身，又不是一般的普通公民。行政主体与公务人员的关系主要包括：行政主体对其公务人员的考试录用、调用、任免、奖惩、培训等人事管理关系，以及公务人员以行政主体名义行使行政职权、履行行政职责的工作代表关系。

行政主体与行政相对人之间的关系是行政主体与相对一方的公民、法人和其他组织的关系，这是最常见的行政法律关系。这种关系内容极为丰富，包括管理关系、服务关系、合同关系、指导关系、补救关系，等等。

监督主体与行政主体之间的关系是因对行政主体的行政活动实施监督而形成的关系。监督主体包括权力机关、审判机关、专门的行政监督机关、舆论机构以及公民、法人和其他组织。他们分别与行政主体形成监督与被监督的关系。

5.原初性法律关系、保障性法律关系和补救性法律关系。以法律关系的形成过程和作用为标准，可以将其分为原初性法律关系、保障性法律关系和补救性法律关系。

原初性法律关系即行政法规范规定行政主体和行政相对人各自相互应当做什么或不做什么，可以做什么或不做什么，禁止做什么或不做什么的内容，其目的是建立原初的行政管理秩序或行政服务秩序。如法律规定行政主体有权指挥车辆的行驶，车辆驾驶人员有义务按行政主体的指挥行驶车辆。当原初性法律关系中的权利义务正常实现时，保障性法律关系就没必要形成。但当原初性法律关系中的权利义务不能正常实现时，就会形成保障性法律关系。保障性法律关系，其目的是保障原初性法律关系正常运行，也可称之为对原初性法律关系的保障法律关系，即当原初性法律关系不能正常运行时，将以保障性法律关系来促使其正常运行。

保障性法律关系分为针对行政相对人而形成的关系和针对行政主体而形成的关系。由于行政相对人的原因使原初性法律关系不能正常运行而导致形成的保障性法律关系，是针对行政相对人而形成的关系，如当行政相对人未依法履行应有的义务时，行政主体将对其实施行政强制或行政处罚,以促使行政相对人履行原初性法律关系中的义务。这种行政处罚或行政强制法律关系就是针对行政相对人的保障性法律关系;由于行政主体的原因使原初性法律关系不能正常运行而导致形成的保障性法律关系,是针对行政主体而形成的关系,如当行政主体未依法履行应有的义务时,或者行政主体违法行使其行政权力时,行政相对人将对其控告、起诉并导致有法定监督权力的国家机关对其采取监督措施,以促使行政主体履行原初性法律关系中的义务或按原初性法律关系的要求行使权力。这种监督性法律关系就是针对行政主体的保障性法律关系。

补救性法律关系则是专门针对行政相对人予以补救而形成的法律关系。其目的是纠正在对行政相对人形成的保障性法律关系中所产生的差错。如当行政处罚这种保障性法律关系有错误时,还要通过补救性法律关系来纠正或作出弥补。

三、行政法律关系的要素

行政法律关系由主体、内容和客体三要素构成。

(一)行政法律关系主体

行政法律关系主体亦称行政法主体,或行政法律关系当事人,它是指行政法律关系中享有权利和承担义务的组织或个人。这里要将行政法律关系主体与行政主体区分开来。行政主体是指依法享有国家行政权、能以自己名义行使行政权并能独立承担因此而产生的相应法律责任的组织,它是任何种类的行政法律关系中不可或缺的一方。而行政法律关系主体则是指参加行政法律关系的各方当事人,包括行政主体、行政公务人员、行政相对人以及对行政的监督主体。行政主体只是行政法律关系主体的一种。

(二)行政法律关系的内容

行政法律关系的内容是指行政法律关系主体相互之间的权利义务。行政法律关系的主体较为广泛,行政主体与不同的另一方主体相对应形成多种行政法律关系,而不同类型的行政法律关系其权利义务也各有区别。

1.行政主体相互之间以及行政主体与其公务人员之间的权利义务。①行政主体之间的权利义务。其主要包括:上级机关对下级机关具有的行政职权、职责的划分、配置权;指挥权、命令权和决定权;监督检查权;纠纷裁决权等。下级机关具有接受和服从的义务;下级机关对上级机关具有请求权、建议权、申诉权和监督权等,而上级机关则相应地具有听取建议或申诉的义务、接受监督的义务、纠正错误决定的义务,等等。横向同级机关之间以及斜向不同级机关之间则具有要求配合协助与给予配合协助的权利义务;委托与接受委托的权利义务;建议与听取建议的权利义务以及监督与接受监督的权利义务。②行政主体与公务人员之间的权利义务。公务人员是被行政主体任用和管理的内部工作人员,在与行政主体的法律关系上,他们有代表行政主体执行公务的权利、公务人员身份受保障的权利、享有一定工作待遇、工资福利待遇的权利、参加培训、学习的权利、对行政工作提出批评建议、申诉控告的权利,等等。与上述权利相对应,行政主体对公务人员则有保障他们实现上述权利的义务。同时,公务人员对行政主体又有服从命令和指挥的义务、忠于职务的义务、保守国家秘密和工作秘密的义务等等。相应地,行政主体对公务人员则有工作上的指挥命令权、监督权、人事管理权等等。

2. 行政主体与行政相对人之间的权利义务。行政主体与行政相对人之间的权利义务可从以下两个角度来看:

(1)行政主体对行政相对人的权力及行政相对人对行政主体的义务。在行政活动过程中,行政主体对行政相对人的权力包括实体上的和程序上的两类。实体上的权力主要有:制定行政相对人行为规则的权力,对行政相对人的行政命令权、行政决定权、行政裁决权、行政确认权、行政强制权、行政处罚权、行政许可权、行政指导权以及检查监督权等等。程序上的权力有对行政相对人的调查取证权、强制执行权等等。行政相对人对行政主体的上述权力所具有的主要义务有:不得妨碍、阻挠各种行政权力合法、正确行使的义务,配合协助行政主体合法行使行政权力的义务,服从行政主体权力行使结果的义务等等。

上述行政主体具有权力与行政相对人具有义务的关系,从基本特征看是一种不对等的、以行政主体为主导地位的权力与义务结构。但这并不意味着行政主体对行政相对人一方具有绝对的、无条件的支配权。事实上,除应急状态外,这种权力义务结构是不能够单独成立的,即在正常情况下,行政主体与行政相对人并不是绝对的命令、决定权力与服从义务的结构。民主制度的发展、完善与行政公开、公平、公正以及行政科学化的要求,使这种权力与义务的结构必须与另一种相反的权利与义务结构来配套运行,以后者来削弱、减少前者易于出现的专横性。这又涉及行政相对人对行政主体的权利和行政主体对行政相对人的义务问题。

(2)行政相对人对行政主体的权利和行政主体对行政相对人的义务。在行政活动过程中,行政相对人对行政主体的权利也包括实体上的和程序上的两类。行政相对人实体上的权利主要有:以各种形式和渠道参与行政管理的权利、合法权益受保障的权利、受益的权利、受到公平对待的权利、要求并获得行政赔偿的权利等等。行政相对人程序上的权利主要有:对行政活动的了解权、对行政主体作出不利于自己的处理决定的申辩权、对行政主体提出申诉、复议、诉讼的权利等等。行政主体对行政相对人上述权利所具有的主要义务是:保障行政相对人各种合法权益得以实现的义务、保护行政相对人合法权益不受他人侵害的义务、服务并增进行政相对人利益的义务、对行政相对人作出的补偿和赔偿义务以及在行政程序上对行政相对人说明理由的义务、听取申辩意见的义务等等。

3. 监督主体与行政主体的权利义务。监督主体是在监督行政法律关系中依法对行政主体享有国家监督权力或其他监督权利的各种主体,包括国家权力机关、国家司法机关、国家行政机关自身、行政相对人、其他各社会组织、团体及个人。上述所有监督主体对行政主体的监督可分为权力性监督和权利性监督。权力性监督是运用国家权力对行政主体实施的监督,这种监督运用的是具有强制力的国家权力,因而是能直接产生法律效力、具有实质意义的监督。权利性监督是依照法律赋予的权利对行政主体实施的监督,这种监督只是具有请求性、主张性,因而,一般具有程序意义而不具有实质意义,即不能就实质问题直接产生法律效力。由此,行政主体与不同监督主体之间的权利义务不能完全相同。

(1)权力性监督主体与行政主体之间的权力义务。权力性监督主体包括国家权力机关、国家司法机关和国家行政机关自身。权力机关对行政主体的监督权力主要包括:对行政主体行政权力的撤销权或改变权、对行政权力违法运用结果的撤销权或变更权、对行政领导人员的罢免权、对行政主体行政活动的检查权、调查权、质询权等。国家行政机关对自身的监督权力包括:对行政权力的撤销权或改变权、对行政权力违法运用结果的撤销权或变更权、对在行政活动中违法、违纪的公务人员的行政处分权以及辞退权、专门的行政监察、审计权等等。国家司法机关对行政主体的监督权力主要有:对行政主体具体行政行为的审查、裁判权、对作出具体行政行为依据的行政规章和规范性文件的判断权及其适用的否定权、对行政主体申请法院强制执行的决定的审查、否定权、对行政主体的司法建议权、对行政主体所作的行政裁决的否决权等等。行政主体对上述国家机关的各种权力性监督具有不得干扰和妨碍的义务、配合并接受监督活动的义务、服从并执行监督权行使结果的义务。

(2)权利性监督主体与行政主体的监督权利义务。权利性监督主体对行政主体的监督包括行政相对人、其他社会组织、团体和个人、新闻舆论机构等对行政主体的监督。在权利性监督中,监督主体有对行政主体行政活动提出批评、建议的权利,申诉、控告、揭发的权利,来信来访的权利,提出行政复议、行政诉讼的权利,要求行政赔偿的权利等。对于这些监督权利,行政主体有受理要求、听取情况的义务,及时给予答复的义务,复查自己行政工作的义务以及依法定程序参加复议和行政诉讼应诉的义务。但并没有必须按照这类监督主体的要求改变原行政处理决定的义务。从这个意义上讲,权利性监督主体的权利主要是一种程序上的权利。

(三)行政法律关系的客体

行政法律关系客体是指行政法律关系主体的权利、义务所共同指向的对象或标的。对于行政法律关系的客体,行政法学界有不同的观点。有的认为应当包括物、行为和智力财富,有的则认为行为不是客体,而应将行为的结果作为其客体。我们认为,行政法律关系的客体包括物、人身、行为、智力财富和行政权力。

1.物。物是现实存在的、能够为人们控制和支配的物质财富。包括实物和货币。大多数行政法律关系都和物有着密切联系,有的直接以物为客体,如行政机关对公共设施及道路、河川的管理;有的虽以行为为客体,但仍与物紧密相关,如海关对进、出境人员进行的监管,主要通过对其所携的货物、物品等的检查与放行来实现。因此,物在行政法律关系中占有重要地位。

作为行政法律关系客体的物主要包括:①行政奖励物。如奖金。②被行政确认或裁决物。如有争议的土地、草原、森林、水面、滩涂、矿产等资源。③行政罚没物。如罚款和被没收的财物。④被保护物。如受行政主体保护的公民合法财产或公共财物、公共设施等。⑤征收征用物。如行政征收、征用的税金、规费及其他财产等。⑥救济物。如行政主体对受救济人给予的一定数量金钱或生活、生产物资。⑦公益物。如行政主体为社会及相对人提供的公园、道路、桥梁等。⑧行政活动保障物。如行政主体进行行政管理所具有的一定的物质保障。

2. 智力成果。智力成果是人们从事智力活动所取得的非物质财富。包括著作、科学发明、技术成果等等。随着科学技术的发展和行政管理领域的拓展,智力成果作为行政法律关系客体已越来越常见。如在行政许可法律关系、行政确认法律关系中,行政主体行使许可权、确认权及保护义务所指向的对象都是智力成果。此外,信息等无形物也可成为行政法律关系的客体。

3. 人身。人身是法律关系的主体在人格关系、身份关系上所体现的、与其自身不可分离并受法律保护的利益。[1] 传统观点认为,社会主义国家坚决反对并严禁把人身作为法律关系的客体。目前许多学者对此有不同意见。我们认为,在社会主义社会,人身不能成为买卖或赠与法律关系及所有权的客体,这是没有疑义的。但这并不意味着人身不可能成为所有法律关系的客体。在行政法律关系中,人身可以成为其客体。如在行政处罚法律关系中,人身就成为行政主体行使行政拘留权的客体。此外,在行政救助法律关系、行政奖励法律关系、行政确认法律关系、行政强制法律关系中,人身都可成为行政法律关系的客体。

4. 行为。行为本身能否成为法律关系的客体在法学界争议较大。有学者认为,行为本身不能作为法律关系的客体。"行为本身并不是利益,而只是精神利益的表现形式或实现物质利益、精神利益的活动和过程。因此,行为本身并不是法律关系的客体,当然也不是行政法律关系的客体。"[2] 持这种观点的学者认为,只有行为的结果才是法律关系的客体。也有学者认为行为可以是行政法律关系的客体。"行为,是指行政法律关系主体的行为,包括作为和不作为……它也是行政法律关系常见的客体。"[3] 我们同意后一种观点。其原因是在有些法律关系中,行为结果并不重要,行为本身的存在却是必要的。如在行为罚的行政处罚法律关系中,行政相对人被行政主体要求而作出或不作出的一定行为本身即是该法律关系的客体。

行为成为行政法律关系客体的情况主要有:作为行政管理法律关系客体的行为,这主要是行政相对人的行为;作为行政服务法律关系客体的行为,这主要是行政主体的服务行为;作为监督法律关系客体的行为,这主要是指行政主体接受监督时应作出

---

〔1〕 杨立新:《人身权法论》,中国检察出版社 1996 年版,第 17 页。
〔2〕 李龙主编:《法理学》,武汉大学出版社 1995 年版,第 178 页。
〔3〕 王连昌主编:《行政法学》,中国政法大学出版社 1994 年版,第 31 页。

的行为等等。

5.行政权力。行政权力是指行政主体依宪法和法律而享有的执行法律、管理行政事务从而实现行政职能的权力。行政法学界传统观点认为行政法律关系的客体只包括物、智力成果、人身和行为,未论及行政权力作为客体的情况。我们认为行政法律关系的客体还应包括行政权力。客体是权利和义务所指向的对象,在行政权力配置形成的行政法律关系中,行政权力本身就成了国家权力机关等权力配置主体和获得权力的行政主体双方之间行使权利和履行义务所指向的对象。行政权力作为行政法律关系的客体,可以存在于行政权力配置法律关系之中,也可以存在于上、下级行政主体之间的内部行政法律关系中,还可以存在于授权、委托的法律关系之中。

四、行政法律关系的产生、变更与消灭

(一)行政法律关系的产生

行政法律关系的产生,是指法定事由出现后,行政法律关系的主体之间按行政法规定的权利义务规则形成的必然的权利义务联系。

行政法律关系的产生必须具备两个条件:

1.行政法已设定了权利义务的规则,即规定权利义务的行政法规范是行政法律关系产生的根据。

2.适用该权利义务规定的法律事实出现。法律事实包括法律事件和法律行为。法律事件分为社会事件和自然事件,[1]都是不以人们的意志为转移的客观现象。社会事件即社会变革,自然事件是自然的变化。其中自然变化是产生行政法律关系较常见的原因。如人的出生、衰老就是人的自然变化,而人的出生能导致户口登记法律关系的产生,人的衰老能导致社会保障行政法律关系的产生。法律行为是产生行政法律关系的最主要法律事实。但这种法律行为只能是行政法预先规定的行为,即行政法预先已确定只有这类行为才能引起行政法律关系的产生。明确这一点的意义在于要求具有行政权力的行政主体依法行政。如法律规定,违反治安管理的行为要受到治安管理处罚,这就确定了只有违反治安管理的行为才能引起治安处罚法律关系的产生,而其他行为则是不能的。行政主体、行政相对人和监督主体的法律行为都能引起行政法律关系的产生。如行政主体合法造成公民损失的行政行为能导致行政补偿法律关系的产生,违法造成公民损害的行政行为能导致行政赔偿法律关系的产生。再如行政相对人的违法行为能引起行政处罚法律关系的产生。

(二)行政法律关系的变更

行政法律关系的变更,是指行政法律关系产生后,因一定的原因而发生局部的变化。但应当明确,行政法律关系的变更与原行政法律关系消灭后产生新的行政法律关系是不同的。有的学者认为,行政法律关系的变更包括主体的变更、内容的变更和客

---

[1]　张文显:《法学基本范畴研究》,中国政法大学出版社1993年版,第179~180页。

体的变更，[1]还有学者认为，行政法律关系的变更是指主体的变更和内容的变更。[2]
这两种看法需要讨论。我们认为，行政法律关系产生之后如发生改变，只能是主体与
客体的一定变化，而不能是内容即权利义务发生变化，无论人们之间在权利义务方面
发生什么变化，都意味着原有行政法律关系已消灭，并形成了新的行政法律关系。权
利义务有质的变化，即权利义务性质的变化，如由行使权利变为履行义务，或者由此类
权利义务变为彼类权利义务；也有量的变化，即权利义务的增加或者减少，这都表明原
行政法律关系不再存在而产生了新的行政法律关系。权利义务质的变化自不待言，就
量的变化而言，如行政主体先对一行政相对人作出处罚 1000 元的行政罚款，后又改变
为处罚 100 元，这就必须对原处罚 1000 元的行政法律关系先予以撤销即消灭，继而再
作出处罚 100 元的行政罚款，建立新的行政处罚关系。行政法律关系中的权利义务一
旦形成就不能随意更改，不能随意增加或减少。这一点与民事法律关系不同。民事法
律关系双方是平等的，实行当事人自治原则，他们可以通过协商，在原有权利义务关系
的基础上修改双方权利义务的内容，使权利义务形成一定的增加或减少。而行政法上
的权利义务一般不能由双方约定（只有行政合同、行政委托作为例外，有一定的协
商），因而不能在原有基础上变化。由此，行政法律关系的变化只有主体与客体的一定
变化。

1. 主体的变化。主体的变化指主体发生了不影响原权利义务的某种变化。这里
的主体变化限于不影响原有权利义务的范围之内。如果他们发生的变化会带来权利
义务即内容的改变，则属于是消灭原行政法律关系而建立新的行政法律关系。如行政
主体对国有企业在经济活动方面是指挥与服从的法律关系，后行政主体的身份发生改
变，不再是指挥者身份而是指导者或服务者的身份，此时主体发生了身份、性质的变
化，而由其身份的改变必然带来其权利和义务的变化，原指挥和命令的权力变为了指
导和服务的义务。在这里，原行政主体与国有企业之间指挥与服从的行政法律关系就
已经消灭了，产生的是新的服务与受益的行政法律关系。

主体发生不影响原权利义务的变化主要是指以下两种情况：①主体在数量上的变
化。主体在数量上的变化是主体人数的增减，增减均不改变原权利义务的质和量，如
由原一个主体享有和行使原权利，改变为由多个主体共同享有和行使原权利，或者由
原一个主体履行原义务改变为由多个主体共同履行原义务。②主体在接替上的变化。
主体在接替上的改变是原行政法律关系中的主体被更替，更替后的主体继续随原主体
的权利和义务，权利义务本身均无质量、数量的变化。

2. 客体的变化。客体的变化是指客体发生了不影响原权利义务的某种变化，通常
只能是具有可替代性的变化，即以一种客体取代另一种客体。如果客体不具有可替代

〔1〕　罗豪才主编：《行政法学》，北京大学出版社 1996 年版，第 23 页。
〔2〕　持此种观点的学者较多，参见王连昌主编：《行政法学》，中国政法大学出版社 1997 年版，第 34 页；熊
　　　文钊：《行政法通论》，中国人事出版社 1995 年版，第 83 页。

性,则不能发生变化。客体的变化也只限于在不影响原有权利义务的范围之内。如果他们发生的变化会带来权利义务即内容的改变,也属于消灭原行政法律关系而建立新的行政法律关系。

在行政法律关系中,人身、不作为都是不能替代的,它们作为行政法律关系的客体时不能发生变更问题。如人身、不作为行为都不能变更为物这种客体,否则就会形成以金钱换取不执行拘留处罚、不履行不作为义务(如超生)的非法状态。能发生改变的客体主要是:①与特定人的人身没有联系的财物。这种物可以由同等价值的他物代替。如在行政罚款法律关系中,客体是被罚的款项,但在受罚人没有现存的款项时,可以一定的数额和价值的实物代替,由行政主体将实物变卖后充作罚款。此时的客体已由罚款改变为实物。②与特定人的人身没有联系的作为。这种作为行为只具有体力的内容,可以由他人的作为行为代替。如出劳力的行为等。当一公民有义务出劳力但因故不能出工时,他可以一定等值的钱物代替出体力。这种替代可能是主动、自愿的,也可能是被动、被迫的。前者如,当一公民对国家有应出植树的劳力时,他可以用等值的钱物交换这种劳力,行政主体只要求有植树的结果,因此可以以此钱物请他人代为出劳力。这是公民主动、自愿进行的替代。后者如,当一公民应对自己的违章建筑加以拆除而又不出劳力拆除时,行政主体可请他人代为拆除,后强制该公民缴纳与他人出劳力等价值的款项,行政主体只要求有拆除的结果。这就是公民被动、被迫的替代。上述钱物与行为之间互相的代替,就是行政法律关系中客体的改变,这种改变并未改变原权利义务关系。

(三)行政法律关系的消灭

行政法律关系的消灭是指原行政法律关系不再存在,包括主体、客体和内容即权利义务的消灭。但其核心应是主体双方原有权利义务的消灭。

行政法律关系消灭的原因通常是:①主体双方之间因已产生的行政法律关系存在没有意义或没有必要而终止。如,行政主体与行政相对人之间原已产生有拘留处罚的法律关系,在执行处罚前,行政相对人因故死亡,行政拘留处罚已没有必要,此行政法上的权利义务因失去存在的意义而消灭。②原产生的行政法律关系已完成而使其消灭。原产生的行政法律关系,因权利得以实现或义务已被履行完毕,该行政法律关系因完成而得以消灭。如,行政主体对行政相对人的行政救助法律关系,由于行政主体已履行救助义务,行政相对人已实现受益的权利,该行政法律关系因已实现而告消灭。③原适用的行政法律关系模式的取消使行政法律关系消灭。行政主体与行政相对人之间已产生征、纳税法律关系,后国家取消该税种的征收,即取消对这一税种的征、纳税法律关系模式,由此已产生的征、纳税行政法律关系将随之也不再存在,消灭了其权利义务关系。④行政相对人放弃权利使行政法律关系消灭。在行政法律关系主体各方中,具有国家权力的行政主体、国家监督机关都不能放弃自己的权力,因为这些权力是国家赋予的,不能随意处分。因此,行政主体和国家监督机关不能放弃自己的权力而使行政法律关系消灭。但行政相对人的权利属于他们自己,他们可以自主地处分自己的权利。一旦他们放弃权利就免除了行政主体对他们原有的义务,从而消灭了双方的权利义务关系。如行政主体对某丧失部分劳动能力的公民有给予物质救助的权利,但该公民认为自己可以自食其力,放弃了这一获得行政主体物质帮助的权利,这一权利的放弃将消灭他与行政主体的权利义务关系。

以行政法律关系主体、客体以及内容等要素的消灭为标准,可以将行政法律关系的消灭分为以下类型:

1. 行政法律关系内容即权利义务的消灭。权利义务不存在则行政法律关系也不再存在。权利义务这一要素的消灭,通常由于是已被适用的设置行政法律关系的规则被废除、权利义务已行使或履行完毕以及行政相对人放弃自己的权利等。权利义务的消灭是行政法律关系人为的消灭,即人们有意识、有目的地消灭已产生的行政法律关系。

2. 因主体消灭使权利义务归于消灭。行政法律关系主体的消灭,不一定必然导致行政法律关系的消灭。主体的消灭可以形成行政法律关系的变更和消灭两种情况:①原主体消灭后,有新的主体承接原主体的权利义务,即权利义务并没有消灭,则行政法律关系只是变更而不是消灭。②原主体消灭后,没有主体承接或不能有承接主体,则权利义务要随之消灭。不能有承接主体的情况,如行政主体与某行政相对人有处罚与受处罚的权利义务,在义务未履行前该行政相对人死亡,但其他任何人都不能承接该行政相对人受处罚的义务,此时双方的权利义务也要随主体的消灭而消灭。不能有承接主体的权利义务都是与原主体特定人有密不可分关系的权利义务,他人不能代替,在此情况下,主体消灭只能使权利义务随之消灭。主体的消灭导致权利义务的消灭,属于客观的消灭,即是客观原因导致的、不以人的意志为转移的消灭。

3. 因客体的消灭使原权利义务归于消灭。行政法律关系客体的消灭也不一定必然导致行政法律关系的消灭。客体的消灭也可以形成行政法律关系的变更和消灭两种情况,如果原客体消灭后,能以另一种客体代替原客体,则原权利义务仍可实现而并没有消灭,行政法律关系只是有了一定变更。如果原客体消灭后,他物不能取代原客体,则原权利义务无法实现,只能随之消灭。原行政法律关系的客体消灭后其他物不能代替的情况,如行政主体与某行政相对人之间原有没收某一特定违禁物的权利义务关系,在未没收前该物因为火灾而灭失,该物是其他物不能取代的,此时没收的权利义务已不能存在,只能随该特定物的消灭而告消灭。客体的消灭导致权利义务的消灭,也属于自然的消灭,即是客观原因导致的,是不以人的意志为转移的消灭。

■　第三节　行政法的基本原则

行政法基本原则,是指反映现代民主宪政精神,集中体现行政法的目的和价值,贯穿于行政法规范之中,并指导行政法的制定、执行和遵守,规范行政行为实施和行政争议解决的基本准则和原理。行政法的基本原则蕴涵着行政法的精神实质,是行政法的具体原则和规则存在的基础;反映着行政法的价值目标,是行政法理论中带有根本性的问题。

行政法基本原则是行政法在规范行政权的历史过程中逐步总结形成,由行政法学者高度概括出来的具有普遍指导意义的规范。但由于世界各国政治、历史背景和法律文化传统,以及行政法实践的差异性,加之不同学者的方法和视角的不同,致使人们对行政法基本原则认识并不完全相同。国外行政法学提出的行政法基本原则主要如:英国的议会主权原则、法治原则、越权无效原则和自然公正原则;德国的法律优位原则、法律保留原则、比例原则和信赖利益保护原则;法国的行政法治原则和行政均衡原则;美国的正当程序原则等。在我国,有学者认为行政法的基本原则是法治原则(包括合法性原则、合理性原则和应急性原则)和民主与效率相协调的原则;[1]有学者认为行政法的基本原则包括行政法治原则、行政公正原则、行政公开原则、行政效率原则;[2]有学者认为行政法的基本原则包括行政法定原则、正当程序原则和行政效率原则;[3]还有学者认为行政法的基本原则包括行政法定原则、行政均衡原则和行政正当原则等等。[4] 我们认为,行政法的基本原则必须符合法律性、特定性、普遍性和适用性的标准。所谓法律性是指行政法的基本原则必须是法律原则,而不是政治原则或行政管理的原则。所谓特定性是指行政法的基本原则必须是行政法所特有的、区别于其他法律部门的基本原则,不能将宪法原则或其他部门法的原则与行政法的原则等同起来。所谓普遍性是指行政法基本原则必须贯穿于全部行政活动之中,是全部行政法规范所反映出来的共同准则,而不是某一环节、某一领域所具有的原则。所谓适用性是指行政法基本原则不仅应该反映一国行政法发展的一般要求,而且能在实践中具体适用,解决实践中遇到的有关问题。我国国务院 2004 年发布的《全面推进依法行政实施纲要》确立了建设法治政府的目标,并提出了行政机关依法行政的六项基本要求,这就是合法行政、合理行政、程序正当、高效便民、诚实守信、权责统一。这六项基本要求吸收了目前行政法学提出的各项基本原则的主要精神和内容,且适应我国国情并具有指导性和操作性,为此,我们认为我国行政法的基本原则可概括为依法行政原则,它具体又包括合法行政、合理行政、程序正当、诚实守信、高效便民和权责统一等六项子原则。

一、合法行政

合法行政是现代行政管理的一项基本要求,它是指行政机关实施行政管理,应当依照法律、法规、规章的规定进行;没有法律、法规、规章的规定,行政机关不得作出影响公民、法人和其他组织合法权益或者增加公民、法人和其他组织义务的决定。

行政机关的一切活动都必须有法律、法规和规章作为依据并严格依法进行,不能

---

〔1〕 罗豪才主编:《行政法论》,光明日报出版社 1988 年版,第 25~26 页。

〔2〕 姜明安主编:《行政法与行政诉讼法》,北京大学出版社、高等教育出版社 1999 年版,第 39~44 页。

〔3〕 杨海坤、章志远:《中国行政法基本理论研究》,北京大学出版社 2004 年版,第 113 页。

〔4〕 周佑勇:《行政法基本原则研究》,武汉大学出版社 2005 年版,第 158~271 页。

超越行政法规定的范围,否则行政活动无效并要追究法律责任。合法行政包括以下几项内容:

（一）行政活动必须根据法律、法规和规章

行政活动必须根据法律、法规和规章,即要求行政组织的职权法定。行政组织的职权法定意味着行政机关不能任意地采取行动,而只能在行政法授权的范围内采取措施。行政法应明确规定各个行政机关的职责和权限、行政活动的方式和手段,行政机关只能依法进行行政管理活动,法定权限以外的行为是无效的行为。行政机关是公共权力机关,公共权力事关公共利益和个人利益,同时又具有自我扩张性和强制性,极易被滥用。一旦行政权力主体不当行使或滥用此项权力,不仅会损害社会公共利益,而且会侵害公民、法人和其他组织的合法权益。为了防止行政权力的运用对公民的合法权益造成侵害,需要通过法律、法规和规章来设定行政权力的界限。没有法律、法规、规章的规定,行政机关不得作出影响公民、法人和其他组织合法权益或者增加公民、法人和其他组织义务的决定。

（二）法律优先

法律优先又称法律优位,"亦即法律对于行政权之优越地位,以法律指导行政,行政作用与法律抵触者应不生效力"[1]为此,法律优先首先是指行政机关的一切行政活动都要服从全国人大及全国人大常委会所制定的法律。其次,法律优先指法律在效力位阶上处于最高层次,在行政活动所依据的法律、法规和规章中,法律的位阶高于行政法规、行政规章和行政规范性文件等任何其他规范,一切行政法规、行政规章和行政规范性文件等都不得与法律相抵触。从更为广泛的意义理解,法律优先要求行政机关在行政管理活动中依据法律规范时,贯彻上层级法律规范的效力高于下层级法律规范的原则,确保各个层次法律规范的和谐和国家法制的统一。法律优先的具体要求是:

1.在已有法律规定的情况下,任何其他法律规范,包括行政法规、行政规章和地方性法规,都不得与法律相抵触,凡有抵触的,都以法律为准。法律优于任何其他法律规范。同理,凡是上一位阶的法律规范已经对某一事项有了规定,下一位阶的法律规范不得与之相抵触。

2.在法律尚无规定,其他法律规范作了规定时,一旦法律就此事项作出规定,法律优先,其他法律规范的规定都必须服从法律。同理,在上位阶的法律规范尚无规定时,下位阶的法律规范可以作出规定,一旦上位阶的法律规范就此事项有了规定,下位阶的法律规范必须服从。

根据法律优先的精神,我国宪法和法律对行政机关制定法律规范适用的是"根据"原则,而对地方国家权力机关制定地方性法律规范适用的是"不抵触"原则。

（三）法律保留

法律保留是指宪法关于人民基本权利的限制等专属立法事项,必须由立法机关通

---

[1]　城仲模编:《行政法之基础理论》,台湾三民书局1994年版,第5页。

过法律规定,行政机关不得代为规定,行政机关实施任何行政行为皆必须有法律授权,否则,其合法性将受到质疑[1]。可见,法律保留严格区分国家立法权与行政立法权,是行政法治在行政立法领域的当然要求,其根本目的在于保证国家立法的至上性,划定立法机关与行政机关在创制规范方面的权限范围,防止行政立法权的自我膨胀。

法律保留又分为绝对保留和相对保留。绝对保留是指某些事项必须由最高国家权力机关自己进行立法而不能委托国家行政机关立法,相对保留是指有些事项最高国家权力机关既可以自己立法也可以依法委托给国家行政机关立法。如《行政处罚法》就充分体现了法律保留的原则精神,该法第9条明确规定:"法律可以设定各种行政处罚。限制人身自由的行政处罚,只能由法律设定。"这种将剥夺和限制公民人身自由权的设定权明确规定为只有法律才能行使的情形,就是法律的绝对保留。而《立法法》第9条规定:"本法第八条规定的事项尚未制定法律的,全国人民代表大会及其常务委员会有权作出决定,授权国务院可以根据实际需要,对其中的部分事项先制定行政法规,但是有关犯罪和刑罚、对公民政治权利的剥夺和限制人身自由的强制措施和处罚、司法制度等事项除外。"这里的"授权国务院制定行政法规"属于法律的特别授权,是法律的相对保留;而"但是有关犯罪和刑罚、对公民政治权利的剥夺和限制人身自由的强制措施和处罚、司法制度等事项除外"的规定则属于法律的绝对保留。

(四)行政行为必须符合法律

这就要求政府守法,行政机关依法办事。依法办事的"法",包括法律、法规和规章。

1.行政主体必须具有合法的资格。行政主体具有合法资格,包括两个方面:①实施行政行为的主体必须是依法成立的行政机关或者是法律、法规授权的组织。②行政主体必须是在法律规定的职权范围内或合法授权范围内实施行政行为,如果越权行政,也是违反了合法行政原则。

2.行政行为内容必须符合法律规定。这主要包括以下内容:①行政行为必须依据充分、确凿的证据。②行政行为不得超越法定权限。行政权力的行使不能超越一定的限度。法律从各个角度为行政权力设定了各种界限,如行政权力的存在既有时间上的限制,又有空间上的限制;既有行政权力运用程度上的限制,又有行使权力所采取的方式、手段上的限制;既有行政权力运用所针对的事项上的限制,又有行政权力运用所针对的对象上的限制等。行政机关行使行政权力不得超越这些界限。例如,行政处罚权的运用只能针对违法行为,行政机关在行使行政处罚权时,只能适用法定的罚则和手段,并在运用这些罚则、手段、方式时不能超过法定幅度等。这种种限制就是行政权力的权限所在,行政行为的作出不能超越法定权限。否则,就构成越权行为,导致违法与无效的后果。③行政主体实施行政行为必须依照法律条文的实体规定。

3.行政行为必须符合法定程序。凡是法律规定有行政行为程序的,实施行政行为

[1] 陈新民:《行政法学总论》,台湾三民书局1997年版,第52页。

就必须按法定程序进行,否则,就属于行政程序上的违法。如对违反治安管理的人给予拘留的处罚,应当经过传唤、讯问、取证、裁决等几个程序,如果违反这些程序,也就违反了合法行政原则。

总之,合法行政要求行政机关的活动必须严格依法办事。坚持合法行政原则,有利于保护行政相对人的合法权益,有利于监督行政机关依法行使行政职权,有利于推进行政法治,建设法治政府。

二、合理行政

合理行政要求行政机关实施行政管理,应当遵循公平、公正的原则。要平等对待行政管理相对人,不偏私、不歧视。行使自由裁量权应当符合法律目的,排除不相关因素的干扰;所采取的措施和手段应当必要、适当;行政机关实施行政管理可以采用多种方式实现行政目的的,应当避免采用损害当事人权益的方式。

合理行政存在的客观基础是行政自由裁量权的产生与扩大。所谓自由裁量权是指在法律积极明示或消极默许的范围内,行政机关自由斟酌,选择自己认为正确行为的权力。即法律对某种行为只规定了一个范围或幅度,在这个范围、幅度内,行政机关对自己行为方式、种类、数额等自行选择的权力。由于社会生活的复杂多变,与此相适应,行政活动千变万化、错综复杂,行政法律规范不可能对每种权力的每个方面都规定得明确具体、细致入微、包罗万象。行政法为了实现对社会生活的有效调整,必然要作出一些原则性的、富有弹性的规定,给行政机关留下自由决定的空间,使其能更好地适应当时当地的客观实际情况。行政自由裁量权应有较大的灵活性。但行政自由裁量权的灵活性将使之较其他行政权更易于被滥用。行政自由裁量权的滥用,会影响行政管理目标的实现,损害行政相对人的合法权益,从而破坏行政法治原则。因此,行政自由裁量权并不意味着行政机关可以为所欲为,它同样要受到一定的约束。控制行政自由裁量权,就是要使行政主体公正合理地行使自由裁量权,使行为的结果符合立法的本意和目的。

合理行政原则的具体要求包括:

1. 行政行为必须平等对待相对人。行政机关在实施行政活动时必须出于公心,不抱成见、偏见,不存在歧视,平等对待行政相对人,做到同等情况同等对待,不同等的情况不同等对待。行政机关在行使自由裁量权时,对同等情况应同等对待。

2. 行政行为必须符合法律的目的。任何法律的制定都是基于一定的社会需要,为了达到某种社会目的。所有的法律规范也都是围绕于、服务于该项目的。行政机关在行使自由裁量权时,必须要符合有关法律、法规的目的,若与法律目的不符合者,即构成违反合理行政原则,该行为是不合理的行为。

3. 行政行为必须具有正当的动机,必须考虑相关的因素,排除不相关因素的干扰。所谓正当动机,是指作出某一行政行为,在其最初的出发点和动机诱因上,不得违背社会公平观念或法律精神。动机正当要求行政机关的行政活动出于公共利益的需要,而不得以执行法律的名义,将自己的偏见、歧视、恶意等强加于行政相对人。如行政机关进行罚款的动机不是为了制裁违法行为,而是为了增加财政收入、改善工作人员的福利待遇,这就是不正当的动机。行政行为的作出涉及到多种因素,合理的行政行为应当考虑到相关因素,不应受与行政行为无关因素的干扰。所谓相关因素是指与所处理事件有内在联系并可以作为作出决定根据的因素;所谓不相关的因素,是指与事件本身没有内在的联系而不能作为作出决定根据的因素。行政机关在行使自由裁量权时必须考虑相关的因素,尤其要考虑法律、法规所明示的或默示的要求考虑的因素,不应该考虑与作出决定无关的因素。例如,行政机关实施行政处罚时,违法行为的事实、性质、情节以及社会危害程度是其应当考虑的因素,如果行政机关置这些因素于不顾,而是考虑行为人职位高低、经济状况好坏、民族及政治面貌等作出处罚决定,就是考虑了不相关的因素。

4.行政行为必须符合比例原则的要求。行政机关实施行政行为应兼顾行政目的的实现和行政相对人权益的保护,如行政目的的实现可能对行政相对人的权益造成某种不利影响时,应使这种不利影响限制在尽可能小的范围内,使二者保持适度的比例。比例原则的具体要求是:①行政机关拟实施的行政行为,特别是将对行政相对人的权益造成不利影响的行政行为,只有当该行政行为对达成相应的行政目的是必要的、必需的时,才能实施;②行政机关实施行政行为,如有多种方案可以实现行政目的,行政机关必须在多种方案中进行选择,选择其成本最小、收益最大且对相对人权益损害最小的方案实施;③行政机关拟实施行政行为,必须先进行利益衡量,只有通过利益衡量,确认实施该行政行为可能取得的公共利益大于可能损害的私人利益时,才能实施。比例原则要求行政机关实施某种行为时,应适当地平衡对相对人造成的损害与社会获得的利益之间的关系,要尽可能地采用温和的手段和对相对人造成最小损害的方法实现行政目的。如果行政机关的行为或某种行政措施对相对人的损害与社会获利之间的关系显失均衡,即违反了比例原则,构成滥用自由裁量权。

5.行政行为必须符合其他公正法则。这是指行政行为除遵守上述六项要求外,还应遵守一些其他的公正法则,包括:①行政行为要符合事物的客观规律。②行政行为要符合常理,即日常生活中一般人都能理解并普遍遵守的准则。③行政行为要符合惯例。惯例是行政活动中经久形成的既定做法,经实践检验为正确、有效,行政机关在通常情况下应当遵守,除非有充分的理由。行政机关在没有充分理由的情况下,不得违背。

合法行政原则与合理行政原则同是依法行政原则的内容,二者之间有着密切的联系。行政行为不仅要合法,也要合理。两者的区别:①合法行政原则是合理行政原则的基础和前提,没有合法是谈不上合理的;②合理行政原则是合法行政原则的补充和发展,合法不一定合理,因此合理是合法的补充和更高要求;③合法行政原则是实质的标准,是对行政行为质的要求;④合理行政原则是精度上的标准,是对行政行为量的要求。两者互相作用,不可分割。

三、程序正当

程序正当要求行政机关作出影响行政相对人权益的行政行为,必须遵循正当的程序,包括:行政机关实施行政管理,除涉及国家秘密和依法受到保护的商业秘密、个人隐私的外,有关事项应当公开,注意听取公民、法人和其他组织的意见;要严格遵循法定程序,依法保障行政管理相对人、利害关系人的知情权、参与权和救济权。行政机关工作人员履行职责,与行政管理相对人存在利害关系时,应当回避。

程序正当原则起源于英国古老的自然公正原则,后来在美国宪法修正案中以成文法确定下来,即任何人未经正当法律程序不得剥夺其生命、自由和财产。20世纪中期以后,随着各国行政程序立法的发展,程序正当原则在世界许多国家得以确立和广泛适用。程序正当原则的具体要求是:①行政公开。行政机关实施行政管理,除涉及国家秘密和依法受到保护的商业秘密、个人隐私的外,应当公开。它包括行政活动的依据公开、过程公开、结果公开、情报信息资料公开等。②不做自己案件的法官。这是指行政人员执行公务过程中,如处理与自己有利害关系的事务或裁决与自己有利害关系的争议时,应当回避,其目的是为了防止行政偏私,保障行政公正。③不在事先未通知和听取相对人申辩意见的情况下,作出对相对人不利的决定。行政主体在作出对相对人不利的行政决定前,必须事先通知相对人,听取相对人对有关事实、理由的陈述和申辩。这主要是为了防止行政决定的片面性,尽量避免作出错误的决定。④说明理由。行政主体在作出行政决定特别是对当事人不利的决定时,负有说明理由的义务,应说明的理由包括作出行政决定的事实根据和法律依据。⑤不单方接触。它要求行政主体在处理某一涉及两个或两个以上有利益冲突的当事人的行政事务或裁决他们之间的纠纷时,不能在一方当事人不在场的情况下单独与另一方当事人接触,听取其陈述、接受和采纳其证据,以防止偏听偏信或先入为主从而有失公平。⑥严格遵循法定程序,行政行为要符合法定的方式、步骤、顺序和时限。

四、诚实守信

诚实守信要求行政机关公布的信息应当全面、准确、真实。非因法定事由并经法定程序,行政机关不得撤销、变更已经生效的行政决定;因国家利益、公共利益或者其他法定事由需要撤回或者变更行政决定的,应当依照法定权限和程序进行,并对行政管理相对人因此而受到的财产损失依法予以补偿。

诚信原则是私法上具有普遍适用性的基本法则,有"帝王条款"之称。诚信原则不仅可以适用于私法的全部领域,也可援用于公法领域。诚实守信是现代行政法治的基本要求。诚实守信原则作为一项普遍性原则,它不仅在行政活动中具有指导性和适用性,而且在立法和司法领域同样具有适用性和拘束力。

诚实守信原则的内容包括政府提供信息的真实性、信守承诺和信赖保护三个方面:

1.提供全面、准确、真实的信息。在现代社会,信息对于作出正确的判断和决定具有十分重要的意义。行政机关在信息占有方面具有绝对的优势,而作为相对人的公民又具有知情权,这就决定了行政机关应当讲究诚信,必须向公众和利害关系人发布全面、准确、真实的信息。"全面"是指行政机关应当对可以公开的所有信息予以披露;"准确"是指行政机关对自己发布的信息应充分核实,认定无误后才能发布;"真实"是指行政机关不得提供虚假的信息误导相对人。

2.信守承诺。行政机关在行政活动中应当言必信,行必果,对自己作出的承诺必须兑现。否则,应承担相应的法律责任。

3.信赖保护。信赖保护是指因行政机关的职权行为使相对人获得了对某种利益的正当、合理信赖,行政机关便不得随意更改此行为,若确须改变此行为,必须对由此遭受损失的相对人承担责任。具体要求做到:①行政行为一经作出,非有法定事由并经法定程序不得随意撤销、废止或改变,以保护行政相对人的既得利益和合理期待;②行政机关对行政相对人作出授益行政行为后,即使事后发现有违法情形,只要这种违法情形不是因行政相对人的过错(如胁迫、欺骗或行贿等)造成的,行政机关亦不得撤销或改变,除非不撤销或改变此种违法行政行为将会严重损害国家、社会的公共利益;③行政行为作出后,如事后据以作出该行政行为的法律、法规、规章修改或废止,或者据以作出该行政行为的客观情况发生重大变化,为了公共利益的需要,行政机关可以撤销、废止或改变已经作出的行政行为。但是行政机关在作出撤销、废止或改变已经作出的行政行为的决定前,应进行利益衡量。只有通过利益衡量,认定撤销、废止或改变已经作出的行政行为所获得的利益确实大于行政相对人将因此损失的利益时,才能按法定的权限和程序撤销、废止或改变相应的行政行为;④行政机关撤销或改变其违法作出的行政行为,如这种违法情形不是因行政相对人的过错造成的,对行政相对人因此受到的损失应予以赔偿。行政机关因公共利益的需要撤销、废止或改变其合法作出的行政行为,如这种撤销、废止或改变导致行政相对人的损失,要对相对人的损失予以公平的补偿。

五、高效便民

高效便民要求行政机关实施行政管理,应当遵守法定时限,积极履行法定职责,提高办事效率,提供优质服务,方便公民、法人和其他组织。

高效便民原则的基本内容包括:①行政机关实施行政管理,应当遵守法定时限。对于法律、法规和规章有明确时限规定的事项,行政机关必须严格在期限内办理;对时限规定有弹性或限期不具体的,则不得任意迟延,应当积极处理,尽可能防范因迟延对行政相对人带来的损害。②积极履行法定职责,对属于自己法定职责范围内的事项,不得推诿、拒绝或不予答复。③要提高办事效率,提供优质服务,方便公民、法人和其他组织。也就是说,行政机关在行使其职能时,要力争以最快的时间、最少的人力、最低的成本耗费取得最大的效益,为公民、法人和其他组织提供最好的服务。

六、权责统一

权责统一要求行政机关依法履行经济、社会和文化事务管理职责,要由法律、法规赋予其相应的执法手段。行政机关违法或者不当行使职权,应当依法承担法律责任,实现权力和责任的统一。依法做到执法有保障、有权必有责、用权受监督、违法受追究、侵权须赔偿。

权责统一原则的基本内容包括:①法律、法规应赋予行政机关依法履行经济、社会和文化事务管理职责的相应的执法手段,做到有责必有权。行政机关作为国家的执法机关,依法承担着管理经济、社会和文化事务的职责,这种职责是法律为了实现公共利益而赋予的,是必须履行而不能放弃的。因此,为了使行政机关顺利履行这种职责,法律、法规必须赋予行政机关相应的职权和执法手段,否则就难以实现公共利益,也难以充分保护公民、法人或其他组织的合法权益。②行政机关违法或者不当行使职权,应当依法承担法律责任,做到有权必有责,实现权力和责任的统一。行政机关和行政公务人员在行使职权或履行职责的过程中,因各种主客观方面的原因,也会出现违法或不当行使职权的情形。一旦行政机关违法或者不当行使职权,也应当依法承担法律责任,这是实现依法行政的关键。为此,立法机关在为行政机关配备职权、职责的同时,必须规定相应的法律责任,做到无责任就无权力,实现权力和责任的统一。如果有权力而无责任,则这种权力是失控的权力;如果有责任而无权力,则这种责任也无法落实。③国家必须建立有效的法律责任追究制度,对行政机关和行政公务人员的违法、不当行为追究相应的法律责任,从而做到有权必有责、用权受监督、违法受追究、侵权须赔偿。行政机关和行政公务人员实施了违法或不当的行为后,其不可能主动地承担法律责任,因此,国家机关必须科学、合理地确定各种违法和不当行为的法律责任,并且建立健全诸如行政复议、行政诉讼、国家赔偿、行政监察和公务员惩戒等实践证明行之有效的各种法律责任追究制度,通过这些法律制度的正常、有效运作,使行政机关和行政公务人员的违法和不当行为承担相应的法律责任,从而实现有权必有责、用权受监督、违法受追究、侵权须赔偿的行政法治状态。

总之,合法行政、合理行政、程序正当、高效便民、诚实守信和权责统一是紧密联系的,它们是法治原则在行政法领域的具体要求,都属于法的范畴,违反其中之一都要承担相应的法律责任。行政行为必须合法,这是现代法治国家的基本要求,但仅仅合法并不完全体现法治的目的,因此还必须合理。从某种意义上说,合理行政是在合法的基础上对行政行为提出的更高、更深层次的要求,即不仅要求行政行为符合法律条文的表面规定,而且要求行政行为符合隐含于法律条文背后的法的目的、本意和精神;不仅要求行政行为要形式上合法,而且要求行政行为必须实质上合法,以真正实现形式与实质的有效结合,法与理的有机统一。合法行政不仅指实体合法,而且包括程序合法,通过科学、合理、稳定的程序设计,确保行政执法的高效便民,坚持依法行政与提高行政效率的统一,做到既严格依法办事,又积极履行职责,诚实守信,权责统一。

实务训练

【思考题】

1. 什么是公共行政?

2. 简述行政法的概念与特征。

3. 简述行政法的调整范围。

4. 行政法的渊源有哪些?

5. 试论行政法的作用。

6. 试论行政法律关系的概念与特征。

7. 简述行政法律关系的分类。

8. 简述行政法律关系的主体、内容和客体。

9. 试述行政法律关系的产生、变更和消灭。

10. 试论合法行政原则的内容。

11. 简述合理行政原则的内容。

12. 什么是法律保留和法律优先?

13. 如何理解行政法上的程序正当原则?

14. 如何理解行政法上的诚信守信原则?

【实务训练】

王钦民诉精河县公安局治安管理处罚决定案[1]

案情简介:1997 年 4 月 17 日下午,原告王钦民见其与王钦防合伙投资购买的水泥管丢失,怀疑被王钦防转移,便连连用不堪入耳的言词谩骂。在此之前,王钦防擅自将水泥管拿到自己家中,听到王钦民的谩骂声,便责问其"骂什么?",王钦民又骂道:"谁拿管子谁是牲口。"王钦防不满,也以侮辱性的言词谩骂。王钦民与王钦防在谩骂中发生厮打,王钦防用脚踢王钦民的裆部;王钦民用手打王钦防的脸部、胸部,以致双方均受到了伤害。精河县法医室对王钦民、王钦防的伤害程序进行了检验,其结论二人均为轻微伤,但王钦防的伤稍重于王钦民。精河县公安局依照《治安管理处罚条例》第22 条第 1 项之规定,于 1997 年 6 月 18 日作出第 00098 号治安管理处罚裁决,决定对王钦防予以罚款 100 元;对王钦民予以行政拘留 15 日。王钦民不服该处罚裁决,向博尔塔拉蒙古自治州公安局申请复议,要求撤销精河县公安局的治安处罚裁决。该公安局经复核,维持了精河县公安局的治安处罚裁决。王钦民仍不服,向精河县人民法院提起行政诉讼。

原告王钦民诉称:1996 年,我与同队农民王钦防合伙投资购买了水泥管子准备用

---

[1]　最高人民法院中国应用法学研究所编:《人民法院案例选》1999 年第 3 辑,时事出版社 2000 年版,第302～304 页。

于修桥,将剩下的 4 节水泥管子放在桥边,由我负责看管。1997 年 4 月 17 日下午,我发现水泥管子不在桥边了,就说哪个孬种将管子拉走了。我话音刚落,王钦防上来就踢我一脚,我被迫还手。可被告精河县公安局对悄悄拉走管子又先动手打人的王钦防仅罚款 100 元,而对我却行政拘留 15 日,其治安处罚裁决显失公正。故我请求人民法院依法撤销被告 1997 年 6 月 18 日作出的第 00098 号治安管理处罚裁决。

被告精河县公安局辩称:1997 年 4 月 17 日,王钦民与王钦防为水泥管子、推土机压路之事发生争执,王钦民用不堪入耳之言词谩骂王钦防,遭王钦防反问后,王钦民先动手打人,后双方厮打,彼此都有不同程序的伤害。虽经法医鉴定均为轻微伤,但王钦防伤重于王钦民。王钦民为水泥管子及推土机压路之事本应协商解决,不该当场谩骂王钦防,王钦民先动手打人有错在先,应负主要责任。我局依照《治安管理处罚条例》第 22 条第 1 项之规定,对有违反治安管理行为的王钦民进行行政拘留 15 日的治安管理处罚,主要事实清楚,证据确实,程序合法,处罚适当,请求人民法院依法维持我局作出的 00098 号治安管理处罚裁决。

精河县人民法院于 1998 年 3 月 12 日判决维持精河县公安局 1997 年 6 月 18 日作出的第 00098 号治安管理处罚裁决。王钦民不服该判决,向博尔塔拉蒙古自治州中级人民法院提起上诉,博尔塔拉蒙古自治州中级人民法院经审理查明,被上诉人精河县公安局作出的治安管理处罚裁决,认定王钦民先骂并先动手打王钦防,缺乏确实的证据。并认为王钦民与王钦防因互殴造成各自的伤害均为轻微伤,他们的违法严重程度相同,但被上诉人对王钦民的处罚明显重于对王钦防的处罚,该处罚显失公正。于是,博尔塔拉蒙古自治州中级人民法院于 1998 年 5 月 8 日作出判决,撤销精河县人民法院(1998)精行政初字第 1 号行政判决;撤销精河县公安局(1997)00098 号治安管理处罚裁决。

法律问题:本案被告精河县公安局(1997)00098 号治安管理处罚裁决是否符合合理行政原则?

提示与分析:合理行政原则要求行政机关的行政活动在合法的基础上做到客观、适当、公正,特别是在实施自由裁量权时,在法定限度内要合情合理。具体包括:行政行为必须符合法律的目的;行政行为必须具有正当的动机;行政行为必须考虑相关的因素,排除不相关的因素;行政行为不得任意迟延;行政行为必须平等对待相对人;行政行为必须符合比例原则的要求;行政行为必须符合其他公正法则。在本案中,被告精河县公安局对王钦民和王钦防的互殴行为,可以在法律规定的处罚种类和幅度内选择适当的处罚种类和具体数额,但是必须充分考虑相关因素,排除不相关因素,并平等对待王钦民和王钦防,在两人的违法情况相同时作出相同的处罚,在两人的违法情况不同时作出不同的处罚。王钦民与王钦防因互殴造成各自的伤害均为轻微伤,王钦民并未先骂并先动手打王钦防,他们的违法严重程度相同,但被告精河县公安局对王钦民拘留 15 日,只对王钦防罚款 100 元,对王钦民的处罚明显重于对王钦防的处罚,没有做到同等情况同等对待,因而违反了合理行政原则。

第二章

行政法主体

学习目的与要求 通过本章的学习,了解行政主体、行政公务人员、行政相对人、监督行政主体等各类行政法主体,熟悉各种主体的概念、特征以及权利义务等,掌握行政法主体不同于其他部门法主体的特点和法律地位。

行政法主体也称行政法律关系的主体,是在行政法律关系中享有权利和承担义务的组织或个人,主要包括行政主体、行政公务人员、行政相对人以及监督行政主体。行政法主体是行政法的主要研究对象,具有重要的理论与实践意义。

■ 第一节 行政主体

一、行政主体的概念及范围

行政主体是指享有国家行政权力,能以自己名义从事行政管理活动,并独立承担由此产生的法律责任的组织。行政主体应符合以下几个条件:

1. 必须是依法具有行政权力的组织,即是行政权力的享有和行使者。这是行政主体与其他不享有和行使国家行政权的立法机关、司法机关以及公民、法人等的重要区别。

2. 必须能以自己的名义行使行政权,即是行政活动的直接实施者。行政主体资格的主要标准即在于其能否"以自己名义行使国家行政权力",如果实际运用了行政权但不是以自己名义独立行使行政权,则其不属于行政主体而只属于行政行为主体。如行政机关内部的行政机构,它们都经行政机关内部的再分配而享有一定的行政权,可以具体从事行政管理活动,但是它们的管理活动都不能以自己的名义作出,而应以自己所属的行政机关的名义作出。这时,行政主体是其所属行政机关,该内部机构只能是行为主体。行政主体与行为主体在法律责任等方面是完全不同的。

3. 必须能独立承担法律责任。能独立承担法律责任的主要体现是能独立参加行政复议和行政诉讼等活动并承担法律后果。如能成为行政复议的被申请人、行政诉讼的被告以及行政赔偿中的赔偿义务主体,独立承担复议或诉讼的结果。行政机关的一些内部行政机构及受委托的组织就不能以自己名义参加行政复议和行政诉讼,不能独立承担法律责任,因而不属于行政主体。

4.行政主体是特定的组织而不是个人。国家行政权是一种公权力,其行使结果涉及到公共利益,其法律后果的重大性使之不能由个人行为或个人责任来实现。而有能力承担这些后果的通常要求是特定的组织,这些组织都是代表国家来行使权力并承担责任的。

根据行政主体的条件,在我国,行政主体在范围上主要包括国家行政机关和法律、法规授予行政权力的组织这两种类型。在特定情况下,其他社会公权力管理机构也可能成为行政主体。

二、国家行政机关

(一)行政机关的概念和特征

行政机关是行使国家行政权的国家机关,即行政机关是指由权力机关依照宪法和组织法设立的,为实现国家行政管理目标而行使行政权,管理国家行政事务的国家机关。

国家行政机关是国家机关的组成部分,其特征主要有:

1.行政机关在法律地位上属于权力机关的执行机关。

2.行政机关在组织体系上实行统一领导、分工负责的层级管理制度。即上下级行政机关之间是领导关系,下级服从上级,向上级负责并报告工作。

3.行政机关主要从事直接执行法律、依照法律的规定采取措施对行政事务进行管理的工作,通常也称之为"执法"。其活动具有明显的执行性。

(二)行政机关的种类

我国行政机关的体制是一个完整的系统,纵向的有从中央到地方各级行政机关,如国务院、省、自治区、直辖市行政机关及省辖市、自治州、县、乡(镇)的行政机关;横向的有各级政府职能部门,如公安部门、工商部门、财政部门等,还有各处于平行关系的机关、机构等。

1.中央行政机关。中央行政机关是指活动范围及管辖事项涉及全国的行政机关,它是统一领导全国和各地方行政工作的最高国家行政机关。在我国,中央行政机关指国务院及其职能部门。

(1)国务院。中华人民共和国国务院即中央人民政府,是最高国家行政机关,也是最高权力机关的执行机关。根据宪法和组织法的规定,国务院由每届全国人民代表大会第一次会议选举产生,其组成人员为总理、副总理、国务委员、各部部长、各委员会主任、审计长、中国人民银行行长和秘书长。国务院总理由国家主席提名,经全国人大以全体代表过半数通过决定,由国家主席任命。其他成员由总理提名,以相同方式决定和任命。国务院实行总理负责制,总理负责领导国务院的工作,副总理、国务委员协助总理工作。国务院工作中的重大问题必须经国务院全体会议或国务院常务会议讨论决定,国务院全体会议由国务院全体组成人员参加,常务会议由总理、副总理、国务委员、秘书长参加,总理召集和主持全体会议和常务会议。国务院依法享有领导和管理全国性行政事务的职权,可以制定行政法规、采取行政措施、发布决定和命令,具有行政主体资格。

(2)国务院各部委。国务院各部委是国务院的重要职能部门,属于国务院的组成部分。国务院各部委负责国家行政管理某一方面或某一类的行政事务,在本业务领域具有全国范围内的管理权限。国务院各部委包括国防部、外交部、公安部、司法部、财政部、国家教育部等以及中国人民银行和审计署。各部委的设立由总理提出,经全国人大或全国人大常委会讨论决定。各部委实行部长、主任负责制,由各部部长、各委员会主任召集和主持各部部务会议、委务会议和委员会会议。国务院各部委作为国务院的职能部门,要受国务院的领导和监督,执行国务院的决定、命令并向国务院汇报工作。同时,各部委都有自己的职能、职权领域,独立负责某一方面的行政事务,有权在自己的职权范围内,依照法律和行政法规制定行政规章,独立采取行政措施并自己承担因此而产生的法律责任,国务院各部委在行政法上也具有行政主体资格。

(3)国务院直属机构。国务院可以按照工作需要和精简原则设立若干直属机构,主管各项专门业务。直属机构也是国务院的一个组成部分。如国家工商行政管理总局、海关总署、国家统计局、国家税务总局、民航总局等。直属机构的法律地位低于各部委,但并不属于部委领导而直属国务院领导。直属机构是国务院根据宪法和组织法的明确规定而设立的,有关法律、法规明确规定了直属机构的职权范围,其在自己所主管的专门事务范围内有权以自己名义采取行政措施并独立承担法律责任,因而它具有行政主体资格。

(4)国务院组成部门管理的国家行政机构。依据有关组织法和《国务院行政机构设置和编制管理条例》的规定,国务院可以根据国家行政事务的需要,设立若干行政主管职能部门,它们大多是由国务院机构改革前的专业主管部门或国务院直属机构演变而来。这些行政主管职能部门如粮食储备局、煤炭工业局等。由于其行政事务与一些部委的职能有关,因此由相应的部委实施管理,如国家烟草专卖局由国家经贸委管理,专利局由国家科委管理等。国务院组成部门管理的国家行政机构由国务院组成部门管理,主管特定业务,行使行政管理职能,故具有行政主体资格。

除此之外,国务院还有办事机构、议事协调机构等。国务院办事机构协助国务院总理办理专门事项,不具有独立的行政管理职能,因而不属于行政主体。国务院议事协调机构承担跨国务院行政机构的重要业务工作的组织协调任务,其议定的事项,经国务院同意,由有关的行政机构按照各自的职责负责办理。在特殊或者紧急的情况下,经国务院同意,国务院议事协调机构可以规定临时性的行政管理措施。因此议事协调机构通常不以自己的名义对外行使行政权力,不能独立承担法律责任,也不属于行政主体。

2. 地方行政机关。地方行政机关是指活动范围及管辖事项仅限于国家一定区域范围内的行政机关。

(1)地方各级人民政府。地方各级人民政府是地方各级权力机关的执行机关,负责组织和管理本行政区域内的各项行政事务。根据宪法和有关组织法的规定,我国地方各级人民政府按照行政区域的划分可以分为省(自治区、直辖市)、市(自治州、直辖市的区)、县(自治县、市辖区及不设的市)、乡(民族乡、镇)四级。地方各级人民政府作为地方各级权力机关的执行机关和地方行政机关,一方面要对本级权力机关负责并报告工作,另一方面要受上一级行政机关的领导和指挥,但地方各级人民政府的这种政治上的从属地位并不影响其在行政法上的主体地位。因为地方各级人民政府在其管辖的行政区域内,有权依照宪法和组织法规定的权限,独立管理本行政区域内的行政事务,并依法对自己行为独立承担法律责任。它们都是行政主体。

(2)地方各级人民政府的职能部门。地方各级人民政府的职能部门是县级以上地方各级人民政府依宪法和有关法律的规定,根据工作需要而设立的行使专门权限和管理专门行政事务的行政机关。职能部门是地方各级人民政府的组成部分,都受本级人民政府的领导,对本级人民政府负责,同时也是行政主体。

(3)县级以上地方各级人民政府的派出机关。它是指县级以上地方各级人民政府因工作需要并经有权机关的批准而在一定区域内设立的行政机关,它依法承担该区域内的所有行政管理工作。根据《地方组织法》的规定,我国地方各级人民政府的派出机关主要有三种类型:省、自治区人民政府经国务院批准而设立的行政公署,县、自治县人民政府经省、自治区、直辖市人民政府批准而设立的区公所以及市辖区和不设区的市人民政府经上一级人民政府批准而设立的街道办事处。

派出机关并非一级人民政府,但实际上却履行了一级政府的职能,它可以依法以自己的名义行使一定的行政管理职权,管理该行政区域内的行政事务,并依法承担自己行为的法律后果,因而具有行政主体资格。

3. 行政机构。行政机构是具有行政主体资格的各级人民政府及其职能部门根据行政管理工作的需要而在该机关内部设立的,具体处理和承办各项行政事务的内部工作机构。行政机构不具有独立的编制和财政经费预算,一般不具有独立的法人资格,也不能以自己的名义对外行使行政职权、进行行政管理,因此行政机构一般不具有行政主体资格。但是,行政机构在法律、法规明确授权的前提下,可以自己的名义在授权范围内行使一定的行政职权,并承担相应的法律责任,即经法律、法规的明确授权成为行政主体。实践中,下列行政机构经法律、法规的明确授权而具有行政主体资格:

(1)行政机关的内部机构。行政机关的内部机构中有些是依照法律、法规的授权规定而直接设立的专门机构,如依《专利法》第41条规定,在专利局设立专利复审委员会主管专利复审工作。行政机关的其他内部机构则是在其成立之后,得到法定授权的情况下才可能成为行政主体。如:各级物价管理部门的物价检查机构依《价格条例》

的授权,依法获得行政主体资格,可以实施价格监督检查行为和处理价格违法行为。又如县级以上公安部门的交警机构依《中华人民共和国道路交通安全法》的授权也可获得行政主体资格。

(2)政府职能部门的派出机构。派出机构不同于以上所讲的派出机关,派出机构只是政府的职能部门根据行政管理的需要而在一定区域内设立的,代表该职能部门管理某项专门行政事务的机构。如县(区)公安局设立的公安派出所、县(区)工商局设立的工商所、县(区)税务局设立的税务所等。派出机构与职能部门所设的内部机构处于相同地位,其成立时并无行政主体的资格,但如法律、法规对其有特定、具体的授权时,也可以成为行政主体。如依《治安管理处罚法》、《工商行政管理所条例》、《税收征管法》的规定,公安派出所、工商所、税务所都获得了法定授权,可以自己的名义行使行政权,进行行政管理并独立承担法律责任,因而成为了行政主体。

(3)综合执法机构。综合执法机构是指依法成立或依法授权的行使两个或两个以上行政机关行政职权的跨部门的行政机关或机构。它通常由国务院或经国务院授权的省政府依据行政法规和行政法规授权的省级政府规章来设定,并享有行政主体资格。

三、法律、法规授予行政权的组织

(一)概念及特征

法律、法规授予行政权的组织,简称"被授权的组织",指根据法律、法规的授权,从而享有并行使国家行政权力,进行行政管理的非行政机关的组织。被授权的组织具有如下特征:

1.被授权的组织本身不是行政机关或行政机关中的内部机构、派出机构,其行政权力是来源于法律、法规专门、明确的授权规定。被授权的组织通过法律、法规的明确授权而直接取得某项或某些行政权力。如《食品卫生法》将食品卫生监督权授予县级以上的卫生防疫站,卫生防疫站即享有该法律所授予的职权内容和职责范围。

2.被授权的组织依法享有行政职权,同时也依法承担行政职责。即行政授权引起行政职权和职责的同时转移。被授权的组织不仅依法被赋予行政权,而且也承担依法行使权力的义务并依法承担其由行使行政权而产生的法律责任。

3.被授权的组织具有行政主体资格。行政授权的结果是不仅使被授权组织取得了法定职权,而且取得了以自己名义独立行使行政权并承担法律责任的能力,即意味着其依法取得了行政主体的资格。

(二)授权的条件

1.授权主体的条件。授权是配置国家公权力的活动,其主体必须是依法有权的机关而不能是任何组织或个人。根据法律规定,授权主体主要有:①全国人民代表大会及其常务委员会;②国务院;③省、自治区、直辖市的人民代表大会及其常务委员会。授权主体授权的方式和授权的内容都必须依照法律的规定进行。授权必须是公开的,其基本方式是通过法律、行政法规或地方性法规授权。

2．被授权组织的条件。被授权的组织应当具备某些条件，以使其有资格和能力接受授权并行使被授予的行政权力。一般来讲，被授权组织是公益性组织并与授权的内容有某种联系：①被授权组织必须是具有管理公共事务职能的组织；②必须有熟悉有关法律、法规和业务的正式人员；③必须具有与承担的行政职务相应的技术及设备条件；④必须能独立承担因自己行为而引起的法律责任。

3．授权内容的条件。被授予的权力应当是共有权力而不是专有权力。专有权力只能归特定机关专门行使，具有专一性和不可转让性。共有权力则可以由几个机关同时行使并可予以转让。如行政拘留权就是专有权力，只能由县级以上的公安机关行使，不得转让。而其他较轻的行政处罚权则可以通过授权予以转让，如警告、罚款等权力。另外，被授予的行政权力必须在授权主体自己的职权范围内。任何授权主体都不得超出其法定职权范围进行授权，否则即为无效授权。

行政授权的法律后果是，被授权组织取得了行使被授予的行政职权的主体资格，成为该项行政职权的法定行政主体。它可以依法以自己名义独立行使被授予的行政权力，并依法独立承担其行为所产生的法律责任。

（三）被授权组织的类型

1．行政性公司。行政性公司是指符合公司的条件，主要从事经济活动，同时又经授权具有某一方面行政管理职能，特别是对某一行业的经济活动具有宏观调控和监督管理职能的组织。这些组织一般是由过去的行政主管部门为适应市场经济的需要而转变职能改建成立的公司，如烟草公司、自来水公司、物资公司、煤气公司等。它们承担政府的部分行政管理职能并实际行使着行政权力，其行政主体身份应当是法律、法规授权的结果，如1991年6月29日第七届全国人大常委会通过的《烟草专卖法》便授权全国烟草总公司和省级烟草公司行使下达卷烟产量指标的行政职能。

2．事业单位。事业单位包括研究机构、教育机构和社会团体等。它们都可以经法律、法规的授权而行使某种行政权力。如1995年3月18日第八届全国人大通过的《教育法》授权公立学校及其他公立教育机构招收学生或者其他受教育者，对受教育者进行学籍、学位等方面的管理。

3．基层群众性自治组织。如1998年11月4日第九届全国人大常委会通过的《村民委员会组织法》授权村民委员会办理本村的公共事务和公益事业，调解民间纠纷，协助维护社会治安，协助乡、民族乡、镇人民政府开展工作。

4．有关的技术检验、鉴定机构。如1985年9月6日第六届全国人大常委会通过的《计量法》规定，县级以上人民政府计量行政部门可根据需要设置检定机构，或授权其他单位的计量检定机构，执行强制检定和其他检定、测试任务。

四、受委托的组织

（一）概念及特征

行政委托是指行政机关依法将其行政职权的一部分委托给非行政机关行使的行

为。受委托组织则是接受行政机关委托而代替行政主体行使部分行政职权的组织。受委托的组织具有如下特征：

1.其行政权力来源于行政机关的委托行为。行政机关可以根据行政管理工作的实际需要，以法律、法规或规章为依据，将一部分行政职权委托给非行政机关的组织，而受委托的组织则基于行政机关的委托决定而有权行使一定的行政权力。

2.受委托的组织并没有因委托而获得法定的职权职责。即行政机关的委托行为并不引起行政职权和职责的同时转移，被委托的组织只能在委托的范围内以委托的行政机关的名义来行使行政权，并由委托的行政机关来承担该行为的法律责任。

3.受委托的组织不具有行政主体资格。行政委托并不导致新的行政主体的形成，即受委托者并不因行政委托行为而取得行政主体的资格。在受委托组织作出的行政行为中，行政主体仍然是委托的行政机关。

（二）委托条件

1.委托主体的条件。委托的主体必须是国家行政机关，其他任何享有行政权的组织都不得再行委托。委托的方式必须是依法律规定、以法定形式及按法定程序进行。

2.受委托组织的条件。对于受委托组织的条件，我国《行政处罚法》有明确规定，我们认为，《行政处罚法》的规定也基本适用于其他行政管理领域。按照《行政处罚法》的规定，受委托组织必须符合以下条件：①依法成立的管理公共事务的事业组织；②具有熟悉有关法律、法规、规章和业务的工作人员；③对违法行为需要进行技术检查或者技术鉴定的，应当有条件组织进行相应的技术检查或者技术鉴定。

3.委托内容的条件。被委托的行政职权也有一定的限制条件。被委托的行政职权一般是有关社会性和群众性的行政管理职权，如治安管理、城市交通管理、市容卫生管理等。而一些专业性较强的行政权则不宜予以委托，如海关管理、税务管理等。而且被委托的职权还必须是影响较小或较轻的行政职权，如警告或罚款等申诫罚和财产罚可以予以委托，而对相对人权利义务影响较大的行为罚或人身罚则不宜予以委托。同时，行政机关委托的行政权必须在其自己的法定职权范围内，任何超出法定职权范围进行的委托都是无效的。

五、其他公权力机构

其他公权力机构主要是指非国家机关的某些公共组织，包括公共社团（如律师协会、医生协会）、公共企事业单位（如国有企业、公立学校、研究所）等。其他公权力机构具有以下法律特征：

1.从设立目的来看，公权力机构并非仅以追求自身利润最大化为目的，还具有增进社会公平、公共利益的目的。其要组织对公共事务的管理与调控，配合政府实现一定的行政目标。

2.从权力的性质来看，公权力机构行使的权力并非为国家行政权力，但也不是单纯的作为法人或非法人组织的"私权利"。它是一种不属于国家权力的公共权力，其具有社会公共管理和公共事务的性质。

3.从权力的来源来看,公权力机构行使的权力并非由国家法律直接进行规定,而是由这些机构、组织的章程加以规定的,当然,公权力机构的章程不能违反国家的宪法与法律。

4.从公权力机构与其涉及的一定范围内的社会成员的关系(如律师协会与律师之间的关系)来看,它们之间并不是一种平等的关系,而在很大程度上具有管理与被管理、服务与被服务关系等性质。公权力机构可以按照章程的有关规定对这些成员作出相应的处理。

其他公权力机构不属于国家机构的范畴,所行使的权力也不是国家行政权力,由此它们不是典型的行政主体。但从它的目的和职能来看,事实上它能对一定范围的公共事务实施组织、协调与管理,这是社会转型后政府转变职能向社会下放原行政管理权力的结果。因为这些公权力机构也可能以其公共权力侵害公民、法人和其他组织合法权益,其行为当然需要受到行政法的严格规范。我们认为,行政法对规范、引导、监督公权力机构应发挥积极的作用,须将公权力机构及其行为纳入调整的范围,当公权力机构侵害社会成员的合法权益时,行政法应当提供相应的救济途径。因此,应当将这些公权力机构作为一种特殊类型的行政主体来加以规范。

■　第二节　行政公务人员

一、行政公务人员的概念与特征

行政公务人员,是指依法享有职权或受行政主体委托,能以行政主体的名义进行管理,其行为后果归属于行政主体的个人。它具有以下特征:

1.行政公务人员是个人而不是组织。具体地说,行政公务人员包括国家行政机关公务员和其他行政公务人员。后者指虽不具有公务员身份,但经行政主体委托或认可,代表行政主体行使行政职权的个人。

2.行政公务人员代表行政主体,以行政主体的名义实施行政管理行为。

3.行政公务人员所实施行为的后果由其所代表的行政主体承担。

二、行政公务人员的范围

行政公务人员主要包括国家行政机关公务员和其他行政公务人员两部分。

(一)国家行政机关公务员

根据《中华人民共和国公务员法》(以下简称为《公务员法》)第2条的规定,公务员是指依法履行公职、纳入国家行政编制、由国家财政负担工资福利的工作人员。公务员的范围包括在国家权力机关、行政机关、审判机关、检察机关、执政党机关、人民政协、民主党派机关以及群众团体等中任职的、除工勤人员以外的工作人员,其中国家行政机关公务员属于国家公务员的一部分。

国家行政机关公务员是指依法在中央和地方国家行政机关中任职,行使国家行政权、执行国家行政公务的工作人员。国家行政机关公务员是行政公务人员中数量最多也是最重要的组成部分。其特征如下:

1.国家行政机关公务员任职于国家行政机关,属于国家行政机关行政编制之内的人员。

2.国家行政机关公务员是在国家行政机关中行使国家行政权力,执行国家行政公务的人员。行政机关中的工勤人员,如司机、打字员、门卫等被排除在公务员的范围之外。

3.国家行政机关公务员是经过法定的方式和程序任用的国家行政机关的工作人员。国家行政机关公务员身份的取得必须依照法定的方式,经过法定的程序,否则无效。

(二)其他行政公务人员

其他行政公务人员,指除国家行政机关公务员之外,在其他行政公务组织中执行国家行政公务的人员。具体包括:①行政机关非固定性聘用、借用的执行公务人员;②在紧急情况下,经行政机关认可,协助执行公务的人员;③在法律、法规及规章授权的组织中从事行政管理事务,但不属于国家行政编制,也不由国家财政负担工资福利的人员;④在受行政机关委托的组织中行使行政职权的人员,等等。原则上,行政公务人员应当是行政机关公务员,但是由于行政管理活动的复杂性以及技术性的要求,国家行政机关公务员以外的某些人员也常受行政主体委托从事管理活动,成为行政公务的实施者。他们虽然不具有国家行政机关公务员的身份,但其执行行政公务时与国家行政机关公务员处于相同的法律地位,所以有关公务员的理论,也同样适用于其他行政公务人员。

三、国家行政机关公务员的分类

1.行政机关中领导职务的公务员和非领导职务的公务员。这是根据行政机关公务员的职务和职责不同而作的一种分类。所谓领导职务的行政机关公务员,是指在各级行政机关中,具有组织、管理、决策、指挥职能的公务员。具体包括:总理、副总理、国务委员、部长、副部长、委员会主任、副主任、省长、副省长、自治区主席、副主席、直辖市市长、副市长、司长、厅长、州长、专员、副司长、副局长、副厅长、副州长、副专员、处长、县长、副处长、副县长、乡(镇)长、科长、副乡(镇)长、副科长等等。所谓非领导职务的行政机关公务员,是指在各级国家行政机关中,不具有组织、管理、决策、指挥职能的公务员。具体包括:办事员、科员、副主任科员、主任科员、副调研员(相当于副处级)、调研员(相当于正处级)、副巡视员(相当于副局级)、巡视员(相当于正局级)。

2.各级人民政府的组成人员与一般行政机关公务员。这是根据行政机关公务员的产生方式、任期不同而作的分类。根据《公务员法》的规定,各级人民政府组成人员的公务员是根据组织法由各级国家权力机关选举或决定产生,其任期与相应政府每届的任期相同的公务员。政府换届后,上一届政府组成人员可在下一届政府中留任,如其不留任下届政府组成人员,可转一般公务员。一般行政机关公务员则是通过考任、委任、聘任等方式产生,其任职不受政府换届的影响。一般行政机关公务员通过法定的程序也可转任政府组成人员。

3.选任制、委任制、聘任制、考任制和调任制的行政机关公务员。这是根据行政机关公务员产生的方式不同而作的分类。选任制公务员,是指根据民意选举或决定的方式而产生的公务员。我国各级人民政府的组成人员,是由各级人民代表大会及其常务委员会选举产生或决定任命的,属于选任制公务员。委任制公务员,是指由任免机关在其任免权限范围内,直接确定并委派担任一定职务而产生的公务员。我国行政机关中的一般公务员有部分是通过委任的方式产生的。聘任制公务员,是指行政机关以合同的方式聘用而产生的公务员。我国通常只对专业技术职位的公务员以及农村部分乡镇政府的非领导职务公务员采用这种任用方式。考任制公务员,是指法定的任免机关通过公开考试和考核的方法而产生的公务员。调任制公务员,是指将行政机关以外的工作人员调入行政机关担任领导职务或助理调研员以上非领导职务的公务员。

四、行政职务关系

(一)行政职务关系的概念与特征

行政职务关系,是指行政公务人员基于一定的行政职务在任职期间与行政主体之间所形成的权利与义务关系。它具有以下特征:

1.行政职务关系本质上是一种国家委托关系。国家行政机关公务员所担任的是国家公职,实施的是国家公务行为,其所产生的法律后果和责任归属于国家。因此,行政职务关系是国家与行政机关公务员之间的一种国家公职上的委托关系。

2.行政职务关系的内容是行政职务方面的权利与义务。由于行政职务关系的核心是规范与界定行政机关公务员代表行政机关行使行政职权和履行行政职责,因此,其内容表现为行政职务及与行政职务有关的权利与义务,即行政机关公务员拥有与其承担的行政职务相对应的行政职权与职责。

3.行政职务关系属内部行政法律关系。

4.行政职务关系是一种特殊的劳动法律关系。国家行政机关公务员在行政机关任职,从事行政管理和实施国家公务,其本身也是一种"劳动",公务员以此劳动获取报酬和其他有关待遇,作为本人和家庭的基本物质生活来源。因此,在行政职务关系中包含有与其所承担的行政职务相适应的劳动报酬和福利待遇等。

(二)行政职务关系的内容

行政职务关系的内容是行政法所规定的行政机关与公务员之间的权利和义务。

1.行政机关公务员的义务。行政机关公务员的义务是指国家法律基于公务员的身份,对公务员必须作出某种行为或不得作出某种行为的限制与约束。《公务员法》

规定公务员必须履行下列义务:①模范遵守宪法和法律;②按照规定的权限和程序认真履行职责,努力提高工作效率;③全心全意为人民服务,接受人民监督;④维护国家的安全、荣誉和利益;⑤忠于职守,勤勉尽责,服从和执行上级依法作出的决定和命令;⑥保守国家秘密和工作秘密;⑦遵守纪律,恪守职业道德,模范遵守社会公德;⑧清正廉洁,公道正派;⑨法律规定的其他义务。

2.行政机关公务员的权利。行政机关公务员的权利是指国家法律基于公务员的身份和职责,对公务员有资格享有某种利益和有权作出或不作出某种行为以及要求他人作出或不作出某种行为的许可与保障。《公务员法》规定国家公务员享有下列权利:①获得履行职责应当具有的工作条件;②非因法定事由、非经法定程序不被免职、降职、辞退或者处分;③获得工资报酬,享受福利、保险待遇;④参加培训;⑤对机关工作和领导人员的工作提出批评和建议;⑥提出申诉和控告;⑦申请辞职;⑧法律规定的其他权利。

(三)行政职务关系的产生、变更和消灭

1.行政职务关系的产生。行政职务关系因公民被任用为行政机关的公务员,取得公务员资格而形成。行政职务关系通常通过选任、委任、考任和聘任等几种方式产生。

(1)选任。即通过选举确定任用对象的任用方式,它适用于需要根据民意产生的人员的任用。我国公务员中的各级政府组成人员实行选任制,即由各级人民代表大会及其常委会选举产生或决定任命。

(2)委任。即由任免机关在任免权限范围内,直接确定任用人选,委派其担任一定职务的任用方式。其实质是由上级领导直接决定任用人选。

(3)聘任。即由用人单位通过合同形式任用工作人员的任用方式。某些专业性或技术性很强的职位上的公务员,可以聘任。

(4)考任。即通过公开考试、择优录取的原则来选拔任用对象的任用方式。对担任主任科员以下非领导职务的国家公务员,采取考试录用方式。

(5)调任。即将行政机关以外的工作人员调入行政机关担任领导职务或助理调研员以上非领导职务的任用方式。

2.行政职务关系的变更。行政职务关系的变更,是指行政机关公务员在任职期间,因某种法律事实的出现而使行政职务关系的内容部分地发生变化。导致公务员职务变动的法律事实主要有:①转任。即国家公务员因工作需要或者其他正当理由在国家行政机关系统内部的平级调动。②升职。即公务员所任职务的升迁。③降职。即公务员所任职务的下降。行政职务关系变更,实际上是公务员担任的职务变动而导致其具体权利与义务的某些变动,公务员本人身份不会因职务变动而改变。

3.行政职务关系的消灭。行政职务关系的消灭,是指行政机关公务员身份的丧失或者行政职务关系内容的全部终止。行政职务关系消灭的主要原因有:①辞职。即公务员根据本人意愿,依照法律规定辞去行政职务,解除与行政机关的行政职务关系的行为。②辞退。即行政机关依法律规定的条件和程序,在法定权限内作出的解除公务员职务关系的行为。③退休。即公务员达到一定的年龄、工龄或符合法定条件(如丧失工作能力)而根据规定退出国家行政机关,不再担任行政职务和保留公务员身份的行为。④罢免。即权力机关对其选举或任命产生的公务员因其违法失职行为而免去其行政职务,取消其公务员资格的行为。⑤调离。即公务员因某种原因不适宜继续保留公务员身份,而被有关机关调离行政机关系统。⑥开除。即行政机关对有严重违法失职行为的公务员进行的一种行政处分,意味着开除其国家公职,取消其公务员资格。⑦被判处刑罚。即公务员因触犯刑律,而被判刑,表明其失去了担任公务员的资格条件,因而被除名,消灭其行政职务关系。⑧丧失国籍。因行政职务只能由具有本国公民资格者担任,丧失国籍,就意味着丧失了做公务员的资格,所以行政职务关系会因公务员丧失国籍而自动消灭。⑨死亡。公务员的生命终结,导致其行政职务关系必然消灭。

五、行政公务人员的法律地位

行政公务人员依照法定的方式和程序任职于相应的行政机关,相应的行政机关依法对与自己存在有隶属关系的行政公务人员进行管理;该行政公务人员由此也能代表所属的行政机关,即行政主体对外执行公务,行使行政职权和履行行政职责,与此同时,该行政公务人员原来作为普通公民的身份并未丧失,因此在法律上,行政公务人员具有:普通公民、行政公务人员、行政主体的代表等多种身份。[1]

行政公务人员以不同的身份出现在不同的法律关系中,其法律地位是不一样的。

在外部行政管理法律关系中,行政公务人员并非作为一方当事人出现,不具有一方当事人的资格。因为外部行政管理法律关系是行政主体与作为行政相对人的个人、组织发生的关系,而不是行政公务人员与相对人发生的关系。

在行政诉讼法律关系中,行政公务人员既不能作原告,也不能作被告,不具有诉讼当事人的地位。

在内部行政法律关系中,行政公务人员可以作为一方当事人与所属行政机关发生法律关系。行政机关依法对所属人员进行人事、档案、财务、纪律等方面的管理,被管理人不服,依法可以提出申诉,这些行为所引起的行政法律关系都是以行政公务人员为一方当事人,相应行政公务组织为另一方当事人所形成的内部行政法律关系。

在行政法制监督法律关系中,行政公务人员可以作为被监督对象与监督主体发生关系,成为其中的一方当事人。

当然,行政公务人员也可以普通公民的身份从事各种活动。作为普通公民,行政公务人员享有宪法、法律和法规所赋予的各种权利,承担各项法定的义务。

---

[1]　方世荣:"再析国家公务员的法律身份",载《行政法学研究》1995年第1期。

六、行政公务行为

与行政公务人员的多重身份相适应,其以不同身份所实施的行为性质也不同。即其以普通公民和公务人员个人的身份和名义所进行的活动,属于个人行为;其以行政主体代表的身份和名义所进行的活动,属于公务行为。个人行为的后果均属于行政公务人员个人,而公务行为的法律后果则归属于国家。所以,行政公务人员不能借执行公务之名从事个人行为,也不能以普通公民身份对待公务。因此,要使公务人员的不同身份与其不同的行为相适应,就必须正确区分行政公务人员的个人行为和公务行为。

确认行政公务行为,应当以行政职务关系和行政公务人员资格为前提。以行政公务人员所担任的行政职务和所属行政主体的行政职权与行政职责为基础,以下相关因素的综合通常可以作为确认行政公务行为的基本标准:

1.时间要素。行政公务人员在上班时间实施的行为,通常被认为是执行公务的行为,在下班后实施的行为通常被认为是非执行公务的行为。

2.名义或公务标志要素。行政公务人员以其所属的行政主体之名义或者佩戴或出示能表明其身份的公务标志实施的行为,视为执行公务的行为,以个人名义实施的,则通常视为非执行公务的行为。

3.公益要素。行政公务人员的行为涉及公共利益的或者以公共利益为目的的,通常视为执行公务的行为,不涉及公共利益或者以公共利益以外的其他利益为目的的,一般视为非执行公务的行为。

4.职权与职责要素。行政公务人员的行为属于其职权与职责范围内的,则视为执行公务的行为,而不属于其职权与职责范围内的,则视为非执行公务的行为。

5.命令要素。行政公务人员根据其主管领导的命令、指示或者委派实施的行为,通常视为执行公务的行为,反之则属非执行公务的行为。

■ 第三节　行政相对人

一、行政相对人的概念

行政相对人是指在行政法律关系中与行政主体互有权利义务的相对应一方公民、法人和其他组织。行政相对人具有以下几个法律特征:

1.在法律地位上,行政相对人是与行政主体相对应的一方当事人,是与行政主体相互对应的行政法主体,而不是被行政主体支配和控制的客体,行政相对人在行政法上是法定的权利主体。

2.在权利义务上,行政相对人不具有国家行政权,但这并不意味着他们只有义务而没有权利。行政相对人的权利与义务只是与行政主体的权利义务在法律性质上有区别,行政相对人的权利属于私人权利,而行政主体的权力则属于国家权力。

3.在形成方式上,行政相对人是与行政主体之间具有特定法律关系的人,即他们并不是泛指所有的公民、法人和其他组织。如并非全体公民都是税务机关实施征税的行政相对人,而只有符合法定纳税条件即有应税收入的公民,才能是税务机关征税的行政相对人。因此,只有当公民、法人或其他组织进入某个具体的行政法律关系中时,他们才成为了该行政法律关系中与行政主体对应的行政相对人。

二、行政相对人的范围

行政相对人包括:自然人与法人或其他组织。

1.自然人。自然人包括公民、外国人、无国籍人以及国籍不明的人。公民是指具有我国国籍的自然人。公民是最主要、最经常也是最广泛的行政相对人。按照我国有关法律、法规规定,外国人和无国籍人也可以成为我国行政管理相对人,即也可充当行政法律关系的一方当事人。当然,外国人和无国籍人作为行政相对人的权利能力和行为能力要受到许多限制。

2.法人或其他组织。法人是具有民事权利能力和民事行为能力,依法独立享有民事权利和承担民事义务的组织。根据我国有关行政法律、法规的规定,它也是一种重要的行政相对人。其他组织,也称为"非法人组织",指经有关主管部门批准或认可能够从事一定的生产、经营或其他活动,但不具备法人资格的社会性组织和经济性组织。如非法人企业、非法人机关、非法人事业单位和非法人社会团体以及某些特殊组织。这些非法人组织,或是没有独立的财产和经费,或是没有独立的法律人格,或是不能独立对外承担法律责任,因而,并不完全具备法人条件,但在某些方面又同法人组织极其相似。

三、行政相对人的权利和义务

(一)行政相对人的权利

行政相对人的权利是行政相对人依行政法规定而享有的、针对行政主体所主张的权利。行政主体对行政相对人的这种权利则具有相对应的义务。在行政法律关系中,行政相对人对行政主体的权利包括实体上的和程序上的两类。

行政相对人实体上的权利主要有:

1.以各种形式和渠道参与行政管理的权利。具体如:担任国家行政机关公职的应试权和因条件合格的被录用权,对行政主体的工作参与讨论以及以各种方式提出建议、意见的权利,参加行政听证活动的权利,对国家政务活动表达意愿和见解的言论、出版、集会、结社、游行、示威权等等。

2.为保护自身合法权益而抵抗行政主体非法侵害的权利。这里的合法权益包括各种法定权益和自由,如人身权、财产权、经营自主权、劳动权等,这些权益有的可能是其他部门法如民事法律而不是行政法规定的权益,但为保护这些合法权益而抵抗行主体非法侵害的权利却是行政法专门赋予行政相对人的权利,如拒绝行政主体乱摊派的权利、拒缴行政主体不合法行政罚款的权利等等。

3.各种合法权益受行政主体保护的权利。即在自己合法权益受到他人侵害时,有请求行政主体给予保护的权利。

4.受益的权利。即通过行政主体的行政活动获得现实利益或可得利益的权利。具体有得到行政许可、行政指导和行政奖励的权利,在遭受自然灾害等紧急情况下有得到行政主体救助的权利等等。

5.受到行政主体公平对待的权利。这种权利要求行政主体在作出任何行政处理决定时,必须平等地对待每一个同等条件的行政相对人。

6.因行政主体违法行政行为而受损害的,有获得行政赔偿的权利。

行政相对人程序上的权利主要有:

1.在行政主体作出不利于自己的处理决定时的申辩权。

2.对行政主体有关行政活动的了解权。

3.对行政主体的行政处理不服而提起行政复议、行政诉讼的权利等等。

（二）行政相对人的义务

行政相对人的义务是行政相对人所具有的专对代表国家的行政主体所履行的义务,行政主体对行政相对人的这种义务则具有相对应的权利。在行政法律关系中,行政相对人对行政主体的义务主要有:

1.维护行政主体各种行政权力正常行使的义务,即有不得妨碍、阻挠各种行政权力依法正常行使的义务。

2.配合行政主体正常行使有关权力的义务,如对行政主体行使调查取证权具有配合的义务。

3.服从行政主体依法行使行政权力结果的义务。如对于行政主体行使行政处罚的权力,行政相对人既要履行不得妨碍、阻挠其正常行使的义务,又要履行服从、执行的义务。

■ 第四节　监督行政主体

监督行政主体是指有权对行政主体及其工作人员遵守法律、执行法律的情况进行监督的主体。在我国,监督行政主体非常广泛,包括国家机关、执政党、民主党派、社会团体、群众组织及公民个人。不同的监督行政主体,其监督权和行使方式也不同。

一、权力机关及其监督权限

权力机关的监督是指最高国家权力机关和地方各级国家权力机关对各级行政机关及其工作人员的监督。人民代表大会制度是我们国家的根本政治制度,人民代表大会的性质和地位决定了权力机关对行政的监督具有民主性、权威性、全面性等特点。

权力机关的监督在监督行政中具有最高法律地位。

根据我国宪法、组织法、人大及其常委会的议事规则,以及权力机关监督政府活动的实际情况,权力机关对行政的监督权限主要有:

1.审议政府工作报告。听取和审议政府工作报告,是权力机关对政府行为实施监督的基本形式,也是权力机关对政府决策及决策实施的结果进行的全面的、宏观的监督。

2.审查政府的法规、规章、决定和命令。我国宪法和立法法规定,全国人大常委会有权撤销国务院制定的同宪法、法律相抵触的行政法规、决定和命令。根据地方组织法的规定,地方各级人大及其常委会也有权撤销本级人民政府的不适当的规章、决定和命令。

3.审查和批准国民经济和社会发展计划及财政预算。

4.调查和视察。依据宪法规定,全国人大及其常委会认为必要的时候,可以组织关于特定问题的调查委员会,对特定问题进行调查并作出决议。地方组织法也作了类似规定。视察,是指权力机关的组成人员,即人大代表有组织的到各地了解政府工作情况,听取群众意见的活动。代表在视察中不直接处理问题,对视察中发现的政府工作问题,可以采用批评、建议的方式,由人大常委会办事机构转给政府有关部门处理。

5.提出质询和询问。质询是指权力机关的组成人员依法对政府的某些管理行为提出质问,要求被质询的政府或其部门在法定时间内,正式作出答复的活动。宪法和有关法律规定,全国人民代表大会代表在全国人民代表大会期间,全国人民代表大会常务委员会组成人员在常务委员会开会期间,有权依照法律规定的程序提出对国务院或者国务院各部委的质询案,受质询的机关必须答复。地方各级人民代表大会举行会议的时候,代表向本级人民政府和其所属的工作部门提出质询,经过主席团提交受质询的机关,受质询的机关必须在会议中负责答复。询问是指权力机关或其组成人员在人大全体会议和人大常委会会议审议政府工作报告或者议案过程中对政府及其领导人就有关行政行为提出疑问、了解情况的行为。一般采取口头方式,由有关机关派人在代表小组或者代表团会议上进行说明,可以当场答复,也可以在一定时期内作出答复。

6.处理公民对行政机关的申诉和控告。根据宪法和有关法律的规定,我国公民享有对政府及其工作人员提出批评、建议、申诉、控告和检举的权利,各级国家权力机关受理公民的申诉、控告、意见是实现这一权利的重要组成部分和保证。

7.罢免或撤销由权力机关选举或任命的公务员的职务。权力机关有权对构成违法犯罪或者失职的政府组成人员予以罢免。

二、司法机关及其监督权限

司法机关的监督可分为人民检察院监督和人民法院监督。

1.人民检察院作为专门的国家法律监督机关,对行政的监督主要体现为:

（1）受理对行政职务犯罪的举报，侦查和指控行政职务犯罪。

（2）对公安、国家安全机关的刑事司法活动是否合法进行监督。

（3）对监狱、看守所、劳改劳教场所的活动是否合法进行监督。

（4）在行使法律监督职权过程中向有关的行政机关提出检察建议。

2.人民法院对行政的监督主要是通过行使行政审判权来实施对行政行为的司法审查。即通过行政诉讼活动来监督行政机关依法行使职权。此外，在刑事诉讼、民事诉讼和行政诉讼过程中，对涉及行政活动的问题，人民法院均有权通过向有关行政机关提出司法建议来实现对行政的监督。

三、行政机关及其监督权限

行政机关的监督是指在行政机关系统内部，上级机关对下级机关或专门监督机关对其所管辖的行政机关及其工作人员的监督。这种监督具有直接、灵活、及时、有效的特点。根据主体的不同，行政机关对行政的监督可分为一般行政监督和专门行政监督。

（一）一般行政监督

一般行政监督是指上级行政机关对下级行政机关的监督。具体表现为国务院对全国地方各级各类行政机关的监督，各级人民政府对其所属部门的监督，上级主管行政机关对相应的下级行政机关的监督等。一般行政监督的存在是由行政机关在组织体制上实行层级制所决定的。

（二）专门行政监督

专门行政监督是指在行政机关内部设置专门的监督机构依法在其职权范围内对所管辖的行政机关及其工作人员的监督。专门行政监督包括审计监督和行政监察。

1.审计监督。审计监督是指审计机关对行政机关的行政行为涉及的财政财务收支活动进行审查核算的监督行为。只有在审计机关对其管辖范围内的行政机关及其工作人员进行审计时，才是一种专门行政监督。

（1）审计机关的主要职责。①对本级各部门（含直属单位）和下级政府预算的执行情况和决算以及其他财政收支情况，进行审计监督；②对政府部门管理的和其他单位受政府委托管理的社会保障基金、社会捐赠资金以及其他有关基金、资金的财务收支，进行审计监督；③对其他法律、行政法规规定应当由审计机关进行审计的事项，进行审计监督。

（2）审计机关的审计权限。审计机关依法享有如下审计权限：①要求报送权。审计机关有权要求被审计单位按照规定提供预算或者财务收支计划、预算执行情况、决算、财务会计报告、运用电子计算机储存、处理的财政收支、财务收支电子数据和必要的电子计算机技术文档，在金融机构开立账户的情况，社会审计机构出具的审计报告，以及其他与财政收支或者财务收支有关的资料，被审计单位不得拒绝、拖延、谎报。②检查权。审计机关有权检查被审计单位的会计凭证、会计账簿、财务会计报告和运用电子计算机管理财政收支、财务收支电子数据的系统，以及其他与财政收支、财务收支有关的资料和资产,被审计单位不得拒绝。③调查权。审计机关有权就审计事项的有关问题向有关单位和个人进行调查,并取得有关证明材料,有关单位和个人应当支持、协助审计机关工作,如实向审计机关反映情况,提供有关证明材料。④制止并采取措施权。审计机关对被审计单位正在进行的违反国家规定的财政收支、财务收支行为,有权予以制止;制止无效的,经县级以上人民政府审计机关负责人批准,通知财政部门和有关主管部门暂停拨付与违反国家规定的财政收支、财务收支行为直接有关的款项,已经拨付的,暂停使用。⑤通报权。审计机关可以向政府有关部门通报或者向社会公布审计结果,但应依法保守国家秘密和被审计单位的商业秘密。⑥处理权。审计机关发现被审计单位违反国家规定的财政、财务收支行为,有权依法作出处理。

2. 行政监察。行政监察是国家各级行政监督机关依法对其所管辖的行政机关及其工作人员的行政行为进行监督、检查,并且对行政违法违纪行为进行纠察、惩戒的活动。

(1)行政监察机关的职责。行政监察机关依法履行下列职责:①检查行政机关在遵守和执行法律、法规和人民政府的决定、命令中的问题;②受理对国家行政机关、国家行政机关公务员和国家行政机关任命的其他人员违反行政法律行为的控告、检举;③调查处理国家行政机关、国家行政机关公务员和国家行政机关任命的其他人员违反行政纪律的行为;④受理国家行政机关公务员和国家行政机关任命的其他人员不服主管行政机关给予行政处分决定的申诉,以及法律、行政法规规定的其他由监察机关受理的申诉;⑤法律、行政法规规定由监察机关履行的其他职责。

(2)行政监察机关的监察权限。行政监察机关依法具有下列权限:

第一,调查与实施强制措施权。根据《监察法》的规定,监察机关在履行职责过程中,在必要时有权实施调查与强制措施。主要包括:要求被监察的部门和人员提供与监察事项有关的文件、资料、财务账目及其他有关的材料,对其进行查阅或者予以复制;要求被监察的部门和人员就监察事项涉及的问题作出解释和说明;责令被监察的部门和人员停止违反法律、法规和行政纪律的行为;暂予扣留、封存可以证明违反行政纪律行为的文件、资料、财务账目及其他有关的材料;责令案件涉嫌单位和涉嫌人员在调查期间不得变卖、转移与案件有关的财物;责令有违反行政纪律的嫌疑的人员在指定的时间、地点就调查事项涉及的问题作出解释和说明,但是不得对其施行拘禁或者变相拘禁;建议有关机关暂停有严重违反行政纪律嫌疑的人员执行职务。《监察法》还规定,监察机关在调查贪污、贿赂、挪用公款等违反行政纪律的行为时,享有一些特别的权力,即经县级以上监察机关领导人批准,可以查询案件涉嫌单位和涉嫌人员在银行或者其他金融机构的存款,必要时可以提请人民法院采取保全措施,依法冻结涉嫌人员在银行或者其他金融机构的存款。监察机关在办理行政违纪案件中,可以提请公安、审计、税务、海关、工商行政管理等机关予以协助。

第二,提出监察建议权。监察建议是监察机关依照法律、法规所规定的监察职权,在检查、调查的基础上,向被监察部门和人员就其职责范围内的事项提出的具有一定行政法律效力的建议。根据《监察法》的规定,监察机关在以下六种情况下有权作出监察建议:拒不执行法律、法规或者违反法律、法规以及人民政府的决定、命令,应当予以纠正的;本级人民政府所属部门和下级人民政府作出的决定、命令、指示违反法律、法规或者国家政策,应当予以纠正或者撤销的;给国家利益、集体利益和公民合法权益造成损害,需要采取补救措施的;录用、任免、奖惩决定明显不适当,应当予以纠正的;依照有关法律、法规的规定,应当给予行政处罚的;其他需要提出监察建议的。监察建议具有法定效力,监察建议的相对人无正当理由必须履行监察建议要求其履行的义务,否则将承担相应的行政法律责任。

第三,作出监察决定权。监察决定是监察机关依据法律、法规所规定的监察职权,根据检查和调查结果,就一定的事项对被监察的部门和人员作出的具有行政法律效力的决定。根据《监察法》的规定,在以下情况下,监察机关可以作出监察决定:违反行政纪律,依法应当给予警告、记过、记大过、降级、撤职、开除行政处分的;违反行政纪律取得的财物,依法应当没收、追缴或者责令退赔的;监察决定具有行政法律效力,被监察的部门或人员接到监察决定以后,应当履行监察决定所要求其履行的义务,否则将承担相应的法律责任。

四、其他社会监督主体及其监督

这里的其他社会主体,是指行政系统外部的个人、组织等社会主体,他们也是对行政实施监督的重要主体。在行政法律关系中,个人、组织等社会主体是行政相对人,是行政主体管理的对象。而在监督行政法律关系中,个人、组织等社会主体则又成为监督主体,有权对行政主体及其公务员行使职权的行为和遵纪守法的情况实施监督。个人、组织作为对行政实施监督的社会主体,不能直接对监督对象采取有法律效力的监督措施和处理决定。但这种监督可以通过向有权国家机关提出批评、建议、申诉、控告、检举、起诉或通过报刊、杂志等舆论工具对违法行政行为予以揭露、曝光,为有权国家机关的监督提供信息,使之采取有法律效力的监督措施和监督行为。因此,行政系统外部的个人、组织等社会主体的监督,是启动其他监督形式的基本动力,是实施整个监督行政的基础。

【思考题】

1. 简述行政主体的概念与特征。
2. 简述行政主体的范围和种类。
3. 试论受委托组织与被授权组织的区别。
4. 简述行政公务人员的概念与特征。
5. 试述行政公务人员的范围。
6. 简述行政职务关系的产生、变更和消灭。

7. 试述行政机关公务员的身份及其法律地位。

8. 简述行政相对人的概念和种类。

9. 简述行政相对人的权利和义务。

10. 简述监督行政主体的种类。

【实务训练】

长春亚泰足球俱乐部有限公司
诉中国足球协会行政处罚决定案[1]

案情简介:2002 年 1 月 7 日,长春亚泰足球俱乐部有限公司(以下简称亚泰足球俱乐部)因不服中国足球协会 2001 年 10 月 16 日作出足纪字(2001)14 号《关于对四川绵阳、成都五牛、长春亚泰、江苏舜吴和浙江绿城俱乐部足球队处理的决定》(以下简称"14 号处理决定")中涉及对亚泰足球俱乐部及其教练和球员的处罚,向北京市第二中级人民法院正式提起两起行政诉讼。原告在起诉书中称:"2001 年,中国足球协会组织全国足球甲级联赛并实施管理,原告依据有关规则参加了全国足球甲级 B 组联赛。在联赛中,原告发扬体育拼搏精神,终于在 2001 年 10 月 6 日的第 22 轮与浙江绿城足球队的比赛中,净胜 6 球,在整个赛季中排名甲 B 第二。按照中国足球协会发布的《全国足球甲级联赛规则》第 9 条的有关规定,长春亚泰足球队应升入甲 A 足球队之列。但是,中国足球协会在联赛后的 2001 年 10 月 16 日,突然作出足纪字(2001)14 号'关于对四川绵阳、成都五牛、长春亚泰、江苏舜吴和浙江绿城俱乐部足球队处理的决定',该决定第一项处罚是取消原告升入甲 A 资格,第四项处罚是取消原告足球队 2002 年、2003 年甲乙级足球联赛引进国内球员的资格,第七项是限原告 3 个月内进行内部整顿。原告不服中国足球协会的第 14 号处理决定,于 2001 年 10 月 19 日两次向中国足球协会提出申诉状,但中国足球协会未能在法定时间内答复,原告认为该决定为法律授权的组织作出的行政处罚行为,没有事实依据和法律依据,依据《行政诉讼法》应予撤销。"亚泰足球俱乐部请求法院依法撤销中国足协对亚泰足球俱乐部、球队、教练员和球员的处罚,恢复主教练及受到处罚球员的工作和参赛权利,恢复亚泰足球俱乐部及其球队应该享有的其他合法权利,并要求中国足协赔偿因处罚给俱乐部造成的经济损失人民币 300 万元。北京市第二中级人民法院对上述两案进行审查后,认为两案的起诉不符合《行政诉讼法》有关规定的受理条件。据此,于 1 月 23 日作出不予受理的裁定。亚泰足球俱乐部不服,于 1 月 28 日向北京市高级人民法院提起上诉,请求裁定撤销北京市第二中级人民法院(2002)二中行政审字第 37 号行政裁定书,依法受理上诉人对被上诉人(中国足球协会)的处理决定提起的行政诉讼。

---

[1]　应松年、王成栋主编:《行政法与行政诉讼法案例教程》,中国法制出版社 2003 年版,第59~60 页。

法律问题:中国足球协会是否具有行政主体资格?

提示与分析:行政主体是指享有国家行政权力,能以自己名义从事行政管理活动,并独立承担由此产生的法律责任的组织。在我国,行政主体在范围上主要包括国家行政机关和法律、法规授予行政权力的组织,在特定情况下,社会公权力管理机构也可以成为行政主体。依中国足球协会章程的规定,中国足球协会是根据《民法通则》成立的、唯一的、全国足球专项体育社会团体法人,这意味着中国足球协会肯定不是行政机关,但却属于一个法律、法规授予行政权的组织。①中国足球协会是依据《民法通则》成立的公法人。其一,中国足协是在行政机构改革过程中,由专业主管机关转变而来,它既是注册为社团法人的中国足球协会,同时也是国家体育总局下属的中国足球运动管理中心。其二,中国足协是行使公权力,管理一定公共事务的组织。体育竞赛管理属于国家行政的一部分,但出于体育竞赛专业化的要求,可能由某种社会组织管理更为妥当。因此《体育法》第31条规定:"……全国单项体育竞赛由该项运动的全国性协会负责管理。"第40条规定:"全国性的单项体育协会管理该项运动的普及与提高工作,代表中国参加相应的国际单项体育组织。"其三,中国足协可以行使强制性的权力。中国足协的章程以及运动员管理条例等规范性文件中均规定,足协在一定条件下享有对足球俱乐部及运动员的处罚权,包括经济处罚、停赛、禁赛处罚等。②中国足协符合行政主体必须具备的条件。其一,中国足协能以自己的名义实施行政职能,本案中足协对亚泰足球俱乐部等作出的"14号处理决定",即是直接以中国足协的名义作出的。其二,中国足协有实施行政职能的权利能力,《体育法》第31条、第40条授予了中国足协对足球竞赛的管理权力。其三,中国足协能对自己的行为独立承担法律责任。所以,不论是将中国足协看作是法律、法规授予行政权的组织,还是把它看作是其他社会公权力管理机构,在本案中都具有行政主体的资格,法院应将该案作为行政案件受理。

第三章

行政行为及行政程序原理

学习目的与要求　通过本章的学习,了解什么是行政行为以及其构成要件,熟悉行政行为的分类、内容和效力。了解行政程序的概念、特征、种类以及我国行政程序立法的现状;重点掌握行政程序的基本原则和主要制度及其应用。

■ 第一节　行政行为原理

一、行政行为的概念

行政行为虽然是各国行政法学中通用的一个基本范畴,但各国法律对其的规定并不一致,学者们对其含义的理解也不尽相同。我国行政法学界的通说认为,行政行为是指行政主体为实现国家行政管理目的,行使行政职权和履行行政职责所实施的一切具有法律意义、产生法律效果的行为。行政行为是行政主体实施国家行政管理的手段和方式,它有着广泛的范围和多样化的形式,为了保证行政主体有效运用行政行为实现行政管理目的,同时防范行政主体以行政行为侵害公民、法人或其他组织的合法权益,需要法律对行政行为作出科学、详细的规范,为此,行政行为是行政法学研究中最重要的对象之一,有关行政行为法律规范是行政法的一个重要的组成部分。

行政行为与其他行为相比较具有以下几个主要特征:

1.行政行为是行政主体所实施的行为。这是行政行为在行为主体上的特征。只有行政主体的行为才能是行政行为,其他主体如政党、国家立法机关、国家司法机关、群众团体、公民等的行为都不能是行政行为,也不可能具有行政行为的性质。这一特征使行政行为与其他各种主体的行为都区别开来。

2.行政行为是行政主体行使行政职权或履行行政职责的行为。这是行政行为在法律属性上的特征。国家因管理的需要,以法律赋予了行政主体特定的行政职权和职责。行政行为就是行政主体实现这种特定权力和义务的方式,因而行政行为都只是行政主体行使行政职权或履行行政职责的行为。行政主体除了行政行为之外,还可能作出其他的行为,如民事法律行为或者非法律的行为等等,但这些行为都与行政职权、职责无关。这一特征使行政行为与行政主体的其他各种行为都区别开来。

3. 行政行为是能产生法律效果的行为。这是行政行为在法律后果上的特征。行政行为是一种行使行政职权或履行行政职责的法律行为,行政主体通过这种行为将设定或者产生、变更、消灭一定的行政法律关系,如行政主体行使职权并让相对一方履行义务,或行政主体履行职责而使相对一方实现权利等等。这就是行政行为所具有的特定的行政法效果,它能够影响和制约相对人一方的权利义务,而且由于行政行为通常是行政职权——即具有强制力的国家权力的运用,这种法律效果的形成往往就具有行政主体的单方强制性,一旦行政主体运用职权作出行政行为,相对一方就不得不被迫接受,从而使自己的权利义务受到制约。当然,也有一些行政行为不是单方强制性地产生法律效果的,它需要相对一方作出相应合意的行为才能共同产生法律效果,如行政合同行为、行政委托行为等,这反映了行政行为的多样性和有一定的变化发展,但大部分行政行为产生法律效果是具有行政主体单方强制性的。

4. 行政行为有着多种多样的行为方式。这是行政行为在类型上所具有的多样化特征。由于国家行政管理的范围极为广泛,事务繁多,变化性较大,这就要求多样化的方式予以处理解决。在立法、司法和行政三类国家活动中,行政活动的方式、方法是最为丰富和复杂的。如行政行为主要包括行政立法行为、制定规范性文件的行为、行政执法行为、行政司法行为。其中行政立法包括制定行政法规和制定行政规章;行政执法又包括行政奖励、行政救助、行政许可、行政确认、行政检查、行政监督、行政监察、行政合同、行政处分、行政处罚、行政强制执行;行政司法则包括行政裁决、行政复议等。

应特别引起注意的是,行政行为不同于行政事实行为。所谓行政事实行为是指行政主体基于职权实施的不能产生、变更或消灭行政法律关系的行为。如行政机关拖走抛锚的车辆,向行政相对人发出的行政指导,警察在执行职务过程中对公民的非法殴打行为等。这些行政事实行为也可能产生损害相对人合法权益的法律后果,但这种法律后果并非是行政主体通过自己的意思表示所追求的,而是法律所规定的。与此相反,行政行为的法律效果则是行政主体根据法律规范所作的意思表示所追求的,如行政机关的行政处罚行为产生的对相对人制裁的法律效果恰好是行政主体意思表示所追求的。

二、行政行为的构成要件

行政行为的构成要件是指决定一行为能构成行政行为所必需的一切主、客观必要条件的总和。行政行为的构成要件包括以下三个:

1. 行政行为的主体必须是行政主体,这是行政行为的主体要件。行政行为的主体必须是行政主体,非行政主体的行为都不能是行政行为,更不可能是合法、有效的行政行为。

2.行政行为的本质是国家行政权力的运用,这是行政行为的权力属性要件。行政行为是行政主体行使行政职权或履行行政职责的行为,行政权力的运用是该行为的本质。国家因行政管理需要赋予行政主体行政权力,而行政主体运用行政权力既是其职权又是其职责,为此,凡行政主体行使职权和履行职责的行为都是行政行为。如果行政主体所作的行为与行使行政职权或履行行政职责无关,则不是行政行为。如行政机关购买办公用品或修建办公楼的行为,因为不是行政权的实际运用,所以就不是行政行为。这一要件揭示了行政行为的性质。

3.行政行为必须是客观存在的,也就是说,行政行为在外观上必须具有一定的存在形式,使行为主体的内在意思表示出来,行政主体只有将自己的意志通过语言、文字、符号或行动等形式表示出来,能被外界所识别,才能成为一个行政行为。这是行政行为的客观要件。行政行为是否客观存在也是其成立的一个必要条件,行政行为的客观要件就是行政主体客观上实施了运用行政职权的行为。这类行为的方式可能是多种多样的,行为的方式如何并不对客观要件起决定性的作用。但行为客观存在却是行政行为成立的关键性问题。

以上三个要件同时具备的,则行政行为成立;缺乏其中之一,则不是行政行为。

三、行政行为的主要分类

行政行为可按不同标准划分为各种不同的种类,必要的分类可以使我们了解各类行政行为的特点、作用及其具体运用。以下就几种最常见的分类加以说明。

1.抽象行政行为与具体行政行为。按行政行为针对的相对人是否特定为标准,可将行政行为分为抽象行政行为与具体行政行为。抽象行政行为,是指行政主体针对广泛、不特定的对象设定具有普遍约束力的行为规范的活动。抽象行政行为包括行政主体制定行政法规、制定行政规章和制定各种规范性文件等,基本属于行政立法活动。所谓具体行政行为,是指行政主体针对特定对象具体适用法律规范所作出的、只对特定对象产生约束力的活动。具体行政行为包括的范围极广,如对某个公民、法人或其他组织所作出的行政奖励、行政许可、行政确认、行政处罚、行政强制、行政裁决、行政复议等等行政执法活动和行政司法活动,都属于具体行政行为。

抽象行政行为与具体行政行为是行政法学中对行政行为的一种最基本的分类,这种分类不仅可以了解两类行为各自的作用,而且在我国对于正确进行行政诉讼活动具有重要意义。因为按我国行政诉讼法的规定,只有对具体行政行为不服而提起的诉讼才属于行政诉讼的受案范围,因此这是一种十分重要和有实践意义的分类。

2.内部行政行为和外部行政行为。依行政行为所针对的问题是属于对社会上的管理事务还是行政主体自身内部管理事务为标准,可将行政行为分为外部行政行为和内部行政行为。

所谓外部行政行为,是指行政主体依管理范围对社会上行政管理事务所实施的行政行为。有的是抽象行政行为,如《公安部对部分刀具实行管制的暂行规定》,大量的则是具体行政行为,如公安机关对社会上的公民予以的治安管理处罚等。所谓内部行政行为,是指行政机关对本机关内部行政事务管理所实施的行政行为。内部行政行为也有抽象行政行为和具体行政行为之分。前者如行政主体对内部工作纪律、工作程序所作出的统一规定,后者如行政主体内部某个机构的设立或对某个公务人员实施的奖励、惩戒、任免决定等等。根据我国行政诉讼法的规定,因外部行政行为引起的行政争议,行政相对人一般可以申请行政复议或提起行政诉讼,但因内部行政行为而引起的纠纷,属于行政主体自身内部管理的争议,目前尚不能通过行政诉讼的方式解决。这种分类在一定的程度上有助于界定我国行政诉讼的受案范围。

3.依职权的行政行为、依授权的行政行为和依委托的行政行为。依实施行政行为的权力来源,可将具体行政行为分为依职权的行政行为、依授权的行政行为和依委托的行政行为三类。

依职权的行政行为是行政主体中的国家行政机关直接按自己法定的固有职权而实施的行政行为,如省级人民政府按法定职权制定地方行政规章,公安机关按法定职权对公民实施治安管理处罚等等。依授权的行政行为是行政主体中某些属非行政机关的组织,按法律、法规的专门授权而实施的行政行为,如卫生防疫站依照有关卫生法规的特定授权对公民实施卫生防疫方面的行政处罚等。依委托的行政行为则是某些非行政机关的组织经国家行政机关委托后,在委托范围内代行政机关实施的行政行为。这种分类对于确定行政诉讼的被告和责任的承担者具有重要的意义。

4.单方行政行为与双方行政行为。依行政行为是否由行政主体单方意志就可形成并发生法律效力,可以分为单方行政行为和双方行政行为。单方行政行为以行政主体单方意志作出并发生法律效力,无须相对一方的同意,如行政处罚、行政强制措施等。双方行政行为以行政主体与相对一方的共同意志作出,需双方合意才能发生法律效力,如行政合同、行政委托等等。行政行为的这一分类对于我们了解不同行政行为的成立和生效条件是很有意义的,单方行政行为只要有行政主体的意思表示就可以成立并生效,而双方行政行为必须在行政主体和行政相对人双方意思表示一致后才能成立并生效。

5.羁束行政行为与自由裁量行政行为。以行政行为受法律拘束的程度为标准,可以分为羁束行政行为与自由裁量行政行为。羁束行政行为指严格受法律的具体规定约束,行政主体没有一点自己选择余地的行为,如税务机关严格按法律规定的税种、税率征税,不能有任何变动。自由裁量行政行为指法律只规定原则或一定的幅度和范围,行政主体根据原则或在法定幅度内,根据具体需要和实际情况,可以自主作出的行为,如公安机关对公民予以治安管理处罚中的罚款,就可以根据情况,在法律规定的200元以下幅度内自由选择具体数额。羁束行政行为和自由裁量行政行为分别运用于不同事务,羁束行政行为通常针对需严格统一控制、稳定性较强的事务,自由裁量行政行为通常针对情况比较复杂、变化多、需要灵活处理的事务。羁束行政行为和自由裁量行政行为的分类,对分析和认定行政行为的合法性和公正性具有一定的意义。在法律适用上,羁束行政行为一般只存在合法性问题,而自由裁量行政行为不仅存在合法性问题,而且还存在合理性问题。

6. 要式行政行为与不要式行政行为。依行政行为产生法律效力是否必须具备特定形式,可以分为要式行政行为与不要式行政行为。要式行政行为是指必须具备特定形式才能产生法律效果的行政行为,如颁布行政法规必须以国务院令这种特定形式,行政处罚需有行政处罚决定书这种法定形式,行政许可必须具有特定的许可证形式等。不要式行为是指不要求有特定形式,只要表达了意思就能产生法律效果的行政行为,如口头通知、电话通知、表示同意或否定的姿势等等。行政行为的这一分类,有利于正确把握不同行政行为的成立和生效条件。因为行政行为的特定形式有利于准确地载明行政主体的意思表示,体现行政行为的严肃性,分清责任,促进依法行政,所以,行政行为多是要式的。

7. 授益行政行为与负担行政行为。依行政行为的内容对行政相对人是否有利,可以分为授益行政行为与负担行政行为。授益行政行为,又称有利行政行为,它是指能为行政相对人带来权利或利益的行政行为,通常表现为行政主体为行政相对人设定权益或免除义务。如行政奖励、行政许可、行政救助等。负担行政行为,又称为不利行政行为或损益行政行为,它是指给行政相对人带来不利后果的行政行为,通常表现为行政主体为行政相对人设定义务或剥夺、限制其权益。行政行为的这一分类,对于把握不同行政行为的内容以及建立相应的行为规则都具有重要意义,比如授益行政行为和负担行政行为在违法时的撤销或变更规则就有所不同,授益行政行为在超过诉讼时效期限后,即使违法,行政主体也不能随意加以撤销或变更,而负担行政行为则没有这种限制。

8. 附条件行政行为与不附条件行政行为。依行政行为的生效是否附有一定的条件,可以分为附条件行政行为与不附条件行政行为。附条件行政行为,又称附款行政行为,它是指行政主体根据实际需要在行政法规范规定以外附加一定生效条件的行政行为。不附条件行政行为,又称无附款行政行为,它是指行政主体对行政行为的生效在行政法规范以外没有附加其他条件的行政行为。行政行为所附的条件是指行政主体根据实际需要规定的、决定行政行为效力是否发生的、某种将来的不确定事实或行为,如一定的期限、上级行政机关的批准等。行政行为的这一分类,对于分析行政行为的效力何时产生、变更和消灭具有一定的意义。

9. 作为行政行为与不作为行政行为。依行政主体对待自己法定职权和职责的态度不同,可以分为作为行政行为与不作为行政行为。作为行政行为是指行政主体积极运用行政法规范规定的职权或职责而形成的行政行为,如行政机关进行行政检查、行政征收、行政处罚、行政强制、颁发执照和许可证等,均是作为行政行为。不作为行政行为是指行政主体消极对待行政法规范规定的职权或职责,在法定期限或合理期限内拒不履行或拖延履行法定职责所形成的行政行为,如对行政相对人的请求不予答复等。行政行为的这一分类对于我们全面把握行政行为的各种形态,尤其是较为隐蔽的不作为行政行为,健全相应的审查规则,全面监督行政主体依法行使职权和履行职责具有十分重大的意义。

四、行政行为的内容

行政行为的内容即行政行为所内含的意思和目的。行政行为作为一种法律行为,其法律意义上的作用就是产生、变更或消灭一定的法律关系,因此,行政行为的内容都与权利、义务有关。概括地讲,行政行为的内容主要包括以下几个方面:

1. 设定权利和义务。设定权利和义务是指通过行政行为规定和确立行政主体与行政相对人各自应有的某种权利和义务。

2. 实现权利和义务。实现权利义务是指通过行政行为具体落实行政主体与相对一方各自的法定权利义务。

3. 剥夺、限制权利和减、免义务。剥夺、限制权利是以行政行为取消、制约相对一方已经取得的某种权利。减、免义务是以行政行为减、免相对一方原有的义务。

4. 确认和恢复权利义务。确认和恢复权利义务是当权利义务出现争议纠纷时,以行政行为认定已被模糊和歪曲了的原有权利义务并使之恢复原状。以此为内容的行政行为主要有行政确认、行政裁决、行政复议、行政赔偿等等。

5. 确认法律事实。确认法律事实是以行政行为认定与某种权利义务有重要关系的法律事实。法律事实本身并不是权利义务,但它往往是得到某种权利义务的必要条件,通过行政行为确认之后,将必然地导致应有的权利义务关系。如行政主体对一公民作出属于未成年人的确认,就必然会使该公民进而享有未成年人应有的各种特定权利。行政主体以此为内容的行政行为有确认行为、鉴定行为、公证行为等等。

五、行政行为的效力

(一)行政行为的效力的涵义

行政行为的效力是指行政行为所发生的法律效果。行政行为只有发生预期的法律效果才能达到其应有的目的和作用,因此,行政行为的效力是一个非常重要的问题。行政行为的效果通常表现为它产生特定的法律约束力和强制力。这种约束力和强制力要求行政主体和行政相对人双方都必须遵守和服从,否则就要承担法律责任。

(二)行政行为效力的内容

行政行为效力的内容是指行政行为生效后,对有关各方主体所产生的法律约束力。这种约束力主要表现为以下几个方面。

1. 行政行为的公定力。公定力是指行政行为一经作出,不论其是否合法,即对任何人都具有法律约束力。即使它是不符合法定条件的,在没有被有关国家机关经过一定程序确认为违法并撤销其效力之前,它仍然是有效的,仍然对任何人具有法律约束力。

　　2.行政行为的确定力。行政行为的确定力也称不可变更力。它指行政行为成立生效后,其内容具有确定性,非法定主体不可随意变更或撤销。行政行为的确定力来源于国家行政权的权威性。行政行为的确定力在于稳定行政管理秩序,让行政相对人一方服从必要的国家行政管理。这当然是十分必要的。但行政行为也并不是绝对不能变更,具有法定理由经过法定程序,有权的国家机关可以依法变更或撤销行政行为。

　　3.行政行为的拘束力。拘束力是指行政行为成立生效后,其内容对有关对象产生法律上的约束性,有关对象都必须遵守和服从,否则将要承担法律后果。行政行为的这种拘束力表现在两个方面:①对行政相对人的拘束力。行政行为主要是针对行政相对人的,它要对行政相对人的权利义务产生约束,而且行政相对人必须服从。②对行政主体自身的拘束力。行政行为成立生效后,行政主体也受其拘束,必须依照行政行为的内容履行自己的职责,否则要承担相应的法律责任。

　　4.行政行为的执行力。执行力是指行政行为成立生效后,行政主体依法有权采取强制手段使行政行为的内容得以实现。行政行为的内容只有得到实现才具有实际意义,因而行政行为的执行力是行政行为效力的一个不可缺少的部分。但需要明确的是:①行政行为具有执行效力,并不等于行政行为都必须强制执行,如果行政相对人自动履行了行政行为所要求的义务,就不存在强制执行的问题。一般来说,必须是在行政相对人无正当理由而拒绝履行义务的情况下,行政行为才需要予以强制执行。②行政行为具有执行力,并不是说都要立即执行,有些行政行为可以立即执行,有些则可以根据条件暂缓执行。行政行为的执行力使行政行为的生效实行"不停止执行原则",即行政行为一旦作出,除特殊、例外情况可以有条件地暂停执行外,一般都不予停止执行。

　　(三)行政行为合法成立的条件

　　行政行为发生法律效果必须具备一定的条件,只有符合这些条件的才能真正稳定地产生法律效果,如果不符合这些条件,即使依照效力先定原则形成事先的效力,但终究要被有权机关依照一定的法律程序予以撤销或变更,从而终止全部效力。行政行为成立的条件包括:

　　1.主体条件。主体条件要求作出行政行为的主体必须具有行政主体的资格。

　　2.职权、职责条件。所有行政主体依法都具有一定的权限分工,职权、职责条件要求行政主体作出行政行为时,运用的是自身法定的职权或履行的是自身法定的职责,符合自身法定的权限分工范围,如果超越范围,则是超越职权或滥用职权的无效行政行为。符合法定权限分工具体要求:行政职权及其行使方式是法定的,职权运用所管理的事项是法定的,职权行使的管辖地域是法定的。

　　3.内容条件。内容条件要求行政行为的内容必须合法、适当、真实、明确。行政行为的内容合法,是指行政行为的权利义务的处理必须完全符合法律法规的规定,包括符合法律规定的目的、原则和条件等等。行政行为内容适当,是指行政行为的作出必须公正、合理,符合实际,不能畸轻畸重,带有不良动机。行政行为内容真实,是指行政行为必须基于行政主体的真实意思表示。行政主体因重大误解而作的行政行为,受行政相对人欺骗、胁迫而作的行政行为,行政公务人员故意歪曲行政主体的决定而作的行政行为等,都是行政主体非真实意思表示的行为,它们不具有合法性和有效性。行政行为的内容明确,是指行政行为所表达的内容清楚、具体,不至于模棱两可,使相对人无所适从,从而不能产生行政行为应有的作用。

4.程序和形式条件。行政行为的程序和形式条件,是指行政主体作出的行政行为必须符合法定程序和具备法定的形式。行政行为程序合法要求行政主体实施行政行为不能缺少法定的步骤、颠倒法定的顺序、超过法定的期限。依法应听证而未举行听证,或者先裁决后调查取证的行政行为是违反法定程序的行政行为,不能产生预期的法律效力。此外,对一些特定具体行政行为还必须符合特定的程序要求,如依申请的行为需有申请程序等等。行政主体作出行政行为还应具备一定的形式。行政行为应当符合法定形式,特别是要式行政行为要符合特定的形式,如行政处罚必须具备行政处罚决定书,不具有这类特定形式的不能合法成立。

六、行政行为的生效、撤销、变更、终止和废止

(一)行政行为的生效

符合有效要件的行政行为都能发生法律效力,一般而言,行政行为自作出之时即开始发生法律效力。但是,行政行为作出之时,行政相对人并不一定能立即知晓,行政相对人并不知晓的行政行为对其不能产生法律效力。因而,行政行为对行政主体生效的时间是行政行为作出之时,而对行政相对人的生效时间则根据情况不同可以分为即时生效、送达生效和附条件生效。

1.即时生效。即时生效指行政行为一经作出即具有效力,对相对人立即生效。即时生效的行为通常是行政主体当场作出并立即产生法律效力。其适用范围较窄,一般适用于紧急情况,如在特定地区强行驱散人群,对醉酒的人实施人身管束。即时生效的行政行为通常没有书面形式,行为作出就是生效的开始。

2.送达生效。送达生效指将表达行政行为内容的法律文书送达给当事人,一经送达即发生法律效力。送达包括直接送达、留置送达、转交送达、邮寄送达、公告送达、委托送达等几种方式。送达生效是行政行为生效的一般规则,行政行为的生效大多属于送达生效。

3.附条件生效。附条件生效指行政行为的生效附有专门的日期或条件,一旦日期届满或条件具备,该行政行为就发生效力。例如作为抽象行政行为的行政法规和规章在附则中都附有一定的生效日期,一旦这个日期届满,该抽象行政行为就开始发生法律效力。

(二)行政行为的撤销

行政行为的撤销,是指因行政行为不符合有效成立的条件,由有权的机关对其予以撤销,使其向前向后均失去效力。行政行为不符合有效成立的条件即属于违法或不

当的行政行为,撤销是对其完全的否定,因而不仅使其对后不具有效力,而且原则上要溯及既往,使之自始至终都归于无效。即应认定为从成立之时起就不具有法律效力。在被撤销前已发生的法律效果,应依法予以处理,使相关的权利义务恢复到作出该行政行为之前的状态。不能恢复的,也应给予一定的行政赔偿。但是,行政行为的撤销如果涉及国家和社会重大公共利益,或者严重损害行政相对人的信赖利益,也可以仅使行政行为自撤销之日起向后失去效力,对撤销之前发生的效力予以认可。行政行为的撤销必须通过有撤销权的机关经过法定程序进行,这些机关通常包括国家权力机关、上级行政关、复议机关和人民法院。

（三）行政行为的变更

行政行为的变更,是指行政行为因内容不适当而被改变。变更通常是让行政行为仍然存在,只是在种类、幅度等内容上作出一些变化,使之更为合理、适当。在这一点上,它不同于对具体行政行为的完全撤销。在我国能对行政行为予以变更的有权机关主要包括行政主体的上级行政机关、行政复议机关和人民法院。人民法院依照我国行政诉讼法的规定,具有对显失公正的行政处罚的变更权。

（四）行政行为的终止

行政行为的终止,又称行政行为的自动失效,是指行政行为的效力因某些法定因素而不再向后发生法律效力。终止对该行为以前的效力并不否定,而且也不是因为该行为有违法或不当的情况,这就是终止与撤销的主要差别。引起行政行为的终止的原因很复杂,概括起来主要有以下几种:

1.行政行为的目的已经达到,其因任务已完成而自然终止效力。

2.期限届满。行政行为在附有存续期限的情况下,一旦期限届满,行为的效力即行终止。

3.行政行为针对的事项已不复存在或因情况有了较大变化而被行政主体终止。如行政行为已经执行完毕、行政行为执行的条件已经不复存在、作为行政相对人的公民已经死亡、行政行为的标的物已经灭失（如应拆除的房屋已经倒塌）等等。

4.行政行为附有一定的解除条件,一旦条件具备,其效力即被终止。行政行为因条件成就而终止的,其法律效力自条件成就之日起丧失。行政行为自生效之时起至失效之时止,具有持续的法律效力。

（五）行政行为的废止

行政行为的废止是指本来具备合法要件的行政行为,因法律和政策的变化而不再适应新的社会情况,而由有权国家机关宣布废除并使其向后不再发生法律效力。行政行为的废止不是因为行政行为本身存在违法或不当,所以,被废止的行政行为自废止决定作出之日起向后丧失法律效力,废止之前的法律效力不受废止行为的影响。行政行为具有下列情形之一的,可以予以废止:

1.行政行为所依据的法律、法规、规章、政策被有权机关依法修改、废止或撤销。作为行政行为依据的法律、法规、规章或政策被依法修改、废止或撤销,则相应行政行为失去了合法存在的基础,它的继续存在将与新的法律、法规、规章、政策相抵触,所以,行政主体必须废止原行政行为。

2.国际、国内或行政主体所在地区的形势发生重大变化,原行政行为的继续存在将有碍社会政治、经济、文化的发展,甚至给国家和社会公共利益造成重大损失。为此,行政主体必须废止原行政行为。

3.行政行为已完成原定目标、任务,实现了其历史使命,从而没有继续存在的必要。为此,行政主体应该废止原行政行为。

行政行为的废止如果是因法律、法规、规章、政策的废除、改变、撤销或形势变化而引起的,且此种废止给行政相对人的合法权益造成了比较大的损失,基于信赖保护原则的要求,行政主体应对其损失予以适当补偿。

■ 第二节　行政程序原理

一、行政程序的概念、特征和分类

(一)行政程序的概念

行政程序是行政行为的方式、步骤所构成的行政行为的过程,它既不同于立法程序,也不同于司法程序。

行政程序一般由以下四个要素构成,即行政行为的方式、步骤以及实现这些方式、步骤的顺序和时限。方式是指行政主体实施行政行为时所采用的各种具体方法和形式,主要包括作出一个行政决定所需要的调查、听取当事人陈述、把决定告知当事人、说明理由等,还包括必要的书面方式或口头方式。步骤是指行政主体完成某一行政行为所要经历的阶段,如公安机关在做出治安处罚时一般要遵循传唤、讯问、取证、裁决的程序。顺序是指行政主体实施行政行为所必经的步骤间的先后次序,如前列治安处罚的程序,从传唤到裁决不允许颠倒。从顺序这个角度而言,"先取证,后裁决"是行政程序的核心或灵魂。时限,是作出行政行为的时间限制,包括完成某一程序行为的时间限制和完成实体行为的时间限制。比如,行政复议机关一般要在自受理复议申请之日起60日内作出复议决定。行为方式、步骤构成了行政行为的空间表现形式,行为的时限、顺序构成了行政行为的时间表现形式。所以,行政程序本质上是行政行为空间和时间表现形式的有机结合。行政程序与行政行为的实体内容是行政行为的两个方面,它们是形式与内容的关系,二者相互依存,不存在没有实体内容的行政程序,也不存在不通过程序就能实现的行政实体内容。

(二)行政程序的特征

1.行政程序的法定性和责任性。行政程序是由相应的法律规范规定的,行政主体在实施行政行为时必须严格遵循法定的方式、步骤、顺序和时限,这是行政法治的基本要求。如果行政主体实施行政行为时程序违法,则同样要承担相应的法律责任。

2.行政程序的多样性。不同的行政行为所遵循的程序不同,比如,行政立法、行政处罚、行政许可等等,必然有各自的程序。同时,即便是同一行政行为,不同情况下也要遵循不同程序,比如,行政处罚的程序就有简易程序、一般程序、听证程序之划分。

3.行政程序的统一性。行政法在实体方面没有统一、完整的法典,而行政法在程序方面的法典化趋向已很明朗。在1946年美国颁布《联邦行政程序法》之后,西方国家纷纷效仿。之所以有行政程序法典的存在,是由于多样的行政程序有着统一性。立法可以把行政程序中共性的问题规定在统一的行政程序法中。

（三）行政程序的分类

1.内部行政程序与外部行政程序。这是依行政程序适用范围的不同来划分的。内部行政程序是行政主体实施内部行政行为时所遵循的程序。比如,行政机关对公务员的任免程序、奖惩程序、公文处理程序、规章备案程序等。外部行政程序是行政主体对外管理作出外部行政行为时所遵循的程序。比如,行政许可的程序、行政处罚的程序、行政复议的程序等。相对而言,外部行政程序是行政程序的核心部分,其是否完备是衡量现代行政民主化与法制化的一个基本标志。当然,内部行政程序与外部行政程序并不能绝然分开,它们通常紧密联系、相互交织在一起发挥作用,有时内部行政程序可以转化为外部行政程序。所以,无论是外部行政程序还是内部行政程序,当法律有规定时,行政主体都应当遵守而不得违反,否则,将承担不利的法律后果。

2.抽象行政行为的程序和具体行政行为的程序。这是依行政程序所适用的行政行为的性质不同来划分的。抽象行政行为的程序是行政主体进行抽象行政行为时所必须遵循的程序,包括行政立法程序和制定行政立法以外的其他规范性文件的程序,其中行政立法程序更为规范、严格。具体行政行为的程序是行政主体实施具体行政行为时所必须遵循的程序,包括行政执法程序和行政司法程序。

3.事前行政程序和事后行政程序。这是依行政程序适用的时间不同来划分的。事前行政程序是行政行为实施前或实施过程中所遵循的程序。如调查程序、听证程序、行政立法中的征求意见程序等。事后行政程序是行政行为实施后,为确定该行为的合法性与适当性以及纠正违法、不当行为或对受害的相对人的救济而使用的程序。如行政复议程序、行政赔偿中"先行处理"程序等。划分事前行政程序与事后行政程序的目的在于,要求人们不仅要重视事后行政程序,也要重视事前行政程序。

4.行政立法程序、行政执法程序、行政司法程序。这是根据实施行政行为时形成法律关系的特点不同所作的分类。行政立法程序是指行政机关制定行政法规和行政规章时所适用的程序。由于行政立法行为对象的不特定性和效力的后继性,使得行政立法程序比较正式、严格,具有准立法性特点,一般都要经过规划、起草、征求意见、审查、审议通过、发布、备案等阶段,每个阶段又包括一些具体的办法和相应的制度,如听证制度、专家论证制度等,它们成为行政立法程序不可缺少的内容。行政执法程序是指行政机关在行使行政职权、实施具体行政行为过程中所适用的程序。由于行政执法行为方式和手段上的多样性,使得行政执法程序的设置也具有多样性的特点,如在行政许可、行政征收、行政强制、行政处罚、行政奖励、行政给付等方面,必须设置不同的程序制度。行政司法程序是行政机关以第三方公断人的身份,依法解决行政管理范围内的纠纷所必须遵循的程序,包括行政裁决程序和行政复议程序等。由于行政司法行为是解决争议、裁决纠纷的活动,具有准司法的特点,强调公正应是行政司法程序设置的最基本要求。这种划分的意义在于明确不同的行政行为,其程序要求也不完全一样。

5.强制性行政程序与任意性行政程序。这是以法律规定行政主体实施行政行为时,对所遵循的程序是否可以自由选择为标准所作的分类。强制性行政程序是指法律对行政行为的程序作出了详细、具体、明确的规定,行政主体在实施行政行为时没有自由选择的余地,必须严格遵守法律的规定而适用的程序。任意性行政程序是指法律对行政行为程序未作出详细、具体、明确的规定,行政主体在实施行政行为时可以自由选择而采取的程序。划分强制性行政程序与任意性行政程序的意义在于,对于强制性行政程序行政主体必须遵守,不得进行随意选择或违背,否则将导致该行政行为违法。而对于任意性行政程序,行政主体可以酌情选择适用,一般不直接导致行政行为是否合法,而主要引起行政行为是否合理的问题。

二、行政程序的基本原则

行政程序的基本原则是指行政程序的设置和运用中必须普遍遵循的基本准则。从我国的立法与实践看,行政程序的基本原则主要有:

1.程序法定原则。这一原则是指行政行为的主要程序必须由法律规范加以规定,行政主体在实施行政行为时对于法定程序必须严格遵循,违反法定程序的行政行为是违法的,并应承担相应法律责任。程序法定原则是行政合法原则在行政程序领域的具体化。其基本内容包括:①行政主体实施行政行为时必须严格按照法律规定的方式、步骤、顺序和时限进行。②行政主体行使职权所选择适用的程序必须有利于保护相对人的合法权益,不得侵犯公民的基本权利和自由。③行政主体实施行政行为违反法定程序的,应当承担相应的法律责任。

2.公开原则。公开原则是指行政主体的一切行政活动除涉及国家秘密、商业秘密及个人隐私并由法律规定不得公开的以外,一律向相对人和社会公开,以增强行政活动的透明度,接受相对人和社会的监督。行政公开已成为现代行政活动应遵循的一项基本原则。在现代行政法中,行政公开主要包括行政活动的依据公开、过程公开与结果公开,以及情报信息资料公开等诸方面的内容。行政公开是公众参与行政和监督行政的必要前提,是政府公正廉洁办事的重要保障。阳光是最好的防腐剂,暗箱操作是营造腐败的温床。确立行政公开原则,有助于实现公民的知情权,促进公民对行政的参与。

3.相对人参与原则。这一原则是指行政主体在行政决策、制定规范性文件和实施其他行政行为时,在程序上要保障相对人的知情权和参与权得以实现。该原则的具体内容包括:①行政机关应当保障公民及时了解有关情况。②行政机关在进行决策和作出影响行政相对人权益的行政决定时要保证让相对人参与,为利害关系人举行听证,广泛听取各方面的意见、建议,并允许相对人对之提出反对意见等。③行政机关在制定政策、进行行政立法或行政裁决时,要事先通知利害关系人,允许相对人查阅或复制公文案卷,以收集有关资料,维护自己的合法权益。事后要允许相对人向行政机关申诉,通过行政复议等获得救济。

4.程序公正原则。这一原则是指行政主体在实施行政行为时应合理处理公共利益与个人利益之间的关系,并在程序上平等地对待相对人,其宗旨是公平、正义。公正原则包括以下内容:①行政机关在实施行政行为时,要尽可能地兼顾公共利益和个人利益,在两者之间保持平衡。②对所有的行政相对人要一视同仁,不偏不倚,如在行政裁决中要给利害关系人以同等的辩论机会等。③行政机关要公正地查明一切与作出行政决定有关的事实真相。④在作出影响相对人权益的决定时要排除偏见,如实行回避、审裁分离、禁止单方面接触制度等。

5.效率原则。这一原则是指行政行为应当在合法的前提下,程序上要以迅速、简便与经济的方式达到行政目的。该原则包含的内容有:①任何行政程序的设定都要考虑到时间性,防止拖延,保障快速实现行政目标。行政程序中时效制度即体现这一要求。②行政程序的设定要有一定的灵活性,以适应行政管理复杂多变的需要。行政程序中的紧急处置制度体现了这一要求。③行政程序应建立在科学、合理的基础上,以保证行政决策的正确以及行政活动为公众所接受,通过减少失误和保证执行顺畅来提高行政效率。④行政程序的设计要有利于排除行政管理的障碍,保证行政目标的实现。如行政程序中的不停止执行制度即体现了这一要求。

三、行政程序的主要制度

行政程序的主要制度是指行政机关在行政活动中必须遵循的重要程序制度,是行政程序基本原则的具体化。主要包括下列内容:

1.公开制度。公开制度是实现公民知情权的必然要求。这一制度包括行政程序公开和信息资料公开两个方面。行政程序公开是指行政主体在作出行政行为时除法律有不得公开的规定以外,都应当公开进行。比如,公开举行听证会等。信息资料公开,又称为情报公开,是指行政主体应通过各种方式和渠道使社会公众知晓有关行政活动的情况和相关信息资料。它包括的内容广泛,行政法规、规章、行政政策、行政决定及行政机关据以作出相关决定的有关材料、行政统计资料、行政机关的有关工作制度、办事规则和手续等所有这些行政情报,凡是涉及相对人权利义务的,只要不属于法律规定的保密范围,都依法向社会公开,任何公民、组织均可依法查阅和复制。

2.告知制度。这是指行政主体在作出行政行为前或作出行政行为过程中,要依法将相关事项告诉相对人。公开制度是向社会公开,而告知制度是向相对人的告知。向相对人告知的内容通常包括:①告知身份。这是指行政机关及其工作人员在进行调查或作出行政处理或处罚行为之时,应当向相对人出示履行职务的证明,表明其有权从事该项活动的制度。告知身份制度不仅有利于防止假冒、诈骗活动,也有利于防止行政机关及其工作人员超越职权、滥用职权。②告知据以作出行政行为的事实根据和法律依据。③告知决定。如告知受理或不受理、告知许可或不许可、告知处罚轻重或不予处罚等。④告知权利。如告知相对人有陈述和申辩的权利、聘请律师的权利、查阅材料的权利、申诉的权利、申请行政复议与提起行政诉讼的权利等。⑤告知其他事项。如告知听证会的时间和地点、告知申诉的期限和受理申诉的机关等。

　　3.听证制度。这一制度是指行政主体在作出影响相对人权利义务的决定之前,听取相对人的陈述、申辩和质证的一种程序制度。它是现代行政程序法的核心制度,是相对人参与行政程序的重要形式,是行政民主与行政公正的具体体现。听证有广义和狭义之分。广义的听证泛指行政主体听取当事人意见的程序,包括正式听证和非正式听证两种。狭义的听证特指行政主体以听证会的形式听取当事人意见的程序,是一种正式的听取当事人意见的形式。正式听证和非正式听证的区别主要在于相对人参与的方式和程度不同。在非正式听证中,相对人主要通过口头或书面的方式表达其意见,以供行政主体参考,相对人没有质证和相互辩论的权利,行政主体作出决定时不受相对人意见的限制;而在正式听证中,行政主体必须举行听证会,相对人有权在律师的陪同下出席听证会,有权提供证据,进行口头辩论,行政主体必须根据听证记录作出决定。在正式听证中,相对人享有下列权利:①由无偏见的官员作为听证主持人的权利;②在合理的时间以前得到通知的权利;③提供证据和进行辩论的权利;④聘请律师陪同出席听证会的权利;⑤通过质证及其他正当手段驳斥不利证据的权利;⑥要求行政主体根据行政案卷中所记载的证据作出裁决的权利;⑦取得全部案卷副本的权利。

　　我国1996年颁布的《行政处罚法》中首次规定了听证制度,目前这一制度有了很大发展,听证的适用范围不断扩大。根据我国目前的法律规定,听证制度主要适用于:①行政处罚听证。行政处罚听证适用于行政处罚程序。《行政处罚法》第42条规定:"行政机关作出责令停产停业、吊销许可证或者执照、较大数额罚款等行政处罚决定之前,应当告知当事人有要求举行听证的权利;当事人要求听证的,行政机关应当组织听证。"②政府定价听证。政府定价听证适用于政府确定物价程序。《价格法》第23条规定:"制定关系群众切身利益的公用事业价格、公益性服务价格、自然垄断经营的商品价格等政府指导价、政府定价,应当建立听证会制度,由政府价格主管部门主持,征求消费者、经营者和有关方面的意见,论证其必要性、可行性。"③行政立法听证。行政立法听证适用于行政法规、行政规章的制定程序。《立法法》第58条规定:"行政法规在起草过程中,应当广泛听取有关机关、组织和公民的意见。听取意见可以采取座谈会、论证会、听证会等多种形式。"根据该法第74条的规定,这一规定也适用于行政规章的制定程序。④行政许可听证。根据《行政许可法》的规定,在起草法律草案、法规草案和省、自治区、直辖市人民政府规章草案时,起草单位应当采取听证会、论证会等形式听取意见,并向制定机关说明设定行政许可的必要性、对经济和社会可能产生的影响以及听取和采纳意见的情况。法律、法规、规章规定实施行政许可应当听证的事项,或者行政机关认为需要听证的其他涉及公共利益的重大行政许可事项,行政机关应主动举行听证。行政许可直接涉及申请人与他人之间的重大利益关系的,行政机关应当在作出决定前,告知申请人、利害关系人享有申请听证的权利;申请人、利害关系人申请听证的,行政机关应当为其组织听证会。

4.辩论制度。这一制度是指行政主体在裁决当事人之间的争议时,应通知双方当事人到场,在行政主体的主持下,由双方当事人就有关事实问题和法律问题进行对质的一种法律制度。其目的在于通过在当事人之间进行质证,以达到澄清有关事实和法律问题的目的,从而保障双方当事人的合法权益。辩论制度给予了当事人充分陈述自己观点和理由的机会,有利于防止行政主体在进行裁决时偏听偏信,也有利于相对人接受和自觉履行行政决定。

5.回避制度。这一制度指行政工作人员与所处理的行政事务有利害关系,可能影响到公正处理或裁决时,主动或应相对人申请而不得参与处理该项行政事务的制度。回避制度来源于普通法上的自然公正原则,这项原则要求"任何人都不能做自己案件的法官"。实行回避制度,有利于排除与所处理的事项有利害关系的行政人员主持行政程序,从而实现行政公正;有利于增加相对人对行政主体的信任感,保障行政管理活动的顺利进行。

6.职能分离制度。这一制度是指将行政主体内的某些相互联系的职能加以分离,使之分属不同机关(机构)或不同工作人员掌管和行使的制度。主要包括两种:①审裁分离,即案件的调查人和裁决人相分离;②裁执分离,即案件的裁决者和执行者相分离。后者如我国《行政处罚法》规定的"罚缴分离"制度。这样做除了防止行政机关及其工作人员滥用权力外,也有利于行政决定的公正、准确,较好地体现了公正原则。

7.不单方接触制度。这一制度是指行政主体在处理两个以上有利害关系的相对人的事项时,不得在一方当事人不在场的情况下单独与另一方当事人接触,不得单方面听取其陈述、接受其提交的证据的制度。设立该制度的目的在于:防止行政机关及其工作人员与一方当事人进行私下交易而导致行政腐败;防止行政机关及其工作人员受一方当事人虚假陈述的影响而形成偏见,作出对其他当事人不利的决定而损害其合法权益。

8.时效制度。这一制度是指行政行为的全过程或其各个阶段应受到法定时间限制的程序制度。时效制度是行政程序效率原则的具体体现。为了保证行政活动的高效率,行政程序的各个环节都应当有时间上的限制,如超过法定的期限,就会产生相应的法律后果。时效制度主要是针对行政机关规定的。例如,相对人依法提出某种许可申请后,行政机关必须在法定的期限内予以答复。否则,相对人可以以行政机关不作为为由申请行政复议或提起行政诉讼。时效制度也适用于相对人,如相对人不在法定期限内申请复议或提起行政诉讼,就丧失了获得相应救济的权利。

9.调查制度。这是指行政机关在作出一项决定或裁决前,应当收集证据、查明事实的制度。具体包括询问证人、查账、鉴定、勘验等各种方法。由于行政机关实施行政行为时比较注重效率,因而在行政调查中,行政机关的主导性比司法审判中法院的主导性强得多,所以建立调查制度并注意保障行政相对人的权利,就显得十分重要。

10.说明理由制度。这一制度是指行政主体在作出影响行政相对人权利义务的决定时,除法律有特别规定的外,必须向行政相对人说明作出该决定的事实根据和法律依据的制度。其作用主要在于:①促使行政机关对自己作出的决定作充分的考虑,使自己的决定有充分根据。②使相对人对行政决定的内容有充分的了解,有利于保护相对人的合法权益,避免违法、不当的行政决定对其合法权益造成侵害。

11.行政救济制度。这是指在相对人不服行政机关作出的影响其权利义务的行政决定时,法律应为其提供申诉或申请复议等获得救济的途径与机会,由上级行政机关或法定行政机关对原行政决定进行审查并作出裁决的制度。

四、行政程序法

(一)行政程序法的概念

行政程序法是关于行政程序的各种法律规范的总和。具体是指关于行政行为的方式、步骤以及实施这些方式和步骤的顺序、时限的法律规范的总和。正确理解这一概念应注意以下几点:

1.行政程序法的主要规范对象是行政行为。行政程序法不包括调整诉讼行为的行政诉讼法,而是专门用以规范和调整行政行为的方式、步骤、顺序、时限的法律规范。尽管行政程序法对行政相对人的行为也作了一些要求和规范,但这些都直接或间接地与行政行为有关,因而也可以认为是在直接或间接地规范行政行为。

2.行政程序法是行政法的有机组成部分,但其也有一定的独立性。行政程序法所规范的,是行政主体在有权作出某一行政行为(无论是内部行为还是外部行为)的前提下,按怎样的程序去作出一个合法、合理的行政行为。行政程序法不改变当事人的实体权利义务,而只是保证当事人实体权利义务的实现。但行政程序的正当、合法与否,直接影响到实体权利内容能否正确、顺利地实现。因而,行政程序法又具有独立的价值。

3.行政程序法既可以从广义上理解,也可以从狭义上理解。广义的是指"各种有关行政程序的法律规范之总和",它不仅包括行政程序法典,还包括散见于其他法律、法规及规章中的有关行政程序的法律规范;狭义的则专指统一完整的行政程序法典。

(二)行政程序法的作用

1.规范和控制行政权,防止和纠正行政专横与行政侵权,切实保护相对人的合法权益。行政程序法对行政权的规范与控制作用主要表现在两个方面:①行政程序法使行政程序成为行政行为发生法律效力的必要条件。如果程序不合法,就会导致行政行为违法,行政主体要对此承担相应的法律责任;②行政程序法是杜绝失职和滥用职权等行政违法行为的有效手段。行政违法行为的发生大都与制度不完备、程序不健全有关,健全和完善行政程序法,不给失职与滥用职权留有余地,从而起到确保行政权在法治的轨道上正常运行的作用。行政程序法具有在程序上保障相对人合法权益不受非法侵犯的作用。它不仅要求行政主体的一切行政行为必须严格依照法定程序进行,为行政机关设定了一系列程序上的义务,如告知义务、听证义务、说明理由的义务、回避的义务等;同时也赋予了行政相对人应有的行政程序权利,如听证的权利、陈述与申辩的权利、申请复议的权利等。这些程序权利义务的设定,可以制约行政主体对行政权尤其是自由裁量权的行使,促使行政主体更审慎、周密地行使职权,从而尽可能避免或减少违法与不当行为的发生,以保护行政相对人的合法权益。

2.保障行政权的有效行使,促进行政效率的提高。对行政行为的方式、步骤以及实施这些方式和步骤的顺序和时限的规范,实质上是对行政权的行使的方式、步骤以及实施这些方式和步骤的顺序和时限的规范。行政效率取决于多种因素,其中之一即是行为方式的适当选择、环节的合理安排、过程的科学组合,以保证行政机关活动的合理化和科学化。行政程序法所规定的程序是立法者为行政主体选择的尽可能合理的程序,去除了不必要的繁文缛节,减少了不必要的人力、物力及时间的耗费。同时,行政程序法确立的时效制度、不停止执行制度、紧急处置制度等,增加了行政的灵活性,这无疑有助于保障行政权的有效行使,从而促进行政效率的提高。

3.规范行政程序行为,加强行政民主,保障相对人对行政活动的参与,从而可以尽可能地避免行政专断,促进行政民主化,促进行政质量的提高。

(三)我国行政程序立法的现状

行政程序法的产生和发展是20世纪和21世纪行政法发展的重要内容之一。行政程序法发展的最突出标志是行政程序法的法典化。1946年的美国《联邦行政程序法》对行政程序的一般原则、规章制定以及行政裁决程序作了规定,体现了行政活动的公开、参与、公正等程序原则。这是一部具有世界影响的行政程序法典。在我国虽然还没有一部统一的行政程序法典,但这并不能说我国没有行政程序法规范,更不能说我国没有行政程序立法。特别是改革开放以来,国家立法机关在行政程序立法方面作了大量工作,在许多法律文件中规定有行政程序的内容,如我国的《治安管理处罚法》、《国家赔偿法》、《行政处罚法》、《税收征收管理法》、《行政监察法》、《行政复议法》、《立法法》和《行政许可法》等都有行政程序的规定。此外,正在制定中的《行政强制法》也会对相关行政程序作出明确规定。所有这些都为将来制定颁布统一的行政程序法典奠定了坚实的基础。

【思考题】

1.简述行政行为的特征。

2.简述行政行为的主要分类。

3.行政行为的成立要求有哪些?

4. 行政行为的合法要件有哪些？

5. 行政行为的效力表现在哪些方面？

6. 行政行为生效与失效的规则各有哪些？

7. 行政行为的无效与撤销有何不同？

8. 如何理解行政事实行政与行政法律行为的区别？

9. 简述行政程序的概念与特征。

10. 简述行政程序的分类。

11. 简述行政程序的基本原则。

12. 简述行政程序的主要制度。

【实务训练】

某县纺织厂诉某县节水办公室节约用水规定
和取水计划决定案

案情简介： 某县纺织厂在该县为工业用水大户。1990 年 7 月经办理合法手续在县水利局领取了取水许可证，该取水许可证准许纺织厂直接从流经本县的一条河中取水，月取水量为 110 万吨。1992 年 5 月 17 日，县节约用水办公室作出《全县用水暂行规定》，该《规定》第 5 条规定，全县所有直接从江河、湖泊或者地下取、用水的单位，其取水需县节约用水办公室许可，取水量也需由县节约用水办公室核准，节约用水办公室将按季度下达取水计划；第 7 条规定，取水单位在水源不足的季节执行取水计划时，应在额定计划内节约 3% ~ 8% 的取水量。该《规定》规定其生效日期是 1992 年 6 月 1 日。1992 年 6 ~ 9 月这 3 个月，县节约用水办公室核准纺织厂的月取水量仅为 100 万吨，并按此定额对县纺织厂直接送达了《取水计划决定书》，次日，又对县纺织厂补寄了《节约用水通知书》，内容是要求纺织厂在用水计划内再节约 5%。纺织厂认为，根据本省人大常委会通过的《省水资源管理办法》这一地方性法规，县水利局才是本县有权颁发取水许可证的行政主管机关，县水办公室只能就如何节约用水作出决定。本厂已于 1990 年 7 月在县水利局合法取得了月计划为 110 万吨的取水许可证，节约用水办公室作出的《全县用水暂行规定》以及下达的《取水计划通知书》属于超越职权的行为，侵犯了自己合法的取、用水权益，直接影响了本厂的生产和职工生活。1992 年 11 月 22 日县纺织厂以县节约用水办公室为被告向县人民法院提起行政诉讼，要求撤销县节约用水办公室作出的《县节约用水规定》和已下达的《取水计划决定书》。

法律问题： 县节约用水办公室作出的《全县用水暂行规定》、《取水计划决定书》和《节约用水通知书》各属于什么性质的行政行为？它们是否合法？分别从何时生效？

提示与分析： 县节约用水办公室作出的《全县用水暂行规定》、《取水计划决定书》和《节约用水通知书》三个行政行为中，《全县用水暂行规定》是抽象行政行为，《取水计划决定书》和《节约用水通知书》则是两个针对纺织厂的具体行政行为。因为《全县用水暂行规定》,针对的是全县所有的取水单位,即凡直接取水的单位均要由县节水办许可、核准取水量,其对象是不特定的,该《规定》是一项具有普遍约束力的规范性文件,因而属于抽象行政行为。而县节约用水办公室根据《规定》,对县纺织厂作出的《取水计划决定书》和《节约用水通知书》,针对的对象是特定的,即县纺织厂;针对的事项也是特定的,是就县纺织厂月取水量的多少及应节约多少作出规定;这一规定能影响县纺织厂的权利义务,因此是具体行政行为。根据省人大常委会通过的《省水资源管理办法》的规定,县节约用水办公室的《全县用水暂行规定》和《取水计划决定书》在内容上是不合法的,已超出了本部门法定的职权分工的范围,因为取水许可及取水量的核准,依该法规的规定应当属于县水利局的职权范围。但它作出的《节约用水通知书》则属于自己的职权范围,具有合法性。《全县用水暂行规定》自 1992 年 6 月 1 日起生效,属于附条件生效。《取水计划决定书》和《节约用水通知书》自它们送达纺织厂时生效,属于送达生效。

行政立法及其他行政规范性文件的制定

学习目的与要求 通过本章的学习,掌握我国行政立法的基本概念、基本理论和基本制度,能够运用理论与法律规定,准确识别各种行政立法,掌握行政立法的原则、主体、权限、程序、效力以及对行政立法冲突的处理制度。了解其他行政规范性文件的概念、特征、种类、制定程序和效力。

第一节 行政立法

一、行政立法的概念

行政立法是指特定的国家行政机关依照法定权限和程序制定和发布行政法规和行政规章的活动。行政立法的特征主要有:

1. 行政立法的主体是享有立法权的行政机关。行政立法的主体首先应是国家行政机关,不包括其他国家机关,如人民代表大会或其常务委员会。其次应是享有立法权的行政机关,依法不具有立法权的行政机关虽然也制定规范性文件,但不属于行政立法范畴。行政机关是否具有行政立法权,由宪法、组织法及立法法等规定。

2. 行政立法是制定和发布行政法规和行政规章的活动。行政立法的结果是产生具有普遍约束力的行政法规和行政规章。它们不同于针对特定人、只具有一次适用性的具体行政行为。行政机关针对特定对象的行政执法和行政司法行为不属于行政立法,行政机关制定行政法规和行政规章以外的具有普遍约束力的规范性文件的行为,只是制定其他行政规范性文件的行为,属于一般的抽象行政行为,也不属于行政立法。

3. 行政立法是行政机关立法权范围内的行为。这有两层含义:①行政立法是具有行政立法权的行政机关行使其立法权的过程。具有行政立法权的行政机关,其行为不一定都是立法行为,除行政立法权以外它还享有其他内容的行政职权,只有行使立法权的行为才是立法行为,基于立法权而制定的规范性文件才能称之为行政立法。②各行政立法机关享有不同的立法权限,能够设定不同的行政管理制度,它们的立法也应当在各自的职权范围内进行,不得超越其法定职权范围。

4.行政立法须依立法程序进行。行政立法机关制定的规范性文件不一定都是法,除了是否基于立法权而行为外,还有就是看它是否依立法程序制定规范性文件。未依立法程序制定的规范性文件不是法,行政立法须是依照立法程序制度和颁布的规范性文件。

二、行政立法的分类

根据不同的标准,行政立法可以分为不同的类别。

1.职权性行政立法与授权性行政立法。根据立法权的来源不同,可以把行政立法分为职权性行政立法与授权性行政立法。

职权性行政立法是指特定行政机关根据宪法和组织法赋予的职权,就其职权范围内的事项制定行政法规和规章的活动。国务院的职权性行政立法源于《宪法》第89条第1项的规定,国务院有权"根据宪法和法律,规定行政措施,制定行政法规,发布决定和命令"。《立法法》第56条对国务院就宪法规定的行政管理职权的事项进行立法也予以了确认。同时,《宪法》第90条第2款,《地方组织法》第60条第1项,《立法法》第71、73条等对国务院各部委和具有行政管理职能的直属机构,以及特定的地方人民政府的职权性行政立法也作了规定。授权性行政立法是指行政机关依据宪法和组织法以外的其他法律、法规的授权或者权力机关的专门决定授权而进行的立法活动。授权性行政立法可分为:①一般授权性行政立法,即根据单行法律、法规中的条款授权某一行政机关,制定具体的实施细则或实施办法。如,国务院发布的《耕地占用税暂行条例》第15条规定,本条例"实施办法,由各省、自治区、直辖市人民政府根据本条例的规定,结合本地区的实际情况制定,并报财政部备案"。各省、自治区、直辖市人民政府制定的耕地占用税实施办法,就是一般授权性行政立法。②特别授权性行政立法,即国家最高权力机关将应由法律规定的事项,以"决定"的形式,特别授予国家最高行政机关行使。如,1983年9月2日,全国人大常委会作出了《关于授权国务院对职工退休退职办法进行部分修改和补充的决定》,国务院根据这一授权决定对部分职工延长退休年龄限制的规定,就是特别授权性行政立法。

2.中央行政立法和地方行政立法。根据行政立法的主体及适用范围的不同,可以分为中央行政立法和地方行政立法。

中央行政立法是指国务院制定行政法规和国务院各职能部门制定部门规章的活动。中央行政立法调整的是全国范围内的事项或普遍性问题,其效力和适用范围及于全国,而不限于个别地方行政区域。

地方行政立法是指一定层级以上的地方人民政府制定和发布行政规章的活动。《立法法》第73条规定,省、自治区、直辖市和较大的市的人民政府可以根据法律、行政法规和本省、自治区、直辖市的地方性法规制定规章。地方行政立法包括省级政府制定的地方行政规章,较大市政府制定的地方行政规章,省会市政府制定的地方行政规章,经济特区市政府制定的地方行政规章。地方行政立法一方面要根据地方的实际情况,将法律、法规的规定具体化,确定实施细则和实施办法;另一方面又要对有关地方的特殊性问题作出具体规定,以调整区域性的特殊社会关系。地方行政立法的事项范围是各地方政府的地方性事务,其立法权也与各地方政府的行政区域范围相一致,当然,地方行政立法的效力和适用范围限于各地方行政区域,不得超越各自的行政区域范围。

3.执行性行政立法与创制性行政立法。根据行政立法的目的与内容的不同,可以分为执行性行政立法与创制性行政立法。

执行性行政立法,是行政立法机关为了执行法律、法规已创设的法律制度而进行的立法。执行性行政立法本身并不创设新的法律制度,而是执行法律、法规已经创设的法律制度,使之更具体化、明确化和更具可操作性。执行性行政立法一般在名称上称为"实施细则"、"实施办法"等。执行性行政立法不仅在立法目的上是为了执行法律、法规,而且其内容也应当反映出它确实是在执行法律、法规。例如2006年修订前的《义务教育法》第17条的授权规定,国务院教育主管部门有权制定该法的实施细则,这属执行性行政立法。

创制性行政立法,是指行政机关根据宪法、组织法规定的职权或其他单行法律、法规的授权,在其授权范围内,就本应由法律或法规规定的事项,在条件尚不成熟时,创制新的法律规则的行政立法活动,包括填补法律调整的空白和变更法律已规定的制度。创制性立法有创设新的法律规定、设定新的权利义务等方面的内容,这种立法或是基于固有的立法权而为,或是由于授权法的特别授权,无论是哪一种情形,行政机关的创制性行政立法必须根据授权法或其职责、权限,不得违反授权、任意创制。创制性行政立法通常称为"暂行条例"、"暂行规定"、"暂行办法",或者"试行条例"、"试行规定"、"试行办法"。

三、行政立法的原则

行政立法的原则是指贯穿于行政立法的过程中,对行政立法起指导作用的基本准则。行政立法应当遵循以下几项原则:

1.依法立法原则。行政立法必须依法进行。依法立法包括三层含义:①行政立法必须依照法定权限。行政机关或者根据宪法、有关组织法规定的权限立法,或者根据法律、法规的明文授权立法,依照授权的目的、范围行使权力。②行政立法的内容必须符合宪法、法律、法规的规定。行政法规不得与宪法、法律相抵触;规章不得与宪法、法律、行政法规或上层级的行政规章相抵触。③行政立法必须遵循法定程序。如国务院制定行政法规必须依照《立法法》、《国务院组织法》以及《行政法规制定程序条例》等。

2.民主、公开原则。中华人民共和国的一切权力属于人民,人民是国家的主人,国家的法律应当反映人民的利益和意志,让人民群众参与立法,充分听取各方面的意见,这就是立法的民主、公开原则。民主、公开原则包含几个方面的基本要求:①行政立法要把维护最大多数人民的最大利益作为出发点和落脚点,正确处理人民的全局利益与局部利益、长远利益和眼前利益的关系,立法的内容要反映或体现大多数人民群众的利益与意志。②立法程序要充分发扬民主,保障人民通过多种途径参与立法活动。③要依法公布已通过的行政立法文件,对直接涉及公民权利义务的行政立法,应特别规定实施时间。④应设置专门的行政立法咨询机构和咨询程序,对特别重大的行政立法进行专门咨询,并作为必经程序。

3. 维护法制的统一和尊严的原则。我国的国家结构是单一制,中央和地方职权的划分是遵循在中央统一领导下充分发挥地方主动性、积极性的原则。而且,立法是广大人民群众利益与意志的反映。体现人民利益和意志的立法应当有极大的权威、尊严,必须得到统一的遵守与执行。这不仅是人民意志的体现,同时也是国家结构的要求。任何国家的法律、法规都应是一个分等有序、严密统一的整体。法制的统一是国家和社会得以稳定的前提,也是经济上建立统一的大市场的必然要求。法制的统一和尊严要求行政立法要严格依照法定职权、法定程序进行,各行政立法机关不得超越职权范围,也不得违反法定的立法程序。因此,地方政府的立法、部门的立法都是对国家立法的补充,行政法规、规章是国家统一的法律体系的组成部分。起草法规、规章,要从国家整体利益出发,从人民的根本利益出发,从法制的统一性出发,不得与宪法、法律相抵触,下位行政立法也不得与上位的行政立法相抵触,规章彼此之间也应当协调一致,不能相互矛盾、相互冲突。法制的统一与尊严原则对于行政立法来讲极为重要,因为行政立法是由不同的机关与地方制定的法规与规章构成的,它们既有与上位法的关系问题,也有彼此之间协调一致的关系问题。

4. 协调、合理原则。行政立法是立章建制,是为人们规定行为规范的,它必须尊重社会客观规律,在充分协调的基础上,科学、合理而又切合实际地设定权利义务和建立行为规则。因此,协调、合理原则要求:①要从实际出发,实事求是地处理好方方面面的关系,既要符合全局的需要,又要考虑不同地区的实际情况;既要符合长远的发展方向,又要切合当前的实际。②要科学、合理地规定公民、法人和其他组织的权利与义务、行政机关的权力与责任。要通过立法促进政府职能切实转变到经济调节、社会管理和公共服务上来,实现政企分开。要按照精简、效能、统一的原则,合理调整、确定部门职权划分。在规定行政机关权力的同时,也要规定它的责任,做到权责一致。要全面、合理地考虑行政机关权力责任与公民、法人、其他组织权利义务的相对应关系。总之,用理性的标准、符合实际的标准来立法和规定权利(力)与义务,要在保障公民权益与维护公共利益、维持社会稳定与促进社会发展、实现社会公平与提高行政效率等之间取得平衡。

四、行政立法权限

（一）国务院的行政立法权限

国务院的行政立法权是制定行政法规,其法律根据是宪法和法律。根据宪法和立

法法的规定,国务院制定行政法规的立法权限包括两类事项:

1.职权立法事项。所谓职权立法事项,是指根据宪法和法律的规定本属国务院职权范围内的事项。国务院对这些本属自己职权范围内的事项进行的立法,就是职权立法。国务院职权立法事项又分为两类:①《宪法》第89条规定的国务院行政管理职权的事项。这些事项包括国务院领导和管理经济工作、城乡建设、教育、科学、文化、卫生、体育、计划生育、民政、公安、司法行政、监察、对外事务、国防建设、民族事务及华侨事务等。国务院可以对这些属于自己管理的事项制定行政法规。②国务院为执行法律的规定需要制定行政法规的事项。如全国人大制定有《国家赔偿法》,国务院为了执行该法律,相应制定行政赔偿费用的行政法规,以落实和推行国家赔偿法律制度。

2.授权立法的事项。所谓授权立法事项是指将本属于应由全国人民代表大会及其常务委员会制定法律的事项,由全国人民代表大会及其常务委员会授权国务院立法,国务院根据此项授权而对此事项制定行政法规进行调整。例如,1984年全国人大常委会通过《关于授权国务院改革工商税制发布有关税收条例草案试行的决定》,国务院依据这一特别授权决定也制定了一些税收条例(草案)。授权性行政立法受到授权法的严格制约,不得违背授权法的规定。《立法法》第9、10、11、56条对授权性行政立法的有关条件与限制作出了规定。全国人民代表大会及其常务委员会对有关犯罪与刑罚、对公民政治权利的剥夺和限制人身自由的强制措施和处罚、司法制度等事项,不能授权国务院制定行政法规。特别授权立法还必须符合以下要求:①国务院应当严格按照全国人大及其常委会授权目的和授权范围行使立法权,制定行政法规,并不得将该项权力转授给其他机关;②国务院根据全国人大及其常委会的授权制定的行政法规,应当报全国人大及其常委会授权决定规定的机关备案;③全国人大及其常委会就授权国务院立法的事项已制定法律后,国务院的授权立法相应终止。

(二)国务院各部门的行政立法权限

国务院各部门有制定部门规章的行政立法权限,这是中央行政立法的另一种形式。根据《立法法》第71条规定,国务院各部、委员会、中国人民银行、审计署和具有行政管理职能的直属机构,可以根据法律和国务院的行政法规、决定、命令,在本部门的权限范围内,制定规章。具体地说:①国务院各部、委员会、中国人民银行、审计署有规章制定权;②国务院的直属机构序列的行政机构有权制定部门规章,如国家工商行政管理局、海关总署、国家税务总局等;③国务院直属事业单位,属于具有行政管理职能的直属机构,有规章制定权。中国地震局、中国气象局、中国证券监督管理委员会等直属事业单位,除了属于事业单位性质以外,它们同国务院直属机构一样具有行政管理职能。例如,《证券法》中就明确规定,国务院证券监督管理机构可以制定规章。国务院各部门制定规章的法律根据是法律、国务院的行政法规、决定、命令。部门规章规定的事项,应当属于执行法律的事项,执行行政法规的事项,执行国务院决定、命令的事项,即属于执行性立法事项。由于国务院各部门是按行政管理职能进行划分和设置的,是所谓"行业"管理,所以,各部门在制定部门规章时,还要受到本部门权限的限制,各部门应当在自己的职能、权限范围内制定规章,不能超越本部门的职权范围。并且,涉及到两个以上国务院部门职权范围的事项,法律规定应当由国务院制定行政法规或者由国务院有关部门联合制定规章。

　　(三)省、自治区、直辖市的人民政府和较大的市的人民政府的行政立法权限

　　《立法法》第63条第4款规定的较大的市是指省、自治区政府所在地的市,经济特区所在地的市和经国务院批准的较大的市。根据法律规定,地方政府中下列几种具有制定地方规章的立法权:省、自治区、直辖市政府;省、自治区政府所在地的市政府;经国务院批准的较大的市政府;经济特区所在地的市政府。国务院批准的较大的市包括唐山、大同、包头、大连、鞍山、抚顺、吉林、齐齐哈尔、青岛、无锡、淮南、洛阳、宁波、邯郸、本溪、淄博、徐州、苏州等。这些地方规章的立法根据是法律、行政法规和本行政区域的地方性法规。根据《立法法》第73条第2项的规定,地方行政规章的立法事项有两类:一类是为执行法律、行政法规、地方性法规的规定需要制定规章的事项。有些法律或法规,在条文中就明确规定地方政府可制定相应的实施细则或实施办法,使法律、法规的规定通过地方行政规章更具体化和更具可操作性。另一类事项是属于地方政府本行政区域内的具体行政管理事项。由于这类具体行政管理事项本来就属于地方政府的职权范围,按照宪法和地方政府组织法的规定属于地方政府固有的职权范围事项,地方政府当然有权以地方行政规章的形式予以规范和调整。

　　五、行政立法的程序

　　行政立法的程序,是指行政立法机关在制定、修改和废止行政法规和规章过程中所应遵循的步骤、方式、顺序等各种要素的总称。行政立法程序的规范化、科学化和民主化,是保障并提高行政法规和行政规章的质量,实现行政法治的基本途径之一。行政立法程序由以下环节组成:

　　1.规划。规划就是编制一定时期内的行政立法规划和计划。国务院制定行政法规,首先要根据国民经济和社会发展五年计划所规定的各项任务,编制指导性的制定行政法规的五年规划和年度计划,使行政立法工作有计划、有目的、有秩序地进行。行政法规的立法规划的编制过程是:国务院法制机构根据党中央、国务院的重大决策和工作部署会同有关部门,初步确定行政法规立法项目,再征求有关部门意见。在此基础上,由国务院法制工作机构综合研究、协调论证、统一提出意见,形成行政立法五年规划或年度计划草案,报国务院领导。立法规划草案经国务院批准后,由国务院法制办负责组织实施。国务院有关部门不能自行向国务院报送草案,为改革、发展、稳定的实际需要,可以提出制定行政法规的要求,但应当向国务院报请立项。编制规章制定计划的过程是:国务院各部门和有关的地方政府的法制工作机构向各单位征求意见,并对各单位建议制定的规章项目进行研究论证,经审查后形成规章制定计划。规章制定计划报经制定机关行政首长审批后,由法制工作机构组织实施。当然,规划在执行过程中,还可以根据形势发展的需要,对规划和计划进行适当的调整。规划是行政立

法的第一环节,有了科学、合理的立法规划,就能按轻重缓急适时地调整社会关系,以适应社会发展和行政管理的需要。

2. 起草。起草是行政立法机关拟定行政立法草案以备立法通过的过程。所有行政立法都必须要经过起草过程才能有草案文本,也才能有可供通过的行政法规与规章草案。行政法规的起草由国务院组织。国务院有关部门认为需要制定行政法规的,应当向国务院报请立项,由国务院组织对该部门报请立项进行审查起草。国务院组织起草行政法规,包括自始至终由国务院组织进行的起草,也包括国务院对有关部门报请立项的行政法规的草案组织继续起草两种形式。在具体起草过程中,可以有不同的起草分工:①对于较为重要的行政法规草案,由国务院法制办负责起草;②对于其他行政法规草案,可以由主管部门具体负责起草工作,或者由相关的部门共同负责起草。行政立法的起草应注意以下事项:①需要制定实施细则的,其实施细则的起草工作,应当一并考虑,同时进行。②根据需要,行政法规和规章起草小组可以吸收有关的业务专家、法律专家或社会团体的代表参加。③起草的行政法规和规章,应当符合行政立法技术要求。

3. 征求意见。行政立法中的征求意见,是指对行政法规、规章草案的征求意见,实际上它也是起草过程中的一个环节或形式。因为起草过程是一个不断提出、修改、拟定行政立法草稿、草案的过程,在这个过程中,就包含了征求意见的环节与方式。征求意见是行政立法具有重要意义的程序环节,是行政立法民主化的要求和体现。《立法法》规定,在行政法规起草过程中,应当广泛听取有关机关、组织和公民的意见。听取意见可以采取座谈会、论证会、听证会等多种形式。座谈会一般是指起草单位邀请企业、个人、其他组织或者有关部门,听取他们对立法的必要性、立法应当解决的问题的意见和建议等的一种听取意见的会议形式。论证会一般是指由起草单位邀请对某一问题有专门研究的专家、学者,对行政法规草案有关内容与实践上的合理性、可行性和操作性等进行讨论和质证的一种听取意见的会议形式。《立法法》首次将听证会形式正式引入了我国立法程序。听证会一般是指在行政机关作出某项决定前,听取有关利害关系人的陈述、申辩的一种制度。对于涉及公民或组织权益较为普遍或重大的立法,还应当举行听证会,让利害关系各方的代表充分发表意见,使立法草案在充分听取各方面意见的基础上进一步修改、完善。对于听证会、座谈会、论证会的各种意见,都应当记录在案,整理归纳、分析,以供修改草案之用。规章的制定也应当参照《立法法》有关行政法规制定程序的有关规定。对于涉及其他主管部门业务或与其他部门关系密切的规定,还应当与有关部门协商一致。经过充分协商不能达成一致意见的,应当在上报草案时专门提出并说明情况和理由,由上级机关进行协商或决定。

4. 审查。审查是指行政立法草案拟定之后,送交政府法制机构进行审议核查的制度。依照立法法的规定,行政法规、规章起草工作完成以后,负责起草的单位应当将草案及其说明、各方面对草案主要问题的不同意见和其他有关资料送相应的法制机构进行审查。草案的说明内容主要包括立法背景、立法的必要性、可行性及立法条件是否

第一节

成熟、立法过程以及草案的主要内容等。其他有关资料主要包括国内外相关立法及政策,有关草案主要问题的统计资料、会议记录、调研报告等。政府法制机构对草案的审查是全面的,审查的内容主要涉及到以下问题:草案的必要性与可行性;草案是否符合党和国家的方针、政策及法律规定;草案是否在本机关权限范围内;草案的规定与现行法律、法规、规章规定之间是否有不一致,该怎样处理;草案的结构、文字等立法技术是否规范;草案报送的资料、说明等是否齐备;草案中有争议的内容是否写明以及各方意见的理由或根据,等等。法制机构在审查修改的基础上,直接向政府或部门提出审查报告和草案修改稿。该审查报告应当对草案主要问题作出说明,如必要性与可行性问题,重要制度的内容与理由说明,等等。

政府法制机构审查行政法规、规章草案的形式主要有:要求起草单位介绍情况、实地调查研究、内部论证或组织有关方面人员共同论证、协调部门之间的意见分歧等。政府法制机构审查工作完成后,应当向国务院提出审查报告和草案修改稿,对草案中的主要问题要在审查报告中作出说明。

5.通过。行政立法机关按照其决定程序通过立法草案的制度就是通过。草案经过行政立法机关正式通过以后,即成为了行政法规或规章。国务院通过行政法规的决定程序是由国务院组织法规定的。《国务院组织法》规定,国务院工作中的重大问题,必须经国务院常务会议或者国务院全体会议讨论决定,因此,国务院对行政法规的决定程序应当是经常务会议或者全体会议讨论并决定。而国务院各部门规章的决定程序应当经部务会议或者委员会会议决定通过。国务院常务会议审议行政法规草案时,由国务院法制机构或者起草部门作说明。地方行政规章的决定程序也应当是经政府常务会议或者全体会议决定通过。国务院、国务院各部门、省、市政府通过法规与规章的具体形式主要是:如果会议对法规、规章草案没有实质性的不同意见,则决定通过;如果会议对草案重要问题有不同意见,则决定不通过,或修改以后再审议;如果对个别细节内容有不同意见,而对主要内容没有不同意见的,可采用原则通过形式,会后对个别细节内容进行修改、完善,再送政府首长审批决定。

6.签署。签署是行政首长对会议决定通过的法规、规章签署姓名的制度。签署虽然是行政首长个人签署,但仍然是作为政府或部门首长签署的,也就是代表政府、部门签署,因为行政机关实行的是首长负责制。签署在立法法上是作为行政法规、规章制定程序的一个法定环节规定的,只有经过行政首长签署的法规、规章,才是符合法定程序制定公布的行政法规与规章。根据《立法法》规定,国务院发布行政法规,应由总理签署,国务院各部门发布部门规章,应由部门的部长、委员会主任签署,地方政府发布规章,应由省长、自治区主席、直辖市市长及较大的市的市长签署。

7.公布。公布是将已经行政首长签署的行政法规、规章对社会公开发布的环节。任何行政立法必须公开发布,没有公开发布的,对公民、法人或其他组织不产生法律效力,也不能作为行政机关执法的根据。公布就是对全社会公开发布,而不是指在行政机构系统内部发布,所以,依照法律规定,公布应以总理令、部长令、省长令、市长令等形式公布,而且应当及时在相应载体上刊登。发布令一般应当载明发布机关、序号、规章名称、决定日期、生效日期等项内容。国务院公布行政法规,应当在国务院公报和全国范围内发行的报纸上刊登全文,部门规章也应当及时在国务院公报或者部门公报和在全国范围内发行的报纸上刊登,地方政府公布地方行政规章,应在本级政府公报和在本行政区域范围内发行的报纸上刊登。由此可见,行政法规与规章的公布形式或载体,依照法律要求必须同时以两种形式公布:①政府公报;②相应范围内发行的报纸,不能是只有其中之一,更不能只是以内部文件的形式。在政府公报和报纸发布两者之中,应以政府公报的文本为标准文本。

8.备案。备案是将已公布的行政立法报送监督机关备审备查的制度。备案本身并不涉及已公布之行政法规与规章的效力问题,而是涉及有监督权的机关对已公布之行政法规、规章行使监督权的问题。所以,行政立法机关应当依法报送备案,监督机关应当适时审查。依照规定,行政法规、规章应当在公布后的30天内报送备案。行政法规应由国务院报送全国人民代表大会常务委员会备案;部门规章应由制定规章的部门报送国务院备案;地方行政规章应由制定规章的政府报送国务院和本级人民代表大会常务委员会备案;较大的市的政府制定的地方行政规章应报送备案的机关有国务院,本级人民代表大会常务委员会,所在省、自治区人民代表大会常务委员会,所在省、自治区人民政府。此外,根据授权制定的行政法规应当报授权决定规定的机关备案。

六、行政立法的技术

行政立法技术是指行政机关在制定行政法规和行政规章的实践过程中总结出来的,能保障和提高行政立法质量的技巧与方法。行政立法技术是整个立法技术的组成部分,并受整个立法技术的制约。行政立法技术贯穿于整个行政立法实践过程中,具体体现在行政立法的形式和内容两个方面。

（一）行政立法形式方面的技术

行政法规和行政规章,作为行政立法的结果,是形式和内容的有机统一。对行政法规和行政规章外在表现形式的基本要求,一般是结构严谨、条理清楚、合乎逻辑、语言简洁。要达到上述要求,行政立法技术在形式方面必须注意以下几点:

1.名称要规范、简明、准确。行政法规和行政规章只是一种通称,任何一个行政立法还必须有一个具体的名称,这个具体的名称必须规范、准确、简明扼要。如国务院1985年10月22日发布的《港口建设费征收办法》就基本上符合这些要求。只有名称规范、简明、准确,才能科学地反映行政立法的性质、主要内容、效力等级和适用范围,便于遵守和执行。行政法规一般使用条例、规定和办法等名称,国务院"对某一方面的行政工作作比较全面、系统的规定"时,称"条例";国务院"对某一方面的行政工作作部分的规定"时,称"规定";国务院"对某一项行政工作作比较具体的规定"时,称"办法"。国务院各部门和地方人民政府制定的规章不得称为"条例"。在制定正式的行政法规和行政规章的条件尚不成熟,但现实生活又迫切需要规范调整时,为了稳妥起见,也可以在条例、规定和办法等名称前冠以"暂行"或者"试行"字样。

2.标明制定或发布的行政机关。为了反映效力等级和适用范围,应该标明制定和发布行政法规或行政规章的行政机关。国务院制定和发布的条例,标题上不写发布机关,只在标题之下注明×年×月×日国务院发布;国务院制定和发布的规定、办法等应在标题上写明制定机关。行政规章如果是几个行政机关联合制定发布的,所有行政机关都要注明。如果是经上级行政机关批准或转发的,应当在发布的通知中写清楚。如果是经上级行政机关批准,而由下级行政机关发布的,应当在标题下注明×年×月×日国务院批准,×年×月×日×部发布。

3.序言。行政法规或行政规章的序言可有可无,可长可短,可以单独列为一部分,也可以直接列入本文。序言应当简洁明了。

4.本文排列要规范。本文是行政法规或行政规章中最重要的组成部分。它一般按章、节、条、款、项、目进行排列。对于较长的行政法规或规章,可以分章,但每章最少应有两节,每节至少要有两条。篇幅较小的,也可以不分章节,而直接列条。条是按顺序从头至尾排列下来的,不受章节的影响,便于引用。每一条一般只应包括一项规则。条下所列的款,一般不用数字标出,而采用另起一个自然段的方式表示。款下的项应以顺序号标出,但一条之下不得设过多的款,一款之下也不得设过多的项。

5.签署和附加部分。行政法规或规章必须由有关人员签署才能生效。在必要时,行政法规或规章还可以有目录、附录、索引等附加部分。目录一般用于篇幅较长的行政法规或规章之前,以便查找。索引则附于后面,以便按各种项目检索正文。附录通常包括某些图表、文件格式、计价表、行政机关或有关人员名单。

6.语言必须严谨、简洁、准确。法律是普遍、明确、具体的规范,因此,表述规范的语言必须是严谨、简洁、准确的。行政法规和规章要求使用正式的公文用语,不得使用口头语、俚语、古语、方言、外国语、隐语和双关语,更不得使用夸张的语言和比喻手法。即使是专门法律术语的运用,也要符合规范的要求,并能为一般人所理解。文字要简洁,概念要保持同一性,同一个概念应该只有一种解释。对于初次使用又鲜为人知的用语,要在条文中加以解释。

(二)行政立法内容方面的技术

1.弄清条文与规范的关系,做到规范明确并切实可行。法律规范一般由假定、处理和制裁三个要素组成,它们通过法律条文体现出来。但是,并非每一个法律条文都包括上述三个要素,事实上,一个法律规范可以分别表述在几个法律条文,甚至几个不同的法律文件之中。对于法律规范的三个要素,行政立法都必须做深入、细致的调查研究,弄清需要调整的社会关系、调整的方法和具体的内容,然后根据典型情况,制定明确和切实可行的法律规范。

2.明确列举被废除的法律文件,保持整个法律体系的协调统一。行政机关在制定行政法规或行政规章时,根据新法废除旧法的原则,新的行政法规或规章生效以后,同一机关以及它的下级机关过去所发布的与它相抵触的法律规范性文件应失去效力。

对此,行政法规和规章的制定机关必须进行艰苦细致的清理工作,查明与新的行政法规和规章相抵触的规范性文件和具体条文,列举于行政法规或行政规章的后面。若仅仅规定"凡与本条例相抵触的,以本条例为准",或者"凡与本规定相抵触的一律无效",则会发生理解上的混乱,给执行带来困难。

■ 第二节　其他行政规范性文件的制定

一、其他行政规范性文件制定的概念

其他行政规范性文件的制定,是指国家行政机关制定除行政法规、规章以外的具有普遍约束力的决定、命令,规定行政措施等抽象行政行为的活动。其他行政规范性文件的制定,虽然不是行政立法,但它与行政立法一样,都是抽象行政行为,只要不与法律、法规和规章抵触,也可以作为具体行政行为的依据。实际上我国大量具体行政行为是直接根据其他行政规范性文件作出的,因此,它在我国行政管理中具有重要的地位和作用。其他行政规范性文件在学理上又被称为"其他规范性文件"或者"行政法规、规章以外的其他规范性文件";[1]在法律上,《行政处罚法》第14条使用了"其他规范性文件"一词,而在《行政复议法》第7条则使用了"规定"一词,这些都表明了它具有与行政法规、规章不同的法律地位。其他规范性文件具有以下特征:

1. 主体的广泛性。其他行政规范性文件的制定主体是各级各类国家行政机关。在我国,有权进行行政立法的行政机关只占少数,而有权发布其他行政规范性文件的行政机关则为大多数。国务院、国务院各部委,各部委所属司、局、办,省、自治区、直辖市人民政府及其所属厅、局、办,省会市和较大的市人民政府及其所属部门、其他设区的市和不设区的市、县人民政府的工作部门及其派出机关(行政公署、区公所、街道办事处)、乡镇人民政府等都可以成为其他行政规范性文件的制定主体。

2. 效力的多层级性与从属性。其他行政规范性文件数量众多,其各自的效力与制定主体相对应,从上到下呈现多层级特点,下级规范性文件不能同上级规范性文件内容相抵触,并且分别从属于相应行政机关制定的行政法规和行政规章。

3. 规范性。其他行政规范性文件同样能为人们提供行为规则,它具有普遍约束力和反复适用性,在各自效力所及范围内的单位和个人都必须遵守,具有执行力。

其他行政规范性文件与行政立法的区别主要表现在:①行政法规、规章的制定主体是由宪法和法律规定的特定的行政机关,而其他行政规范性文件的制定主体是几乎所有的国家行政机关。②行政法规、规章的效力高于其他行政规范性文件。其他行政规范性文件应以法律、法规、规章为依据,不得与法律、法规、规章相抵触。③行政法规、规章可以在法定范围内设定权利(权力)和义务(责任),但其他行政规范性文件无

---

[1]　湛中乐:"论行政法规、行政规章以外的其他规范性文件",载《中国法学》1992年第2期。

权作出涉及行政相对人的权利义务的规定。如行政法规和规章有一定的行政处罚设定权,而其他行政规范性文件无权设定行政处罚。④行政法规、规章的制定程序较为严格、正式,而其他行政规范性文件的制定程序较为简单。行政法规、规章的制定程序由《立法法》、《行政法规制定程序条例》、《规章制定程序条例》及有关法律、法规规定,其他行政规范性文件的制定程序由《国家行政机关公文处理办法》规定。

二、其他行政规范性文件的分类

其他行政规范性文件以制定主体是否享有行政立法权为标准,可以分为行政法规性文件、行政规章性文件和一般行政规范性文件。

1.行政法规性文件。行政法规性文件是指由享有行政法规制定权的国务院所发布的、除行政法规以外的其他行政规范性文件。行政法规性文件虽然是由国务院发布的,但因为其不完全符合行政法规的法定标准,故不属于行政立法的范畴。如国务院的行政法规是以国务院令的形式公开发布,而行政法规性文件则无此要求。

2.行政规章性文件。行政规章性文件是指有规章规定权的行政机关制定的、除行政规章以外的其他行政规范性文件。行政规章在制定程序上应经部门首长或政府首长签署,在形式上是以部、委"令"或政府"令"公布,而行政规章性文件则无须这些条件。

3.一般行政规范性文件。一般性行政规范性文件是指由不具有行政法规、规章制定权的行政机关制定的行政规范性文件。一般行政规范性文件是有关行政机关为了实现行政目的,结合本地区、本部门的实际情况,对不特定的事项作出一般性规定的决定、决议、命令和措施等。

三、其他行政规范性文件的效力

其他行政规范性文件虽然不属于法的范畴,但它们能为人们提供行为规则,具有普遍约束力。对其效力的理解应注意以下几点:

1.其他行政规范性文件虽然具有普遍约束力,但其效力低于法律、法规和规章,根据制定主体的不同,效力自上而下呈现出多层级的特点,下级行政规范性文件不能与上级行政规范性文件的内容相抵触。

2.其他行政规范性文件对行政相对人具有拘束力和强制执行力,行政相对人应遵守其他行政规范性文件的规定,对其他行政规范性文件所确定的义务必须履行。其他行政规范性文件对行政机关本身具有确定力,对具体行政行为具有适用力。其他行政规范性文件一经颁布,非经法定程序不得任意撤销、改变或者废止。

3.部分其他行政规范性文件属于行政复议范围。复议机关在审查具体行政行为时,如果发现所依据的决定、命令与法律、法规、规章或较高层次的决定、命令相抵触,可在其职权范围内依法予以撤销或改变。根据《行政复议法》第7条规定,行政相对人认为行政机关的具体行政行为所依据的、除行政规章以外的国务院各部门的规定、县级以上地方各级人民政府及其工作部门的规定、乡镇人民政府的规定不合法,在对具体行政行为申请行政复议时,可以一并向行政复议机关提出对该规定的审查申请。

4.行政诉讼当事人可以以其他行政规范性文件作为相应具体行政行为违法或合法的根据。人民法院审理行政案件,对具体行政行为依法进行审判时,应同时审查相应具体行政行为所依据的其他行政规范性文件的合法性;在行政相对人对具体行政行为所依据的有关"规定"提出审查申请的情况下,人民法院有权对有关"规定"合法与否进行认定,但不能宣告维持、改变或撤销之;在行政案件的裁判文书中可以引用"合法、有效的"其他行政规范性文件。

四、其他行政规范性文件的制定程序

目前,其他行政规范性文件的制定所依据只有国务院办公厅颁布的《国家行政机关公文处理办法》。根据这一办法,参照行政立法的程序,结合实践经验,制定其他行政规范性文件应遵循以下程序:

1.起草。由既懂行政专门业务又熟悉法律和政策的专门人员负责起草。

2.协商和协调。如果内容涉及其他一个或几个部门的职责权限,起草人员应组织这些部门协商取得一致意见。

3.征求和听取意见。起草过程中应听取有关机关、组织和公民的意见。

4.审核、签批。审核一般由行政机关秘书部门的负责人或法制工作部门的负责人或负责拟稿职能部门的负责人承担审核任务。审核结束后,一般由制定机关的正职领导人签发。

■ 第三节　行政立法的效力等级、冲突及解决

行政立法的效力等级,是指行政立法在国家整个规范性文件体系中的法律地位,它解决行政立法与宪法、法律、法规的关系,以及行政立法自身内部关系的问题。行政立法与权力机关的立法,以及行政立法自身之间可能发生冲突,所以,必须对法律冲突的解决规定必要的方法。

一、行政法规的效力等级、冲突及解决

行政法规是由国务院制定的,它的效力等级总的来说是低于宪法和法律,高于地方性法规、部门行政规章、地方行政规章。

1.行政法规必须根据宪法和法律制定,或者根据法律制定机关——全国人民代表大会及其常务委员会的授权决定而制定。这是行政法规与宪法、法律的效力关系的根据内容。

2.宪法与法律的效力高于行政法规,行政法规的内容不得与宪法和法律相抵触。这是效力关系的内容要求。因此,行政法规不能超越权限而制定,也不能作出与宪法、

法律相抵触内容的规定。否则,是无效的。

3.行政法规应当在公布后 30 日内报全国人民代表大会常务委员会备案,接受该机关的监督审查。

4.行政法规如有超越权限、违反宪法与法律规定及违背法定程序的,全国人民代表大会常务委员会有权撤销该行政法规。

此外,行政法规的效力高于地方性法规。国务院认为行政法规、地方性法规、自治条例和单行条例同宪法或者法律相抵触的,可以向全国人民代表大会常务委员会书面提出进行审查的要求,由常务委员会工作机构分送有关的专门委员会进行审查、提出意见。地方性法规、自治条例和单行条例,须在其公布后 30 日内报国务院备案。另外,行政法规的效力高于部门行政规章和地方行政规章。行政法规是规章制定的主要依据,规章的内容不能与行政法规相抵触,规章公布后 30 日内应报国务院备案,规章的内容如与行政法规相抵触,国务院有权改变或撤销该部门行政规章和地方行政规章。

二、部门行政规章的效力等级、冲突及解决

部门行政规章的效力等级总的来说低于宪法、法律、行政法规,而与地方性法规、地方行政规章之间没有效力高低的区别。具体内容是:

1.部门行政规章的立法依据就是法律、行政法规及国务院的决定、命令,部门行政规章多是为了执行法律、行政法规而制定的。

2.部门行政规章发布后 30 日内应报国务院备案审查,接受国务院的监督。

3.国务院有权改变或撤销不适当的部门行政规章。这种不适当包括部门行政规章的内容与上位的宪法、法律、行政法规相抵触,也包括部门规章超越权限或违反法定程序。

4.根据《立法法》第 86 条第 2 项规定,部门规章与地方性法规之间对同一事项的规定不一致,不能确定如何适用时,应由国务院提出意见。国务院认为应当适用地方性法规的,应当决定适用地方性法规;国务院认为应适用部门行政规章的,应当提请全国人民代表大会常务委员会裁决。

5.部门行政规章与部门行政规章之间、部门行政规章与地方行政规章之间对同一事项的规定不一致的,则由国务院裁决适用。

三、地方行政规章的效力等级、冲突及解决

地方行政规章的效力等级总的来说低于宪法、法律、行政法规、同级和上级人民代表大会及其常务委员会制定的地方性法规,与部门行政规章之间有同等法律效力。具体内容是:

1.地方行政规章的立法依据是法律、行政法规、本省、自治区、直辖市的地方性法规,地方行政规章多为执行法律、行政法规、地方性法规的规范需要而制定。

2.地方行政规章的内容不得与宪法、法律、行政法规、本级和上级人民代表大会及其常务委员会制定的地方性法规相抵触。

3.地方行政规章在公布后30日内应报国务院、本级人民代表大会常务委员会备案,其中较大的市的地方行政规章还应同时报送所在省、自治区人民代表大会常务委员会和省、自治区人民政府备案,以备监督审查。

4.地方行政规章与宪法、法律、行政法规、本级或上级人大地方性法规相抵触的,国务院有权改变或撤销,本级人民代表大会常务委员会也有权撤销本级政府制定的地方行政规章,省、自治区政府也有权改变或撤销下一级政府制定的不适当的地方行政规章。

5.规章内部效力等级也不相同,部门行政规章与地方行政规章具有同等效力,在各自的权限范围内施行有效,部门行政规章与地方行政规章不一致时,由国务院裁决适用,省级政府的地方行政规章的效力高于本行政区域内较大的市的政府制定的地方行政规章。

此外,行政法规、规章均不得溯及既往,但为更好地保护公民、法人和其他组织的合法权益而作的特别规定除外。一般包括以下情形:①行为发生时的行政立法认为是违法行为,而现在行政立法不认为是违法行为,如果案件没有审结、执结,应适用现行行政法规、规章的规定;②行为发生时的行政立法规定了较重的处罚,而现在的行政立法规定了较轻的处罚,如果案件没有审结、执结,应适用现行行政法规、规章的规定;③行为发生时的行政立法没有授予权利,而现在的行政立法授予了权利,如果没有超过该权利行使的时效期间,应适用现行行政立法的规定。

【思考题】

1.什么是行政立法？它有哪些特征？

2.简述行政立法的分类。

3.行政立法应遵循哪些原则？

4.我国可以进行行政立法的行政机关有哪些？

5.行政立法机关的立法权限如何界定？

6.行政立法应遵循什么程序？

7.行政立法的技术有哪些？

8.简述其他行政规范性文件制定的概念和特点。

9.简述其他行政规范性文件的种类。

10.试述其他行政规范性文件的效力。

11.试述行政立法的效力等级、冲突及其解决。

【实务训练】

安阳市两驾校诉安阳市审计局行政收费案[1]

案情简介:2001 年 2 月 24 日《法制日报》报道,国务院发布的《水利建设基金筹集和使用管理暂行办法》规定:地方水利建设基金从"政府性基金(收费、附加)中提取 3%",应提取水利基金的项目包括"地方交通及公安部门的驾驶员培训费"。据此,河南省政府制定了"实施办法(54 号文件)",却去掉了"地方交通及公安部门"这个限定词。根据这一"细化"的省政府文件,安阳市审计局责令两驾校(一个为运输总公司驾驶员培训学校,另一个为物质勘探大队驾驶员培训学校)缴纳约 14 万元的"水利建设基金"。审计局认为,所有驾校收取的培训费,都属水利基金的收缴范围。河南省政府的文件是对国务院文件的细化,收缴的依据应是省政府的文件。而两驾校则认为:"暂行办法"是国务院颁行的行政法规,而河南省政府的文件属于地方行政规章,应严格以国务院的行政法规为依据。同时,它还认为,"54 号文件"同样规定:"水利基金的来源是政府性基金",而政府性基金是凭借国家赋予的行政权力或垄断地位收取的收入,驾校的收费则没有任何强制性,不属于政府性基金。因此,两驾校不服,先向安阳市政府申请行政复议,安阳市政府作出了维持审计局决定的裁决,两驾校遂向法院提起行政诉讼。

法律问题:审计局向两驾校收取 14 万元水利建设基金的决定是否合法?

提示与分析:本案的关键是河南省政府的实施办法与国务院的《水利建设基金筹集和使用管理暂行办法》是否存在冲突,以及它们之间的效力等级关系。国务院发布的《水利建设基金筹集和使用管理暂行办法》规定,应提取地方水利建设基金的项目只包括"地方交通及公安部门的驾驶员培训费"。而河南省政府制定的实施办法却去掉了"地方交通及公安部门"这个限定词,致使按照国务院的《水利建设基金筹集和使用管理暂行办法》本不应缴纳水利建设基金的运输总公司驾驶员培训学校和物质勘探大队驾驶员培训学校,按照河南省政府的实施办法却需缴纳约 14 万元的"水利建设基金"。可见,两者之间是存在冲突的。国务院发布的《水利建设基金筹集和使用管理暂行办法》属于行政法规,而河南省政府的实施办法只是地方行政规章,地方行政规章的效力是低于行政法规的,河南省政府的实施办法与国务院的行政法规相抵触,应属无效,所以,审计局向两驾校收取 14 万元水利建设基金的决定是违法的。

---

[1]　杨解君主编:《行政法学》,中国方正出版社 2002 年版,第 125 页。

第五章

行政奖励与行政给付

学习目的与要求　通过本章学习,掌握行政奖励与行政给付的概念、特征与原则,了解行政奖励的条件,熟悉行政奖励与行政给付的内容、形式与程序。

■ 第一节　行政奖励

一、行政奖励的概念与特征

(一)行政奖励的概念

行政奖励,是指行政主体依照法定的条件和程序,对为国家和社会作出重大贡献或者模范地遵纪守法的单位和个人,给予物质和精神等方面的奖赏与鼓励的具体行政行为。它包括以下几层含义:

1.行政奖励的主体是行政主体。行政奖励必须由有行政奖励权的行政主体实施。

2.行政奖励的目的是表彰和鼓励先进,激励和鞭策后进,调动广大人民的积极性和创造性。

3.行政奖励的对象是为国家和社会作出重大贡献或模范地遵纪守法的单位或个人。

4.行政奖励的内容主要包括物质奖励和精神奖励两个方面。物质奖励是指给受奖人颁发奖品或奖金;精神奖励是指给予受奖人某种荣誉。

5.行政奖励必须依法进行。即行政奖励必须由有法定权限的主体,对符合奖励条件的个人或组织,依照法定程序给予适当形式的奖励。

(二)行政奖励的特征

1.行政奖励是一种具体行政行为,是由行政主体针对特定的对象实施的、能对相对人产生实际影响的行政行为。

2.行政奖励是一种单方行政行为,但不具有强制性。与具有强制性的行政命令等行为不同,行政奖励属于非强制性行政行为的范畴,非常尊重相对人的意思自治和选择自由。行政奖励主要通过利益驱动机制,向特定相对人施以作用和影响,并谋求其为一定作为和不作为行为,从而达到一定的行政目的。行政相对人实施了应受奖励行为后,接受奖励与否,取决于自己的意志,行政主体不能强制。行政奖励是一种单方行政行为,尽管一般情况下,行政奖励采取申报、推荐等方式进行,但行政奖励是由行政主体依法单方面决定的。

3.行政奖励是一种授益性行政行为。行政奖励的实施是使相对人获得某种物质或精神利益,这完全不同于以科处义务和剥夺权利为特征的行政处罚等行政行为。行政奖励作为一种来自于政府的授益性行为,其实施为相对人的自我发展和自我实现提供了物质基础和精神力量,同时也促进了国家的发展和社会的进步。

二、行政奖励的原则和合法要件

(一)行政奖励的原则

行政奖励的原则是行政主体实施行政奖励时应当遵循的基本行为准则,它主要包括:

1.依法奖励、实事求是原则。行政奖励是一种法定的奖励行为,必须依照法定的条件、标准等实事求是地进行,这是行政奖励的客观依据和基础。行政奖励的目的在于表彰先进、激励和鞭策后进,如果脱离一定的标准和条件,由领导人的个人意志决定,势必影响到奖励的效果,甚至起到负面作用。因此,行政奖励一定要遵守法律规定,要实事求是地进行。

2.精神奖励与物质奖励相结合的原则。物质奖励与精神奖励各具特色,它们在行政奖励中具有不同的作用,只有将两者有机地结合起来,才能充分发挥行政奖励的整体效应,也符合人类追求精神境界的升华和物质享受提高的一般规律。但在现阶段我国物质财富尚不很丰富的情况下,应坚持以精神奖励为主、以物质奖励为辅的方针。

3.公正、平等的原则。功过分明、奖惩得当,是在奖惩工作中应当遵循的基本原则。行政奖励也应当体现公正和平等的原则。这首先要求奖励机会的平等,即凡符合法定奖励条件的个人或组织,都有平等受奖励的权利。其次要求论功行赏,行政奖励主体按照功绩的大小实行不同的奖励,而不以其好恶偏袒某些受奖主体。另外还要求行政奖励的程序民主、公开,以确保对行政奖励的有效监督,保证行政奖励的公正性。

4.奖励与行为相当的原则。即行政奖励的内容和形式要与被授奖的行为相一致,奖励的等级与贡献的大小相适应,要做到论功行赏、合理适度。

5.及时性和稳定性的原则。及时性是奖励工作取得最佳效果的重要保证。奖励越及时,收效也越大。

同时,行政奖励应具有一定的稳定性,要建立健全相应的行政奖励制度,否则也难以发挥行政奖励表彰先进和激励后进的作用。

（二）行政奖励的合法要件

一般而言,合法、有效的行政奖励应当符合以下要件:

1.符合法定的奖励条件和标准。这是合法行政奖励行为的客观要件。我国法律规范对不同奖励对象规定了不同的奖励条件和标准,行政主体在实施行政奖励行为时,只能对符合法定条件和标准的对象实施奖励,不能对不符合条件和标准的对象给予奖励,更不能擅自设定奖励条件、随意确立奖励标准。相反,对于符合法定奖励条件的相对人,行政主体未依法给予奖励的,相对人可以通过申请行政复议或者提起行政诉讼等方式,实现自己的法定权益。

2.符合法定的奖励形式。行政奖励以一定的奖励形式表现出来,如发给奖品、奖金、授予荣誉称号、晋升职务等,这些奖励形式包含着被奖励人能够获得的法定的权益内容。没有一定的奖励形式,行政奖励行为便不能存在,对不同的奖励项目,必须根据法律、法规的规定,采取适当的形式予以奖励。

3.符合法定的奖励权限。这是行政奖励行为的主体要件。根据法律、法规的有关规定,一定的奖励形式只能由一定的行政主体来授予,行政主体不能超越其权限范围,任意决定某种形式的行政奖励,否则,将导致该行政奖励无效。一般来说,行政主体是否有权实施行政奖励以及采取哪种奖励形式,是与它的行政管理权限相一致的。如只有国务院及其部委及省(市)级人民政府才有权实施"通令嘉奖"的行政奖励,其他行政主体如果实施了这种行政奖励,将不具有法律效力。

4.符合法定的奖励程序。行政奖励行为的实施,必须符合法定的程序。否则,将影响奖励的效力及受奖者的法定权益。我国对不同对象的行政奖励有不同的程序规定,行政奖励主体在实施行政奖励时必须严格遵循。

三、行政奖励的内容和形式

（一）行政奖励的内容

行政奖励的内容,是行政主体通过行政奖励赋予被奖励人的合法权益。根据我国行政奖励法律规范的规定,行政奖励的内容体现为下列方面:

1.精神方面的权益。表现为被奖励人获得某种法定的荣誉,并被国家和社会所承认,如通报表扬、授予荣誉称号等。

2.物质方面的权益。表现为被奖励人获得一定数额的奖金或奖品。

3.职务方面的权益。表现为被奖励人晋升一定的行政职务或工资级别等。

（二）行政奖励的形式

行政奖励的形式很多,不同的法律规范针对不同的对象有不同的规定。概括而言,主要有下列形式:

1.通报表扬。对受奖者在一定范围内以一定形式予以公开表扬的奖励形式,是一种精神鼓励。

2.记功。记功按不同的法律规范,有不同的等级。通常分为特等功、一等功、二等功和三等功四个等级。

3.奖品或奖金。这是一种物质奖励。根据不同的法律、法规的规定,物质奖励也有一定的等级差别。

4.晋级。指提高工资级别。一般晋升一至二级工资。成绩特别优异的可晋升二至三级工资。

5.晋职。指提高其职务,一般提升一至二级职务。

6.通令嘉奖。指在较大范围内的表彰。通令嘉奖要在省级以上的报刊予以刊载。

7.授予荣誉称号。如先进工作者、劳动模范、战斗英雄等。此类荣誉称号一般都有不同的等级,从县级直至国家级。

以上各种奖励形式既可单独适用,也可以并用,并可发给某种证书、奖章,以资证明。

四、行政奖励的程序

我国行政奖励的程序目前没有统一规定,表现为三种不同情况:第一种是由具体法律规范规定某项奖励的具体程序,如《自然科学奖励条例》等;第二种是将奖励程序授权授奖机关拟定,如《消防条例》等;第三种是只规定奖励条件及权限,不规定程序,如《文物保护法》等。

综观我国现行法律、法规规定,可将行政奖励的程序概括为:

1.奖励的提出。一般有三种提出奖励的办法:群众评选;由特定的单位向法定的行政主管机关推荐;自行申请或申报。

2.审批。由法定权限机关对奖励进行审查批准。审批权限同奖励权限相一致。

3.公布。行政奖励审查批准后,一般应由一定机关以一定方式予以公布。公布程序是行政奖励生效的必经程序。比如科技进步奖,必须公布期满无人异议时才可生效。

4.授奖。采取一定的仪式,发给奖品、奖金或以资证明的证书、奖章等。

5.存档。对于个人的奖励,一般应书面通知受奖人,同时将奖励材料存入个人人事档案。但对于行政机关依照管理权限对无行政隶属关系的一般管理对象实施的奖励,目前尚未要求存入个人档案,只作为文书档案归档。

■ 第二节 行政给付

一、行政给付的概念与特征

行政给付,又称行政物质帮助,它是指行政主体在公民失业、年老、疾病或者丧失劳动能力等情况或其他特殊情况下,依法赋予其一定的物质利益或与物质利益有关的权益的具体行政行为。行政给付具有以下特征:

第五章

1. 行政给付是行政主体的职责性具体行政行为。行政给付是伴随着从"警察国家"向"福利国家"转变而出现的一种行政行为方式,是行政机关履行法定职责的一项重要活动。这种法定职责履行与否,直接关系着相对人的法定权利能否得到实现和保护,如行政主体没有履行这种法定职责,就构成一种不作为形式的违法行为。

2. 行政给付具有特定性。行政给付是行政机关在法律规定的条件下对特定相对人的一种救助行为,这一行为具有特定性。①行政给付的主体是特定的,如实施平时行政给付的往往是各级民政部门;②行政给付的条件是特定的,如相对人遇到了特殊的困难,或发生了特殊的灾害、事故、险情等;③行政给付的对象是特定的,只对那些符合法定条件需要救助的相对人实施,如抚恤金发放的对象是因战、因工伤残的人员,社会福利金是发给社会福利机构或直接发给残疾人、鳏寡孤独的老人和孤儿等;④行政给付的内容是特定的物质利益或与物质有关的权益,主要是物质利益,如发放抚恤金、社会保险金、最低生活保障费等,还有与物质利益相关的权益,如免费就医、免费上学等。

3. 行政给付是依申请的行政行为。除了在发生自然灾害等紧急情况下由行政主体主动实施行政给付的外,绝大多数的行政给付都要求相对人提出申请,有些申请还需要有法定的形式。这种申请具有程序上的法律意义,如果相对人认为自己符合法定条件向有关机关申请行政给付,但行政机关没有答复或不予给付,行政相对人可以申请行政复议或提起行政诉讼。

4. 行政给付是一种授益性行政行为。行政给付是对处于特定条件下的行政相对人给予一定的物质利益或其他利益的具体行政行为,具有赋权的性质。其目的就是通过国家和社会的力量,以一定物质帮助的方式,使处于特定情形下的相对人克服困难、渡过难关,维护其正常的生活。

二、行政给付的原则

行政给付的原则是行政主体实施行政给付行为时应当遵循的基本准则。行政给付的原则主要有:[1]

1. 给付法定原则。给付法定原则要求行政给付要有法律依据,并要依法实施。违反法律规定,拒绝提供给付或者随意取消给付,都会给相对人的权益造成损害。目前,我国在行政给付方面的法律、法规主要有:《残疾人保障法》、《老年人权益保障法》、《军人抚恤优待条例》、《城市居民最低生活保障条例》、《城市生活无着的流浪乞讨人员救助管理办法》等。总体来讲,我国行政给付法制化的程度还不高,还有相当大的发展空间,我国应加强在此领域的立法,以有效调整行政给付关系。

2. 公开、公平、公正原则。行政给付是授益性行政行为,是个人和组织实现其从政府获得物质帮助的权利的重要方式和途径。而行政给付的实施,意味着赋予特定行

---

〔1〕 姜明安主编:《行政法与行政诉讼法》,高等教育出版社 2002 年版,第 197~199 页。

相对人一定的物质权益或与物质权益有关的权益,其所赖以成立的物质帮助基础往往具有有限性。因此,要遵循公开、公平、公正的原则。这就要求实施行政给付的依据、过程和结果要公开透明,确保有利害关系的人能够及时、正确地予以理解和把握;要求对符合条件的相对人平等实施,不允许任意的、无标准的差别对待;对于相对人行政给付的申请,行政主体在无正当理由的情况下,不得拒绝给付。

3. 专款专用与效率原则。行政给付应坚持专款专用的原则,任何挪用、拖欠行为都是不允许的。一般来说,行政给付对象大多属于社会弱势群体,其基本的生活来源往往只能依赖于行政给付来保障。因此,与其他行政处理行为的效率性原则相比,对行政给付的效率要求显得更为重要和迫切。行政给付能否及时实施,直接关系到给付对象的基本生活是否能够得到保障。因此,确保行政给付的效率,是行政主体的法定职责。

4. 国家保障与社会帮扶相结合、鼓励劳动自救的原则。全面而充分地保障公民获得基本的物质生活条件,是福利国家的基本目标。但是,在物质财富尚未达到极度丰富的现代诸国,其行政给付的实施程度和范围,往往都要受到物质水平的制约。我国实行改革开放以来,经济发展迅速,在诸多领域建立了行政物质帮助制度,但国家保障毕竟是有限度的。无论从保障程度还是保障范围来看,都是远远不够的。因此,为了确保公民能够最大限度地享受现代国家的福利,行政主体在积极推进以国家保障为内容的行政给付的同时,还必须致力于其他配套机制的创建,即将国家保障和社会帮扶紧密结合起来,积极鼓励有劳动能力的低收入者进行劳动自救,并为他们创造尽可能多的机会。

5. 信赖保护原则。依法受领行政给付是个人或组织的权利,依法实施行政给付是行政主体的职责。除了一次性或临时性发放的行政给付外,大多数行政给付是定期性的,应当进行连续的、稳定的供给。有时因情况发生了变化,需要改变有关基准时,应根据法定的方式和程序,以确保受领人对政府实施行政给付的信赖。尤其在贯彻国家保障与社会帮扶相结合,鼓励劳动自救的过程中,应该向当事人说明有关权利关系,以及其条件变化后相关权利关系的变化。

三、行政给付的形式

我国没有统一的行政给付法,有关行政给付的内容散见于各单行的法律、法规中,不仅形式不统一,而且名称各异。但总的来说,行政给付有两大类:一类是物质利益,表现为给予相对人一定数量的金钱或实物;另一类是与物质利益有关的权益,如让相对人免费入学受教育,享受公费医疗待遇等。综合有关法律、法规和政策的规定,我们将行政给付的形式概括为以下几种:

1. 抚恤金。抚恤金是指公民因公伤残或者死亡时,由国家发给本人或者其家属用于对抚恤对象提供精神安慰和基本生活保障的款项。我国的抚恤金主要有两种:①伤残抚恤金,发放对象为革命伤残军人、因公致残的职工等;②死亡抚恤金,发放对象是革命烈士及因公牺牲人员的家属。

2. 特定人员离退休金。如由民政部门管理的军队离休干部的离休金、生活补助费、护理费、丧葬费、遗属生活困难补助等。

3. 社会保险金。社会保险金是公民根据法律规定,在其年老、疾病、失业和出现法定事由时,由国家发给本人用以承担养老、医疗、维护家庭生活等必要支出的费用。

4. 最低生活保障费。最低生活保障费是指共同生活的家庭成员人均收入低于当地城市居民最低生活保障标准的非农业户口的城市居民,有权从当地人民政府获得最低生活标准的费用。最低生活保障费标准由各地人民政府根据本地区的情况加以确定。

5. 优待。即给予被帮助人以与物质有关的权益的物质帮助形式,如享受某种待遇、免费受教育、减免有关费用等。如《残疾人保障法》第 44 条规定:"盲人可以免费乘坐市内公共汽车、电车、地铁、渡船。盲人读物邮件免费寄递。"

6. 安置。即从工作、生活、居住上给予安排,通常指对复员、转业、退伍军人的安排,还包括对无家可归者的安排。如《中国人民解放军志愿兵退出现役安置暂行办法》便对志愿兵退役后的工作生活安置作了详细规定。

7. 其他。行政给付还有其他一些形式,如福利金、补助、救灾扶贫、紧急救援等。

四、行政给付的种类与程序

行政给付根据不同的标准有不同的分类,根据紧迫情形的不同,可以分为平时行政给付和紧急行政给付;根据救助方式的不同,可以分为物质给付和非物质给付等。不同形式的行政给付虽然具有不同的程序,但也存在一些共同的程序规则。主要有:申请、审查、批准、给付。根据行政给付是否定期进行,可以将行政给付分为定期性行政给付、一次性行政给付、临时性行政给付。根据这一分类,将行政给付的程序概括为:

1. 定期性发放的行政给付,如伤残抚恤金、离退休金、军烈属生活困难补助等。此类行政给付,一般由给付对象本人或所在单位提出申请,主管行政机关对之进行审核、评定等级,在某些情况下,还要通过技术专家或专门部门的鉴定,以确定标准,然后定期发给。

2. 一次性发放的行政给付,如因公牺牲或病故人员的丧葬费、退伍军人安置费等。此类行政给付通常由给付对象提出申请,主管行政机关予以审查核实,然后依法一次性发放。

3. 临时性发放的行政给付,如自然灾害救助、公民突发性困难紧急救助等。此类行政给付的程序有的由给付对象提出申请,有的则由有关基层组织确定给付对象,或者经有关基层组织发放给给付对象。

【思考题】

1. 简述行政奖励的概念与特征。
2. 试述行政奖励的原则。
3. 简述行政奖励的内容与形式。
4. 简述行政奖励的合法要件。
5. 简述行政给付的概念与特征。
6. 简述行政给付的形式。
7. 试述行政给付的原则。

【实务训练】

张某诉浑源县国税局、大同市国税局不兑现举报奖金案[1]

案情简介:1997 年 9 月 18 日,张某向浑源县国家税务局(以下简称浑源县国税局)实名书面举报浑源县花岗岩矿 1995～1997 年度严重偷税。因该矿系涉外企业,浑源县国税局按税务机关查处案件管辖规定,上报大同市国税局(以下简称大同市国税局)查处。经大同市国税局调查,认定浑源花岗岩矿偷税漏税属实,于 1997 年 11 月 20 日作出国税涉外字(001)号税务处理决定书,决定该矿补交增值税 724 286.56 元,并处罚 10 万元。张某认为浑源花岗岩矿在被查处期间曾自行申报了 80 万元,大同市税务局进行复查后又于 1998 年 6 月 30 日作出国税外字 9802 号税务处理决定书,决定对该矿再次追缴的税款 426 181.13 元。以上两次追缴的税款及罚款共计 1 250 467.69 元,由浑源县国税局征收入库并留成 25%。张某认为自己举报的事实已得到查处,遂申请浑源县国税局和大同市国税局按规定给付应得的举报奖金,但浑源县和大同市国税局互相推诿,未予解决。张某遂向浑源县人民法院提起诉讼。

法律问题:张某对税务机关不履行奖励职责的行为能否提起行政诉讼? 由两级税务机关作为被告是否合适?

提示与分析:行政奖励是行政主体依照法定的条件和程序,对为国家和社会作出重大贡献的单位和个人,给予物质和精神等方面的奖赏与鼓励的具体行政行为。符合法定奖励条件的人有获得奖励的权利,对符合法定奖励条件的人实施奖励是行政机关必须履行的法定职责。《中华人民共和国税收征收管理法》(1995 年修正)第 7 条规定:"任何单位和个人都有权检举违反征收法律、法规的行为。税务机关应当为检举人保密,按规定给予奖励。"《中华人民共和国税收征收管理法实施细则》(1993 年发布,现已失效)第 81 条第 1 款规定:"对于检举违反税收法律、行政法规行为的有功人员,税务机关应当为其保密,并可以根据举报的贡献大小给予相应奖励。"本案中,张某实

〔1〕 应松年、王成栋主编:《行政法与行政诉讼法案例教程》,中国法制出版社 2003 年版,第 129～132 页。

名举报企业的偷税漏税问题经查证属实,符合了法定的奖励条件,因而税务机关有向张某履行奖励的法定义务。税务机关不兑现举报奖金的行为是不履行法定职责的不作为行为,构成了对张某受奖励的权利的侵害。《行政诉讼法》第 11 条规定:"人民法院受理公民、法人和其他组织对下列具体行政行为不服提起的诉讼:……申请行政机关履行保护人身权、财产权的法定职责,行政机关拒绝履行或者不予答复的……。"据此,税务机关不履行奖励职责的行为,属于行政诉讼的受案范围,张某对此不服,是可以依法提起行政诉讼的。

　　本案中,由两级税务机关作被告是合适的。因为根据行政行为过程性理论,行政行为不是静止的事物,而是一个不断发展的动态过程。它包括两方面的含义:①任何一个特定的行政行为都是包含若干阶段的动态过程;②为履行某种行政管理职权而实施的一系列行政行为形成一个前后承接的动态过程。本案中偷漏税的查处是由浑源县国税局受理,又移送大同市国税局查处的,在这个具体行政行为中,偷漏税案件的受理和查处是由两个不同的机关完成的,而且偷漏税案件的查处和税款的实际征缴也是两个前后承接的具体行政行为,而税款的实际征缴入库是由浑源县国税局完成的。因此,这两个前后承接的具体行政行为的完成机关也不同。所以,按照行政行为过程性理论,在两级税务机关对兑现举报奖金互相推诿时,可以将他们都作为被告提起诉讼。

实务训练

行政确认与行政许可

学习目的与要求 通过本章学习,了解行政确认与行政许可的概念、特征以及内容和形式,掌握行政确认与行政许可的基本程序及其应用。

■ 第一节 行政确认

一、行政确认的概念与特征

行政确认是指行政主体依法对行政相对人的法律地位、法律关系或有关法律事实进行甄别,给予确定、认可、证明并加以宣告的具体行政行为。行政确认具有以下特征:

1. 行政确认的主体是有法定确认权的行政主体,即特定的行政机关以及法律、法规授权的组织。

2. 行政确认的内容或目的,是对特定法律关系及其当事人的法律地位以及有关法律事实加以确定(或否定)、认可、证明,从而明确相应的权利义务,达到稳定社会秩序和行政管理秩序的目的。这里所称的特定法律关系及相关事实,既可以是民事法律关系及其相关事实(如确认收养关系等),也可以是行政法律关系及其相关事实(如引起行政赔偿时对伤残等级的确认等)。

3. 行政确认是要式行政行为。由于行政确认的直接表现形式是对特定的法律事实或法律关系是否存在进行的甄别和宣告,所以行政主体在作出行政确认行为时,必须采用书面的形式并按特定的技术规范要求作出,与行政确认有关的个人或组织必须在行政确认文件上签名盖章,否则就难以产生预期的法律效力。

4. 行政确认是羁束性行政行为。行政确认是为了确定当事人的法律地位或权利义务关系,行政确认所宣告的是否存在的法律事实或法律关系是由客观事实和法律规定决定的,并受到有关技术性规范的制约。因此,行政主体实施行政确认行为,必须严格按照法律规定的技术规范进行操作,没有自由裁量的余地。

二、行政确认的种类和形式

（一）行政确认的种类

1.根据行政主体是否主动进行确认,行政确认可以分为依职权的行政确认和依申请的行政确认。前者是指行政主体依据法定行政职权、无需行政相对人申请而主动实施的行政确认,如纳税鉴定、计量鉴定、审计鉴定等;后者是指必须由行政相对人提出申请,行政主体才能实施的确认,如工商登记、婚姻登记、授予商标或专利证书等。大多数行政确认是依申请的行政确认。

2.根据行政确认的内容不同,行政确认可以分为对身份的确认（如对居民身份证、结婚证的确认等）、对能力的确认（如对技术职称的确认等）、对法律关系的确认（如对专利权、商标权、土地所有权的确认等）和对事实的确认（如对死亡状况的确认等）四类。

3.根据存在领域的不同,行政确认可以分为公安行政确认（如交通事故责任认定、精神病人司法鉴定等）、民政行政确认（如伤残等级、婚姻关系确认等）、劳动行政确认（如工伤事故、劳动合同确认等）、卫生行政确认（如食品卫生、医疗事故等级确认等）、经济行政确认（如计量器具标准化的认证、鉴定,商标、专利权的认证,财产、资源所有权、使用权的确认等）、环保行政确认（如对污染状况的确认、对环境资源损害程度的鉴定等）和司法行政确认（如公证确认等）。

（二）行政确认的形式

根据法律、法规的规定,结合行政管理的实际,行政确认的形式主要有:

1.确定。它是指行政主体对个人或组织法律地位和权利义务的认定,如颁发土地使用权证、宅基地使用权证、房屋产权证等。

2.认可。它是指行政主体对个人或组织已有的法律地位、权利义务和法律事实是否符合法律规定的承认或肯定。如对交通事故责任的认定,对产品质量的认定,对企业性质的认定等。

3.鉴证。它是指行政主体对特定法律关系的合法性进行审查后,确认其效力的行为,如工商行政管理机关对当事人之间的经济合同的鉴证,对文化制品的合法性的鉴证等。

4.证明。它是指行政主体明确证明对象的法律地位或权利义务的真实性。如对身份、学历、资格的证明,对婚姻关系、收养关系的证明等。

5.登记。它是指行政主体应申请人的申请,在其登记簿中记载相对人的情况或事实,以确认相对人的法律地位和权利义务。如产权、婚姻、户口登记等。

6.鉴定。它是指行政主体对法律事实的性质、状态、质量等进行的检验评定。如技术监督机关对产品质量的鉴定、税务机关的纳税鉴定等。

三、行政确认的原则和程序

（一）行政确认的原则

1.依法确认原则。行政确认的目的是为了维护公民、法人和其他组织的合法权益。因此,行政确认必须是行政主体严格按照法定的权限、条件,遵循法定的程序实施的。

2.客观公正原则。行政确认是对法律事实或法律关系的证明或鉴定,因而必须始终贯彻客观公正的原则,以事实为依据,以法律为准绳,对当事人一律平等。

3.保守秘密原则。行政确认往往较多地涉及商业秘密及个人的隐私,尽管其程序需公开,但同时必须贯彻保守秘密的原则,行政确认的结果不得随意用于行政管理以外的领域,防止损害公共利益或行政相对人的合法权益。

（二）行政确认的程序

1.申请。行政确认可分为依申请的确认和依职权的确认。对于法律规定应依申请确认的事项,必须先由行政相对人提出申请,申请应采用书面形式。对于行政主体依职权实施的行政确认,则不必经过申请程序。

2.审查。不论是依申请的确认,还是依职权的确认,行政主体都必须对确认的法律关系、法律事实进行审查。包括对相对人申请的确认事项是否属于行政确认的范围,是否属于受理申请的行政主体的管辖范围进行审查,以及对有关的证据、材料进行审查等。

3.作出决定。行政主体经过审查,认为相对人的申请符合法定条件,或特定法律事实、法律关系状态符合法律规定的,应依法作出行政确认决定,并按法定形式制作相应的确认文书,及时送达给相对人。

4.救济。行政确认属于具体行政行为,具有确定力和强制性,会对当事人的权利义务产生影响。因此,行政确认的撤销、变更或废止必须遵守行政行为撤销、变更或废止的一般规则,并受信赖保护原则的约束。当事人对行政确认有异议时,可以通过行政复议或者行政诉讼的途径寻求救济。

■ 第二节　行政许可

一、行政许可的概念与特征

行政许可是指在法律一般禁止的前提下,行政机关根据公民、法人或者其他组织的申请,经依法审查,通过颁发许可证或执照等形式,准予其从事特定活动的行为。它具有以下特征:

1.行政许可是一种依申请的行政行为。行政机关实施行政许可必须以相对人提出申请为前提,没有相对人的申请,行政机关不能主动实施行政许可行为。

2. 行政许可存在的前提是法律的一般禁止,许可是对禁止的解除。即行政许可是对一般人禁止而对特定人解除禁止的行为。

3. 行政许可是一种授益性行政行为。行政许可与行政处罚和行政强制等行为不同,它不是对行政相对人科以义务或限制与剥夺相对人的某种权利,而是赋予行政相对人某种权利或资格的行政行为。

4. 行政许可是一种外部行政行为。行政许可是行政机关对社会上的公民、法人及其他组织实施的一种管理行为,是行政机关管理经济和社会事务的外部行为。至于行政机关对其他机关(包括党的机关、其他国家机关等),或者对其直接管理的事业单位(如教育行政部门直接管理的学校、文化行政部门直接管理的文艺团体、卫生行政部门直接管理的医疗单位等)的人事、财务、外事等事项的审批,则属于内部管理行为,不属于行政许可。

5. 行政许可是一种要式行政行为。行政许可的形式一般是许可证、执照或批准文书等形式。行政许可必须按照法定的形式,以正规的文书、格式、日期、印章等予以批准、认可和证明,必要时还应附加相应的辅助性文件。

二、行政许可的原则

(一)许可法定原则

许可法定原则是指行政许可的设定和实施,必须依照法定的权限、范围、条件和程序,而不得违背法律的规定。《行政许可法》第4条规定:"设定和实施行政许可,应当依照法定的权限、范围、条件和程序。"该原则主要两个方面的要求,即依法设定行政许可和依法实施行政许可。

(二)公开、公平、公正的原则

1. 有关行政许可的规定应当公布,未经公布的一律不得作为实施行政许可的依据;行政许可的实施过程与结果应当公开。法律、法规、规章规定实施行政许可应当听证的事项或者行政机关认为需要听证的其他涉及公共利益的重大行政许可事项,应当向社会公告,并举行听证。行政许可事项涉及第三人的,应当告知第三人。行政机关作出的准予行政许可决定,应当予以公开,公众有权查阅;行政机关实施监督检查,监督检查的情况和处理结果予以记录,公众有权查阅行政机关的监督检查记录。但涉及到国家秘密、商业秘密或者个人隐私的内容不公开。

2. 公平原则要求行政机关平等地对待每个相对人,在法律上保证相对人在申请和获得许可上的同等的权利和义务,在实施行政许可的过程中不得歧视相对人或有所偏袒,不能对相同的事项作出不同的处理,也不能对不同的事项作出相同的处理。在程序选择上,严格遵守一般许可按先后顺序审查,特殊许可择优许可的原则。

3. 公正原则要求在行政机关和行政相对人之间实现一种实质上的平等,在行政许可的设定上,正确认识行政相对人的相对弱势地位,为行政许可实施机关设定若干义务,为相对人设置若干保障条款;要求行政许可实施机关遵循"不做自己法官"的原

第二节

则,行政机关工作人员在办理与自己有密切关系的行政许可时,应当主动回避或者应当事人申请回避;在作出不利于相对人的行政许可决定时,应当听取相对人的陈述和申辩;在作出行政许可决定时,应当基于正当的动机并考虑相关的因素。

(三)效率与便民原则

效率原则要求行政机关在履行行政许可职能时,不仅应当按照法定程序在规定的时限内及时办理许可事项,不得无故拖延,而且必须以最小的许可管制成本,实现既定的行政目标。

便民原则是行政许可中一项人性化的原则,旨在体现行政机关为人民服务的宗旨。具体要求有:①除依法应当由申请人到行政机关办公场所提出行政许可申请的以外,申请人可以委托代理人提出行政许可申请。具备条件的,可以通过信函、电报、电传、传真、电子数据交换和电子邮件等方式提出行政许可申请。行政机关对行政许可申请应当尽量做到当场受理、当场决定。申请人提交的申请材料存在当场可以更正的错误的,行政机关应当允许申请人当场更正,不得以此为由拒绝受理行政许可申请。②行政机关应当将法律、法规、规章规定的有关行政许可的事项、依据、条件、数量、程序、期限以及需要提交的全部材料的目录和申请书示范文本等在办公场所公示。③行政许可需要行政机关内设的多个机构办理的,应当确定一个机构统一受理行政许可申请,统一送达行政许可决定。实行"一个窗口"对外,防止多头受理、多头对外。④对于应当由地方人民政府两个以上部门分别实施的行政许可,本级人民政府可以确定由一个部门受理行政许可申请并转告有关部门分别提出意见后统一办理,或者组织有关部门联合办理、集中办理。其目的是尽量减少"多头审批"。⑤省级人民政府经国务院批准,可以将几个行政机关行使的行政许可权相对集中,由一个行政机关行使有关行政机关的行政许可权。

(四)权益保障原则

《行政许可法》第7条规定:"公民、法人或者其他组织对行政机关实施行政许可,享有陈述权、申辩权;有权依法申请行政复议或者提起行政诉讼;其合法权益因行政机关违法实施行政许可受到损害的,有权依法要求赔偿。"这就确立了行政许可中的权益保障原则。根据该规定,行政机关实施行政许可应当做到:①在实施行政许可的各个环节,都应当保护公民、法人及其他组织的陈述权、申辩权。即无论是在行政许可申请的提出、受理或者审查,还是在行政许可决定的作出或者在监督检查的过程中,行政机关都要给予公民、法人和其他组织陈述、申辩等发表意见的机会,认真听取相对人的意见。②对依法需要听证的事项,应当告知申请人、利害关系人享有听证的权利并依法举行听证。听证必须允许申请人、利害关系人申辩和质证。③公民、法人和其他组织对行政许可不服,有权依法申请行政复议或提起行政诉讼,行政机关应当积极参加行政复议或者行政诉讼。④公民、法人和其他组织因行政机关违法实施行政许可而损害其合法权益的,有权依法要求赔偿,行政机关应当依法予以赔偿。

（五）信赖保护原则

《行政许可法》第 8 条规定:"公民、法人或者其他组织依法取得的行政许可受法律保护,行政机关不得擅自改变已经生效的行政许可。行政许可所依据的法律、法规、规章修改或者废止,或者准予行政许可所依据的客观情况发生重大变化的,为了公共利益的需要,行政机关可以依法变更或者撤回已经生效的行政许可。由此给公民、法人或者其他组织造成财产损失的,行政机关应当依法给予补偿。"这是对行政许可信赖保护原则的规定。它主要包含三层意思:①行政机关的行政许可决定一经作出并生效,非有法定事由和非因法定程序,不得改变。②行政机关只有在下列情形下,才能改变或废止已经生效的行政许可决定:第一,行政许可所依据的法律、法规、规章修改或者废止;第二,准予行政许可所依据的客观情况发生重大变化的,且基于公共利益,需要变更或者撤回已经生效的行政许可。③行政机关依法变更或者撤回已经生效的行政许可,由此给公民、法人或者其他组织造成财产损失的,行政机关应当依法给予补偿。

（六）监督原则

监督原则是指行政机关应当依法加强对行政机关实施行政许可和相对人从事行政许可事项活动的监督。《行政许可法》第 10 条规定:"县级以上人民政府应当建立健全对行政机关实施行政许可的监督制度,加强对行政机关实施行政许可的监督检查。行政机关应当对公民、法人或者其他组织从事行政许可事项的活动实施有效监督。"根据这一规定,行政许可的监督包括两个方面内容:①对行政机关实施行政许可行为的监督;②对公民、法人和其他组织从事许可事项活动的监督。两种监督的基本目的都是为了保证《行政许可法》的正确、有效实施,及时纠正在行政许可中可能出现的违法行为,以维护公共利益,保护公民、法人和其他组织的合法权益。

三、行政许可的种类、范围和设定

（一）行政许可的种类

1. 以许可的范围为标准,行政许可可以分为一般许可和特别许可。一般许可是指只要符合法律、法规规定的一般条件,就可向主管行政机关提出申请,对申请人并无特殊限制的许可。如驾驶许可、营业许可。特殊许可是指法律、法规对某种许可除设定一般条件外,对申请人或申请事项予以特别限制的许可。这种许可又称特许。如持枪许可、烟草专卖许可等。

2. 以享有的程度为标准,行政许可可以分为排他性许可和非排他性许可。排他性许可又称独占许可,是指某一相对人获得该项许可后,其他任何个人或组织都不能再申请获得该项许可。如专利许可、商标许可等。非排他性许可又称共存许可,是指可以为具备法定条件的任何个人或组织所申请并获得的许可。如驾驶许可、营业许可等。

3. 以是否附加义务为标准,行政许可可以分为权利性行政许可和附义务的行政许可。权利性行政许可也称无条件放弃的行政许可,是指申请人取得行政许可后,并不承担一定作为的义务,相对人可以自由放弃被许可的权利并不因此而承担法律责任的许可,如捕鱼许可、持枪许可、驾驶许可等。附义务行政许可又称有条件放弃的行政许可,是指被许可人获得许可的同时必须承担作为的义务,否则要承担相应法律责任或丧失被许可权利的许可。

4. 以能否单独使用为标准,行政许可可以分为独立的行政许可和附文件的行政许可。独立的行政许可,是指许可证已规定所有许可内容,不需其他文件补充说明的许可,如卫生许可证、采伐许可证等。附文件的行政许可,是指由于特殊条件的限制,需要附加文件予以说明被许可活动的内容、范围、方式、时间等的许可,如专利许可、商标许可、建筑许可、动植物出入境许可等。

5. 以许可的目的和形式为标准,行政许可可以分为行为许可和资格许可。行为许可是指允许符合条件的申请人从事某项活动的许可,如生产、经营许可。这类许可不包括赋予其从事某种行业或具有某种行为能力的资格,也无须对被许可人进行资格能力方面的考核。资格许可是指行政机关对申请人的申请,经过一定的考核程序后,核发一定的证明文书,允许其享有某种资格或具有某种能力的许可。如驾驶执照、司法资格证书等。

6. 根据许可性质、功能、适用条件的不同,行政许可分为以下五类:

(1)普通许可。普通许可是指行政机关准予符合法定条件的个人或组织从事特定活动的行为,是运用最广泛的一种行政许可。如集会、游行、示威许可、爆炸物品生产运输许可、商业银行设立许可等。普通许可适用于直接关系国家安全、经济安全、公共利益、人身健康、生命财产安全的事项。其功能主要是防止危险、保障安全。普通许可一般没有数量控制,行政机关实施普通许可一般没有自由裁量权。

(2)特许。特许是由行政机关代表国家依法向相对人授予某种特定权利的行为。如海域使用许可、无线电频率许可等。特许主要适用于有限自然资源的开发利用、有限公共资源的配置、直接关系公共利益的垄断性企业的市场准入等事项。特许的功能主要是分配稀缺资源。特许一般有数量控制,行政机关实施特许一般有自由裁量权。

(3)认可。认可是由行政机关对申请人是否具备特定技能的认定。如律师资格许可、医师资格许可、注册会计师资格许可等。认可主要适用于为公众提供服务并且直接关系公共利益的职业、行业需要确定具备特殊信誉、特殊条件或者特殊技能的资格、资质的事项。认可的主要功能是提高从业水平或者某种技能、信誉。其主要特征有:①一般都要通过考试方式并根据考试结果决定是否认可;②资格资质证的认可是对人的许可,与身份相联系,不能继承、转让;③没有数量限制;④行政机关实施认可一般没有自由裁量权。

(4)核准。核准是由行政机关对某些事项是否达到特定技术标准、技术规范的判断、确定,主要适用于直接关系公共安全、人身健康、生命财产安全的重要设备设施的设计、建造、安装和使用,直接关系人身健康、生命财产安全的特定产品、物品的检验、检测、检疫。核准的功能也是为了防止危险、保障安全。核准没有数量控制,行政机关实施核准没有自由裁量权。

（5）登记。登记是由行政机关确立个人、企业或者其他组织的特定主体资格、特定身份的行为。如工商企业注册登记、社团登记等。登记的主要功能是通过使申请人获得某种能力向公众提供证明或者信誉、信息。其主要特征有：①未经合法登记取得特定主体资格或者特定身份，从事涉及公众关系的经济、社会活动是非法的；②没有数量控制；③对申请登记的材料一般只进行形式审查，通常可以当场作出是否准予登记的决定；④行政机关实施登记没有自由裁量权。

（二）行政许可的范围

行政许可的范围是指可以设定行政许可的事项，即哪些事项可以设定行政许可，哪些事项不能设定行政许可。行政许可作为政府对经济和社会活动进行事先干预的一项重要手段，对维护公民的人身财产安全和公共利益，加强经济宏观调控，保护并合理分配有限自然资源和公共资源等是具有重要作用的，也是必不可少的。但行政许可不是万能的，还会产生一些负面效应，如抑制市场在资源配置中的基础性作用的发挥，降低经济效率，妨碍市场开放和公平竞争，不利于增强经济和社会的生机和活力，并容易滋生腐败等等。因此，行政许可不是越多越好，其范围是要受到限制的，只有在必要时才设立行政许可。

根据《行政许可法》第12条的规定，可以设定行政许可的事项包括以下几个方面：①直接涉及国家安全、公共安全、经济宏观调控、生态环境保护以及直接关系人身健康、生命财产安全等特定活动，需要按照法定条件予以批准的事项；②有限自然资源开发利用、公共资源配置以及直接关系公共利益的特定行业的市场准入等，需要赋予特定权利的事项；③提供公众服务并且直接关系公共利益的职业、行业，需要确定具备特殊信誉、特殊条件或者特殊技能等资格、资质的事项；④直接关系公共安全、人身健康、生命财产安全的重要设备、设施、产品、物品，需要按照技术标准、技术规范，通过检验、监测、检疫等方式进行审定的事项；⑤企业或者其他组织的设立等，需要确定主体资格的事项；⑥法律、行政法规规定可以设定行政许可的其他事项。

根据《行政许可法》第13条的规定，上述事项，通过下列方式能够予以规范的，可以不设定行政许可：①公民、法人或者其他组织能够自主决定的；②市场竞争机制能够有效调节的；③行业组织或者中介机构能够自律管理的；④行政机关采用事后监督等其他行政管理方式能够解决的。

（三）行政许可的设定

1.行政许可的设定权。①法律的设定权。法律可以就《行政许可法》第12条所列的所有事项设定行政许可。②行政法规的设定权。行政法规是由国务院依法制定的规范性文件。对依法可以设定行政许可的事项，尚未制定法律的，可以由行政法规设定行政许可。③国务院决定的设定权。严格地说，国务院决定是针对某个方面的具体事项而制定的，不是按照行政法规制定程序制定的规范性文件，这种决定并不是行政法的渊源，但在《行政许可法》中，对国务院决定的许可设定权作了规定。即在必要

第二节

时,国务院可以采用发布决定的方式设定行政许可;实施后,除临时性行政许可事项外,国务院应当及时提请全国人民代表大会及其常务委员会制定法律,或者自行制定行政法规。④地方性法规和省级政府规章的设定权。根据《行政许可法》的规定,尚未制定法律、行政法规的,地方性法规可以设定行政许可;尚未制定法律、行政法规和地方性法规的,因行政管理的需要,确需立即实施行政许可的,省、自治区、直辖市人民政府规章可以设定临时性的行政许可。临时性的行政许可实施满一年需要继续实施的,应当提请本级人民代表大会及其常务委员会制定地方性法规。

地方性法规和省、自治区、直辖市人民政府规章不得设定应当由国家统一确定的公民、法人或者其他组织的资格、资质的行政许可;不得设定企业或者其他组织的设立登记及其前置性行政许可。地方性法规和省、自治区、直辖市人民政府规章设定的行政许可,不得限制其他地区的个人或者企业到本地区从事生产经营和提供服务,不得限制其他地区的商品进入本地区市场。

除法律、行政法规、地方性法规和省级地方政府规章外,国务院部门规章、省级以下地方政府规章以及依法不享有规章制定权的地方人民政府和其他机关制定的规范性文件一律不得设定行政许可。

此外,《行政许可法》对行政许可的规定权还作了规定。即行政法规可以在法律设定的行政许可事项范围内,对实施该行政许可作出具体规定;地方性法规可以在法律、行政法规设定的行政许可事项范围内,对实施该行政许可作出具体规定;规章可以在上位法设定的行政许可事项范围内,对实施该行政许可作出具体规定。但法规、规章对实施上位法设定的行政许可作出的具体规定,不得增设行政许可;对行政许可条件作出的具体规定,不得增设违反上位法的其他条件。

2. 行政许可设定前的听证、论证与设定后的评价。设定行政许可是一种规范创制行为,为了保证这种设定行为的合法性与正当性,要求在起草法律草案、法规草案和省、自治区、直辖市人民政府规章草案时,起草单位应当采取听证会、论证会等形式听取意见,并向制定机关说明设定该行政许可的必要性、对经济和社会可能产生的影响以及听取和采纳意见的情况。行政许可在设定后,设定机关应当定期对其设定的行政许可进行评价,如果认为其已设定的行政许可,通过《行政许可法》第13条所列方式能够解决的,应当对设定该行政许可的规定予以修改或废止。行政许可的实施机关可以对已设定的行政许可的实施情况及存在的必要性适时进行评价,并将意见报告给该行政许可的设定机关。公民、法人或者其他组织可以向行政许可的设定机关和实施机关就行政许可的设定和实施提出意见和建议。

四、行政许可的实施

行政许可的实施,是指将依法设定的行政许可具体适用于实际的行政管理之中,由法定的行政机关或者组织,根据相对人的申请,依法进行审查,并作出是否准予其从事特定活动的决定的过程。它是实现行政许可功能的重要环节。

（一）行政许可的实施机关

根据《行政许可法》的规定,行政许可的实施机关包括:行政机关、法定授权组织、受委托的行政机关、专业技术组织等。

1.行政机关。行政许可的实施机关原则上是行政机关,即行政机关是行政许可的实施机关中最主要的一种类型,但不是所有的行政机关都可以成为行政许可的实施机关,能够成为行政许可实施机关的行政机关必须是具有外部行政管理职能且依法享有行政许可权的行政机关,享有行政许可权的行政机关必须在法定职权范围内实施行政许可。另外,根据《行政许可法》第25条的规定,经国务院批准,省、自治区、直辖市人民政府根据精简、统一、效能的原则,可以决定一个行政机关行使有关行政机关的许可权。

2.法定授权组织。法定授权组织是指因法律、法规授权而获得行政许可实施主体资格的行政机关以外的、具有管理公共事务职能的社会组织。法定授权组织在法定授权范围内,以自己的名义实施行政许可。

3.受委托的行政机关。根据《行政许可法》第24条的规定,行政机关在法定职权范围内,依照法律、法规、规章的规定,可以委托其他行政机关实施行政许可。委托机关应当将受委托行政机关和受委托实施行政许可的内容予以公告。委托行政机关对受委托行政机关实施行政许可的行为应当负责监督,并对该行为的后果承担法律责任。受委托行政机关在委托范围内,以委托行政机关的名义实施行政许可,不得再委托其他组织或个人实施行政许可。

4.专业技术组织。根据《行政许可法》第28条的规定,对直接关系公共安全、人身健康、生命财产安全的设备、设施、产品、物品的检验、检测、检疫,除法律、行政法规规定由行政机关实施的外,应当逐步由符合法定条件的专业技术组织实施。专业技术组织及其有关人员对所实施的检验、检测、检疫结论承担法律责任。

此外,根据《行政许可法》的规定,行政许可需要行政机关内设的多个机构办理的,该行政机关应当确定一个机构统一受理行政许可申请,统一送达行政许可决定。行政许可依法由地方人民政府两个以上部门分别实施的,本级人民政府可以确定一个部门受理行政许可申请并转告有关部门分别提出意见后统一办理,或者组织有关部门联合办理、集中办理。

行政机关实施行政许可,不得向申请人提出购买指定商品、接受有偿服务等不正当要求。行政机关工作人员办理行政许可,不得索取或者收受申请人的财物,不得谋取其他利益。

（二）行政许可的实施程序

行政许可的实施程序是行政许可的申请、审查与作出决定的步骤、方式、顺序和时限的总称。《行政许可法》对行政许可的一般程序和特别程序作了规定。

1.一般程序。

（1）申请与受理。行政许可是一种依申请的行政行为,相对人的申请是启动行政

第二节

许可实施程序的重要步骤。相对人向有权的行政主体申请行政许可时,如果申请书需要采用格式文本的,行政机关应当提供符合要求的格式文本,且其中不得包含与申请无关的内容;另外,相对人还可以通过信函、电报、电传、传真、电子数据交换和电子邮件等方式提出。相对人可以委托代理人提出行政许可申请,但是,依法应当由申请人到行政机关办公场所提出行政许可申请的除外。申请人对所提供的申请材料的真实性负责。

行政机关收到相对人的申请后,应当及时对申请材料进行审查,并分别作出处理:①申请事项依法不需要取得行政许可的,应当即时告知申请人不受理。②申请事项依法不属于本行政机关职权范围的,应当即时作出不予受理的决定,并应当出具加盖本行政机关专用印章和注明日期的书面凭证,同时告知申请人向有关行政机关申请。③申请材料存在可以当场更正的错误的,应当允许申请人当场更正。④申请材料不齐全或者不符合法定形式的,应当当场或者在5日内一次告知申请人需要补正的全部内容,逾期不告知的,自收到申请材料之日起即为受理。⑤申请事项属于本行政机关职权范围,申请材料齐全,符合法定形式,或者申请人按照本行政机关的要求提交全部补正申请材料的,应当受理行政许可申请,并出具加盖本行政机关专用印章和注明日期的书面凭证。

(2)审查与决定。行政许可的审查是指行政机关对已经受理的行政许可申请材料的实质内容进行核查的活动。它是行政机关作出行政许可决定的必经环节,审查的质量直接影响行政许可决定的质量。审查的方式主要有:①书面审查。行政机关审查行政许可申请材料最主要的方式是书面审查,即只审查申请人申请材料反映的内容。实行书面审查,主要有以下考虑:一是,申请人申请行政许可主要是通过提交有关申请材料来证明自己具备法定条件,因此,行政机关的审查也应集中在其提交的申请材料上;二是,行政机关实行书面审查能够减少行政机关办理行政许可的工作人员与申请人的不正当接触机会,有助于提高行政机关审查行政许可申请行为的公正性;三是,行政机关实行书面审查,可以减少行政管理成本,减轻申请人的负担。但书面审查也有自身的不足:一是有些情况下,申请材料反映的客观情况本身就是虚假的,只审查申请人的申请材料,可能难以发现申请人的真实情况;二是即使申请材料反映内容真实,但由于申请与审查存在时间差,可能申请材料反映的客观情况在行政机关审查时已经发生了变化。因此,实行书面审查,同时要结合其他审查方式。②实地核查。有些行政许可,尤其是对物的行政许可,行政机关必须去现场,核实申请材料反映的内容是否与实际情况一致。③听取利害关系人意见。行政机关在对行政许可申请进行审查时,发现行政许可事项直接关系到申请人以外的第三人重大利益的,应当告知利害关系人并听取其意见。在有数量限制的行政许可中,多人同时提出行政许可申请的,行政机关拟对其中一部分申请人作出准予行政许可决定前,应当告知其他申请人,并听取其意见。[1]

---

[1] 汪永清主编:《中华人民共和国行政许可法教程》,中国法制出版社2003年版,第132~135页。

　　行政许可的决定是指行政机关在对行政许可的申请材料进行审查后,作出是否准予行政许可的结论。行政许可决定是行政机关根据审查认定的事实作出的,是行政许可审查程序发展的必然结果。根据《行政许可法》第38条的规定,申请人的申请符合法定条件、标准的,行政机关应当依法作出准予行政许可的书面决定。行政机关依法作出不予行政许可的书面决定的,应当说明理由,并告知申请人享有依法申请行政复议或者提起行政诉讼的权利。

　　(3)听证。在行政许可的实施中设立听证程序,有助于提高行政许可决定的公正性、公开性和可接受性。听证的适用事项范围包括两个方面:①行政机关主动举行听证的行政许可事项。根据《行政许可法》第46条的规定,行政机关应当主动举行听证的事项限于两类:一是法律、法规、规章规定实施行政许可应当听证的事项;二是行政机关认为需要听证的其他涉及公共利益的重大行政许可事项。②行政机关应申请举行听证的事项。根据《行政许可法》第47条的规定,行政许可直接涉及申请人与他人之间的重大利益关系的,行政机关应当在作出决定前,告知申请人、利害关系人有要求听证的权利;申请人、利害关系人在被告知听证权利之日起5日内提出听证申请的,行政机关应当在20日内组织听证。申请人、利害关系人不承担行政机关组织听证的费用。

　　听证按照下列程序进行:①行政机关应当于举行听证的7日前将举行听证的时间、地点通知申请人、利害关系人,必要时予以公告。②听证应当公开举行。③行政机关应当指定审查该行政许可申请的工作人员以外的人员为听证主持人,申请人、利害关系人认为主持人与该行政许可事项有直接利害关系的,有权申请回避。④举行听证时,审查该行政许可申请的工作人员应当提供审查意见的证据、理由,申请人、利害关系人可以提出证据,并进行申辩和质证。⑤听证应当制作笔录,听证笔录应当交听证参加人确认无误后签字或者盖章。

　　《行政许可法》第48条第2款规定:"行政机关应当根据听证笔录,作出行政许可决定。"这是对听证笔录法律效力的规定。这表明在我国,行政机关只能根据听证笔录中认定的事实作出许可决定。

　　(4)期限。行政许可机关单独作出行政许可决定的,除当场作出的以外,应当自受理许可申请之日起20日内作出决定,经本行政机关负责人批准,可以延长10日,法律、法规另有规定的除外;需要多个行政机关审查并作出行政许可决定的,应当自收到许可申请之日起45日内作出决定,经本级人民政府负责人批准,可以延长15日。行政机关作出准予许可的决定后,应当在10日内向行政相对人颁发、送达有关许可的书面文件。

　　(5)变更与延续。行政许可的变更是指被许可人在取得行政许可后,因其拟从事的活动的部分内容超出准予行政许可决定或者行政许可证件规定的活动范围,而申请行政机关对原行政许可准予从事的活动的相应内容予以改变。对被许可人提出的变更行政许可的申请,行政机关应当依法进行审查。经审查,认为被许可人提出的申请符合法定条件、标准的,行政机关应当依法办理变更手续。

行政许可的延续是指延长行政许可的有效期限。被许可人提出延续行政许可有效期限的,应当在行政许可有效期限届满前一定期间提出。根据《行政许可法》第50条的规定,被许可人需要延续行政许可证有效期的,应在有效期限届满30日前向作出准予行政许可决定的行政机关提出申请。但法律、法规、规章另有规定的除外。行政机关应在期限届满前作出是否准予延续的决定,逾期未作决定的视为准予延续。

2.特别程序。行政许可的特别程序是关于行政许可实施程序的特别规定,是对行政许可实施一般程序的补充。行政机关实施行政许可时,有特别程序的,适用特别程序;没有特别程序的,适用一般程序。

(1)国务院实施行政许可的程序。国务院是最高国家行政机关,其实施的行政许可通常都涉及到极为重大、复杂的事项,而且有很强的针对性,对国务院实施行政许可的程序,法律、行政法规往往会有特殊的规定。《行政许可法》第52条规定:"国务院实施行政许可的程序,适用有关法律、行政法规的规定。"这样规定,充分考虑到了国务院实施行政许可的特殊性。不过,从《行政许可法》的整个立法精神和原则看,即使国务院实施行政许可的程序,也应遵守《行政许可法》所确立的有关行政许可程序的基本原则与制度。

(2)特许程序。特许程序,即实施有限自然资源开发利用、公共资源配置以及直接关系公共利益的特定行业的市场准入等行政许可应遵循的特别程序。特许程序的核心是行政机关原则上应当通过招标、拍卖等公平竞争的方式作出行政许可决定。《行政许可法》第53条第2款规定:"行政机关通过招标、拍卖等方式作出行政许可决定的具体程序,依照有关法律、行政法规的规定。"这里的法律包括《招标投标法》、《拍卖法》等。行政机关违反规定,不采用招标、拍卖方式,或者违反招标、拍卖程序,损害申请人合法权益的,申请人可以依法申请行政复议或者提起行政诉讼。

(3)认可程序。认可程序,即实施赋予公民特定资格,赋予法人、其他组织特定资格、资质等行政许可应遵循的特别程序。认可程序的核心是行政机关应当根据考试或者考核的结果作出行政许可决定。根据《行政许可法》第54条的规定,赋予公民特定资格,依法应当举行国家考试的,行政机关根据考试成绩和其他法定条件作出行政许可决定;赋予法人、其他组织特定资格、资质的,行政机关根据申请人的专业人员构成、技术条件、经营业绩和管理水平等的考核结果作出行政许可决定。但是,法律、行政法规另有规定的,依照其规定。

(4)核准程序。核准程序,即实施对特定设备、设施、产品、物品是否符合技术标准、技术规范进行审定等行政许可应当遵循的特别程序。核准程序的核心是行政机关应当依据对设备、设施、产品、物品进行检验、检测、检疫的结果作出行政许可决定。

(5)登记程序。登记程序,即实施确立企业或者其他组织的主体资格等行政许可应遵循的特别程序。企业或者其他组织的设立等需要确定主体资格的事项,主要指企业注册和社团登记。通常情况下,行政机关只对申请人提供的材料进行形式审查,只要申请材料齐全、符合法定形式,行政机关就应当当场予以登记,行政机关对是否予以行政许可没有自由裁量权。

五、行政许可的撤销与注销

(一)行政许可的撤销

行政机关违法作出的行政许可决定,根据依法行政、有错必纠的原则,应当予以撤销。但行政机关作出的行政许可决定具有公定力,被许可人对行政许可决定合法性的信赖应当受到法律保护。同时,基于被许可人取得行政许可决定,他人据此而与被许可人开展生产、经营活动,对由此而形成的社会关系的稳定性也应予以考虑。因此,行政机关行使撤销权应当慎重,必须依法进行。《行政许可法》第69条从两个方面规范行政机关行使撤销权的行为:①明确了撤销权行使的条件与程序。对违法作出的行政许可决定,基于保护公共利益的需要,该撤销的,行政机关应当予以撤销;撤销可能对公共利益造成重大损害的,不予撤销;可以撤销可以不撤销的,行政机关应当衡量各种利益后决定是否行使撤销权。②因行政机关的原因导致行政许可决定被撤销的,行政机关应当赔偿被许可人因此受到的损害。[1]

1. 行政机关可以撤销许可的情形。作出行政许可决定的行政机关或者其上级行政机关,根据利害关系人的请求或者依据职权,在查明有下列情形之一的,可以撤销行政许可:①行政机关工作人员滥用职权、玩忽职守作出准予行政许可决定的;②超越法定职权作出准予行政许可决定的;③违反法定程序作出准予行政许可决定的;④对不具备申请资格或者不符合法定条件的申请人准予行政许可的;⑤依法可以撤销行政许可的其他情形。

2. 行政机关应当撤销行政许可的情形。被许可人以欺骗、贿赂等不正当手段取得行政许可的,应当予以撤销。

3. 行政机关不予撤销违法许可的情形。在某种情况下,虽然发生了可以撤销行政许可的情形,或者虽然被许可人以欺骗、贿赂等不正当手段取得行政许可,其许可证应当被撤销,但考虑到撤销许可可能对社会公共利益造成重大损害,行政机关却不予撤销。如公共交通许可、公共设施经营许可等,牵涉社会公共利益或第三人重大利益,许可证一经颁发即不得撤销,无论是其具有可以撤销还是应当撤销的情形,行政机关都不得作出撤销的决定。

4. 行政许可被撤销后有关利益的保护。行政许可如出现上述可以撤销的五种情形而被行政机关撤销,被许可人的合法权益受到损害的,行政机关应当依法给予赔偿。但如被许可人以欺骗、贿赂等不正当手段取得行政许可被行政机关撤销的,被许可人基于此种行政许可取得的利益不受保护。

---

〔1〕　汪永清主编:《中华人民共和国行政许可法教程》,中国法制出版社2003年版,第211～212页。

第二节

（二）行政许可的注销

行政许可的注销是指基于特定事由的出现，而由行政机关依据法定程序收回行政许可证或者公告行政许可失去效力的活动，它是行政许可终止的一个最后的程序性活动。根据《行政许可法》第70条的规定，有下列情形之一的，行政机关应当依法办理有关行政许可的注销手续：①行政许可有效期届满未延续的；②赋予公民特定资格的行政许可，该公民死亡或者丧失行为能力的；③法人或者其他组织依法终止的；④行政许可依法被撤销、撤回，或者行政许可证件依法被吊销的；⑤因不可抗力导致行政许可事项无法实施的；⑥法律、法规规定的应当注销行政许可的其他情形。

六、行政许可的法律责任

（一）行政机关及其工作人员的法律责任

1. 违法设定行政许可的法律责任。违法设定行政许可，是指行政机关及其他机关在无法定行政许可设定权或者越权的情况下，通过制定规范性文件自行创设行政许可的活动。根据《行政许可法》第71条的规定，违法设定行政许可的，有关机关应当责令设定该行政许可的机关改正，或者依法予以撤销。

2. 违法实施行政许可的法律责任。根据《行政许可法》第72条的规定，行政机关及其工作人员实施行政许可，有下列情形之一的，由其上级行政机关或者监察机关责令改正；情节严重的，对直接负责的主管人员和其他直接责任人员依法给予行政处分：①对符合法定条件的行政许可申请不予受理的；②不在办公场所公示依法应当公示的材料的；③在受理、审查、决定行政许可过程中，未向申请人、利害关系人履行法定告知义务的；④申请人提交的申请材料不齐全、不符合法定形式，不一次告知申请人必须补正的全部内容的；⑤未依法说明不受理行政许可申请或者不予行政许可的理由的；⑥依法应当举行听证而不举行听证的。

根据《行政许可法》第73条的规定，行政机关工作人员办理行政许可、实施监督检查，索取或者收受他人财物或者谋取其他利益，构成犯罪的，依法追究刑事责任；尚不构成犯罪的，依法给予行政处分。

根据《行政许可法》第74条规定，行政机关实施行政许可，有下列情形之一的，由其上级行政机关或者监察机关责令改正，对直接负责的主管人员和其他直接责任人员依法给予行政处分；构成犯罪的，依法追究刑事责任：①对不符合法定条件的申请人准予行政许可或者超越法定职权作出准予行政许可决定的；②对符合法定条件的申请人不予行政许可或者不在法定期限内作出行政许可决定的；③依法应当根据招标、拍卖结果或者考试成绩择优作出准予行政许可决定，未经招标、拍卖或者考试，或者不根据招标、拍卖结果或者考试成绩择优作出准予行政许可决定的。

根据《行政许可法》第75条规定，行政机关实施行政许可，擅自收费或者不按照法定项目和标准收费的，由其上级行政机关或者监察机关责令退还非法收取的费用；对直接负责的主管人员和其他直接责任人员依法给予行政处分。截留、挪用、私分或者变相私分实施行政许可依法收取的费用的,予以追缴;对直接负责的主管人员和其他直接责任人员依法给予行政处分;构成犯罪的,依法追究刑事责任。

根据《行政许可法》第76条规定,行政机关违法实施行政许可,给当事人的合法权益造成损害的,应当依照国家赔偿法的规定给予赔偿。

根据《行政许可法》第77条规定,行政机关不依法履行监督职责或者监督不力,造成严重后果的,由其上级行政机关或者监察机关责令改正,对直接负责的主管人员和其他直接责任人员依法给予行政处分;构成犯罪的,依法追究刑事责任。

(二)行政相对人的法律责任

1.行政许可申请人的法律责任。根据《行政许可法》第78条规定,行政许可申请人隐瞒有关情况或者提供虚假材料申请行政许可的,行政机关不予受理或者不予行政许可,并给予警告;行政许可申请属于直接关系公共安全、人身健康、生命财产安全事项的,申请人在一年内不得再次申请该行政许可。

2.被许可人的法律责任。根据《行政许可法》第79条规定,被许可人以欺骗、贿赂等不正当手段取得行政许可的,行政机关应当依法给予行政处罚;取得的行政许可属于直接关系公共安全、人身健康、生命财产安全事项的,申请人在三年内不得再次申请该行政许可;构成犯罪的,依法追究刑事责任。

根据《行政许可法》第80条规定,被许可人有下列行为之一的,行政机关应当依法给予行政处罚;构成犯罪的,依法追究刑事责任:①涂改、倒卖、出租、出借行政许可证件,或者以其他形式非法转让行政许可的;②超越行政许可范围进行活动的;③向负责监督检查的行政机关隐瞒有关情况、提供虚假材料或者拒绝提供反映其活动情况的真实材料的;④法律、法规、规章规定的其他违法行为。

3.其他行政相对人的法律责任。根据《行政许可法》第81条规定,公民、法人或者其他组织未经行政许可,擅自从事依法应当取得行政许可的活动的,行政机关应当依法采取措施予以制止,并依法给予行政处罚;构成犯罪的,依法追究刑事责任。

【思考题】

1.简述行政确认的概念与特征。

2.简述行政确认的形式与程序。

3.简述行政许可的概念与特征。

4.简述行政许可的范围与设定。

5.简述行政许可的实施程序。

6.简述行政许可的撤销与注销。

7.试述行政许可的原则。

第二节

【实务训练】

案例 1　徐甲诉上海市普陀分局宜川新村派出所
补发户口簿案[1]

案情简介:王某与徐甲系母子关系。1990 年 12 月之前,王某与其子徐甲两人居住在上海市泰山一村 17 号 102 室内。1990 年 12 月,王某的户口从泰山一村迁至黄兴路 1030 弄 29 号 203 室其女徐乙处。从此,徐甲一直是泰山一村 17 号 102 室的唯一居住人。1991 年 3 月,徐乙因住房困难分配新房,王某作为配房人员之一,户口亦一同迁入新居。王某在其女儿分得新房后,欲将自己的户口及从外地调回上海工作的儿子徐丙与孙子徐丁的户口再一同迁回泰山一村,但遭到徐甲拒绝。王某便谎称户口簿遗失,撇开徐甲向宜川新村派出所提出入户申请,该派出所在接受王某提出的补发户口簿迁入三人户口的申请后,未作调查核实,便于 1993 年 6 月作出补发上海市泰山一村 17 号 102 室 010358 号户口簿,迁入三人户口的具体行政行为,徐甲对此不服,于 1993 年 12 月向上海市普陀区人民法院提起行政诉讼。

法律问题:宜川新村派出所给王某补发户口簿的行为是否合法?

提示与分析:本案涉及到行政确认行为的合法性问题。行政确认与行政许可不同,行政许可是赋权性的行政行为,行政许可规定的权利,相对人在未取得许可时不能行使;而行政确认是行政主体对某种既存的法律关系和法律事实予以确定、认可和证明,公民的权利在行政主体确认前就可以行使。行政确认尽管不直接创设新的权利义务或者法律关系,但行政确认能使个人、组织的法律地位和权利义务取得法律上的承认,是个人、组织取得其他权利的依据。并且行政确认往往涉及到第三人的利益,会对第三人的利益产生直接或间接的影响。为了防止违法行政确认损害第三人的合法权益,要求行政主体在作出行政确认决定前,应当全面调查收集有关的证据材料,当事人也有义务向行政主体提供有关的材料。行政主体不能把违法的、虚假的法律关系和法律事实加以确认。为了防止行政主体滥用行政确认权,法律规定行政确认违法的,利害关系人有申请行政复议或提起行政诉讼的权利。

本案中,宜川新村派出所在给王某补发户口簿前,没有查找以前的登记记录,也没有征求上海市泰山一村 17 号 102 室户口簿的户主徐甲的意见。而王某隐瞒原户口簿依然存在的事实,采用谎称丢失的办法申请补发户口簿,也没有尽到如实申报的义务,导致补发了不应补发的户口簿。并且派出所补发户口簿的行政确认行为违反了《户口登记条例》以及相关户口管理规定中"一户只能有一本户口簿,户主负责户口申请登记"的规定,侵害了徐甲的合法权益。因此,宜川新村派出所给王某补发户口簿的行为是违法的。

[1]　应松年、王成栋主编:《行政法与行政诉讼法案例教程》,中国法制出版社 2003 年版,第 141～142 页。

案例2 某国有企业诉国土资源管理部门
不依法给予许可案

案情简介：某国有企业新上一项目，计划用地100亩。项目获上级主管部门审核通过后，该企业向国土资源管理部门提出用地申请。半年后，企业的用地申请仍没有通过。原因是国土资源管理部门每次都会要求该企业提交新的用地申请材料。后来，该企业诉至法院。法院认为国土资源管理部门违反了《行政许可法》的有关规定，判国土资源管理部门败诉。

法律问题：国土资源管理部门有何违法之处？应当承担什么责任？

提示与分析：根据《行政许可法》第32条的规定，行政机关对申请人提出的行政许可申请，认为申请材料不齐全或者不符合法定形式的，应当当场或者在5日内一次告知申请人需要补正的全部内容，逾期不告知的，自收到申请材料之日起即为受理。本案中，国土资源管理部门多次要求该企业提交新的用地申请材料，而不是一次告知申请人需要补正的全部内容，该行为违反了《行政许可法》第32条的规定。同时，也违反了《行政许可法》第6条所规定的便民原则，即实施行政许可，应当遵循便民的原则，提高办事效率，提供优质服务。对于此类行为，应依《行政许可法》第72条的规定，由其上级行政机关或者监察机关责令改正；情节严重的，对直接负责的主管人员和其他直接责任人员依法给予行政处分。

行政征收与行政征用

学习目的与要求 通过本章学习,掌握行政征收和行政征用的概念、特征与原则;了解行政征收与行政征用的区别,熟悉行政征收和行政征用的程序、补偿以及救济问题。

■ 第一节 行政征收

一、行政征收的概念与特征

行政征收是指行政主体为了公共利益的需要,根据法律、法规的规定,以强制方式取得行政相对人财产所有权的一种具体行政行为。它具有以下特征:

1.公益目的性。行政征收主要是基于经济和社会发展或提供公共服务的目的,即为了公共利益的需要而实施的。行政主体不得基于非公益目的如商业目的而进行行政征收。

2.强制性。行政征收是行政主体以国家的名义对相对人财产所有权的合法剥夺,因此,行政征收权的行使以国家强制力为后盾,当行政相对人拒不履行行政征收所确定的义务时,行政主体可以依法采用强制手段迫使相对人履行义务,实现行政管理的目标。

3.法定性。行政征收直接指向的是行政相对人的经济利益,为了确保行政相对人的合法权益不受行政征收行为侵害,必须确立行政征收法定原则,将行政征收纳入法律调整的范围,使具体的行政征收行为受相对稳定的法律支配,使行政征收的主体、客体和内容,以及行政征收程序都有法律依据,行政主体必须严格依照法律的规定进行征收。否则,就要承担相应的法律责任。

二、行政征收与相关概念的区别

1.行政征收与行政征用。行政征用,是指行政主体为了公共利益的需要,依照法定程序强制征用相对方财产或劳务的一种具体行政行为。行政征收与行政征用的区别主要在于:①从法律后果看,行政征收的结果是财产所有权从相对方转归国家;而行政征用的后果则是行政主体暂时取得了被征用方财产的使用权,并不发生财产所有权的转移。②从行为的标的看,行政征收的标的一般仅限于财产,而行政征用的标的除财产外,还可能包括劳务。③从适用条件看,行政征用一般适用于临时性的紧急状态,而行政征收则不一定是在紧急状态中才适用,即使不存在紧急状态,为了公共利益的需要,也可以征收。④从能否取得补偿来看,行政征收既包括有偿的,也包括无偿的,而行政征用一般应是有偿的。

2.行政征收与行政没收。行政没收是行政处罚的形式之一。行政征收与行政没收在表现形式及法律后果上基本是相同的,两者都表现为以强制方式取得相对方财产的所有权,但二者之间仍有区别:①两者发生的依据不同。行政征收有的(如行政征税、行政收费)是以相对方负有行政法上的缴纳义务为前提,而行政没收只能以相对方违反行政法的有关规定为条件。②两者所依据的法律程序不同。行政征收依据的是专门的行政程序,而没收依据的是行政处罚程序。③两者在行为的连续性上不同。对行政征收中的征税与收费来说,只要据以征收的事实依据存在,行政征收行为就可以一直延续下去,其行为往往具有连续性,而对行政没收来讲,对某一违法行为只能给予一次性没收处罚。

3.行政征收与行政征购。行政征购,是指行政主体以合同方式取得相对方财产所有权的一种行政方式。行政征收与行政征购的区别主要在于:①行为的性质不同。行政征收是一种单方行政行为,而行政征购属行政合同行为,在征购关系中,尽管相对方的意思表示受到一定程度的限制,但从法律上说,它仍是行政主体与相对方的合意。②权利义务关系不同。行政征收中,征收主体总是以管理者的身份出现,而被征收主体则处于被管理者地位,他们之间的权利义务显然是不对等的。在行政征购中,当征购合同成立后,行政主体与相对方的权利义务基本上是对等的,行政主体在取得相对方财产的同时,必须依照约定承担相应的给付义务。

三、行政征收的种类

以是否给予补偿为标准,行政征收可以分为无偿征收和有偿征收。

(一)无偿征收

无偿征收,即征收主体无须向被征收主体给予补偿的征收。目前在我国行政征收体制中,无偿性的行政征收主要包括行政征税和行政收费两大类。

1.行政征税。行政征税又称税收征收,是指国家税收机关凭借其行政权力,依法无偿地取得财政收入的一种手段。按照征税对象的不同,可分为流转税、资源税、收益税、财产税和行为税五种。按照税收支配权的不同,可分为中央税、地方税和中央地方共享税。国家通过对各种税的征管,达到调节资源分配和收入分配、协调各行业发展的目的。通过对中央税、地方税和中央地方共享税的合理分配,兼顾中央和地方的利益,有利于市场经济条件下宏观调控的实施。税收只能由特定的国家行政机关——税务机关及海关负责征收。税收一经征收入库,就为国家所有,处于国家全体支配之中,通过国家预算支出,统一用于社会各方面的需要。

2.行政收费。行政收费,是指行政主体行使行政征收权向特定的行政相对人强制收取一定额度的费用的行为。目前,我国的行政收费项目主要有:公路运输管理费、车辆购置附加费、公路养路费、港口建设费、排污费和教育费附加等。行政主体进行行政收费活动,必须严格依法进行,不得自立名目,擅自订立收费标准。各种社会公益费用,由从事该方面服务的行政机关负责征收,遵循专款专用、列收列支、收支平衡的原则,以收取部门提供一定的专门公益服务为前提而用于其自身开支,或者将此项收费专门用于特定的社会公益事业,以直接为被征收人提供良好的公益服务。

(二)有偿征收

政府为了履行其职能,维护公共利益,必须实行行政征收。但对被征收主体是否应给予补偿呢? 依照我国的传统观念及有关法律的规定,行政征收是无偿的;然而,2004年第四次《宪法修正案》中,明确将补偿作为征收的一个必要条件。[1] 据此可见,除行政征税和行政收费活动外,行政征收是有偿的,行政相对人的财产一经征收,其所有权就转移为国家所有,成为公有财产的一部分,由国家永久控制和支配。相应地,征收主体必须向被征收主体给予合理的补偿。这便从宪法的高度明确了行政征收的有偿性,为完善我国行政征收制度提供了宪法依据。建立有偿的行政征收制度,既体现了对公民权利的保障功能,也体现了对公共利益与个体利益的协调平衡功能。

四、行政征收的原则

行政征收的原则是指行政主体在行政征收中必须遵循的基本准则。主要有:

(一)依法征收原则

行政征收是公共权力面向私人的合法财产的征收,因而必须依法进行。依法征收原则的基本要求应当包括:通过国家法律建立行政征收制度,这意味着唯有国家立法才能设置和决定行政征收,没有法律授权,政府不得自行创设行政征收的对象、范围和程序等。依法征收原则在制度层面上反对行政中心主义,行政征收权应当由法律明定,无法律则无征收。依法征收原则在行为层面上演变为合法性原则,所有行政征收行为都必须有明确的法律根据并遵循法定程序,所有行政征收行为必须依法而行。行政征收机关与公民、法人和其他组织之间就行政征收发生的争议,可由司法机关进行

[1] 《宪法》第13条第3款规定:"国家为了公共利益的需要,可以依照法律规定对公民的私有财产实行征收或者征用并给予补偿。"

第七章

裁判,评判的标准不再是抽象的公共利益,而应当是法律。所有行政征收行为都应当被纳入司法审查的范围,无救济则无征收。

（二）保护私有财产权原则

私有财产权是人权的重要组成部分。人权意义上的财产权观念已经促使国家和政府在行政征收领域认同私人财产不受侵犯。行政征收人权保护原则的基本要求应当包括:设定行政征收底线,关照公民的生存权;创设和保障公民的正当程序权利,制止滥用征收权侵害公民、法人和其他组织的财产权;建立健全行政征收救济机制,对违法的行政征收,行政相对人能够获得有效的救济,尤其是能够获得司法救济。

五、行政征收的程序

我国目前尚未制定统一的行政征收程序法,相关规定散见于单行法律、法规和规章之中。现从两个方面对行政征收的程序作些分析:

（一）无偿征收的程序

1.行政征税的程序。我国《税收征收管理法》对征税程序作了具体的规定,主要包括:

（1）税务登记。企业,企业在外地设立的分支机构和从事生产、经营的场所,个体工商户和从事生产、经营的事业单位自领取营业执照之日起30日内,持有关证件向税务机关申报办理税务登记。其他纳税人办理税务登记的范围和方法,由国务院规定。

纳税人办理税务登记后,对纳税人填报的税务登记表、提供的证件和资料,税务机关应当自收到之日起30日内审核完毕。符合规定的,予以登记,并发给税务登记证件。

税务登记内容发生变化的,应当自工商行政管理机关办理变更登记之日起30日内,持有关证件向税务机关申报办理变更税务登记。

（2）纳税鉴定。税务专管人员和企业财务会计人员共同制定纳税鉴定表,由税务机关审查批准,正式下达给企业,作为双方办理税务的依据。如遇国家税法变动,应由税务机关及时下达"纳税事项变动通知书"。[1]

（3）纳税申报。纳税人、扣缴义务人必须在法律、行政法规规定的或者税务机关依照法律、行政法规的规定确定的申报期限内,到税务主管机关办理纳税申报或者报送代扣代缴、代收代缴税款报告表。纳税人享受减税、免税待遇的,在减税、免税期间应当按照规定办理纳税申报。

纳税人、扣缴义务人按照规定的期限办理纳税申报或者报送代扣代缴、代收代缴税款报告表确有困难,需要延期的,应当在规定的期限内向税务机关提出书面延期申请,经税务机关核准,在核准的期限内办理。因不可抗力需要延期办理的,应当在不可

---

[1] 方世荣主编:《行政法与行政诉讼法学》,人民法院出版社、中国人民公安大学出版社2003年版,第242页。

抗力情形消除后立即向税务机关报告。税务机关应当查明事实，予以核准。

（4）税款征收。税务机关可以采取查账征收、查定征收、查验征收、定期定额征收的方式征收税款，也可根据国家有关规定委托有关单位代征少数零星、分散的税款，税务机关应发给被委托单位委托代征证书。受托单位按照代征证书的要求，以税务机关的名义依法征收税款。

纳税人、扣缴义务人按照法律、行政法规规定或者税务机关依照法律、行政法规的规定确定的期限，缴纳或者解缴税款。纳税人因有特殊困难，不能按期缴纳税款的，经县级以上税务局批准，可以延期缴纳税款，但最长不得超过3个月。

2.行政收费的程序。结合单行法律、法规的规定，可将行政收费的程序概括为：

（1）通知收费。行政机关收取费用，应当首先告知行政相对人所缴费用的内容和法律依据，并表明自己的身份。在当场收费的情况下，必须出示相关证件或有明显的表示身份的标志，如高速公路收费站。

（2）收取费用。行政机关依法收取相对人的费用，不能随意增减。行政主体可以主动到缴费义务人的经营场所收取费用，即主动收取；也可在某一固定地点设立长期的收费点来收费，即定点收取；或是由行政机关委托给其他组织代收；对于反复性、经常性的收费项目应设立专门的收费主体，由缴费义务人依法到指定交费处交费。

（3）给付收据。这是表明行政相对人已按规定缴纳费用，行政主体收费活动完毕的必要环节。行政主体不得任意省略该程序，行政相对人也有权要求行政机关出具收据。

（二）有偿征收的程序

1.申请。行政征收首先应该由征收主体就征收目的、征收对象和范围、征收方式以及补偿方式和额度等情况一并报请法定主管机关核准。

2.核准。行政征收主体提出申请后，法定的核准机关就申请事项是否具有法律依据和符合法律规定进行审查。核准程序是对行政征收的一种事前审查。

3.执行。行政征收的执行应包括公告或通知与发放补偿费两个程序。其中补偿费的数额应该在申请前与被征收人协商并报核准机关核准。

六、行政征收的补偿与救济

（一）行政征收补偿

行政征收补偿是指行政征收行为使公民、法人或其他组织的合法权益遭受特别损害，由国家承担补偿责任的制度。这是针对有偿行政征收而言的，是平衡私人利益与公共利益的制度设计。我国在第四次宪法修正案中明确规定了行政征收及其补偿条款，这是立宪上的一个巨大进步，为行政征收补偿立法和实施行政征收补偿行为提供了宪法依据。

关于补偿的标准，主要有三种观点：①完全补偿。即政府征收私有财产时，应补偿财产权人因此所受财产上损失之全额。②适当补偿。即只需为妥当或适当补偿即可，未必补偿其财产之实际价格之全额。③公平补偿（公正补偿、正当补偿）。即宪法授权立法者可以斟酌、审视立法时之各种不同的、所欲规范事件及时间因素之特性来决定是否应给予被征收人全额或高于或低于全额的补偿。从世界各国情况来看，大都突出"公平补偿"或"正当补偿"，即采用的是公平补偿标准，所体现的立法目的在于对征收权力的限制以及对私有财产权的保护，以在公共利益与私人利益之间建立起一种平衡的机制。我国第四次宪法修正案虽然规定了对公民私有财产实行征收或征用应给予补偿，但对补偿标准未作明确规定。在一些单行立法中，对补偿标准的规定也不统一，有"适当补偿"、"一定补偿"、"相应补偿"、"合理补偿"等等。从实践中的情况看，我国采用的是"适当补偿"，补偿标准过低，与财产权人遭受的损害极不相称，也难于遏制征收、征用权的滥用。

我们主张，我国应采用公平（公正）补偿的标准。其基本目标，就是使被征人能够达到与征收前相同的生活条件与状态，即使其生活水准不因为征收而降低。[1] 因此，应确立公平市场价值作为公正补偿的普遍标准。按照公平市场价值进行补偿，不仅要按照市场价值评估财产被征收时的实际损失，而且要考虑社会发展与市场开发被征收财产的预期收益，还要考虑不同被征收对象的实际困难和需求。[2] 只有将各种相关的因素都纳入考虑的范围，进行综合权衡，本着切实保护私有财产权的原则，确立补偿的数额与方式，才能显现出补偿的公平性，才能在各种利益之间维持平衡。

（二）行政征收的救济

行政征收作为政府强制取得公民财产所有权的一种具体行政行为，其对公民造成的损失是显而易见的，是损益性的具体行政行为，因此必须通过立法设定有效的救济途径，这是保障私有财产权的最后屏障。

行政征收的救济是公民的权利和利益因政府实施行政征收而受到侵害时的防卫手段和申诉途径。对于行政征收行为引起的纠纷，自然属于行政复议、行政诉讼及国家赔偿的范围。公民、法人及其他组织对行政征收不服的，可以先申请行政复议，对复议决定不服，再向人民法院提起诉讼；也可以不经过复议，直接向人民法院提起行政诉讼。

---

[1] 如2004年11月，国土资源部发布了《关于完善征地补偿安置制度的指导意见》。按照该意见，土地补偿费和安置补助费的标准应按照被征地农民原有生活水平不降低的原则。如果土地补偿费和安置补助费不足以使被征地农民保持原有生活水平，应由当地政府统筹安排，从国有土地有偿使用收益中划出一定比例给予补贴。

[2] 如我国现行的征地补偿制度是一种纯粹的补偿关系，与市场经济体制相背，在市场经济体制下土地权益主要体现在土地发展权益上。因此，要在此方面实现制度创新，就需建立合理的征地补偿和利益分享机制。如在苏嘉杭高速公路的征地中，就实行了土地折价入股。江苏昆山市按照每亩承包田每年补偿300元、口粮田600元、自留地900元的标准长期补偿，并随着当地经济发展与水平的提高而提高。同时，还应重点考虑长期的就业补偿和社会保障补偿，针对不同年龄段失地农民的实际困难和需求，探索与市场经济条件相适应的就业培训与安置、创业扶持和社会保障等新的模式。参见朱东恺、施国庆："城市建设征地和拆迁中的利益关系分析"，载《城市发展研究》2004年第3期。

　　就有偿行政征收而言,其引起的纠纷,主要表现在两个方面:①行政征收行为是否合法引起的纠纷,主要包括征收主体、征收目的以及征收程序等是否合法引起的纠纷;②因补偿问题引起的纠纷,主要有补偿的标准、数额、方式以及补偿费的归属引起的纠纷等。

　　就行政征收行为是否合法引起的纠纷属于行政复议、行政诉讼等救济的范围。对因补偿问题引起的纠纷,能否提起诉讼,以及提起什么类型的诉讼,目前尚存在争议。有人认为,对于因补偿问题引起的纠纷,只能在行政系统内部解决,由行政机关作出最终裁决,不能向法院提起诉讼。我们认为,将补偿争议排除在诉讼范围之外,显然不利于保护公民的财产权,不符合依法治国的理念。因行政征收补偿引起的纠纷可以向人民法院提起行政诉讼。在补偿的救济程序上,可设计为两个阶段,即行政阶段和司法阶段。因行政征收而使其财产权遭受损失的公民、法人及其他组织可先通过行政程序解决补偿争议,如果被征收人与补偿义务机关就补偿方式、数额不能经协商达成一致意见,并对补偿裁决不服的,可以向人民法院提起行政补偿诉讼。行政补偿诉讼属于一类特殊的行政诉讼,原则上适用行政诉讼的程序,但法院审理行政补偿案件可以适用调解;调解不成的,由人民法院依法作出判决。[1]

■　第二节　行政征用

一、行政征用的概念和特征

　　行政征用是指行政主体为了公共利益的需要,依法以强制方式有偿取得行政相对人的财产使用权或劳务的一种具体行政行为。它具有以下特征:

　　1.公益目的性。行政征用同样是基于国家经济和社会发展或提供公共服务的目的,即为了公共利益的需要而实施的。同时,在实践中还应当根据具体情况,进行利益衡量,考虑行政征用可能得到的利益和可能引起的损害之间的比例关系,进而判断该行政征用行为是否必须实施。

　　2.强制性。强制性是行政征用的保证。行政征用是一种单方行政行为,不以被征用人的同意为前提,且以国家的强制力为保证,当相对人拒不履行行政征用行为所确定的义务时,行政主体可以依法采取强制手段迫使相对人履行义务。

　　3.法定性。与行政征收行为一样,行政征用直接指向的也是行政相对人的经济利益,为了确保行政相对人的合法权益不受违法行政征用行为侵害,必须确立行政征用法定原则。就是说,行政征用的主体、条件、对象、方式、范围和补偿等内容都必须有明确的法律依据,行政主体必须依法实施行政征用行为。

　　4.有偿性。有偿性是行政征用的重要法律属性,现代各国宪法、法律中都明确规

---

〔1〕　石佑启:"征收、征用与私有财产权保护",载《法商研究》2004 年第 3 期。

定,政府基于公益之需要,可以对公民财产进行征用,但是须以公平补偿为前提。我国《宪法》第13条规定:"公民的合法的私有财产不受侵犯。国家依照法律规定保护公民的私有财产权和继承权。国家为了公共利益的需要,可以依照法律规定对公民的私有财产实行征收或者征用并给予补偿。"

二、行政征用的原则

行政征用的原则是行政主体实施行政征用行为时应当遵循的基本行为准则。行政征用的原则主要有:

（一）公共利益需要原则

行政征用只有在满足公共利益需要时才能采取,公共利益需要成为各国征用行为遵循的首要原则。我国《宪法》和一些法律,如《土地管理法》、《外资企业法》、《中外合资企业法》、《国家安全法》、《戒严法》等都将征用的目的规定为"公共利益的需要",但在"公共利益需要"的认定方面缺乏相应的规定,导致在实践中存在公、私不分的现象,严重损害了公民的合法权益。为了防止公益范围的过度扩张,保护公民的财产权,我国应完善相关立法,采用概括式规定与列举式规定相结合的立法技术,对公共利益作出较为明确的界定。行政主体在行使征用权时,要严格区分公益目的和商业目的,基于商业目的不得行使征用权。行政主体基于公共利益的需要实施行政征用时,要认真进行利益衡量,在公益占绝对优势且具有必要性时才能征用公民财产,以防止征用权的滥用,最大限度地保护公民的财产权。

（二）公平补偿原则

我国第四次宪法修正案中只规定了对公民的私有财产实行征收或征用,应给予补偿,对补偿的标准未作规定。在一些单行的法律、法规如《国防法》、《农村土地承包法》、《戒严法》、《海域使用管理法》、《归侨侨眷权益保护法》、《防沙治沙法》、《乡镇企业负担监督管理办法》等中规定了"适当补偿"、"一定补偿"、"相应补偿"、"合理补偿"等。从补偿数额来看,我国现行法律中采用的是"适当补偿",补偿的标准较低,这可能与我国的财力有限密切相关,但从保护与尊重私有财产权的角度看,这种标准是难以接受的。我国应确立公平补偿的原则与标准,以在公共利益与私人利益之间建立起一种平衡的机制。公平补偿原则包含着下列要求:①事先补偿。即未经事先合理补偿,政府不得征用公民的财产。在实践中由于行政征用引起的纠纷不断发生,事先补偿原则的确立无疑对解决这类纠纷起到重要作用。当然,事先补偿并不排除在紧急情况下适用事后补偿原则。②补偿直接损失。即补偿仅针对与征用行为有直接因果关系的损失,它又可分为被征用财产的实体损失和其他直接损失两大类。③补偿物质损失。即补偿仅针对财产上利益损失,不补偿精神上或情感上的损失。④补偿实际损失。即补偿只对已发生或将来一定发生的损失进行补偿,而不包括将来可能发生的不确定的损失。⑤动态调整。补偿标准一经确定并经法定程序形成规则后,就成为实施补偿的依据。但该标准不能一成不变,否则,就会因此而产生有失公正的结果。因此,补偿的标准要根据经济与社会发展变化的情况定期进行评价,并适时地加以调整,使其能与经济、社会的发展相适应,能在公共利益的增进与个人利益的有效保护之间维系动态的平衡。

三、行政征用的程序

一般来讲,行政征用前需要经过调查、审批程序,除情况紧急外,在征用决定作出前要听取和征求当事人意见。在行政征用决定书中应该载明征用事由、法律依据、征用机关、征用时限、对当事人相关利益加以保护的保证、补偿范围、救济手段和责任承担方式等事项。

行政公务人员在执行征用决定时应出示证件和书面行政征用决定。但若情况十分紧急,可以在事后出示行政征用决定。

行政相对人在被征用过程中可以提出异议,除非其有确凿证据证明行政征用纯属违法,原则上不停止行政征用决定的执行。

四、行政征用的救济

行政征用作为具有强制性的、限制或剥夺公民财产权的一种具体行政行为,是一种损益性的行政行为,因此有必要通过法律设定相应的救济途径,以保障公民的财产权。

行政征用的救济是公民的权利和利益因行政主体实施行政征用而受到侵害时的防卫手段和申诉途径。行政征用引起的纠纷,主要表现在两方面:①行政征用行为是否合法引起的纠纷,主要包括征用主体、征用目的以及征用程序等是否合法引起的纠纷;②因行政征用补偿问题引起的纠纷,主要有补偿的标准、数额、方式以及补偿费的归属引起的纠纷等。

行政相对人对行政征用行为不服的,可以申请行政复议,对复议决定不服的,可以向人民法院提起行政诉讼,寻求司法救济。行政相对人亦可不经过行政复议,直接向人民法院提起行政诉讼,但法律另有规定的除外。

因行政征用补偿引起的纠纷,也属于行政复议与行政诉讼的受案范围。即行政相对人对行政征用补偿不服的,可以申请行政复议。对复议裁决不服的,可以向人民法院提起行政补偿诉讼。行政补偿诉讼属于一类特殊的行政诉讼,原则上适用行政诉讼程序,但法院审理行政补偿案件可以适用调解。调解不成的,人民法院应当依法作出判决。

【思考题】

1. 简述行政征收的概念与特征。
2. 简述行政征收与行政征用的区别。

第七章

3. 简述行政征收的种类。

4. 试述行政征收的补偿与救济。

5. 简述行政征用的概念与特征。

6. 试述行政征用的原则。

7. 简述行政征用的救济。

【实务训练】

秦某诉某镇政府违法征税及扣车案[1]

案情简介：1995 年 12 月，某镇政府根据其所属市政府(94)107 号文件"关于进一步加强我市运输营业税、车船税征收管理的通知"精神，向村、镇直属单位安排征税工作。该镇某村干部与镇派驻干部根据镇政府的安排，为完成征税任务，即以镇政府的名义向该村拥有车辆的农户征收车船税。当对秦某机动农用三轮车进行征税时，秦某以其使用的机动三轮车是借用其弟秦小某的为由不予缴纳。为此，村干部与镇派驻干部将该车强行推到村委予以扣押。事发后，秦某将其弟秦小某 1995 年 8 月 16 日购车发票和已向税务机关缴纳车船税 30 元证明交给村干部，要求解决扣车问题。后经多次反映，镇政府向村委待让秦某缴税后把车开走，因秦某不同意，致使扣车问题一直未能解决。为此秦某到镇政府、市信访办及到省城上访，均未得到解决。1998 年 4 月 20 日，秦某及其弟秦小某向法院提起行政诉讼，要求撤销镇政府的具体行政行为，并赔偿扣车损失 2 万元。

法律问题：镇政府的行为是否合法？

提示与分析：本案涉及行政征收的合法性问题。行政征收是指行政主体为了公共利益的需要，根据法律、法规的规定，以强制方式取得行政相对人财产所有权的一种具体行政行为。行政征收包括无偿征收和有偿征收两种类型。行政征税属于无偿征收的一种，它具有法定性、强制性和无偿性的特征。

我国行政征税的主体有两类，即税务机关和海关。本案村干部与镇派驻干部根据镇政府的要求，以镇政府名义收缴车船税，属于行政征收主体不合法；其征税的依据是市政府(94)107 号文件，而该规范性文件并不能设立征税主体，也不能作为征税的依据，属于依据违法。本案中，秦某将借用其弟秦小某于 1995 年 8 月 16 日购车发票及已向税务机关交纳车船税 30 元的证明交给村干部，足以证明该车不属于秦某。而镇政府在得知此情况后，并未采取措施纠正错误的扣车行为，而是继续要求秦某缴纳税款，属于纳税主体不合格，理应予以撤销，并应依法赔偿违法扣车行为给当事人造成的损失。

[1]　http://www.hedong.cn/public/page/print.php? OBJ = bGVnYnYWw = &sendId = 52.

第八章

行政处罚与行政强制

　　学习目的与要求　通过本章的学习,了解行政处罚和行政强制的概念、特征、分类等基本理论,掌握行政处罚和行政强制的原则、设定、主体、程序等基本制度,能够利用理论和制度对有关行政处罚和行政强制的案件进行法律实务操作。

■ 第一节　行政处罚

一、行政处罚的概念和特征

　　行政处罚是指行政主体依照法定的权限和程序对违反行政法律规范、破坏行政管理秩序,但其行为尚未构成犯罪的行政相对人实施制裁的具体行政行为。

　　行政处罚是行政机关在行政管理中广泛采取的一种管理行为,该行为对公民、法人和其他组织的权利和自由有着直接影响。为了规范行政处罚,防止行政机关滥用处罚权,保护相对人的合法权益,1996 年 3 月 17 日通过了《行政处罚法》,该法对行政处罚制度作出了全面、统一的规定。行政处罚具有以下特征:

　　1.行政处罚的主体是依法享有处罚权的行政机关和法律、法规授权的组织。尽管我国绝大多数行政机关都实际拥有不同程度的处罚权,但从法治角度而言,这并不意味着行政主体都有当然的处罚权。处罚权都是来自法律、法规的明确授予,只有依法享有处罚权的行政主体才能在其权限范围内作出处罚行为。

　　2.行政处罚的对象是作为行政相对人的公民、法人和其他组织。行政处罚是行政主体在管理社会公共事务过程中作出的行为。因此,行政处罚的对象只能是作为被管理人的公民、法人或者其他组织。行政主体对行政公务人员违法、违纪的处理不属于行政处罚。

　　3.行政处罚的前提是相对人实施了违反行政法律规范但没有达到犯罪程度的行

为。行政处罚是对违反法律、法规的相对人追究责任的结果。如果违法行为的性质达到了刑法规定的犯罪程度，则应当追究刑事责任。因此，一般而言，行政处罚针对的行为虽然违法但没有达到犯罪的程度。

需要注意，有些违法行为可能存在既触犯刑律，又违反行政管理法规的现象。如公司走私，既触犯刑法，也属于违反工商管理法律、法规的行为。可能既追究该公司的刑事责任，如罚金，又对其给予行政处罚，如吊销营业执照。

4.行政处罚是制裁性的具体行政行为，表现为对违法行为人的权利和自由加以限制或剥夺。行政处罚的目的是通过对违法行为的权利和自由加以限制和剥夺，警戒和预防违法者本人和他人今后继续实施违法行为。行政处罚追究的是一种制裁性的法律责任，如果相对人的违法行为还给国家和他人造成损失，行政机关还可通过其他行政行为追究其补偿性的法律责任。

二、行政处罚与相关概念的区别

（一）行政处罚与刑罚的区别

刑罚是国家司法机关对违反刑事法律规范、严重危害社会的犯罪行为人根据其应负的刑事责任所实施的一种制裁。它是法律制裁中最为严厉的一种。行政处罚与刑罚虽然都是国家专门机关对违法行为实施的制裁，但二者存在本质的区别：

1.主体和依据不同。行政处罚由国家行政机关和法律、法规授权的组织依法实施；而刑罚则由国家司法机关依法实施。行政处罚所依据的是行政法律规范；而刑罚所依据的是刑事法律规范。

2.对象不同。行政处罚的对象是违反行政法律规范的公民、法人或者其他组织，当公民、法人或者其他组织既违反行政法律规范又违反刑事法律规范时，也可以对其实施两种处罚；而刑罚只能对违反刑事法律规范、严重危害社会的犯罪行为人实施，而不能对只违反行政法律规范而未构成犯罪的人实施。

3.种类不同。行政处罚的种类主要包括警告、罚款、没收、责令停产停业、暂扣或者吊销执照、行政拘留等六种，而刑罚分为主刑和附加刑。主刑有管制、拘役、有期徒刑、无期徒刑和死刑，附加刑有罚金、剥夺政治权利、没收财产和驱逐出境。

（二）行政处罚与行政处分的区别

行政处分是行政主体对所属的行政公务人员因违法、违纪所给予的一种行政制裁。行政处分与行政处罚虽然都属于行政制裁，但二者存在以下区别：

1.主体不同。行政处罚是由享有法定处罚权的行政主体实施的，哪些行政主体享有行政处罚权，享有何种行政处罚权，需要有法律、法规的明确授权；而行政处分则是由受处分的行政公务人员所在机关或上级机关、行政监察机关作出的，也就是说，一般的行政机关都享有对其工作人员的行政处分权。

2.对象不同。行政处罚的对象是违反行政法律规范的外部行政相对人；而行政处分的对象仅限于行政系统内部的违法、违纪的行政公务人员。同时，行政处罚既适用于个人,也适用于组织;而行政处分则只适用于作为个人的行政公务人员。

3.形式不同。行政处罚的形式很多,有警告、罚款、没收、责令停产停业、吊销许可证和执照、行政拘留等;而行政处分的形式只有警告、记过、记大过、降级、撤职和开除等六种。

4.救济的途径不同。对行政处罚不服的,被处罚者可申请行政复议或提起行政诉讼,通过行政复议或行政诉讼获得救济;而对行政处分不服的,按我国现有法律的规定,被处分者只能向作出处分决定的机关的上一级机关或行政监察机关申诉,不能提起行政诉讼。

(三)行政处罚与执行罚的区别

执行罚是指行政主体对拒不履行法定义务的相对人加处一定数额的罚款,以促使其履行义务的强制执行方式。行政处罚与执行罚虽然都有处罚的外在形式,但二者之间仍有明显的区别:

1.行为的性质不同。行政处罚是行政主体对违反行政法律规范的相对人给予的一种制裁;而执行罚是行政主体对拒不履行义务的相对人所采取的一种行政强制执行方法。

2.目的不同。行政处罚的目的是为了制裁违法行为,促使相对人以后不再重犯,并教育社会上的公民、法人及其他组织自觉守法;而执行罚的目的是为了迫使相对人履行其依法应当履行的义务。

3.适用的次数不同。行政处罚是对已经违反了行政法律规范的行为人给予制裁,处罚只能实施一次,应遵循一事不再罚的原则;而执行罚是对拒不履行义务的相对人采取的强制执行方式,只要相对人不履行义务,执行罚就可以反复多次运用,直到义务人履行义务为止。

三、行政处罚的原则

行政处罚的原则,是指由行政处罚法规定的设定和实施行政处罚时所必须遵循的基本准则。它贯穿于行政处罚的全过程,对行政处罚的设定和实施提出了总的和原则性的要求,对行政处罚行为具有普遍的约束力。《行政处罚法》在总则部分明确规定了我国行政处罚的基本原则,它们是:

(一)处罚法定原则

《行政处罚法》第3条规定:"公民、法人或者其他组织违反行政管理秩序的行为,应当给予行政处罚的,依照本法由法律、法规或者规章规定,并由行政机关依照本法规定的程序实施。没有法定依据或者不遵守法定程序的,行政处罚无效。"这就是行政处罚法定原则。其基本涵义是:①实施行政处罚的主体及其职权是法定的;②处罚的依据是法定的,法无明文规定不得处罚;③处罚的程序是法定的;④违法实施的行政处罚行为无效或者可以被撤销。

（二）公正、公开原则

《行政处罚法》第4条规定："行政处罚遵循公正、公开的原则。设定和实施行政处罚必须以事实为依据，与违法行为的事实、性质、情节以及社会危害程度相当。对违法行为给予行政处罚的规定必须公布；未经公布的，不得作为行政处罚的依据。"这是对公正、公开原则的直接规定，它要求行政处罚必须做到客观、公平、合理。

1、公正。所谓公正就是公平正直、没有偏私。要保证处罚的公正，就必须做到：①实施行政处罚必须以事实为依据，坚持实事求是，切忌主观臆断；②实施行政处罚应当"过罚相当"，即违法与处罚相一致，做到处罚的种类、幅度与违法行为的事实、情节及社会危害程度相一致，不能畸轻畸重；③不得滥用自由裁量权。

2.公开。所谓公开就是公之于众。行政处罚公开的主要要求是：①设定或者规定行政处罚的规范性文件必须公开，即对违法行为给予行政处罚的规定，必须公布，否则不能成为行政处罚的依据；②实施行政处罚的程序必须公开，其中主要的有表明执法身份、调查取证公开、履行告知程序、听取当事人的陈述和申辩、公开举行听证等。

（三）处罚与教育相结合原则

《行政处罚法》第5条规定："实施行政处罚，纠正违法行为，应当坚持处罚与教育相结合，教育公民、法人或者其他组织自觉守法。"这就是处罚与教育相结合的原则。

作为法律制裁的一种形式，行政处罚不单纯以处罚为目的、为了处罚而处罚，其根本目的在于预防和制止违法行为，从而维护社会秩序和社会公共利益。因此，处罚应建立在说服教育的基础上，通过教育，使受罚人认识到自己行为的违法性，及时纠正，并保证今后不再重犯。同时，教育必须以处罚为后盾，不能以教代罚，通过施以必要的处罚，使受罚者从心灵深处进行思考和反省，真正引以为戒。只有这样，才能最为有效地保障法律的实施，行政处罚的适用才能收到良好的社会效果。

（四）保护当事人合法权益原则

《行政处罚法》第6条规定："公民、法人或者其他组织对行政机关所给予的行政处罚，享有陈述权、申辩权；对行政处罚不服的，有权依法申请复议或者提起行政诉讼。公民、法人或者其他组织因行政机关违法给予行政处罚受到损害的，有权依法提出赔偿要求。"这一原则又称"处罚救济"原则，是为了保障当事人在行政处罚中的合法权益而设立的，主要是指当事人对行政主体给予的行政处分，享有获得法律救济的权利，包括陈述权、申辩权、申请行政复议权、提起行政诉讼权和获得行政赔偿权等。

（五）一事不再罚原则

《行政处罚法》第24条规定："对当事人的同一违法行为，不得给予两次以上罚款的行政处罚。"我们通常把这一规定叫做一事不再罚原则，其含义是，对相对人的同一违法行为，不得处以两个以上罚款的行政处罚，或者说，对同一违法行为只能进行一次处罚，而不得反复处罚。其具体要求是：①一个违法行为违反了一个法律时，行政机关不能反复处罚；②一个违法行为违反了两个以上法律时，可以由一个或两个以上的行政机关处罚，但不能处以两个以上的罚款措施。例如，某人非法采煤，既违反了矿产资源法,又破坏了耕地,违反了土地管理法,还可能造成环境污染,违反了环境保护法,矿产、土地和环保行政机关都可以处罚,但是他们不能都作出罚款的处罚,只能罚款一次。他们可以在各自的职权范围内作出不同形式的处罚,如,矿产管理部门可以责令其停止开采活动,关闭其矿井,土地行政机关可以责令其恢复耕地,环保行政机关可以要求其治理环境。

但以下几种情形不受一事不再罚原则限制:①对同一违法行为作出几种不同种类的处罚措施,如,对制造假冒伪劣产品者同时处以罚款、没收违法所得、吊销营业执照;②对同一人的多次违法行为处以多次罚款;③违法行为已经构成犯罪的,在司法机关追究其刑事责任的同时,行政机关可以适用适当的行政处罚,如,对制造假冒伪劣产品构成犯罪的人,在司法机关追究其刑事责任的同时,工商行政机关可以吊销其营业执照。但是,如果司法机关处以罚金时,工商行政机关不能再处以罚款,因为罚款和罚金都是财产性的法律责任。已经罚款的,司法机关在计算罚金时应当折抵。

四、行政处罚的种类与设定

(一)行政处罚的种类

行政处罚种类是行政处罚的外在和具体形式,划分行政处罚的种类是行政处罚得以实施的前提条件,对保证行政处罚的合法与高效,具有重要意义。然而,对行政处罚的种类,依据的标准不同,所划分的种类也就不同,其中既有学理上的不同分类,也有法律中的具体规定。

1.学理上分类。在理论上,根据不同的标准可以对行政处罚作多种分类。例如,根据行政管理领域的不同,行政处罚可以分为公安行政处罚、工商行政处罚、税务行政处罚等;根据性质的不同,行政处罚可以分为限制和剥夺权利性的处罚、科以义务性的处罚、影响声誉的处罚等。我国行政法学界在理论上一般将行政处罚分为以下四大类:

(1)申诫罚。亦称精神罚,是指行政主体通过对违法者的名誉、信誉等施加影响,发出警戒,使其不再重犯的处罚形式。申诫罚原则上适用于任何违法行为,但实践上,申诫罚主要适用于情节比较轻微,对社会尚未造成严重危害的违法行为。警告是申诫罚的主要形式。

(2)财产罚。这是指行政主体剥夺违法者的某些财产所有权,以示惩戒的处罚形式。具体包括罚款、没收(没收非法财物、没收违法所得)等。财产罚的适用范围非常广泛,既可适用于经济性行政违法行为,也可适用于非经济性行政违法行为,但主要适用于经济性行政违法行为。

(3)能力罚。亦称行为罚,是指行政主体限制或剥夺违法者的特定的行为能力,以示惩戒的处罚形式。主要有责令停产停业、吊扣许可证照等。由于能力罚涉及当事人的行为能力,所以无论是立法设定,还是实际运用,都有较为严格的限制。

(4)人身罚。亦称自由罚,是指行政主体限制或剥夺违法者的一定期限内的人身自由,以示惩戒的处罚形式。人身罚属行政处罚中最严厉的处罚种类,处罚的主要形式是行政拘留。

2.法定的种类。由于以上学理上的分类不具有实际操作性,也无法对行政处罚种类进行规范,所以,我国《行政处罚法》第8条明确规定处罚的种类有以下几种:

(1)警告。即行政主体对实施轻微行政违法行为的当事人进行的谴责和警示,其目的是通过对违法者的一种精神上的惩戒,申明其有违法行为,使其以后不再违法。它在行政处罚种类中属强度最轻的一种,其适用对象既可以是公民,也可以是法人或者其他组织。

(2)罚款。即行政主体强迫违法行为人缴纳一定数额的金钱的处罚形式。它在行政处罚中是适用最广泛的,也是存在问题最多的一种处罚形式,因此,无论立法上还是在执行中都应加以限制,如罚款的数额应由具体的行政法规范规定;行政处罚机关在法定幅度内决定罚款的数额,必须公平、合理;作出罚款决定的行政机关应当与收缴罚款的机构分离;出示统一罚款收据;罚款必须全部上缴国库等。

(3)没收。即行政主体依法将行为人的违法所得和非法财物收归国有的一种处罚形式。没收可以视情节轻重而决定部分或全部没收。没收的物品或拍卖的款项,均应上交国库,任何机关或者个人不得以任何形式截留、私分或者变相私分。合法的收入和没有被用来从事违法活动的物品不应成为没收处罚的对象。

(4)责令停产停业。即行政主体责令违法行为人停止生产、经营活动,从而限制或剥夺其从事生产、经营活动的能力的处罚形式。责令停产停业一般附有限期整顿的要求,如果受罚者在限期内纠正了违法行为,可恢复生产、经营,无须重新申请领取有关许可证和执照。

(5)暂扣或者吊销许可证、执照。即行政主体通过吊扣违法行为人所持证照,以限制或剥夺其某种特许权利或资格的处罚形式。该种处罚的特点的在于暂时中止从事某种活动的权利或资格,待其改正违法行为后或经过一定期限,发还证件,恢复其权利或资格。由于涉及当事人的行为能力,所以,从保护相对人合法权益考虑,适用时必须慎重。

(6)行政拘留。特指公安机关对违法行为人在短期内限制其人身自由的处罚形式。行政拘留一般适用于严重违反治安管理的行为人,拘留有严格的期限限制,即1日以上15日以下,并且除县级以上公安机关外,其他任何行政机关都没有决定行政拘留的权力。

(7)法律、行政法规规定的其他行政处罚。此系兜底条款,这一规定是考虑到在实践中,上述六种行政处罚可能不够处理某些具体情况,需要规定其他种类的行政处罚,但是为了防止处罚种类过多、过滥,所以限定只有全国性的法律和行政法规才能规定新的种类的行政处罚。

(二)行政处罚的设定

所谓行政处罚的设定,是指国家机关依照职权和实际需要,在有关法律、法规或者行政规章中,自行创设和规定行政处罚的权力。它所要解决的是谁有权创设和规定行政处罚的问题,属立法性权力范畴。由于行政处罚涉及公民、法人和其他组织的权益,必须采取法定原则,所以在行政处罚的设定上,也应由法律、行政法规以及法律规定的国家机关在其职权范围内依法规定。

为了保证行政处罚的严肃性和统一性,我国《行政处罚法》对行政处罚的设定权在法律、法规和行政规章之间进行了分配。

1.法律的设定权。《行政处罚法》第9条规定:"法律可以设定各种行政处罚。限制人身自由的行政处罚,只能由法律设定。"由此可见,法律的设定权包括任何种类和形式的行政处罚,并且法律是我国设定人身罚的唯一规范性文件。

2.行政法规的设定权。从《行政处罚法》的现行规定看,行政法规设定权的范围包括:①行政法规有权设定除限制人身自由以外的行政处罚。②行政法规有权创设新的种类的行政处罚,即在行政处罚法规定的处罚种类之外,认为必要时可以设定新的种类的行政处罚(当然限制人身自由的处罚除外)。③行政法规的设定权要受到法律的限制,即当法律对违法行为已经作出了行政处罚规定,行政法规需要作出具体规定时,必须在法律规定的给予行政处罚的行为、种类和幅度的范围内规定。

3.地方性法规的设定权。根据我国《行政处罚法》第11条规定,地方性法规可以设定除限制人身自由、吊销企业营业执照以外的行政处罚,还可以在法律、行政法规规定的范围内作出具体规定,但不能超出法律、行政法规已规定的给予行政处罚的行为、种类和幅度。

4.行政规章的设定权。根据我国《行政处罚法》第12、13条规定,行政规章的设定权包括:①行政规章只限于设定警告和一定数额的罚款的行政处罚。②国务院部委规章设定的罚款的最高数额由国务院规定,地方性规章设定的罚款的最高数额由省级人大常委会规定。③在法律、法规对行政处罚已作规定的情况下,规章只能在法律、法规规定的范围内作出具体规定。

除以上四种规范性文件外,其他任何规范性文件不得设定行政处罚。

五、行政处罚的实施机关和管辖

(一)行政处罚的实施机关

行政处罚的实施机关,即有权实施行政处罚的主体。根据我国《行政处罚法》的规定,行政处罚的实施机关共有三类:

1.行政机关。行政机关是行政处罚的主要实施机关,但并不是所有的行政机关都有行政处罚权。只有下列两类行政机关才是行政处罚的实施机关:

(1)拥有法定处罚权的行政机关。一个行政机关可以实施哪些种类的行政处罚,必须根据法律、法规和行政规章的设定。

(2)综合执法机关。综合执法机关是由一级政府成立的、解决和处理具有综合性质的事项的临时性机构,属广义的行政机关的范畴。综合执法机关要获得行政处罚权

第八章

成为行政处罚的实施机关必须得到国务院或者国务院授权的省、自治区、直辖市人民政府的特别决定，并且不得实施限制人身自由的行政处罚。

2. 法律、法规授权的组织。非行政机关的组织经授权而成为行政处罚的实施机关，必须具备以下条件：①只有法律和法规才可以作该种授权，其他规范性文件均不能；②被授权的组织必须是具有管理公共事务职能的组织；③他们只能在授权范围内实施处罚，不能超越所授权限。

3. 行政机关委托的组织。在实践中，出于需要，行政机关可以将自己的行政处罚权委托给非行政机关的组织，但必须有所限制，具体表现为行政机关实施委托和非行政机关的组织接受委托均应具备一定的条件。其中行政机关实施委托的条件包括：①必须要有法律、法规或行政规章上的依据，否则行政机关不得自行委托；②行政机关只能将自己所拥有的行政处罚权进行委托，否则构成越权。非行政机关的组织接受委托的条件包括：①受委托组织只能是依法成立的管理公共事务的事业单位；②必须具有熟悉有关法律、法规、规章和业务的工作人员；③对违法行为需要进行技术检查或鉴定的，应有条件组织进行相应的技术检查或者鉴定；④受委托组织不得将得到的行政处罚权再行委托。受委托的组织在委托范围内以委托行政机关的名义实施行政处罚，其行为后果由委托行政机关承担，而不是由受委托的组织自行承担。

（二）行政处罚的管辖

行政处罚的管辖，是指行政处罚的实施机关之间对行政违法行为在处理上的权限和分工。根据我国《行政处罚法》规定，行政处罚的管辖包括级别管辖、地域管辖、职权管辖和指定管辖等。

1. 级别管辖。即不同级别的行政机关间对违法行为在处理上的权限和分工。对此，我国《行政处罚法》原则上规定，行政处罚由县级以上地方人民政府具有行政处罚权的行政机关管辖，但法律、行政法规另有规定的除外。这也就是说，乡镇人民政府原则上没有管辖权，国务院及其职能部门原则上不管辖行政案件，除非法律、行政法规另有规定。

2. 地域管辖。即不同地区的行政主体间对违法行为在处理上的权限和分工。我国《行政处罚法》规定了这种管辖的基本原则，即由违法行为发生地的行政机关管辖。但如果法律、行政法规另有规定的除外。这样规定便于行政机关调查取证，及时处理案件。但如果法律、行政法规规定违法行为人住所地或危害结果发生地的行政机关也可管辖的，则从其规定。

3. 职权管辖。即具有不同职能的行政主体间对违法行为在处理上的权限和分工。行政处罚法对此未作具体规定，实践中，往往是由各单行行政法规及行政规章加以规定，但行政处罚只能由有行政处罚权的行政机关实施。

4. 指定管辖。即当出现不能依照法律规定确定管辖的情形时，而由上级行政机关以决定的方式指定由下一级行政机关处理的管辖。实践中有可能出现管辖权发生争议的情形，两个以上的行政机关争夺管辖权或都不愿意行使管辖权，对此，我国《行政处罚法》规定应报请他们共同的上一级行政机关指定管辖。

违法行为构成犯罪的,行政机关必须将案件移送司法机关,依法追究刑事责任。

六、行政处罚的适用

行政处罚的适用是指享有行政处罚权的主体将行政处罚的法律、法规和规章应用于具体的违法案件,作出行政处罚的活动,它是将处罚法与具体的案件相结合的过程。关于行政处罚的适用主要有适用条件和适用方法两个问题。

(一)适用条件

1. 前提条件。适用行政处罚的前提条件是有违法行为的存在,行政处罚是对违法行为的制裁,没有发生违法行为,行政主体绝对不得适用行政处罚。

2. 主体条件。行政处罚的主体应当是依法享有处罚权并且对某一具体案件享有管辖权的行政主体。

3. 对象条件。行政处罚的对象应当是具有行政责任能力的行政相对人。法人和其他组织不存在责任能力的问题,但有的公民具有责任能力,有的则不具有。从年龄的角度看,未成年人没有或只有限制性的责任能力,因此,《行政处罚法》第25条规定:"不满14周岁的人有违法行为的,不予行政处罚,责令监护人加以管教;已满14周岁不满18周岁的人有违法行为的,从轻或者减轻行政处罚。"从精神状态的角度看,精神病人也没有或只有限制性的责任能力,因此,《行政处罚法》第26条规定:"精神病人在不能辨认或者不能控制自己行为时有违法行为的,不予行政处罚,但应当责令其监护人严加看管和治疗。间歇性精神病人在精神正常时有违法行为的,应当给予行政处罚。"

4. 时效条件。行政处罚应当在法定的时效内作出,超过法定时效作出的处罚无效。《行政处罚法》第29条规定,违法行为在2年内未被发现的,不再给予行政处罚,法律另有规定的除外。这里规定的期限,是从违法行为发生之日起计算的,如果违法行为有连续或继续状态的,从行为终了之日起计算。如果违法行为已被发现,行为人故意逃避处罚的,则不受上述时效条件的限制。有的法律对处罚时效另作了规定,则从其规定,如《治安管理处罚法》规定,违反治安管理行为在6个月内公安机关没有发现的,不再处罚。

(二)适用方法

行政主体在行政处罚的适用中,应区别各种不同的情况,采用不同的处罚方法,常用的方法有:

1. 不予处罚。不予处罚是指因有法律、法规规定的事由存在,行政主体对某些形式上虽然违法但实质上不应承担法律责任的人不适用行政处罚。依照现有法律、法规的规定,具有下列情形之一的,对行为人不予处罚:①不满14周岁的人有违法行为的,不予处罚;②精神病人在不能辨认或控制自己行为时有违法行为的,不予处罚;③生理上有缺陷的人基于生理缺陷的原因而实施违法行为的,不予处罚;④属于正当防卫的,不予处罚;⑤属于紧急避险行为的,不予处罚;⑥因不可抗力而致违法的,不予处罚;⑦违法行为已过追诉时效的,不予处罚;⑧违法行为轻微并及时纠正、没有造成危害后果的,不予处罚。

2. 从轻、减轻处罚。从轻处罚是指行政主体在法定的处罚方式和幅度范围内,对违法行为选择较轻的方式和较低的幅度进行处罚。减轻处罚是指行政主体对违法行为在法定的最低限度以下适用行政处罚。例如,按照《行政处罚法》第27条规定,当事人有下列情形之一的,应当依法从轻或者减轻处罚:①主动消除或者减轻违法行为的危害后果的;②受他人胁迫有违法行为的;③配合行政机关查处违法行为有立功表现的;④其他依法从轻或者减轻行政处罚的。

3. 从重处罚。从重处罚是从轻处罚的对称,指行政主体在法定的处罚方式和幅度范围内,选择适用较重的方式进行处罚。《行政处罚法》本身并无从重处罚的规定,但是个别的单行法律、法规中有此规定,如按照《治安管理处罚法》第20条规定,违反治安管理有下列情形之一的,从重处罚:①有较严重后果的;②教唆、胁迫、诱骗他人违反治安管理的;③对报案人、控告人、举报人、证人打击报复的;④6个月内曾受过治安管理处罚的。

4. 行政处罚与刑罚的竞合适用。行政处罚与刑罚的竞合适用,是指某一违法行为同时违反了行政法和刑法,从而构成行政违法行为与犯罪行为的竞合,导致行政处罚和刑罚的同时适用。一般情况下,一个违法行为,如果没有达到犯罪程度,就应当适用行政处罚,构成犯罪,就应当由司法机关追究刑事责任,这两种责任不会同时追究。但是,也有例外的情况,如,偷税漏税、走私、制假售假等违法行为达到犯罪程度时,首先应当追究刑事责任,同时行政机关还可追究行政责任,这是由于刑罚和行政处罚的种类和功能不同,行政处罚的适用可以弥补刑罚的不足,刑罚不能挽回犯罪行为给国家造成的损失,也不能限制行为人的行为能力,因此,对上述犯罪行为人,税务机关还应当责令其补缴税款。例如,《刑法》第212条规定,犯有偷税、骗税、暴力抗税罪,被判处罚金、没收财产的,在执行前,应当先由税务机关追缴税款和所骗取的出口退税款。

七、行政处罚的决定程序

对违法行为人实施行政处罚,首先应由有权机关依照一定的程序作出相应的行政处罚决定,以作为行政处罚执行的依据,所以行政处罚的决定程序是保障行政处罚正确实施的前提条件。根据《行政处罚法》规定,作出行政处罚决定的程序有简易程序和一般程序之分,其中还包括对行政处罚举行听证的要求。

(一)简易程序

简易程序是指在具备法定条件的情况下,由执法人员当场作出处罚决定的程序。设定简易程序的目的在于提高行政效率。

1. 简易程序的适用条件。按照《行政处罚法》第33条的规定,简易程序的适用条件是:违法事实确凿并有法定依据,对公民处以50元以下、对法人或者其他组织处以

1 000元以下罚款或者警告的行政处罚。适用简易程序必须同时具备以下几个条件：①违法事实简单清楚，证据充分确凿；②处罚有法定依据。即必须是法律、法规和规章明文规定可以处罚的；③处罚较轻。即对个人处以50元以下的罚款或警告，对单位处以1 000元以下的罚款或警告。

2.简易程序的步骤。根据《行政处罚法》第34条的规定，简易程序包含以下步骤：①由执法人员出示执法身份证件；②填写有预定格式和编号的处罚决定书，处罚决定书应当载明当事人的违法行为、行政处罚的依据、罚款数额、时间、地点以及行政机关名称，并由执法人员签名或盖章；③将处罚决定书当场交付当事人；④执法人员将行政处罚报所属行政机关备案。当事人对依简易程序作出的处罚决定不服的，也可依法申请行政复议或提起行政诉讼。

（二）一般程序

一般程序，也称"普通程序"，是指除法律特别规定应适用简易程序的以外，行政处罚通常所应适用的程序。相对于简易程序而言，一般程序较为严格、复杂，适用范围也较广泛，并且它通常是听证程序发生的前提程序。其具体步骤包括：

1.立案。处罚实施机关对所发现的违法行为，认为有调查处理必要的，应当正式立案。立案是行政处罚程序的开始，对符合立案条件的行政案件，主管执法人员应当填写专门格式的立案报告表，并指派专人承办案件的调查工作。

2.调查取证。对于立案处理的案件，办案人员必须对案件事实进行调查核实，收集有关证据材料。通过调查取证工作，处罚机关可以掌握大量的证据了解违法行为事实，并在调查取证的基础上，对违法行为的性质加以确定，从而依法对违法者实施行政处罚，以维护法律的严肃性。调查取证工作的好坏，质量的高低，直接影响到行政处罚行为的效果，因此，我国《行政处罚法》第36条明确规定："除本法第33条规定的可以当场作出的行政处罚外，行政机关发现公民、法人或者其他组织有依法应当给予行政处罚的行为的，必须全面、客观、公正地调查、收集有关证据；必要时，依照法律、法规的规定，可以进行检查。"该规定尽管没有对调查取证的方法、手段作出具体规定，但它确立了调查取证工作所应遵循的全面、客观和公正的原则，处罚机关必须认真落实，全面、细致地做好调查取证的每一项工作。

3.告知与申辩。《行政处罚法》第31条规定："行政机关在作出行政处罚决定之前，应当告知当事人作出行政处罚的事实、理由及依据，并告知当事人依法享有的权利。"所以为了保护行政相对人的合法权益，处罚机关在调查取证后，认为需要实施行政处罚的，在行政处罚决定作出之前，告知当事人有关情况，听取当事人的陈述和申辩，是其必须履行的义务，否则，将导致行政处罚因程序上的违法而不能成立。

4.审查决定。《行政处罚法》第38条规定："调查终结，行政机关负责人应对调查结果进行审查"，"确有应受行政处罚的违法行为的，根据情节轻重及具体情况，作出行政处罚决定"。通过调查取证，以及听取当事人的陈述和申辩，处罚机关应当根据不同情况，分别作出不同的处理决定：对违法行为轻微，依法可以不予行政处罚的，就不

第八章

能给予行政处罚;对没有违法行为或者依法不应当给予行政处罚的,应当撤销案件;如果违法行为已构成犯罪,应移送司法机关处理,而不能"以罚代刑"。

5. 制作行政处罚决定书。对于决定给予行政处罚的案件,应作行政处罚决定书。行政处罚决定书依法应当载明以下内容:受处罚人的基本情况,包括姓名、年龄、职业、工作单位或住址等;违法事实和证据;处罚的种类和依据;处罚的履行方式和期限;不服处罚决定提请救济的途径和期限;作出处罚决定的机关的名称和作出处罚决定的日期并加盖印章等。

6. 送达行政处罚决定书。行政处罚决定书制作后,应当在宣告后当场交付当事人,当事人不在场的,行政机关应当在7日内依照《民事诉讼法》的有关规定,将行政处罚决定书送达当事人。送达的方式可以是直接送达、留置送达、委托送达、邮寄送达和公告送达等。行政机关送达处罚决定书还应当有送达回证。

（三）听证程序

行政法上的听证,是指通过举行专门的听证会的形式,听取当事人的意见,获取相关的证据。在行政执法的程序中,设置听证程序的目的,一方面在于保证行政机关高效、合法地行使行政权,另一方面在于赋予相对人辩护和了解行为违法的事实的权利,体现合法、公开和公正。但听证程序并非行政处罚中与简易程序和一般程序相并列的一种程序,而只是某些按一般程序处理的行政案件中的一个法定的步骤。所以,对该程序,应当注意以下两个问题:

1. 听证程序的适用条件。从保护行政相对人权益角度考虑,行政处罚应当举行听证,但从提高行政效率角度考虑,并非任一行政处罚案件都必须举行听证。根据《行政处罚法》第42条规定,具备下列条件的,行政机关就要组织听证:①将要作出的行政处罚是重大的行政处罚,包括责令停产停业、吊销许可证或执照、较大数额的罚款等。②处罚机关与当事人对违法事实认定有重大分歧。③当事人要求听证或者行政机关认为有必要进行听证的。

2. 听证的具体步骤。根据《行政处罚法》第42条的规定,听证程序具体包括以下三个阶段:①准备阶段。对于需要举行听证的行政处罚案件,处罚机关应当告知当事人有要求举行听证的权利;当事人要求听证的,应当在行政机关告知后3日内提出;行政机关应当在听证的7日前,通知当事人举行听证的时间、地点,指定听证主持人,确定是否存在需要回避的情形,决定听证是否公开进行。②举行阶段。前期准备工作完毕,听证大致按下列步骤进行,首先,由听证主持人宣布听证会开始,由调查取证人员宣读指控书或者宣读拟作出处罚决定的理由;听证主持人询问当事人、证人和其他有关人员并出示有关证据材料;由当事人从事实上和法律上进行答辩;当事人和调查取证人员就与本案相关的事实和法律问题进行辩论;辩论结束后,当事人作最后的陈述。③处理阶段。听证结束后,行政机关根据不同情况,依照有关一般程序的规定作出相应的处理决定。

第一节

七、行政处罚的执行

行政处罚的执行是指受处罚人在规定的期限内拒不主动履行处罚决定时,处罚机关或其他有关国家机关采取强制性措施实现处罚决定的活动。《行政处罚法》专门规定了处罚执行的原则、措施和程序等问题。

(一)行政处罚执行的原则

1. 主动履行原则。《行政处罚法》第 44 条规定:"行政处罚决定依法作出后,当事人应当在行政处罚决定的期限内,予以履行。"这一条确立了主动履行原则,即受处罚人应当主动履行处罚决定,避免强制执行,以减少处罚机关与被处罚人之间的摩擦,提高行政效率。

2. 复议和诉讼不停止执行原则。《行政处罚法》第 45 条规定:"当事人对行政处罚决定不服,申请行政复议或者提起行政诉讼的,行政处罚不停止执行,法律另有规定的除外。"这一规定与《行政复议法》和《行政诉讼法》的规定是一致的,其目的在于保障行政管理的效率,维护行政管理的权威。

3. 罚缴分离原则。《行政处罚法》第 46 条规定:"作出罚款决定的机关应当与收缴罚款的机构分离。"作出行政处罚决定的行政机关和执法人员不得自行收缴罚款,而是要求当事人自收到处罚决定书之日起 15 日内,到指定的银行缴纳罚款。但是,在下列例外的情况下,作出处罚决定的机关和执法人员可以当场收缴罚款:①依法给予 20 元以下的罚款的;②不当场收缴事后难以执行的;③在边远、水上、交通不便地区,当事人向指定的银行缴纳罚款确有困难的。需要特别注意,前两种情况下的当场收缴仅仅适用于按照简易程序作出的处罚。

(二)行政处罚执行的方式

行政处罚的执行是一种行政强制执行行为,根据我国的行政强制执行模式,只有少数行政机关享有强制执行权,大多数行政机关在遇有当事人拒不执行的情形时,不得自行执行,而应申请人民法院执行,因此,我们将行政处罚的执行方式分为以下两种:

1. 处罚机关自行执行。依法享有执行权的行政机关可以自行执行行政处罚,自行执行的措施又有间接强制执行和直接强制执行之分,前者如执行罚,《行政处罚法》第 51 条第 1 项规定:"到期不缴纳罚款的,每日按罚款数额的 3% 加处罚款";后者如查封、扣押、划拨等,第 51 条第 2 项规定:"根据法律规定,将查封、扣押的财产拍卖或者将冻结的存款划拨抵缴罚款。"

2. 申请人民法院强制执行。没有强制执行权的行政机关,在受处罚人拒不履行处罚决定时,应当申请人民法院强制执行。

第八章

■　第二节　行政强制

一、行政强制概述

（一）行政强制的概念和特征

行政强制是行政主体依法针对行政相对人凭借国家权力实施的各类强制性行为的总称。行政法学界通常按照目的和功能的不同，将行政强制划分为：行政强制执行、即时强制和行政强制措施三大类型。

行政强制执行是公民、法人或其他社会组织逾期不履行行政法上的义务时，国家行政机关直接或申请人民法院依法采取必要的强制性措施，迫使其履行义务，或达到与履行义务相同状态的程序性行为。即时强制是在发生重大自然灾害、重大事故等突发性事件，严重影响到社会安全和公共利益等特殊紧急情况，行政主体依照职权直接采取的强制性及时控制措施。行政强制措施是国家行政机关或者法律授权的组织，为了预防或制止正在发生或可能发生的违法行为、危险状态以及不利后果，或者为了保全证据、确保案件查处工作的顺利进行而对相对人的人身自由、财产予以强行限制的一种具体行政行为。

上述三类行政强制都可分别对人身、财产以及行为实施，因此，按行政强制的对象不同又可进而分为对人身的强制、对财产的强制和对行为的强制。对人身的强制是行政机关对可能威胁社会秩序或公共利益或不履行法定或规定义务的公民依法采取的、涉及限制人身自由的强制措施。如强制传唤、强制拘留等。对财产的强制是指行政主体对相对人的财产所采取的强制措施。如查封、扣押、冻结、划拨、强制退还等。对行为的强制是行政主体对相对人逾期不履行其作为或不作为义务时，依法采取的强制措施。如对专利的强制许可等。行政强制具有以下几个特征：

1. 行政性。行政强制是一种行政行为，由行政机关实施（申请法院强制是一种特殊执行方式），行政强制行为中所采取的行政强制手段都是行政手段，而不是司法手段或其他手段。

2. 具体性。国家强制机关为实现特定的行政目的，针对特定的行政相对人、行为或特定的物而作出的行政行为。它相对于抽象行政行为而言是具体行政行为。

3. 强制性。具体表现在：当被强制人不履行被强制义务时，行政强制主体可以实施强制手段，直接或间接地达到义务被履行的状态；行政强制主体在实施该强制行为时，相对人有容忍的义务。[1]

4. 从属性。行政强制措施通常是为实现或保障一定行政行为的有效实现，即是为保障其他具体行政行为的顺利作出或实现所采取的行政手段，相对于被保障的具体行

---

[1]　金伟峰主编：《中国行政强制法律制度》，法律出版社2002年版，第4页。

政行为而言,它是一种从行为,而不是主行为。如行政强制执行就是为执行业已存在并且生效了的主行为而实施的,相对于主行为而言,它就是服务性的从行为。

5. 非处分性。行政强制会限制相对人的权利行使,但不直接发生对相对人权利的处分。如行政强制措施中的扣押财产,只意味着对被扣押财产使用权的限制,而没有对该财产的所有权作出处分,而行政处罚中的没收财产则是对财产的所有权作出了处分。这就反映了行政强制的非处分性特点。即当行政机关强制执行一个已经生效的没收处罚决定时,对被没收财产的处分是来自于没收处罚决定本身的效力,是行政处罚决定本身在处分财产,而不是行政强制执行行为,行政强制执行只是使这种处分得以具体落实。

(二)行政强制的原则

行政强制是实现行政目的的手段。但由于其具有强制性,容易侵犯相对人的合法权益。为此,行政强制应当遵循以下必要的法律原则:

1. 强制法定原则。法律应当对行政强制进行全方位的规范,行政主体必须依法实施强制行为,使行政强制有法可依,违法的强制不仅不能产生预期的效果,行政主体还要承担相应的法律责任。强制法定原则具体包括以下几个方面:①强制权的设定法定。什么样的法律规范能够设定行政强制,应当由法律明文规定。②强制权的行使主体法定。行政强制的实施主体也应有法律明确规定,只有依法享有行政强制权的行政主体才能实施强制行为。③实施行政强制的前提法定。无论是行政强制措施还是行政强制执行,必须是针对法律规定的情形并在法定的条件成就时才能实施。④强制措施法定。享有强制权的行政主体可以采用哪些强制措施,应由法律明确规定,行政主体只能采取法定的措施,而不能随意地进行强制。⑤强制程序法定,行政主体应当严格遵守法定的程序实施强制行为。

2. 适度原则。这一原则要求行政主体不得滥用行政强制权,在依法进行强制时,必须兼顾到公共利益和当事人的合法权益,应当选择适当的强制手段,以达到行政管理的目的为限度。具体包括以下几个方面:①实现目的即停止,不同的强制行为有不同的目的,一旦达到强制的目的,就应停止强制行为。②最小损害,行政强制是对相对人的权益产生直接影响的行为,很容易对相对人造成侵害,行政主体在实施强制时应当以最小损害当事人的权益为限度。可以使用代执行的,就不应使用直接的强制措施,可以使用较轻的措施,就不得使用较重的措施。③行政主体不得变相地以强制措施来处罚相对人。

3. 公正、公开原则。公正原则是指行政主体实施行政强制必须做到客观、公平、合理,同样的情况要同样对待,不同的情况要不同对待。公开原则是指行政主体实施行政强制的依据必须公开,实施强制的程序必须公开。在实施行政强制过程中要保障相对人的申辩权和了解情况的权利,行政主体的行政强制活动要接受相对人及社会的监督。

第八章

（四）行政强制的设定

行政强制权具有较强的主动性与强制性,如果不对行政主体设置一定的行政强制规则,行政强制的权力将得不到规范,相关社会主体的合法权益也不能获得应有的保障。行政强制的设定包含四项内容:①是各种不同效力等级的法律规范能否以及如何规定行政强制制度;②是能够规定行政强制制度的法律规范究竟可以规定什么形式的行政强制;③是行政强制的实施主体如何规定的问题;④是在什么条件下可以实施行政强制。

我国目前还没有关于设定行政强制的统一规定,目前仅有关于行政强制设定的零星制度规定。如按照《立法法》限制人身自由的强制措施只能由法律设定,行政法规及行政法规以下的规范性文件不能设定限制人身自由的强制措施。从严格规范行政强制的角度看,所有行政强制设定都应当属于法律保留的范围,法律以外的行政法规、地方性法规、规章等均不得设定行政强制。

以下本章分别对行政强制执行、即时强制和行政强制措施作出阐述。

二、行政强制执行

（一）行政强制执行的概念与特征

行政强制执行是指公民、法人或其他社会组织逾期不履行行政法上的义务时,国家行政机关直接或申请人民法院依法采取必要的强制性措施,迫使其履行义务,或达到与履行义务相同状态的程序性行为。行政强制执行主要有三个特征:

1.行政强制执行的前提是相对人负有行政法上的义务,且义务人逾期拒绝履行。行政强制执行行为本身并不为相对人创设义务,只有在行政法律规范或者具体行政行为所确定的义务相对人拒绝履行且法律允许采取强制执行措施时,才可以依法强制执行。

2.行政强制执行的根据包括法律、法规直接规定的义务和行政机关依照法律、法规或规章作出的行政处理决定中要求义务人履行的义务,两者都是行政强制执行的法律根据。

3.行政强制执行的范围具有广泛性和法定性。按照我国现行法律规范的规定,行政强制执行的标的包括物、人身和行为三种,如针对人身的强制扣留、针对行为的强制许可、针对物的强制拆除等。

（二）行政强制执行的种类

相对人负有行政法上的义务是实施行政强制执行的前提。相对人的义务有可替代性义务与不可替代性义务、作为义务与不作为义务之分,根据不同的义务,行政主体可以采取不同的行政强制执行方式。通常我们将行政强制执行分为间接强制与直接强制两大类。

1.直接强制。直接强制执行是指行政主体对相对人的人身或者财产直接采取强制措施,迫使其履行义务的方式。按照强制措施的对象,直接强制执行又可分为对财产的强制和对人身的强制。具体包括：

（1）对财产的强制。常见的方式有冻结、扣押、查封、划拨、扣缴、强制拆除、强制兑换、强制销毁、强制检定、强制许可、强制出售等。

（2）对人身的强制。常见的方式有强制拘留、强制收容、驱逐出境、强制遣返、强制服兵役等。

2.间接强制。间接强制执行是指行政主体对义务人使用间接的手段达到与履行义务相同状态的强制执行方式。间接强制执行又可分为代执行和执行罚两种。

（1）代执行。代执行又称为代履行，是行政主体自己或者请人代替义务人履行义务并强制义务人承担有关费用的强制执行方式。例如，相对人拒不拆除违章建筑、清除妨碍交通物时，行政机关就可以采用这种强制方法。并非所有的情况都可以采用代执行的方法，是否采用首先要看履行义务的行为是否具有可代替性，有些义务具有人身性，如接受行政拘留的义务，就不能由他人代为履行。除强制拆除外，排除妨碍、恢复原状等义务通常也可以通过代履行的方式实现。

（2）执行罚。执行罚通常又称为强制金，是指当义务人逾期拒不履行义务时，行政机关按义务人拖延履行的期限，按日反复科以义务人新的金钱给付义务，促使义务人自己及时履行义务的一种行政强制执行方式。常见的方式有加处罚款和征收滞纳金，如税务机关对拖延纳税的义务人征收滞纳金的行为。征收滞纳金和罚款不同，罚款有确定的数额，但滞纳金没有，只要义务人不履行义务，行政机关就不停地征收滞纳金，直到义务被履行为止。

（三）行政强制执行的程序

我国目前关于行政强制执行的法律较为分散，从这些分散的法律来看，行政机关除依法可以自行强制执行的情况以外，其他的都要申请人民法院强制执行。由于人民法院对行政机关申请执行其具体行政行为的程序主要是法院如何处理行政机关的申请问题，因此，程序也主要是法院的执行程序，是司法程序问题。这里只介绍行政机关强制执行的程序问题。

1.制作行政强制执行决定。行政强制执行决定是行政机关实施行政强制执行的根据，也是执行程序中的首要环节。当义务人逾期拒不履行其应当履行的义务时，有强制执行权的行政机关就可以依法作出行政强制执行决定，从而开始执行程序。在作出行政强制执行决定前，应当对义务人不履行义务的情况进行认真的调查，弄清不履行义务的原因。对确实故意不履行义务的，才能决定强制执行。

2.告诫。告诫从性质上讲是行政机关的一种通知行为，即行政机关在实施行政强制前，再次要求义务人自动履行义务，如义务人再不履行，将实施强制执行措施。告诫一般应以书面形式出现。从理论上说，不经告诫就实施强制执行，不利于保护义务人的权益，因此，一些国家的立法都将告诫列为必要程序，有的学者甚至称之为"行政强制执行的核心程序"。

3.执行决定的实施。行政机关实施行政强制执行决定，应当严格按照法定程序进

第八章

行。目前,我国还没有制定出行政强制执行法,但一般认为,实施应包括如下具体步骤:①执行的时间应当合理,除确有必要外,应给义务人一定时间,以便促使其尽可能自行履行。②在执行时,应向义务人出示证明身份的证件和执行文书,并说明情况。③如义务人不在场时,应邀请有关人员如家属、单位工作人员等到场作执行证明人。④执行完毕后,应制作执行笔录。

此外,在执行中遇到义务人或其他人的妨碍,执行机关可予以排除,但不得对其打骂、侮辱。需要协助执行的,执行机关可以请求有关单位予以协助。属于代履行的,还应当向义务人收取费用。

三、即时强制

(一)即时强制的概念和特征

即时强制是指行政主体在遇有重大自然灾害、重大事故或者其他突发严重影响社会安全和公共利益的事件时,行政主体对正在发生的违法行为或者危险状态依法采取的强制性预防或者制止行为。即时强制行为主要有四个特征:

1. 即时强制的主体只能是行政主体,且法律将能够实施即时强制的权力仅授权少数行政主体,以防止即时强制的滥用。

2. 即时强制的根本目的在于维护社会安全和公共秩序,因此,法定即时强制条件出现时,行政主体即有权采取必要的预防性或者制止性措施。换言之,行政主体采取即时强制并不以相对人负有某种行政法义务为前提。

3. 即时强制的适用具有紧急性。紧急性是即时强制最重要的特征,当出现需要行政主体采取强制措施处置的紧急情况时,行政主体需要立即、不间歇地采取必要的处置措施,因此,对即时强制,法律主要规范的是其权力主体和适用情形,对于程序没有严格限制。对于相对人而言,行政主体依法采取即时强制措施时,相对人必须无条件接受与配合,即使行政主体采取即时强制措施违法,通常不规定事前或事中的救济,需待事后再通过法定救济途径解决。同时,因即时强制,公民、法人或者其他组织为了公共利益而造成合法权益损失的,有权获得补偿。

4. 即时强制必须有法律明确的专门授权。由于紧急性特征,行政主体往往不经预先告知就可以突然采取即时强制措施,一旦违法,十分容易给相对人造成人身或者财产的损害。因此,哪些行政主体拥有即时强制的权力以及有权主体在什么情形下能够采取即时强制措施都必须有法律的明确授权。

(二)即时强制的种类和方式

根据适用情形及目的的不同,即时强制通常分为制止性强制和预防性强制两类。

制止性即时强制是指行政主体为排除正在发生的违法行为或者存在的危险状态而采取的临时性处置措施。如环境保护机关对造成饮用水水源污染的生产企业依法责令停止排放污染物,消防机关对火灾中处在下风口的房屋实施部分拆除以形成阻却火灾蔓延的隔离带等。

预防性即时强制是指行政主体在可能发生违法行为或者危险状态的情况下,为防止不利后果的出现而采取的临时性处置措施。如人民警察对醉酒在大街上行走的人强制醒酒,卫生防疫部门对疑似"非典"病人隔离观察等。

即时强制的对象包括人身和财产两种,根据即时强制对象的不同,即时强制可以采取不同的方式。常见对人身的强制手段包括强制扣留、强制带离现场、强制隔离、强制醒酒、留置、现场管制和交通管制等。对财产的强制手段包括强制检查、强制扣押、强制拆除等。

(三)即时强制的程序

由于即时强制的紧急性特征,即时强制不适用一般行政程序的要求。行政主体采取即时强制措施时在程序上有较大的临机便宜处置的权力。但这并不意味着即时强制可以任意妄为。

即时强制的程序要求通常有两种情况:

1.法律对采取即时强制措施有明确的程序要求时,行政主体必须遵守。如按照《水污染防治法》第21条的规定:"在生活饮用水源受到严重污染,威胁供水安全等紧急情况下,环境保护部门应当报经同级人民政府批准,采取强制性的应急措施,包括责令有关企业事业单位减少或者停止排放污染物。"这里的报经同级人民政府批准,就是环保机关采取即时强制措施时的程序要求。

2.法律没有对采取即时强制措施作出明确程序规定时,行政主体采取即时强制措施时也应当遵循行政程序的一些原则要求。如强制检查时,执法人员应当表明身份、说明理由等。

四、行政强制措施

(一)行政强制措施的概念和特征

行政强制措施是行政主体为了预防、制止、控制违法行为或危险状态,或者为了查明事实、保存证据,依法对相对人的人身或者财产采取暂时性限制的行政强制行为。与即时强制不同,行政主体采取行政强制措施前,不存在非常态下的"紧急情况",而更多是常态下进行行政管理时视需要依法采取的措施。行政强制措施也不同于行政强制执行,在采取行政强制之前,通常也没有为被强制的相对人设定义务的具体行政行为存在,采取这类强制的目的也不是为了使相对人履行特定行政法义务。行政强制措施主要有三个特征:

1.过程性。行政强制措施是为了预防或制止违法行为、危险状态以及不利后果的发生和发展,或者为了保全证据、确保行政案件查处工作的顺利进行而采取的。因此,采取行政强制措施有的是目的,有的不是目的而只是一种手段,是过程中的措施。

2.非制裁性。行政强制措施不以制裁为目的,而是为了特定的行政目的。因此,行政强制措施的采取并不以相对人违法为当然前提。

3.暂时性。行政强制措施不是对相对人权益的最终处理,仅仅是对被采取强制措施人人身或者财产权益的暂时性约束或限制,一般情况下,行政主体采取行政强制措施后都会有后继的相应行政行为,如对财产的查封、扣押、冻结,其作用是限制相对人使用或者处理相应财产,但该财产的所有权的归属并没有因此而发生变化。行政机关查明情况后,或者解除对财产的强制措施,或者依法作出后继的没收等处罚行为。

(二)行政强制措施的方式

1.限制人身自由的行政强制措施。主要有:

(1)盘问检查。公安、安全、海关等行政机关为了实现行政目的,依据其职权依法可以对有违法犯罪嫌疑的人进行盘问和检查。如《中华人民共和国人民警察法》第9条规定:"为维护社会治安秩序,公安机关的人民警察对有违法犯罪嫌疑的人员,经出示相应证件,可以当场盘问、检查。"

(2)强制戒毒。它是对戒毒人员在一定时期内,通过行政措施对其强制进行药物治疗、心理治疗、适度劳动、身体康复和法制教育、道德教育,使其戒除毒瘾。根据公安部于2000年制定的《强制戒毒所管理办法》的规定,强制戒毒措施由县级以上公安机关主管和决定,由强制戒毒所具体实施,卫生部门、民政部门配合同级公安机关共同做好强制戒毒工作。

(3)扣留或管束人身。它是在短时间内暂时限制人身自由的一种行政强制措施。如《治安管理处罚法》第15条规定,公安机关对醉酒的人在醉酒状态中,可以对其采取保护性措施约束至酒醒。

(4)强制隔离、强制治疗措施。强制隔离主要针对容易传染的病人,为防止其传染其他人而将其与别人隔离开来的一种临时措施,如对"非典"病人的隔离。强制治疗,是指卫生行政机关对患有某种恶性传染疾病(如霍乱等)的人采取的强行治疗措施。

(5)强行带离现场或驱散。强行带离是指行政主体对在现场有危险的人强行带其离开现场的措施。如《集会游行示威法》第27条第2款规定:"……有前款所列情形之一,不听制止的,人民警察现场负责人有权命令解散;拒不解散的,人民警察现场负责人有权依照国家有关规定采取必要手段强行驱散,并对拒不服从的人员强行带离现场或者立即予以拘留。"

2.限制财产流通的行政强制措施。主要包括:

(1)查封。是指行政主体对动产或者不动产就地封存,防止有关人员对财产任意进行处分的行为。目前,我国有关工商、土地、海关、国家安全、行政监察、审计、税收、公安、证券、专利、食品卫生、植物保护等领域的法律、法规规定相应行政主体有权实施行政查封。

(2)扣押。是指行政机关为了取证或者防止当事人转移财产而对动产采取的行政强制措施。被扣押的财产要置于行政机关的控制之下。

(3)冻结。银行根据行政机关的请求,冻结当事人的账户,不准其动用款项的行为。《税收征收管理法》第38条规定,经县以上税务局(分局)局长批准,税务机关可以书面通知纳税人开户银行或者其他金融机构冻结纳税人的金额相当于应纳税款的存款。

（4）强制收购、强制收兑。《金银管理条例》第31条第1项规定，违反有关规定而擅自收购、销售、交换和留用金银的，由中国人民银行或者工商行政管理机关予以强制收购或贬值收购。

（三）行政强制措施的程序

行政强制措施的实施程序没有统一规定，但是在相关法律、法规中有许多分散的规定。总结这些单行法律规范的规定内容，行政强制措施的实施程序应当包括以下内容：

1.执法人员采取行政强制措施应当经过所属行政机关批准。

2.紧急情况下当场采取行政强制措施应当有法律、法规的明确依据。且执法人员应当事后立即向所属机关报告。

3.执法人员采取行政强制措施应当表明身份。有些情况下，法律、法规要求执法人员不仅应当表明职业身份，而且要表明当时具有执法资格，此时，执法人员表明身份应当达到法律、法规的要求程度。

4.执法人员采取行政强制措施时，应当告知当事人采取行政强制措施的理由、依据、救济途径以及当事人依法享有的权利等。

5.执法人员无论何种情况下采取行政强制措施均应当制作现场笔录。现场笔录应当对采取行政强制措施针对的情形、当事人情况、采取措施的具体内容、执法人员履行告知义务的情况等作出记载。现场笔录应当有执法人员和当事人签名或盖章，当事人拒绝签名或盖章的，应当在笔录中注明。

6.采取冻结、查封、扣押等针对财产的强制措施的，应当有冻结、查封、扣押决定书。决定书的实施除了应当符合上述五项程序要求外，执法人员还应当制作冻结、查封、扣押清单。清单应当包括财产名称、数量，冻结、查封、扣押地点。冻结、查封、扣押决定依法有期限要求的还应当注明期限。清单应当有执法人员和当事人的签名或盖章，当事人拒绝签名或盖章的，执法人员应当在现场笔录中注明。

7.采取限制公民人身自由的行政强制措施时，除了应当符合上述第一至第四项程序要求外，还应当当场或者事后立即通知被限制人身自由人的家属实施强制措施的行政机关的名称和被限制人身自由公民所押地点。

【思考题】

1.简述行政处罚的概念与特征。

2.简述行政处罚的种类和设定。

3.简述行政处罚的适用条件。

3.简述行政处罚简易程序。

4. 简述行政处罚的一般程序。

5. 试述行政强制的特征和原则。

6. 简述行政强制措施的主要方式。

7. 简述行政强制执行主要方式。

8. 简述即时强制的特征。

9. 试比较行政强制措施和行政强制执行的主要程序。

【实务训练】

杜宝良诉北京市西城交通支队西单队行政处罚案

案情介绍:2005 年 5 月 23 日,安徽来北京务工人员杜宝良查询得知自己于 2004 年 7 月 20 日至 2005 年 5 月 23 日在北京市西城区真武庙头条西口同一地点被"电子眼"记录 105 次违章,被交管部门扣罚 210 分、缴纳罚款 1.05 万元。2005 年 6 月 1 日,杜宝良前往西城交通支队执法站接受了巨额罚款。后于 2006 年 6 月 18 日将西城交通支队西单队诉至北京市西城区人民法院,请求法院确认西单交通队行政处罚违法,撤销行政处罚决定,退还交纳的 1.05 万元罚款。

法律问题:本案中行政机关的处罚行为是否违反一事不再罚原则?

提示与分析:本案在全国引起学术界和社会各方面的广泛争议。争议的问题之一就是公安机关对杜宝良的处罚是否违反《行政处罚法》所规定的"一事不得给予两次以上罚款处罚"的原则。按照我国法律规定,对交通违章行为的处罚是按次处罚的,即司机有几次违章行为,就可处罚几次。"一事不得给予两次以上罚款"原则强调的是对一个违法行为的事实只能给予一次罚款处罚,但如果是多个违法行为(即使违法行为是同样的)则应分别处罚。由于杜宝良的每一次违章都是一次违法,公安机关对各次均只处罚一次,因此单纯地从杜宝良多次违章来看,可以认为公安机关的处罚并不违反一事不再罚原则。

但是,本案中公安机关的处罚行为也存在值得研究的问题,这主要是在贯彻教育与处罚相结合原则以及未及时告知相对人的程序上有问题。如果公安机关在杜宝良第一次违章后就及时告之处罚的违法事实和结果,并教育其以后纠正,杜宝良就可能及早防范自己反复发生数十次同样违章行为的情况。

行政裁决、行政仲裁与行政调解

学习目的与要求 识记行政裁决、行政仲裁和行政调解的基本概念。理解行政裁决的特征和种类,行政仲裁的特征和原则,行政调解的特征。能够运用行政裁决、行政仲裁和行政调解的相关原理分析一些简单案件。

第一节 行政裁决

一、行政裁决的概念与特征

行政裁决是行政机关广泛运用的一种行为方式。它是指行政主体依照法律授权,对发生在行政管理活动过程中的、平等主体间的民事纠纷进行审查并做出裁判的行政行为。行政裁决可以及时稳定法律关系,维护良好的社会秩序,弥补了法院的不足。

行政裁决行为具有以下法律特征:

1.行政裁决的主体是特定的行政主体。行使行政裁决权的主体是对特定的民事纠纷有相应管理权的行政机关,并且,只有依据法律、法规和规章明确授权的行政机关,才能实施对民事纠纷进行裁决和判定。

2.行政裁决的法律效果具有双重性。行政主体实施某一行政裁决行为往往会使一方当事人恢复某种权利或减免某种义务,与此同时,又会使另一方当事人丧失某种权利或增加某种义务,这说明行政裁决的法律效果具有双重性。

3.行政裁决是依申请的行政行为,裁决程序要依当事人的申请开始。争议双方当事人在争议发生后,可以依据法律、法规规定,在法定的期限内向特定的行政机关申请裁决。没有当事人的申请行为,行政裁决机关不能自行启动裁决程序。

4.行政裁决具有准司法性。行政主体依法实施行政裁决时,其既是以第三者的身份居间裁决民事纠纷,又是以管理者的身份裁决争议,因此,行政裁决具有准司法性质。民事纠纷当事人是否同意或是否承认,都不会影响行政裁决的成立和其所具有的法律效力,对行政裁决不服,当事人可以向人民法院提起行政诉讼。

5.行政裁决的对象是当事人之间发生的与行政管理活动密切相关的民事纠纷。也就是说,行政主体对民事纠纷的裁决并非涉及任何类型的民事纠纷,只有在特定的情况下,与行政管理活动有密切关系的民事纠纷才属于行政裁决的对象。如因土地、森林、矿产等自然资源的使用权引起的争议,因环境污染、产品质量等引起的赔偿争议等。

二、行政裁决的种类

1.权属纠纷裁决。它是指行政主体对发生在平等主体之间的,与自身的行政管理有关的财产所有权、使用权等归属问题,依据当事人的申请依法做出的裁判。

2.侵权纠纷裁决。它是指行政主体对当事人与自身的行政管理有关的合法权益,受到他人侵犯并发生争议时,依法做出的裁决。

3.损害赔偿纠纷裁决。它是指行政主体对当事人之间的赔偿争议所作的裁决。这种裁决多发生在治安管理、食品卫生、药品管理、环境保护、医疗卫生、产品质量等方面。

三、行政裁决的原则

1.公平原则。行政机关行使行政裁决权时,必须坚持公平原则。这包括四个方面的内容:①裁决机关必须在法律上处于独立的第三人地位。②对裁决者,应当实行严格的回避制度。③裁决机关必须客观和全面地认定事实,正确地适用法律,并公开裁决程序。④裁决机关必须按照法律规定,在程序上为双方当事人提供平等的机会,以确保纠纷的双方当事人在法律面前人人平等。

2.迅速和简便的原则。行政机关行使行政裁决权时,必须在程序上考虑行政效率和方便当事人,在确保纠纷能够公平解决的前提下,尽可能地采取简单、迅速和方便的裁决程序。

3.准确原则。行政机关行使裁决权时,必须依据全面和客观的事实,作出准确的决定。对于案情比较复杂的纠纷,行政机关应当组织相应的调查、勘验或鉴定,如在交通事故争议、环境污染争议和产品质量争议等技术性较强的争议中,必须尊重科学和事实,贯彻准确的原则。

四、行政裁决的程序

1.申请。申请是争议当事人向有权行政主体提出要求其对已发生的争议做出裁决的请求。它是行政裁决程序的第一步。申请应当符合的条件是:①申请人必须是民事权益发生争议的当事人;②申请必须向有管理权的行政机关提出;③申请必须在法定的期限内提出;④申请必须符合法定的形式,如提交申请书、载明申请人的基本情况、理由等。

第一节

2. 立案。立案是指行政主体依据当事人的申请,对申请内容进行初步审查,认为符合法定申请条件的,予以受理。如果认为不符合申请条件的,行政主体应做出不予立案的决定,及时通知当事人并说明理由。

3. 通知。行政主体立案之后应告知民事争议的当事人受理争议的理由、辩论的方式及相关事项。

4. 审查。行政主体告知当事人以后,就应对争议情况进行实质性的审查。包括对有关事实和证据的查证、核实,召集当事人进行调查、询问、质证等。

5. 裁决。裁决是行政裁决的最后阶段,它要求以书面形式做出。裁决书中应载明争议双方当事人的基本情况、争议的内容、裁决机关认定的事实以及裁决的根据和理由等。并应告知双方当事人对此裁决能否申请复议或提起行政诉讼,以及复议或诉讼的管辖机关。裁决书必须送达给当事人。

■ 第二节　行政仲裁

一、行政仲裁的概念与特征

行政仲裁是指根据法律规定和当事人的申请,由国家行政机关专设的机构以第三者的身份对双方当事人之间的民事争议依照仲裁程序作出公断的法律制度。目前我国只有劳动争议仲裁属于比较典型的行政仲裁。[1]

行政仲裁的法律特征主要有:

1. 就主体而言,行政仲裁由国家行政机关专设的仲裁机关主持进行,它是一种专门性的公断组织。

2. 就对象而言,行政仲裁的对象是特定类型的民事、经济和劳动争议,不包括行政争议,这就与行政复议相区别。

3. 就法律效果而言,行政仲裁能够产生多种法律效果,属于复效行为。它在对一方当事人的权利肯定的同时,否定另一方当事人的权利或增加其相应的义务。

4. 就程序而言,行政仲裁有自身专门的仲裁程序,这套程序同行政复议程序、行政裁决程序存在很大的区别,如在受案条件、管辖、仲裁庭的组成、方法等问题上,都有专门的规定,形成了自己独立的制度。

5. 行政仲裁是法定仲裁,只有特定的仲裁机关按照法律规定的职权和程序才能实施仲裁行为,某类民事纠纷双方当事人无权选择其他仲裁机构或仲裁人。

──────────

〔1〕 在 1999 年《中华人民共和国合同法》实施以前,由县级工商行政管理局管辖的经济合同仲裁属于典型的行政仲裁,但在《合同法》实施后,该类仲裁已由民间仲裁委员会管辖,不属于行政仲裁。另外,国务院机构改革和调整后,原先的行政仲裁如专利仲裁、著作权仲裁,现也由民间的仲裁委员会管辖。

第九章

二、劳动争议仲裁

劳动争议仲裁是我国最早设立的一项行政仲裁制度。1993 年国务院发布的《中华人民共和国企业劳动争议处理条例》(以下简称《企业劳动争议处理条例》)对企业与职工之间的劳动争议仲裁程序作了详细的规定,1994 年第八届全国人民代表大会常务委员会第八次会议通过的《中华人民共和国劳动法》(下称《劳动法》)规定了我国境内的企业、个体经济组织和与之形成劳动关系的劳动者之间的争议具体适用仲裁程序。根据上述法律、法规的规定,我国劳动争议仲裁的内容主要包括:

1. 仲裁人员构成。《企业劳动争议处理条例》第 12～16 条规定,县、市、市辖区应当设立劳动争议仲裁委员会。仲裁委员会由劳动行政主管部门的代表、工会的代表和政府指定的经济综合管理部门的代表三部分人员组成。仲裁委员会组成人员必须是单数,主任由劳动行政主管部门的负责人担任。仲裁委员会可以聘任劳动行政主管部门或者政府其他有关部门的人员、工会工作者、专家学者和律师为专职的或者兼职的仲裁员。

2. 仲裁组织。劳动行政主管部门的劳动争议处理机构为仲裁委员会的办事机构,负责办理仲裁委员会的日常事务。仲裁委员会实行少数服从多数的原则。仲裁委员会处理劳动争议,实行仲裁员、仲裁庭制度。仲裁庭由三名仲裁员组成。简单劳动争议案件,仲裁委员会可能指定一名仲裁员处理。仲裁庭对重大的或者疑难的劳动争议案件的处理,可以提交仲裁委员会讨论决定;仲裁委员会的决定,仲裁庭必须执行。

3. 管辖。县、市、市辖区仲裁委员会负责本行政区域内发生的劳动争议仲裁。设区的市的仲裁委员会和市辖区的仲裁委员会受理劳动争议案件的范围,由省、自治区人民政府规定。发生劳动争议的企业与职工不在同一个仲裁委员会管辖地区的,由职工当事人工资关系所在地的仲裁委员会处理。

4. 当事人。当事人为发生劳动争议的双方。与劳动争议案件的处理结果有利害关系的第三人,可以申请参加仲裁活动或者由仲裁委员会通知其参加仲裁活动。当事人及第三人可以委托一至二名律师或者其他人代理参加仲裁活动。委托他人参加仲裁活动的,必须向仲裁委员会提交有委托人签名或者盖章的委托书,委托书应当明确委托事项和权限。无民事行为能力的和限制民事行为能力的职工或者死亡的职工,可以由其法定代理人代为参加仲裁活动;没有法定代理人的,由仲裁委员会为其指定代理人代为参加仲裁活动。

5. 仲裁程序。仲裁程序主要包括:

(1)申请。当事人应当从知道或者应当知道其权利被侵害之日起 6 个月内,以书面形式向仲裁委员会申请仲裁。当事人因不可抗力或者其他正当理由超过前款规定的期限申请仲裁的,仲裁委员会应当受理。申请仲裁应当提交申请书,并按照被诉人数提交副本。

(2)受理。仲裁委员会应当自收到申请书之日起 7 日内做出受理或者不予受理的决定。仲裁委员会决定受理的,应当自作出决定之日起 7 日内将申请书的副本送达被诉人,并组成仲裁庭;决定不予受理的,应当说明理由。被诉人应当自收到申请书副本之日起 15 日内提交答辩书和有关证据。被诉人没有按时提交或者不提交答辩书的,不影响案件的审理。

(3)告知。仲裁庭应当于开庭的 4 日前,将开庭时间、地点的书面通知送达当事人。当事人接到书面通知,无正当理由拒不到庭或者未经仲裁庭同意中途退庭的,对申请人按照撤诉处理,对被诉人可以缺席裁决。

(4)调解。仲裁庭处理劳动争议应当先行调解,在查明事实的基础上促使当事人双方自愿达成协议。协议内容不得违反法律、法规。调解达成协议的,仲裁庭应当根据协议内容制作调解书,调解书自送达之日起具有法律效力。调解未达成协议或者调解书送达前当事人反悔的,仲裁庭应当及时裁决。

(5)裁决。仲裁庭裁决劳动争议案件,实行少数服从多数的原则。不同意见必须如实笔录。仲裁庭作出裁决后,应当制作裁决书,送达双方当事人。仲裁庭处理劳动争议,应当自组成仲裁庭之日起 60 日内结束。案情复杂需要延期的,经报仲裁委员会批准,可以适当延期,但是延长的期限不得超过 30 日。仲裁委员在处理劳动争议时,有权向有关单位查阅与案件有关的档案、资料和其他材料,并有权向知情人调查,有关单位和个人不得拒绝。仲裁委员会之间可以委托调查。当事人对仲裁裁决不服的,自收到裁决书之日起 15 日内,可以向人民法院起诉;期满不起诉的,裁决书即发生法律效力。

(6)当事人对发生法律效力的调解书和裁决书,应当依照规定的期限履行。一方当事人逾期不履行的,另一方当事人可以申请人民法院强制执行。

三、行政仲裁的原则

1. 自愿原则。即行政仲裁是基于当事人自愿提起的,在法定的期限内,当事人可以放弃向仲裁机关申请的仲裁。

2. 一次裁决原则。即行政仲裁实行一次仲裁制度,当事人对裁决不服的,可在法定的期限内向人民法院起诉。如《企业劳动争议处理条例》规定,当事人一方或双方对仲裁不服的,可以在收到仲裁决定书之日起 15 日内向人民法院起诉。

3. 先行调解原则。即行政仲裁机构在作出仲裁裁决前必须先进行调解,只有经调解无效后,才能予以裁决。

■ 第三节 行政调解

一、行政调解的概念与特征

行政调解是行政主体主持的,以国家法律和政策为依据,以自愿为原则,通过说服、教育等方法,促使双方当事人互谅互让,友好协商,达成协议,以便解决民事或特定行政争议的行政行为。它是一种独立的行政行为,与行政仲裁、行政裁决相并列。行政调解主要有以下几个法律特征:

1. 行政调解是行政主体出面主持的一种行为,其主体一般是国家行政机关。这区别于由人民法院所进行的诉讼调解,也区别于社会群体组织所进行的人民调解。

2. 行政调解以当事人自愿为原则,行政调解不同于行政处罚、行政裁决,不能由行政主体单方强制做出决定。当事人是否愿意调解,以及是否接受某种调解决定,完全由当事人自己决定。行政主体不能强迫,否则无效。

3. 行政调解的对象主要是民事争议和经济争议,但也可以是行政争议(如行政赔偿争议)。这一点使行政调解与行政复议和行政仲裁相区别,行政复议的对象是行政争议,行政仲裁的对象不包括行政争议。

4. 行政调解是一种诉讼外的调解,它不是行政仲裁或行政诉讼的必经程序。当事人经过行政调解仍能申请行政仲裁和行政诉讼。

二、行政调解的种类和原则

(一)行政调解的种类

1. 依行政调解的对象不同,可以分为对民事争议的调解和对行政争议的调解,前者如对经济合同的调解、劳动争议的调解,后者如对行政赔偿争议的调解。

2. 依行政调解的效力不同,可以分为正式的行政调解和非正式的行政调解。正式的行政调解是指调解协议成立后,就具有强制执行力。非正式调解是指调解协议成立后,不具有执行力,此种调解仅依赖当事人自觉履行而实现。非正式调解是我国目前最为普遍的行政调解。如公安机关的治安调解,城市公共交通部门对民事损害赔偿纠纷的调解。

(二)行政调解的原则

1. 自愿原则。自愿原则指行政机关在调解的过程中应当始终尊重当事人的意愿,使当事人在自觉、自愿的前提下参加调解,在互相理解的基础上达成共识,解决纠纷。行政机关在行政调解中以组织者和调解人的身份出现,它的行为不具有强制性质,是否进行调解,是否达成调解协议,完全出于当事人的真实意愿。

2. 平等原则。平等原则的含义有两个方面,一方面,在行政调解中,双方当事人地位完全平等,不存在高低贵贱之分,都有自愿、充分、真实地表达自己的理由和意见的权利。行政机关必须以平等的态度对待双方当事人,不能厚此薄彼,偏听偏信。另一方面,当事人双方与主持调解的行政机关地位平等,不存在命令与服从、主动与被动的单向隶属关系。

3. 合理原则。合理原则指行政调解活动应当符合社会的伦理道德、公序良俗。调解不但要以情感人,更要以理、以法服人,而不是无原则的"和稀泥"。同时,它要求行政调解应建立在正当考虑的基础上,行政调解的内容应符合情理,切实使享有权利的

第三节

人得到应有的保护,负有义务的人承担起应负的责任,不能是非颠倒,本末倒置。

4.效益原则。效益原则指行政调解既要讲求调解的效率,又要注重调解的实效,二者必须兼顾,不可偏废。

三、行政调解的程序与法律效果

行政调解一般需要经过以下几个环节:①申请调解。行政调解需要由争议当事人一方或双方向特定的行政主体提出,可以是书面申请,也可以是口头申请。②征求意见。由于调解以当事人自愿为原则,行政主体发现某争议可以进行调解,还必须征求另一方当事人的意见,如果其不同意,行政主体不能进行调解。③事实调查。行政主体必须以事实为依据,查实证据才能进行调解。④协商。这是行政调解的核心步骤。行政主体在双方当事人同意的基础上,对他们进行教育、劝说,以求争议的解决。⑤达成协议。如果协议能够达成,行政主体应制作协议书,由主持机关和双方当事人盖章。⑥送达协议书。协议书制作完成后,行政主体应送达给双方当事人。

行政调解一经依法做出,便产生以下法律效果:①对行政主体的约束力。调解协议书对主持调解的行政主体有一定的约束力,行政主体不能对同一事项做出其他行政决定。②强制执行效果。这种法律效果仅限于正式行政调解。行政调解成立后,一方当事人若不履行,另一方当事人有权申请人民法院强制执行。

【思考题】

1.简述行政裁决的概念与特征。
2.简述行政调解的原则。
3.简述行政仲裁的概念与特征。

【实务训练】

崔某诉宝丰县公安局行政裁决案[1]

案情简介:1997年3月8日,崔某建房时,因郭某在崔家宅基地上堆放有200多块砖影响到施工,崔某要求郭某将砖移开,为此双方发生口角,并厮打,双方互有伤情。当时,郭某花去医疗费783元,崔某花去医疗费302元。1997年4月17日,宝丰县公

---

〔1〕　最高人民法院中国应用法研究所编:《人民法院案例选精编本》(下),新华出版社2001年版,第1890页。

安局认定郭某和崔某打人,依法给予他们警告处罚,并根据《治安管理处罚条例》[1]第5条,对崔某作出第34号裁决,责令其赔偿郭某经济损失,负担医疗费共计2003元。崔某不服,向平顶山市公安局申请行政复议。1998年2月17日,平顶山市公安局维持了原裁决。同年3月1日,崔某向河南省宝丰县人民法院提起行政诉讼。以公安机关超越职权、认定事实不清为由,要求撤销公安机关所作出的第34号裁决。

　　法律问题:对公安机关作出的行政裁决不服,是否可以提起行政诉讼?

　　提示与分析:行政裁决是一种具有准司法性质的具体行政行为,对公民、法人或者其他组织的人身权、财产权可能会产生重大影响。根据《行政诉讼法》第11条第1款第8项的规定,"认为行政机关侵犯其他人身权、财产权的,公民、法人或其他组织可以提起行政诉讼",行政裁决行为属于行政诉讼的受案范围。本案中,对公民之间因民事纠纷引起的打架斗殴的人身损害赔偿问题,根据《治安管理处罚条例》第5条的规定,公安机关仅具有行政调解的职权,但宝丰县公安局却超越职权作出行政裁决决定,对其不服,相对人当然可以提起行政诉讼。

实务训练

---

〔1〕　2005年8月28日第十届全国人民代表大会常务委员会第17次会议通过《中华人民共和国治安管理处罚法》,《中华人民共和国治安管理处罚条例》被废止。旧条例第5条关于调解的规定,被新法第9条所取代。

第十章

行政合同与行政指导

学习目的与要求　识记行政合同的概念和特征,掌握行政合同与民事合同的区别;识记行政指导的概念与特征,理解行政指导与依法行政的关系;能运用行政合同的理论分析和处理具体案件。

■　第一节　行政合同

一、行政合同的概念与特征

行政合同是指行政主体为了行使行政职能、实现某一行政管理目的,依据法律和政策与公民、法人或其他组织通过协商的方式,在意思表示一致的基础上所达成的协议。行政合同是现代行政法中合议、协商等行政民主精神的具体体现。行政合同具有以下特征:

1. 从主体上看,行政合同的当事人一方必须是行政主体。这是行政合同的形式特征。行政合同是行政主体与相对人签订的协议,也是行政主体行使职权的一种方式。因此,行政合同只能在行政主体与相对人之间或行政主体之间形成。如果没有行政主体参加,则不能形成行政合同。应当指出的是,合同的主体一方如果是行政机关,并不能表明该合同就是行政合同。因为行政机关与行政主体是两个不同的概念,行政机关具有双重身份,即行政主体与民事主体身份。一方面,行政机关享有法律赋予的行政管理的职权与职责,可以通过行政合同的方式行使行政权,这时其具有行政主体的身份;另一方面,行政机关又具有民事主体的身份,它可以为了实现一定的民事目的而与其他民事主体签订民事合同。

2. 从目的上看,行政合同的目的是为了实现特定的行政管理目标和公共利益的需要。在实践中,这种行政管理的需要是多重的,它包括基于国家利益及国有资产管理的需要所订立的国有资产授权经营合同,国有企业的承包、租赁经营合同,国有土地使用权出让合同等；基于社会公共利益需要所订立的公共工程建设、承包合同，国家计划合同，国家的采购、供应合同，科技开发、使用合同，环境保护与污染防治合同，房屋拆迁、移民安置及补偿合同，计划生育合同等；基于特定行政目的所订立的委托检验、鉴定、测定、管理合同等。这与一般的民事合同不同，民事合同的目的通常是直接为了实现个人利益。

3. 从法律适用上看，行政合同应适用不同于民法的特殊法律规则即行政法规则。行政法是设立、变更、终止行政合同的主要法律依据。行政合同适用行政法主要表现在：①对于何种行政管理事务，行政主体应当运用行政合同方式，取决于行政法律和法规是否事先有规定；②行政主体行使合同过程中的行政优益权必须依据行政法规范行使，遵守依法行政原则；③当行政法规范不明确时，行政主体基于自由裁量权订立行政合同，其目的必须是为了实现某种公共利益，符合行政法的基本原则。

4. 从意思表示上看，行政合同是行政主体与相对人意思表示一致的产物。行政合同作为一种合同，首先必须具备合同的一般特征。如合同所体现的当事人意思表示的真实自愿、双方主体的平等、等价有偿交换等原则，行政合同必须具备，否则，行政合同就不具备合同的性质。行政合同的合意性体现在：行政相对人对合同是否订立、合同的内容有一定的选择权，对合同的内容可以提出自己的意见，可以与行政主体讨价还价，行政主体可以依据情势对相对人的要求作出适当的让步，行政主体必须平等对待相对人，尊重相对人意志与权利。

5. 从权利与义务的内容上看，行政主体具有对行政合同的履行、变更或解除的优益权。由于行政合同的目的是为了实现社会公共利益和行政管理的需要，与相对人的私人利益相比，公共利益更为重要。因此，国家通过法律赋予行政主体许多职能上的优益条件，以保证行政合同的有效运用。行政主体在行政合同中的优益权主要表现为：①对行政合同具有监督权、指导权。督促相对人履行合同，这是保证实现合同目标的重要环节。对于相对人的履约状况，行政机关绝不能放任自流，相对人采取何种最佳的履行方式以及如何解决实际中遇到的困难，行政机关还应该给予一定的指导和帮助。②单方面变更或解除合同的选择权。由于客观情形的变化、不可抗力因素的出现或社会公共利益的需要，行政机关为了使损失减小到最低程度，对行政合同具有单方面变更或解除的权利。③强制决定权。对相对人不履行义务或迟延履行义务，以及其他违反合同约定的行为，行政机关有权采取一定的行政强制措施强迫相对人履行义务。

二、行政合同的种类与作用

（一）行政合同的种类

1. 根据行政关系的范围不同，行政合同可以分为内部合同和外部合同。前者是指行政主体与行政主体或内部公务员之间签订的合同。后者是指行政主体与社会个人和组织之间签订的合同。

2.根据主体不同,行政合同可以分为行政主体之间的行政合同和行政主体与相对人之间的合同。

3.根据合同当事人的关系不同,行政合同可以分为:①委托合同。它是行政主体以合同的方式将属于自己管辖的行政事务委托给其他组织或个人去行使。在行政委托合同中,行政主体是委托人,其他组织或个人是被委托人,被委托人必须以委托人的名义从事行政活动,所产生的法律后果归属于委托人。②授权合同。它是行政主体以合同的方式将属于自己的职权与职责授权给其他组织或个人去行使。被授权的主体必须在合同的授权范围内行使权力,履行职责,并承担相应的法律后果。③协作合同。它是指行政主体为完成特定的行政事务,以合同的方式与其他组织或个人相互协作,共同实施。

3.根据内容不同,行政合同可以分为:①科研合同。它是行政主体与科研机构或个人之间,为完成一定的科研技术开发项目,确立双方权利义务关系而订立的合同。我国对于重大科技项目普遍实行合同制度,采用行政合同的方式保证科研项目的完成。②国家订购合同。它是行政主体基于国家和社会公共利益的需要,与相对人订立的订购有关物资、产品的合同。如有关国防军事物资和其他涉及公共安全、社会保障的重要物资的订购,通常采用行政合同方式进行。③行政征用合同。它是指行政主体为了社会公共利益,在依法给予相对人补偿的前提下,与其订立征收其财物的合同。这类行政合同主要适用于城市建设、土地管理、道路建设等基础性设施。④保险合同。它是指行政主体作为用电方,根据公共事业的需要与供电方订立的有关电力的使用、电费、用电量等的协议。⑤公益事业建设投资合同。它是指行政主体为了社会公益项目建设,与相对人协商共同投资参与建设,确定双方权利义务的协议。我国目前在道路、桥梁、水力、电力和能源开发利用等领域,多采用这类合同。⑥买卖合同。它是指行政主体作为一方当事人就国有或公有资产的出售事项而与相对人订立的协议。⑦建设工程勘察合同。它是指行政主体作为一方当事人与持有勘察设计资格的勘察设计主体为完成某项公共工程的勘察设计任务而订立的协议。⑧土地等国有资源的使用和开发合同。它是指行政主体以国有土地等国有资源管理者的身份,与相对人签订的在一定期限内使用和开发利用土地等国有资源的协议。除以上几类行政合同外,在行政管理中还有指令性计划合同,农副产品定购合同,政府信贷、担保合同等等形式。

（二）行政合同的作用

行政合同作为一种柔性的行政管理形式,在国家行政管理中被广泛运用,其作用主要表现在:

1.能使行政主体更好地行使行政职权,保证行政目标的实现。行政合同不同于一般的民事合同或经济合同,也不同于行政指导,行政主体在合同的订立和执行过程中起着主导作用,它以协议的方式将行政管理目标变为与相对人共同的目标来实现,使行政任务具体和明确化。在行政合同执行过程中,行政主体可以根据情势的变化和公共利益的需要提出变更或中止合同,从而使行政合同能够更好地实现行政管理的目标。

2. 能使相对人更好地发挥积极性和主动性,参与社会公共利益的活动,同时又能有效地实现自身的合法权益。由于行政合同是行政主体与相对人之间通过合意的方式订立的,对合同的内容,相对人可以根据自身利益的需要加以讨价还价,行政主体也会充分考虑相对人的要求,给予一定的让步。并且,行政主体根据公共利益的需要在行使行政优益权时,给相对人造成损害的也应给予一定的补偿。这就能充分发挥相对人的积极性和主动性,在有效实现自身合法权益的同时,也促进了行政目标的实现。

3. 行政合同具有控制行政权力的功能。行政合同事实上是将契约的平等、自治、互利和等价有偿、相互信任等要素引入行政领域。这对行政主体行使行政权力具有极大的控制功能。它要求行政主体平等对待相对人,让相对人在与行政主体平等地位的前提下商议行政目标,从而减少行政权力的不平等和专横性。它要求行政主体尊重相对人的权利和意志,相对人对合同的内容具有相应的发言权,行政主体不能无视相对人提出的要求。它要求行政主体具有信用和责任感,行政权力受到合同内容的制约,即使行政主体可以单方行使解约权,也应以正当理由为条件,不能随意进行。

三、行政合同中当事人的权利和义务

行政合同双方当事人的权利和义务主要归纳如下:

1. 行政主体的权利主要有:①选择合同当事人的权利。签订合同时,行政主体可以根据实际情况,选择适当的合同当事人。②对合同履行的指挥权和监督权。指行政主体在行政合同的履行过程中为确保合同的全面和正确的履行,有权对相对人进行监督、指挥和控制。③单方变更、解除合同权。指行政主体在行政合同履行过程中,基于公共利益的需要,在不经相对人同意的情况下变更合同的条款或解除合同的权利。④制裁权。指行政主体在相对方违反合同的约定时,有权直接依法给予法律制裁,如责令支付违约金、罚款等。

2. 行政主体的义务主要有:①依法履行合同的义务。行政主体与相对人一样,同样必须依法正确地履行合同的义务。②兑现承诺的义务。行政主体应当兑现其在行政合同中承诺的义务,如提供必要的设备、资金等。③给予相对人物质损害赔偿或补偿的义务。在合同履行过程中,凡是因行政主体的原因引起合同的变更、解除,从而使相对人受到物质损害的,行政主体负有金钱赔偿或补偿的义务。④按照合同规定,行政主体有给付相对人价金的义务。

3. 相对人的权利主要有:①获得报酬权。相对人在按合同要求提供了劳务或完成了规定的任务后,有权获得相应报酬。②损害赔偿或补偿请求权。相对人因行政主体的违法行为,或者行政主体基于公共利益的需要而变更、解除行政合同,造成其合法权益受损害的,有权要求行政主体依法赔偿或补偿。③不可预见的困难情况的补助权。在行政合同履行过程中,有时相对人会遇到不能预见的困难,从而无法正常履行合同,或者会加重负担。对此,相对人有权请求行政主体给予一定的补助。

第十章

4.相对人的义务主要有:①全面履行义务。相对人必须按照合同的规定全面履行合同中所有的条款。②接受行政主体的管理、监督和指导的义务。

四、行政合同的订立、履行、变更、解除与终止

1.订立规则。行政主体订立、履行、变更、解除与终止行政合同,事实上是其行使行政权力的过程,能直接产生行政法上的效果,因此,其必须遵循相应的规则。行政主体订立合同时,必须出于行政管理的需要,不能随意订立。其应从国家和社会公共利益的需要出发,又要根据法律和政策,同时也要顾及相对人的利益。行政主体订立行政合同,还必须是在其法定的职权范围之内,不能超越职权,否则订立的合同是无效的。同时,行政主体在合同中所规定的内容必须合法,凡是国家法律明确禁止的事项,行政主体均不能与相对人签订合同。

2.订立方式。行政主体订立行政合同主要采取以下方式:①招标。它是指行政主体事先设立行政合同的标底,相对人通过一定的程序进行竞标,行政主体对竞标情况进行比较之后,选择最优者订立行政合同。行政主体作为招标人在发出招标公告前或公告后需要制定标底,标底不能公开。相对人按照公布的条件进行投标,行政主体经过评议后,与提出条件最优的投标人签订合同。我国在国有土地有偿转让和公路工程建设过程中,经常采用招标方式订立行政合同。②拍卖。它是指行政主体通过事先规定的拍卖程序,由竞拍人参与竞拍,最后与出价最高者订立行政合同的一种方式。与招标相比,拍卖人彼此知道其他拍卖人的条件,可以随时改变自己要约的内容。③邀请发价。它是指行政主体出于社会公共利益等方面的原因,在招标时不一定与要价最优的相对人订立合同,而是邀请、选择他认为最恰当的相对人签订合同。④协议。它是指行政主体根据行政合同的内容,直接与公民或其他组织进行协商,签订合同。这种签订方式运用的范围比较狭窄,一般是保密合同与情况紧急合同,某种专门的技术转让合同。

3.履行规则。行政合同当事人履行行政合同必须遵循以下规则:①全面履行规则。它是指行政合同依法成立后,行政主体和相对人应根据合同规定完整地履行各自的权利和义务。由于情势变更导致行政合同订立时的基础发生变化时,如继续强调全面履行行政合同,可能造成显失公平的情况,在这种情况下,全面履行规则将不再发生作用。②当事人自己履行规则。行政合同签订之后,相对人非经行政主体同意不能转由其他的权利和义务人代为履行,行政主体也不能随意由其他主体代替。

4.变更。行政合同的变更是指已订立的行政合同基于行政主体的裁量权或其他法律事实,在不改变现存合同性质的基础上,对涉及合同的主体、标的、内容等条款作相应的修改、补充或限制。行政合同的变更主要基于两种理由:①行政主体为满足公共利益的需要依法裁量,单方面变更合同。②由于出现了某种法律事实,如不可抗力等,行政主体变更合同。

5.解除。行政合同的解除是指合同尚未履行或全面履行,当事人提前结束约定的

权利和义务。行政合同的解除主要有两种方式:①单方解除合同。这是行政主体基于自身的裁量权解除行政合同。②协议解除。这是指行政合同双方当事人协商,意思表示一致所产生的解除合同。这种情况一般是相对人提出解除合同的意思表示,在征得行政主体同意后,提前终止行政合同的效力。

6.终止。行政合同主要因下列情况而终止:①合同履行完毕或期限届满。②双方当事人同意解除合同。③行政主体因公共利益需要,单方终止合同。④因不可抗力导致合同履行已不可能。⑤因合同一方或双方过错,有权机关决定解除合同。

■　第二节　行政指导

一、行政指导的概念与特征

行政指导,是指行政主体在其所管辖事务的范围内,依据国家法律或政策,对特定的行政相对人运用诱导、劝告等非强制性手段,获得相对人同意或协助,引导相对人采取或不采取某种行为,以实现一定行政目的的行为。行政指导具有以下几个特征:

1.非强制性。非强制性是指行政主体在作出对相对人的说服、教育、示范、劝说、建议、协商、政策指导、提供知识、技术帮助等指导行为时,不能单方面决定行政相对人的意志,行政相对方可以接受,也可以不接受,不存在强制履行义务的问题。行政主体不能像对待行政相对人不履行行政处罚等强制性行政行为的义务时那样,依法采取强制执行措施。行政指导在行政主体与行政相对人之间原则上不产生任何法律意义上的权利和义务,不具有法律效力。

2.行政性。行政性是指行政指导是行政主体依据法律和政策实施的行政管理活动。它是发生在行政管理活动中的行政法律现象,受行政法的调整,实施的主体仍然是行政主体,承受者则是行政相对人。其目的仍在于实现国家行政管理的目的,与行政主体实施的强制性行为具有相同的目的。在日本,盐野宏教授将行政指导作为行政行为的一种形式,列入行政立法、行政行为、行政上的契约和行政计划的行政行为方式序列中,适用有关行政行为的理论和规则。[1]

3.能动性。能动性是指行政指导是行政主体依据法律、法规、规章甚至是政策作出的较为灵活的行政行为。行政主体根据变化了的形势,即使没有制定法上的严格规定,只要遵守相关的法律原则,如公平、公开原则,就可以实施行政指导。行政主体可以依据相对人的申请,也可以依据职权主动作出,可以以教育、警告等方式实施,也可以通过诱导、劝告和说服等方式实施,没有固定的模式,行政主体可以充分运用自由裁量权。

4.不可诉性。不可诉性是指行政相对人对行政主体作出的行政指导行为不服,不

---

[1]　[日]盐野宏:《行政法》,杨建顺译,法律出版社1999年版,该书目录。

能向人民法院提起行政诉讼。我国《行政诉讼法》的规定很明确,最高人民法院《行诉解释》第 1 条第 2 款第 4 项规定,公民、法人或者其他组织对不具有强制力的行政指导行为不服的,不能提起行政诉讼。

二、行政指导的种类与作用

(一)行政指导的种类

在我国,一般将行政指导分为以下几种:

1. 依行政指导是否有具体的法律依据,可将其分为有法律依据的行政指导和没有法律依据的行政指导。前者是指有法律、行政法规和规章明确规定的行政指导,行政主体依据这些规定直接采取劝告、教育、警告和说明等行政指导;后者是指没有具体的制定法上依据,行政主体根据政策和情势灵活作出的行政指导。

2. 以行政指导的对象是否特定为标准,分为普遍的行政指导和个别的行政指导。前者是指行政主体针对不特定的行业、地区和相对人所进行的行政指导。普遍性的行政指导具有全局性、长期性的特点,如指导性计划。后者是指行政主体针对特定的行为、地区和相对人所进行的行政指导。个别的行政指导具有局部性、具体性和临时性等特点。

3. 以行政指导的功能为标准,分为助成性指导、规制性指导和调整性指导。助成性的行政指导,也称为促进性的行政指导,是指行政主体为保护和增进行政相对人的利益而为的行政指导,如提供咨询、提供市场信息、提供科技服务等。规制性行政指导也称为管制性行政指导,是行政主体为了维护和增进公共利益,对妨碍社会公共秩序、危害公共利益的行为加以规范、制约的行政指导。调整性的行政指导,也称之为调解性的行政指导,是指行政主体对发生利益冲突的行政相对人进行调解、协商的行政指导。

(二)行政指导的作用

行政指导的产生和发展与市场经济之间有着不可分离的关系。在我国,当前社会主义市场经济体制基本确立,行政指导也将在发展市场经济体制中发挥积极的作用,具体可以概括为:

1. 对经济发展和市场主体的引导和促进作用。由于行政机关在掌握经济信息、科技信息和国内外政策等方面具有强大的优势,其能够通过实施行政指导,引导相对人对经济活动作出正确的决策,从而有利于市场经济的健康发展。行政指导可以弥补一些情形中法律不存在和不完善的缺陷,可以圆满、灵活地实现预期行政目的,保障对方主张自己意见的机会;向国民提供因为专门化和复杂化而需要的知识和技术。[1]

2. 对强制性法律手段的补充作用。由于现阶段我国经济和社会生活的迅速发展,客观上需要对政府职能和行政管理模式进行相应的调整,原先计划经济条件下单纯的

---

〔1〕　[日]室井力:《日本现代行政法》,吴微译,中国政法大学出版社 1994 年版,第 150~151 页。

以强制与被强制、命令与服从为特征的行政手段将更多地退出市场经济领域,灵活和非强制性的行政手段将与强制手段一起在市场经济条件下发挥重要的作用。行政指导正好适应了这种要求。因为在现代,行政指导这种柔性的管理方式容易获得相对人的理解和支持,便于行政主体灵活地处理相应事务,以达到良好的社会效果。

3. 对社会经济生活的协调和疏导作用。在市场经济条件下,多元主体之间的利益冲突是不可避免的,为避免这种利益冲突对正常的经济秩序和社会生活的破坏,需要有各种手段对之进行协调和整合。行政指导特别是调整性行政指导正是一种有效的协调手段。由于行政指导的非强制性和相对人的自主抉择性,使其在缓和与消解各种利益主体间的冲突中,具有特别有效的作用。

三、行政指导与依法行政

1. 行政指导与依法行政的关系。有学者认为,行政指导的出现事实上已突破了法治行政原理的三项基本内容,由于行政指导本身的灵活性,并不需要法律的明确授权,在是否采用行政指导上行政主体有很大的自由裁量权,这就出现了可能不受法律约束的行政活动。尤其是我国处于法治行政的初建阶段,法律还不可能在很短的时间内为一切行政活动提供依据。行政法治与行政指导几乎处于同一起点上,也不可能为行政指导提供基本的依据。无法律依据的行政指导将大量存在,它反过来可能影响行政法治的建设过程。[1] 我们认为行政指导是行政主体基于公务而实施的一种行为,具有一定的侵权可能性。因此,行政主体在实施行政指导时,必须遵守如下条件:①行政主体对行政指导的事务具有法定的管辖权。②行政指导不以行政相对人同意为实施的前提条件。③行政主体实施行政指导应当明示依据,并受其约束。行政主体实施了有依据的行政指导,非经法定程序不得随意撤销、变更。

2. 行政指导与权利救济的关系。我国学者对于行政主体实施行政指导承担的责任的形式有两种:①行政主体对错误的行政指导承担的法律责任形式可以是赔礼道歉、支付补偿金等。补偿金的具体金额、支付方式等问题可以由法律作出一般性规定。②追究法律责任的程序一般应是行政程序先行,行政主体根据行政程序对行政相对人提出要求其承担行政指导错误的法律责任,行政主体根据行政程序对行政相对人的申请进行审查后,作出是否承担法律责任的决定,如果行政相对人对行政主体依据行政程序作出的承担法律责任的决定不服的,可再依法申请行政复议或提起行政诉讼。[2]我们认为承认错误、赔礼道歉、补偿损失是现阶段行政主体实施行政指导承担责任的主要形式,至于是否可提起行政诉讼,从《行政诉讼法》的规定来看是不能的,但这并不意味着以后也不能提起行政诉讼。

〔1〕　应松年主编:《行政行为法》,人民出版社 1993 年版,第 578 页。
〔2〕　姜明安主编:《行政法与行政诉讼法》,北京大学出版社、高等教育出版社 1999 年版,第 251 页。

第十章

【思考题】

1. 简述行政合同的概念与特征。
2. 简述行政合同中双方当事人的权利和义务。
3. 简述行政合同的订立方式。
4. 简述行政指导的概念与特征。
5. 简述行政指导与依法行政的关系。

【实务训练】

益迪医疗设备公司诉农业部全国畜牧兽医总站政府采购案[1]

案情简介：2006年7月6日，农业部全国畜牧兽医总站在报纸上发布招标公告，一共涉及到70多种产品，其中包括"冷冻切片机"。2000年8月8日，浙江金华益迪医疗设备公司与浙江科迪医疗设备公司共同竞标。益迪医疗设备公司的产品最终入围报价为5 894元，而科迪医疗设备公司的产品报价为7 843元，由于益迪医疗设备公司认为自己的产品质量比科迪医疗设备公司的产品质量高，况且报价也低，所以认定中标方非自己莫属。2000年9月21日，评标委作出决定，科迪医疗设备公司成为中标人。益迪医疗设备公司不服，于2001年10月29日，将农业部全国畜牧兽医总站推上了被告席。

法律问题：政府采购合同是否属于行政合同？

提示与分析：政府采购合同属于行政合同。这是因为政府采购合同具有以下几个法律特征：①政府采购主体是国家机关、事业单位、社会团体等，具有特定性；②政府采购的资金来源于公共财政，是由国家财政拨款的；③政府采购的目的是为了实现公共利益和政府职能；④政府采购具有政策性，承担着执行国家政策的使命。从政府采购合同的法律特征中可以发现，政府采购合同与民事合同有重大的区别。

---

〔1〕　韦中："共同诚信 阳光击穿'政府采购第一案'"，载《中国经济时报》2002年6月14日。

第十一章　行政违法与行政责任

学习目的与要求　通过本章学习,掌握行政违法与行政责任的概念、特征及其构成,对实践中出现的行政违法行为能够准确认定,并能清晰判断如何追究行政违法的法律责任。

■ 第一节　行政违法

一、行政违法的概念

行政违法是指行政主体及行政公务人员违反行政法律规范、尚未构成犯罪的、应当承担行政责任的行政行为。它包括以下几层含义:

1.行政违法是行政主体及行政公务人员实施的行政行为违法。行政违法的主体是行政主体及行政公务人员,具体包括行政机关、法律、法规授权的组织和行政公务人员;行政违法是指行政行为违法,它必须以行政行为的存在为前提条件。这就将行政主体及行政公务人员的民事行为、个人行为及其他非行政行为违法排除在行政违法之外。这里的行政行为,既包括抽象行政行为,也包括具体行政行为;既包括实体性行为,也包括程序性行为;既包括外部行政行为,也包括内部行政行为等。

2.行政违法是违反行政法律规范的行为。①行政违法违反的是行政法律规范,而不是对宪法规范、刑事法律规范、民事法律规范的违反,否则,就不属于行政违法而应属于违宪行为、犯罪行为、民事违法行为。当然,在行政违法实践中,并不排除行政行为既违反行政法律规范又违反其他性质法律规范的情形,这时该行政行为是行政违法行为与行政犯罪行为、违宪行为等的重合或竞合。但如果只是单纯违反其他性质法律规范的行为,则绝不可能构成行政违法行为。[1]　②违反行政法律规范不仅包括对具

---

〔1〕　杨解君:《行政违法论纲》,东南大学出版社 1999 年版,第 19 页。

体行政法律规范的违反,也包括对行政法律原则、价值和精神的违反。

3.行政违法是尚未构成犯罪的行为。行政违法属于一般违法行为,其社会危害性较小,尚未达到犯罪的程度。行政违法与行政犯罪不同,行政犯罪是违反行政刑法而应受刑罚处罚的行为,一般认为其是指"违反行政法中有关刑事责任规定的法律规范而应承担刑罚责任的严重违法行为"〔1〕 行政违法与行政犯罪的区别,总体表现在社会危害性及其程度不同、违反的法律规范性质不同及应受惩罚的方法不同等〔2〕

4.行政违法是一种应当承担行政责任的行为。任何违法行为都应当受到相应的法律制裁,都应当承担法律责任,这是法治原则的要求。行政违法引起的法律责任是行政责任,而不是刑事责任或民事责任。行政责任是行政违法的法律后果。

二、行政违法的构成要件

所谓行政违法的构成要件,是指由行政法律规范所规定的,构成行政违法所必须具备的主观和客观条件的总和。具体包括:

1.行政违法的主体是行政主体及行政公务人员。这是行政违法的主体要件。行政违法是一定主体的行为违法,主体是行为的载体,离开了主体就无所谓行为,更无所谓行为违法。我们所界定的行政违法是指行政行为违法,而实施行政行为的主体是行政主体及行政公务人员。因此,行政违法的主体必须是行政主体和行政公务人员,非行政主体及行政公务人员的行为不能构成行政违法。

2.行政违法侵害了受行政法律规范所保护的行政关系。这是行政违法的客体要件。任何违法行为都是对法律所保护的社会关系的侵犯。行政违法,是对受行政法保护的社会关系——合法行政关系的侵害或破坏。行政行为只有客观上侵害了合法的行政关系,破坏了正常的行政管理秩序,才构成行政违法。应当指出的是,行政违法不能仅仅被看成是对某个个体或组织的侵害,还应当看到它对整个国家、社会公共利益与公共秩序的侵害和破坏。同时,要把行政违法的客体和行政违法的对象——行政违法行为所直接影响或侵害的物与人区别开来。大多数行政违法行为,往往对行政相对人的合法权益造成侵害从而构成行政侵权行为,此类行政违法行为既有侵害对象也有侵害客体;但某些行政违法并不一定存在侵害的对象,它可能不直接侵犯特定人的特定权利,却直接侵害了行政法所保护的社会关系或行政权力运行秩序。此时,只有侵害客体而无侵害对象。可见,只存在侵害客体,并不一定需要存在特定的侵害对象,也可确定为违法行为。如,行政首长违法任用公务员,不仅未对该公务员的权益造成侵害,相反却使之得到了非法利益,此时,并没有侵害的对象;但违法任用公务员的行为却侵害了正常的公务员管理秩序,这种秩序是法律规范所保护的客体,即存在侵害客

---

〔1〕　张明楷:"行政刑法辨析",载《中国社会科学》1995 年第 3 期。

〔2〕　杨解君:《行政违法论纲》,东南大学出版社 1999 年版,第 23 页。

体,所以该行为构成行政违法。[1]

3.行政违法主体实施了违反行政法律规范的行为。这是行政违法的客观要件。行政违法必须有一定的客观外在表现,即必须实施了违反行政法律规范的行为,如果仅有主观意图而无客观的行为时不能构成行政违法。行政违法是在行使行政职权过程中产生的或者与行政职权密切相关,如果与行政职权没有任何关联,就不能构成行政违法。违反行政法律规范的行为在与其具体危害结果的关系上表现出复杂性。违反行政法律规范的行为所造成的危害结果既可能是有形的损害也可能是无形的威胁,既可能是直接的损害也可能是间接的危险,既可能是单一的结果也可能是多种的结果。作为行政违法的一般要件,只须考虑其客观的、外在的违法事实状况即可,并不意味着必须产生一定的危害结果,危害结果只是某些行政违法必备的条件,并不是行政违法的一般要件。

4.行政违法主体实施行政违法行为时主观上有过错。这是行政违法的主观要件。根据法学原理,行为人在主观上有过错,是构成违法行为的要件之一。所谓主观过错,是指行为人实施行为时的主观心理状态,包括故意和过失两种形式。这一原理适用于行政违法上,却表现出一定的特殊性,对于行政主体而言,只要其在客观上有违反行政法律规范的作为或不作为就推定其主观有过错,不必再深究其主观因素;对于行政公务人员而言,由于其承担的行政责任是一种个人责任,必须将主观上的故意或过失作为要件之一,行政主体对行政公务人员违法行为认定上要考虑其主观上是否有过错,因为这涉及到对该公务人员是否要给予行政处分或者是否要予以追偿的问题。

三、行政违法的分类

根据不同的标准,可以对行政违法进行不同的分类:

1.抽象行政行为违法和具体行政行为违法。这是根据违法行为侵害的对象是否特定为标准,对行政违法所作的分类。所谓抽象行政行为违法,是指有关行政机关制定行政法规、行政规章和其他行政规范性文件的行为违法。它具体包括:超越权限创制规范性文件,程序违法,内容上与法律或者上位法相冲突、相抵触等形式。所谓具体行政行为违法,是指行政主体及其公务人员实施具体行政行为是不符合法定的要求和原则。它主要包括:超越职权,滥用职权,不履行法定职责,认定事实不清、证据不足,适用法律错误,程序违法,形式违法等。

抽象行政行为违法和具体行政行为违法在救济的途径和承担责任的方式上是有所不同的。对违法的抽象行政行为,在我国,行政相对人对其不服不能向人民法院提起行政诉讼,只能由权力机关和有权的行政机关(作出行为的行政机关和上级行政机关)予以撤销或宣布其无效。对违法的具体行政行为,属于行政复议和行政诉讼受案范围的,行政相对人对其不服,可以依法申请行政复议或提起行政诉讼,由行政复议机

---

[1] 朱维究、王成栋主编:《一般行政法原理》,高等教育出版社2005年版,第505页。

关或人民法院进行审查并作出裁判。

2. 行政主体的行政违法和行政公务人员的行政违法。这是根据违法行为主体形态的不同,对行政违法所作的分类。行政主体的行政违法属于组织形态的行政违法,行政公务人员的行政违法属于个人形态的行政违法。行政主体是指享有行政职权,以自己的名义实施行政行为,并独立承担自己行为所产生的法律责任的组织。行政主体行使行政职权的行为是通过其所属的公务人员的行为表现出来的。当行政公务人员按照行政主体的意志进行活动时,该行为视为行政主体的行为,而不是行政公务人员的个人行为,若构成违法,则属于行政主体违法,对外由行政主体承担法律责任。但如果行政公务人员代表行政主体实施了违法行政行为,且该公务人员主观上存在故意或者过失时,则行政主体和该行政公务人员均构成违法。由于行政主体的行政违法和行政公务人员的行政违法在判断标准、法律后果等方面有所不同,区别行政主体的行政违法和行政公务人员的行政违法具有重要意义。

3. 作为行政违法和不作为行政违法。这是根据行为的方式和状态的不同,对行政违法所作的分类。作为行政违法是指行政主体及其公务人员主动实施的、违反行政法律规范的行为。不作为行政违法是指行政主体及其公务人员不履行行政法律规范所规定的作为义务的行为。作为行政违法与不作为行政违法都会侵害公共利益或者行政相对人的合法权益,都应当承担法律责任。但在立法、执法、司法实践中,人们对不作为行政违法的重视程度远远不及作为行政违法。因此,区分这两种不同的行政违法有助于人们充分认识不同形态的行政违法行为,增强人们对不作为行政违法的重视程度。

4. 内部行政违法和外部行政违法。这是根据违法行为发生范围的不同,对行政违法所作的分类。内部行政违法是指行政主体在对其内部机构、人员及内部事务的管理中所发生的行政违法行为,包括内部实体违法和内部程序违法、行政编制和机构设置违法、对行政公务人员管理行为违法等,如行政机关对其公务员违法实施行政处分,即属于内部行政违法。外部行政违法是行政主体行使行政职权,对外部事务进行管理时发生的违法行为,如税务机关违法征税、工商行政管理部门违法吊销营业执照等。我国目前对内部行政违法与外部行政违法的救济途径不同。内部行政违法主要是通过行政途径解决,外部行政违法则通过行政途径和司法途径解决。随着法治进程的推进,内部行政违法也要进入司法救济的渠道。

5. 行政实体违法和行政程序违法。这是根据违反的行政法律规范是实体法律规范还是程序法律规范,对行政违法所作的分类。行政实体违法是对行政法律规范所规定和保护的实体权利义务的违反。行政程序违法是对行政程序法律规范所确定的权利义务的违反。行政实体违法的情形,主要包括行政失职、行政越权、滥用职权、依据违法与行政行为的内容违法等。行政程序违法主要包括违反法定的步骤、顺序、时限和形式等。行政行为既是实体行为又是程序行为,它是二者的统一体。因此,行政行为违法,既可以表现为行政实体违法或行政程序违法两种形式,又可以表现为行政实体违法与行政程序违法的重合违法情形。不仅行政实体违法属于行政违法,而且即使行政实体合法但行政程序违法的,同样属于行政违法,也要承担相应的法律责任。行政主体及其公务人员在实施行政行为时,既要重视实体问题,也要重视程序问题。[1]

6.单一行政违法和共同行政违法。这是根据行为主体的数量不同,对行政违法所作的分类。现实生活中,行政违法行为不仅可以由单一的行政主体作出,即单一行政违法;同时也可以由两个或者两个以上的行政主体作出,即共同行政违法。这种分类有助于人们确定行政复议中的被申请人、行政诉讼中的被告以及责任的承担者。如果是单一行政违法,则在行政复议与行政诉讼中出现单一被申请人与单一被告,责任主体是独立责任主体;如果是共同行政违法,则在行政复议与行政诉讼中出现共同被申请人与共同被告,责任主体是共同责任主体。

■　第二节　行政责任

一、行政责任的概念与特征

(一)行政责任的概念

行政责任,又称行政法律责任,是法律责任的一部分。作为法律责任的下位概念,行政责任有广义和狭义两种解释。广义上的行政责任是指行政法律关系的主体违反行政法律规范而应承担的否定性法律后果。它既包括行政主体的法律责任、行政公务人员的法律责任,也包括行政相对人的法律责任。狭义上的行政责任是指行政主体及行政公务人员违反行政法律规范而应承担的否定性法律后果。它只包括行政主体的法律责任和行政公务人员的法律责任,而不包括行政相对人的法律责任。本章重在强调行政主体及行政公务人员的法律责任,就责任主体而言,行政责任应与行政违法相对应,它是行政违法行为的法律后果。基于上述对行政违法的分析,我们将行政责任界定为:行政责任是指行政主体及行政公务人员因违反行政法律规范,构成行政违法而由有权国家机关依法追究或其主动承担的否定性法律后果。它包括以下几层含义:①行政责任是一种否定性法律后果。它是对责任主体违法行为的一种否定性评价。②行政责任是行政主体及行政公务人员应承担的一种否定性法律后果。③行政责任是行政主体及行政公务人员违反行政法律规范,构成行政违法而应承担的否定性法律后果。④行政责任既可以由有权国家机关依法追究,也可以由责任主体主动承担。

(二)行政责任的特征

1.行政责任是行政法确立的、违反行政法律规范而应承担的法律责任。这一特征表明行政责任的部门法属性:行政责任是相对于刑事责任、民事责任而言的一种法律责任,这种法律责任的前提是有违反行政法而不是其他部门法的行为,而且该行为所

[1]　杨解君:《行政违法论纲》,东南大学出版社1999年版,第29页。

要承担的后果也是行政法而不是其他部门法规定的后果,即追究行政责任的依据是行政法而不是刑法、民法等其他部门法。

2.行政责任具有惩罚性和补救性的双重属性。行政责任在性质和程度上,既不同于刑事责任那样偏重于惩罚性,也不同于民事责任那样偏重于补救性,而是具有两种性质。而且在程度上,其惩罚性低于刑事责任,与刑事责任之间存在一种衔接关系。

3.行政责任的主体包括行政主体和行政公务人员。两类责任主体在承担责任的对象上有所不同。行政主体的法律责任有的要向国家承担,有的要向行政相对人承担。其中,当行政主体作出的行政违法行为不涉及行政相对人但损害了国家、社会公共利益时,就要向国家承担法律责任;当行政主体作出的行政违法行为侵害了行政相对人的合法权益时,则要向行政相对人承担法律责任。

行政公务人员的法律责任是一种个人责任,这种个人责任主要是针对国家(由行政机关代表)承担的。这种个人责任主要源于行政公务人员的两种违法情况:①在行政机关内部管理中,行政公务人员违反内部管理制度,破坏了行政机关的内部秩序,因而要对国家行政机关承担法律责任;②行政公务人员在代表行政主体对外管理时,由于个人故意违法或有重大过失,对行政相对人作出了违法的行政行为并造成了对方合法权益的损害。对此,行政主体要就其违法行政行为向行政相对人承担法律责任。但这种行政违法行为在行政主体内部,又是由行政公务人员个人故意或重大过失而造成,行政公务人员损害了行政主体的声誉和利益,因而其应向行政主体承担法律责任。

4.行政责任的追究机关具有多样性。行政责任的追究机关不像刑事责任、民事责任追究机关那样只限于司法机关。由于行政责任的多样化,因而追究行政责任的机关也是多样的,而不是单一的。如权力机关、司法机关、上级行政机关、行政复议机关、专门的审计机关、监察机关等都是行政责任的追究机关,它们分别依法对行政主体和行政公务人员的违法行为追究责任。追究行政责任的形式与程序也是多样化的,不同的责任形式分别对行政主体和行政公务人员依法适用;在追究责任的程序方面,有权力机关的特别监督程序、行政机关的行政程序、司法机关的司法程序等。可以说,对行政责任的追究,有一套复杂的制度体系。

二、行政责任的构成要件

行政责任的构成要件,是指形成行政责任所必须具备的各种条件。根据上述对行政责任的界定,行政责任的构成要件包括以下几个方面:

1.主体要件。行政责任的主体与其特定的法律身份及其职权职责内容紧密相连,没有特定的法律身份及其职权职责内容就不可能构成行政违法,也就不承担行政责任。[1] 基于此,行政责任的主体是行政主体和行政公务人员。

2.行为要件。行政主体及行政公务人员有行政违法行为的存在,这是构成行政责

––––––––––––––––––––

〔1〕 朱维究、王成栋主编:《一般行政法原理》,高等教育出版社2005年版,第517～518页。

任的必备前提条件。行政责任是行政违法所产生的法律后果,无行政违法行为即无法律责任。因此,有行政违法行为存在是构成行政责任必不可少的条件。

3. 法律规范要件。行政责任需要由行政法律规范所确认。根据现代国家法治行政的原理,不仅要求行政主体及其公务人员的职权职责法定,而且要求对其行政责任的追究与承担也是法定的。这不仅要求行政责任的方式必须为行政法律规范所确认,而且要求行政责任的内容也必须为行政法律规范所确认。没有行政法律规范对行政责任予以规定,就不能进行责任追究。

三、行政责任的追究与承担

(一)行政责任的追究

1. 追究行政责任的主体。追究行政主体的责任由具有法定监督权力的国家机关进行。主要包括:①由权力机关以作出决定的方式追究;②由司法机关以行政诉讼和行政赔偿诉讼裁判的方式追究;③由行政复议机关以复议裁决的方式追究;④由上级行政机关以作出决定的方式追究;⑤由行政机关中专门的监督部门如审计、监察部门以作出决定的方式追究;⑥由行政主体自己主动承担法律责任。由于行政主体是代表国家参与行政法律关系的,因此,适用于行政相对人的一些法律责任形式,不能完全适用于行政主体。追究行政公务人员的责任主要由对其有法定人事任免、奖惩权力的国家机关进行。主要包括:①由权力机关以作出罢免决定的方式追究;②由具有人事管理隶属关系的行政机关以行政处分、追偿决定的方式追究;③由行政机关中专门的监察部门以作出监察决定的方式追究。行政公务人员既不同于普通公民,又不同于行政主体,其法律责任具有内部人事管理的性质。因此,其法律责任的承担有其独特性。

2. 追究行政责任的原则。①责任法定原则。责任法定原则是指行政主体及行政公务人员应当承担的行政责任,要用法定形式固定下来。哪些行为属于行政违法行为,应当承担何种行政责任,都应有法律上的明文规定,以此作为承担行政责任的依据。对行政责任的确认和追究必须依法进行,防止追究责任的随意性。②责任自负原则。责任自负原则的主要涵义包括:第一,违法行为人应该对自己的违法行为负责。第二,不能让没有违法行为的人承担法律责任,即反对株连或变相株连。第三,要保证责任人受到法律追究,无责任人受到法律保护,即不枉不纵,公平合理。责任自负原则是现代法的一般原则。对行政违法行为,不论涉及到谁,都要依法追究其行政责任。在国家行政机关中,不允许存在担任职务、行使职权而不承担责任的现象,也不允许出了问题推卸责任或强加责任、包揽责任或代负责任。③责任相称原则。责任相称原则要求责任的轻重和种类应当与违法行为的危害程度相一致,必须根据违法行为的程度适用适当的责任形式,选择适当的强度和方式。追究违法行为人的责任,目的在于对受损害的权益给予补救,惩戒违法行为人,促使其以后不再实施违法行为。如果确认违法责任畸轻,遭受损害的权益就得不到有效的补救,对违法行为人也起不到警戒的作用;反之,如果确认违法责任畸重,同样也不能达到追究法律责任的目的。因此,追究行政责任,必须遵循责任相称原则,做到过罚相当。④补救、惩戒与教育相结合的原则。追究法律责任,往往表现为对责任者的惩罚,其最终目的或者说最重要的目的在于对受损害的权益的补救,以恢复法制社会的正常秩序。但是,仅靠惩罚或科处补救性义务,并不一定能有效地控制和防止行政上的违法行为的发生。一定程度的惩罚是必要的,而惩罚的目的是为了使违法行为人受到教育,促使其合法、有效地履行职责或义务,也使其他行政主体及其公务人员引以为戒,达到警戒、防范的效果,最终建立良好的秩序。所以,在确认和追究行政责任时,对责任种类、方式和强度等的选择,都应体现补救、惩戒和教育相结合的原则。[1]

(二)行政责任的承担

1. 行政主体承担行政责任的方式。行政主体承担行政责任的具体方式有:

(1)通报批评。这是一种惩戒性的行政责任,通过通报批评,对作出违法行为的行政主体起到一种警戒的作用,以促使其以后不再实施违法行为。通报批评一般由权力机关、上级行政机关或者审计、监察部门等有权机关以书面形式作出,通过报刊、文件等形式予以公布。

(2)赔礼道歉、承认错误。行政主体作出违法或不当行政行为,损害相对方的合法权益时,必须向对方赔礼道歉,承认错误。赔礼道歉、承认错误能使受损害者在精神上得到安慰,表明行政主体对自己违法行为的否定和反省。承担这种责任一般由行政机关的领导和直接责任人员当面向对方当事人作出,可以采取口头形式,也可以采取书面形式。这是行政主体所承担的一种较轻微的补救性行政责任。

(3)恢复名誉、消除影响。当行政主体的行政违法行为造成行政相对人名誉上的损害、产生不良影响时,要以为对方恢复名誉、消除影响的责任形式进行精神上的补救。该责任的履行通常以能弥补相对人名誉受损害的程度和影响范围为限。

(4)返还权益。当行政主体违法剥夺行政相对人的权益时,其承担的法律责任通常是返还该权益。

(5)恢复原状。当行政主体的行政违法行为给行政相对人的财产带来改变其原有状态的损害时,行政主体要承担恢复原状的补救性法律责任。

(6)停止违法行为。这是惩戒性的法律责任。如果违法行政行为处于持续的状态中,法律责任的追究机关有权责令行政主体停止该违法行政行为。

(7)责令履行职责。这是因行政主体不履行或拖延履行职责而须承担的一种法律责任。

(8)撤销违法的行政行为。对于行政主体的违法行政行为,行政主体自己或有权的机关应予以撤销,行政主体要承担违法行为被撤销的法律后果。撤销违法行政行为包括撤销已经完成和正在进行的行为。

(9)纠正不当的行政行为。纠正不当的行政行为是对行政主体行使自由裁量权

---

〔1〕 罗豪才主编:《行政法学》,北京大学出版社1996年版,第321~322页。

进行控制的法律责任方式。行政机关对滥用自由裁量权的不当行政行为要负法律责任。纠正不当的行政行为通常由行政主体自己改变,或者由上级行政机关、行政复议机关予以改变,有些不当的行政行为(如显失公正的行政处罚)可以由人民法院依法予以变更。

(10)宣布无效。对重大、明显的行政违法行为,行政主体有义务宣布其无效,其他法定主体也有义务宣布其无效。宣布无效在我国还不是普遍的责任形式。

(11)赔偿损失。赔偿损失是一种补救性的行政责任。行政主体的违法行为造成行政相对人人身损害的,应依法赔偿损失;造成财产上的损害,如果不能返还财产和恢复原状的,也应依法赔偿损失。

2.行政公务人员承担责任的方式。行政公务人员承担责任的方式主要有:

(1)罢免行政领导职务。罢免行政领导职务适用于具有行政违法行为的各级政府组成人员。它是国家权力机关对违法失职的政府组成人员的惩戒行为。我国宪法规定,全国人民代表大会有权罢免国务院总理、副总理、国务委员、各部部长、各委员会主任、审计长、秘书长。我国地方各级人民代表大会和地方各级人民政府组织法规定,地方各级人民代表大会有权罢免本级人民政府的组成人员。

(2)行政处分。行政处分是行政公务人员最主要的法律责任,它只适用于行政公务人员,是对行政公务人员职务身份的制裁,是一种内部行为和责任方式。行政处分的具体种类有:警告、记过、记大过、降级、撤职、开除。目前适用行政处分的法律依据和基本程序是《行政监察法》和《公务员法》中的有关规定。

(3)对违法所得的没收、追缴或者退赔。行政公务人员违反行政法义务所取得的财产属于非法所得,监察机关及其他有权机关依法对非法所得实行没收、追缴或者责令退赔,这在《行政监察法》第24条第2项中有明确规定。

(4)赔偿损失。指行政公务人员代表行政主体行使职权时侵害了行政相对人的合法权益并造成损害的,行政主体在代表国家对行政相对人赔偿损失后,依法责令有故意或重大过失的行政公务人员负担部分或全部赔偿费用。这种赔偿损失责任是行政公务人员向国家承担的,既有财产内容,又有制裁因素,属于一种内部行政责任。

(5)其他责任形式。如被责令检讨、予以通报批评、当面向受害人作出赔礼道歉等。

【思考题】

1.简述行政违法的概念与种类。

2.简述行政违法的构成。

3.简述行政责任的概念与特征。

4.简述行政责任的构成。

5.试述行政责任的追究与承担。

【实务训练】

某职业咨询公司诉甲县劳动保障执法机构行政处罚案

案情简介：甲县劳动保障执法机构，在对该县的某职业咨询公司进行执法检查时，发现该公司未经劳动保障行政部门批准从事职业介绍活动，并通过提供虚假就业信息、为无合法证照的用人单位及无合法身份证件的求职者提供职业介绍服务等，牟取不正当利益。劳动保障执法机构认为，该公司的违法行为严重，获取的违法所得数额较大，应该从严处罚。遂以劳动保障执法机构的名义对某职业咨询公司作出罚款 10 万元的行政处罚决定。某职业咨询公司对这一行政处罚决定不服，向法院提起行政诉讼。

法律问题：劳动保障执法机构实施的行政处罚行为是否合法？人民法院应如何判决？

提示与分析：本案涉及到甲县劳动保障执法机构行政处罚行为的合法性问题。本案中，甲县劳动保障执法机构作出的行政处罚决定是违法的，理由如下：

1. 处罚的主体不合法。我国《行政处罚法》第 15 条规定："行政处罚由具有行政处罚权的行政机关在法定职责范围内实施。"劳动保障执法机构是劳动保障行政机关的内设机构，它只能以劳动保障行政部门的名义而不能以自己的名义对外作出行政行为。因劳动保障行政部门才是行政处罚的主体，劳动保障执法机构以自己的名义作出罚款决定违反了《行政处罚法》的规定。

2. 处罚的程序违法。根据《行政处罚法》第 42 条的规定，行政机关作出较大数额罚款的处罚决定之前，应当告知当事人享有听证的权利。甲县劳动保障执法机构对某职业咨询公司作出罚款 10 万元的行政处罚属于较大数额罚款的处罚决定，应当告知某职业咨询公司享有听证的权利。而劳动保障执法机构既没有告知当事人享有听证的权利，也没有组织听证，显然，其作出罚款处罚决定的程序违法。

综上，根据《行政诉讼法》第 54 条第 2 项的规定，法院应判决撤销甲县劳动保障执法机构的行政处罚决定。但某职业咨询公司的违法牟利行为，也应受到相应的处理。因此，法院在判决撤销甲县劳动保障执法机构作出的行政处罚决定时，应判决甲县劳动保障行政部门重新作出具体行政行为。

第十二章

行政复议与行政信访

学习目的与要求　通过本章的学习,使学生掌握行政复议与行政信访的基本概念、基本特征和主要制度;了解我国行政复议机关和行政信访机构的组织体系,熟练掌握行政复议的受案范围、行政复议的管辖、行政复议的程序,以及行政信访主体、行政信访程序和行政信访的法律责任。

■　第一节　行政复议

一、行政复议的概念、特征及原则

（一）行政复议的概念与特征

行政复议是指公民、法人或者其他组织不服行政主体的具体行政行为,依法向行政复议机关提出复查该具体行政行为的申请,行政复议机关依照法定程序对引起争议的具体行政行为的合法性与适当性进行审查并作出裁决的活动。

行政复议既是行政相对人行使行政救济权的一种法律途径,也是行政机关依法解决行政争议、加强层级监督的法律制度。行政复议有以下特征:

1.行政复议是依申请的行政行为。行政复议是行政复议机关根据行政相对人的申请,在审查被申请人的行政行为是否合法、适当的基础上,依法作出的一种行政行为,即行政复议是依申请的行政行为。在行政相对人未提出复议申请时,行政复议机关不能主动启动行政复议程序。

2.行政复议以引起争议的具体行政行为为主要审查对象,同时对部分抽象行政行为可以附带审查。根据《行政复议法》的规定,行政复议以具体行政行为为主要审查对象,但行政复议在审查具体行政行为时能附带审查部分抽象行政行为,即除行政规章以外的国务院部门的规定、县级以上地方各级人民政府及其工作部门的规定、乡镇人民政府的规定。

3.行政复议实行全面审查原则。行政复议机关在审查行政复议案件时,既可以审查行政行为的合法性,也可以审查其适当性。这是行政复议与行政诉讼的重要区别之一。在行政诉讼中,人民法院一般只对具体行政行为的合法性进行审查。

4.行政复议以书面审查为主要方式,必要时可以采取调查或听取意见的方式。行政复议原则上采取书面审查的办法,但是申请人提出要求或者行政复议机关负责法制工作的机构认为有必要时,可以向有关组织和人员调查情况,听取申请人、被申请人和第三人的意见。

5.行政复议是依法定的程序进行的活动。行政复议程序法定表明行政复议活动必须严格依照法定的步骤、顺序、方式和时限进行。程序法定的实质是对行政机关公正行使复议权的约束和保障。

（二）行政复议的基本原则

行政复议的基本原则是指反映行政复议的特点,体现行政复议的精神实质,贯穿于行政复议活动的始终,对行政复议活动具有普遍指导意义的基本准则。根据《行政复议法》的规定,行政复议的基本原则包括以下几项:

1.全面审查原则。全面审查原则是指行政复议机关对申请复议的具体行政行为的合法性与适当性及有关抽象行政行为的合法性进行全面审查。具体包括下列内容:

（1）行政复议既对具体行政行为进行审查,也对有关的抽象行政行为进行审查。根据《行政复议法》的有关规定,行政复议机关不仅可以对具体行政行为进行审查,而且可以根据公民、法人或者其他组织的申请,对具体行政行为所依据的有关规范性文件一并进行审查。

（2）行政复议机关对具体行政行为是否合法进行审查。行政争议的焦点在于行政机关是否依法行使职权,是否存在违法的作为或不作为行为,是否违法侵犯了公民、法人或者其他组织的合法权益。当公民、法人或者其他组织对具体行政行为不服申请复议时,行政复议机关首先要解决的问题就是具体行政行为的合法性。只有在确认了具体行政行为合法以后,才能进一步审查具体行政行为是否适当;只有解决了具体行政行为是否合法的问题,才能确定行政机关是否应承担法律责任以及承担什么样的法律责任。

（3）行政复议机关对有关的抽象行政行为是否合法进行审查。行政复议机关对有关的抽象行政行为是否合法进行审查主要是指行政复议机关对具体行政行为所依据的规章以外的规范性文件是否合法进行审查。

（4）行政复议机关对具体行政行为是否适当进行审查。适当性审查,又称合理性审查,是指行政复议机关在对具体行政行为进行合法性审查的基础上,进一步审查具体行政行为的适当性,看具体行政行为的内容是否客观适度、公正合理,有无畸轻畸重、显失公正的情形存在。

2.合法、公正、公开、及时、便民原则。《行政复议法》第4条规定:行政复议机关履行行政复议职责,应当遵循合法、公正、公开、及时、便民的原则,坚持有错必纠,保障法律、法规的正确实施。这一原则又可分为下述相对独立又相互联系的五个方面：

（1）合法原则。合法原则要求行政复议机关及其工作人员应按照法定的权限和程序，对申请复议的具体行政行为和有关的抽象行政行为进行审查，并严格依照法律规定作出复议决定。具体包括下列内容：①行政复议机关应当合法。复议机关必须是依法成立并具有行政复议职权的行政机关；其复议活动必须严格依据法定的复议权限进行，否则就构成超越职权。②行政复议机关审查行政复议案件适用依据必须合法。行政复议机关审查行政复议案件的依据，主要有法律、行政法规、地方性法规、规章和上级行政机关制定与发布的其他规范性文件。行政复议机关审查民族自治地方的行政复议案件，还要依据该民族自治地方的自治条例和单行条例。③行政复议机关审查行政复议案件的程序应当合法。《行政复议法》和有关的法律、法规对行政复议的程序作了具体规定，行政复议机关审查行政复议案件时必须严格遵守。④行政复议决定的内容应当合法。内容合法是指行政复议机关在复议决定中所赋予或确认的权利，设定或免除的义务必须符合法律、法规的规定。

（2）公正原则。公正是指行政复议活动应当公平、合理、无偏私。对于基本相同的案件事实、性质和情节，行政复议的结果应当基本相同，否则就有失公正。为了体现公正原则，在行政复议活动中，行政复议机关尤其应当注意维护申请人的行政复议权益。在行政复议过程中，行政复议机关对重大复杂的案件，根据申请人的要求或实际需要，应组织双方当事人就有关事实证据进行质证与辩论，以澄清事实。这样做，有利于行政复议机关在弄清事实的基础上公正地作出行政复议决定。

（3）公开原则。公开是合法与公正的外部保障，也是现代行政管理的基本要求之一，作为一种行政救济制度，行政复议理应遵循公开原则。具体要求是：行政复议案件的材料要公开、行政复议过程要公开、行政复议结果要公开。

（4）及时原则。及时原则也称效率原则，是指行政复议机关必须在法定的期限内作出复议决定，并不断提高工作效率，尽快结案。行政复议既要谋求公正，又要注意提高行政效率。及时原则是依靠行政复议法中有关申请、受理、审查、决定及执行的时限制度来保证的，从行政复议案件的受理、审查到作出复议决定都有严格的时限要求，行政复议的各个环节都必须在法定的时限内尽快完成，才能保证行政复议的高效率。

（5）便民原则。便民原则是指在行政复议活动中，要尽量方便行政相对人，使其不因行政复议活动而增加过大的负担，最大限度地节省他们所耗费的时间、精力和费用。

3. 复议期间具体行政行为不停止执行原则。复议期间具体行政行为不停止执行原则是指行政主体作出的具体行政行为不因行政相对人申请行政复议而停止执行，即公民、法人或者其他组织对行政主体作出的具体行政行为不服，申请行政复议后，具体行政行为在被行政复议机关撤销或改变之前，继续执行。需要注意的是，复议期间不停止具体行政行为的执行，只是作为行政复议的一项原则，并不意味着在任何条件下，复议期间具体行政行为都不停止执行。《行政复议法》第21条在规定复议期间具体行政行为不停止执行原则的同时,也规定了可以停止执行的几种情况:①被申请人认为需要停止执行的;②行政复议机关认为需要停止执行的;③申请人申请停止执行,行政复议机关认为其要求合理,决定停止执行的;④法律规定停止执行的。

二、行政复议的受案范围

行政复议的受案范围,是指公民、法人或其他组织认为具体行政行为侵犯其合法权益,依法向行政复议机关提出申请,由行政复议机关受理并解决行政争议的权限范围。

行政复议的受案范围,对行政相对人来说,就是其对具体行政行为不服向复议机关提出申请,请求复议机关保护其合法权益和提供救济的范围;对行政机关来说,就是其行为接受行政复议机关行政监督的范围。

（一）行政复议机关应当受理的行政案件

根据《行政复议法》第 6 条的规定,行政复议机关受理相对人申请复议的下列行政案件:

1. 行政处罚案件。《行政复议法》第 6 条第 1 项规定,相对人"对行政机关作出的警告、罚款、没收违法所得、没收非法财物、责令停产停业、暂扣或者吊销许可证、暂扣或者吊销执照、行政拘留等行政处罚决定不服的",可以申请行政复议。按照本条的规定,除了《行政复议法》列举的七种行政处罚形式外,对于法律、法规规定的其他种类的行政处罚,相对人不服的,同样可以申请行政复议。

2. 行政强制措施案件。行政强制措施是具体行政行为的一种重要形式,也是直接影响相对人合法权益的重要手段。其突出特点是对人身自由或财产流通的限制。相对人对行政机关实施的限制人身自由或对财产的强制措施不服的,可以申请行政复议。

3. 变更、中止、撤销有关许可证、执照、资质证、资格证等证书的案件。许可证、执照、资质证、资格证等证书是指有权行政机关根据行政相对人的申请,经过依法审查后核发的证明文书,允许证书持有人具有某种资格、从事某一职业或进行某种活动。此类证书一经颁发,便具有法律效力。如果行政机关在证书有效期限内作出变更、中止、撤销的决定,证书持有人不服的,可以申请行政复议。

4. 确认自然资源的所有权或使用权的案件。这里的"确认",是指有权行政机关对个人、组织的法律地位或权利义务关系的确定、认可和证明。例如,行政机关对个人、组织的财产所有权、使用权的确认。这里的"所有权",是指所有人依法对自己的财产享有占有、使用、收益和处分的权利。这里的"使用权",是指权利主体按财产的性能对财产进行事实上利用的权利。不管是土地等自然资源的所有权,还是土地等自然资源的使用权,只要相对人对行政机关的确认决定不服,就可以申请行政复议。

5. 侵犯合法经营自主权的案件。经营自主权是指公民、法人或者其他组织在法律、法规规定范围内拥有的调配使用自己的人力、物力、财力,自主组织生产、经营活动的权利。侵犯经营自主权,是指对经营自主权的限制或剥夺。相对人认为行政机关侵犯其合法的经营自主权的,可以申请行政复议。

6. 变更或废止农业承包合同的案件。农业承包合同是指农村集体经济组织和国有农业企业与其成员及其他公民之间为从事粮食、林木、畜牧、水产等种植、养殖业生产经营活动,以承包的方式明确双方权利义务关系而订立的协议。发包方和承包方就农业承包合同条款协商一致,签字盖章,合同即告成立,具有法律效力,任何一方不得随意变更或废止。行政机关也应维护农业承包合同的严肃性,不能随意变更或者废止农业承包合同。行政相对人认为行政机关变更或者废止农业承包合同侵犯其合法权益的,可依法申请行政复议。

7. 行政主体违法集资、征收财物、摊派费用或违法要求履行其他义务的案件。"违法要求履行义务"一般有三种情况:①非法科处义务。即相对人无法定义务但行政主体要求其履行。②要求履行的义务量超过了法定义务量。③行政主体违反法定程序要求相对人履行义务。在现实生活中,行政主体违法要求相对人履行义务的形式多样,除了违法集资、征收财物、摊派费用这三种具有代表性的形式外,行政主体其他没有合法依据而让行政相对人出钱、出工、出物等行为都属于违法要求履行义务的行为。对此,行政相对人不服,都可以依法申请复议。

8. 行政许可、审批、登记不作为案件。《行政复议法》第 6 条第 8 项规定,相对人"认为符合法定条件,申请行政机关颁发许可证、执照、资质证、资格证等证书,或者申请行政机关审批、登记有关事项,行政机关没有依法办理的",可以申请行政复议。当行政相对人依法向有权行政机关提出申请后,有权行政机关对申请人的申请要认真审查,符合条件的应依法予以许可、审批、登记。如果有权行政机关没有依法办理,如无故明确拒绝或不予答复的,则相对人可以申请行政复议。

9. 没有依法履行保护人身权、财产权和受教育权的法定职责的案件。保护行政相对人的人身权利、财产权利和受教育权利,是我国各级国家行政机关的法定职责。当相对人的人身权利、财产权利、受教育权利受到侵犯时,有权申请行政机关给予保护。负有法定职责的行政机关如果没有依法履行,包括拒绝履行或不予答复,相对人可以申请行政复议。

10. 没有依法发放抚恤金、社会保险金或者最低生活保障费的案件。抚恤金是指公民因公或因病致残、死亡时发给本人或其家属,用以维持本人或其家属日常生活的费用。社会保险金是指参加社会保险的公民在丧失劳动机会或劳动能力时依法领取的一定金额的生活费用。最低生活保障费是指保证维持生命所需的最低限度的饮食和居住条件所需要的费用。行政机关应当依法发给抚恤金、社会保险金或最低生活保障费而没有发给,或者没有按时、按规定数量发给,都是对相对人合法权益的一种侵犯。对此,相对人可以依法申请行政复议。

11. 认为行政机关其他具体行政行为侵犯其合法权益的案件。这是一项概括性的规定,它表明,只要相对人认为某个具体行政行为侵犯了其合法权益,都可以申请行政复议,而不仅仅局限于上面列举的10种具体行政行为。这是因为,具体行政行为多种多样,各种违法或不当的具体行政行为,都可能给相对人的合法权益造成侵害。这一规定还表明,我国行政复议的受案范围是开放型的,它不仅包括现阶段法律、法规规定的可以申请复议的行政案件,而且包括将来制定的法律、法规规定的可以申请复议的行政案件。

另外,行政相对人针对上述具体行政行为申请行政复议时,如果认为这些具体行政行为所依据的有关规定不合法,还依法有权一并向复议机关提出对该规定的审查申请。根据《行政复议法》第7条的规定,这些规定具体包括:①国务院部门的规定;②县级以上地方各级人民政府及其工作部门的规定;③乡、镇人民政府的规定。但是,上述规定不含国务院部、委员会规章和地方人民政府规章。规章的审查依照法律、行政法规办理。应当注意的是,公民、法人或者其他组织不能单独就以上抽象行政行为申请行政复议,只能在对具体行政行为申请行政复议的同时,对作为具体行政行为依据的这些规定一并提出审查申请。

（二）行政复议机关不予受理的事项

《行政复议法》除了规定复议机关受理的行政案件以外,还规定了复议机关不予受理的事项。根据《行政复议法》第8条的规定,复议机关不予受理的事项包括:

1. 行政机关作出的行政处分或者其他人事处理决定。这里的"行政处分",是指国家行政机关对工作人员违反行政法义务的行为给予的惩戒。这里的"其他人事处理决定",是指行政机关对特定公务员实施的,对该公务员的权利义务产生影响的单方、要式人事行政行为。一般认为,不管是行政处分,还是其他人事处理决定,都是行政机关对自身内部事务进行的一种人事管理行为,由其引发的争议,有关的被处分人或被处理人可以依照有关法律、法规的规定向有关人事、监察部门提出申诉,但不能通过行政复议程序解决。

2. 行政机关对民事纠纷作出的调解或者其他处理决定。行政机关对民事纠纷的调解或者处理行为,是由行政机关以第三方的身份,居中调解或处理民事纠纷。这与行政机关实施的行政处罚、行政强制、行政许可等行为,在性质上是完全不同的。当事人对行政机关的调解和处理不服,只意味着原来的民事纠纷尚未得到解决,并不标志民事纠纷已经转化为行政纠纷。因此,相对人不服行政机关对民事纠纷的调解或者其他处理,不能申请行政复议,但可以依法申请仲裁或者向人民法院提起民事诉讼。

三、行政复议的管辖

（一）行政复议管辖的概念

行政复议的管辖是指复议机关受理行政复议案件的分工和权限。对行政复议机关来说,管辖确定了不同职能和不同层级的行政机关审查行政复议案件的具体分工,明确了不同行政机关之间受理行政复议案件的权限;对于复议申请人来说,管辖则是解决行政争议发生之后到哪一个行政机关去申请复议的问题。

（二）行政复议的一般管辖

一般管辖是指在一般情况下对不服行政机关的具体行政行为时申请复议所实施的管辖。根据《行政复议法》的规定，一般管辖包括以下几种：

1. 对县级以上地方各级人民政府工作部门的具体行政行为不服申请复议的管辖。根据《行政复议法》第12条第1款的规定，公民、法人或其他组织不服县级以上地方各级人民政府工作部门的具体行政行为，既可以向该部门的本级人民政府申请复议，也可以向上一级主管部门申请复议。这种管辖规定的最大优点就是便民，对于复议管辖机关，申请人能在比较与权衡中作出有利于自己的选择。

但是，根据《行政复议法》第12条第2款的规定，对实行垂直领导的行政机关和国家安全机关的具体行政行为不服，申请行政复议的，不实行选择管辖，申请人只能向其上一级主管部门申请复议。目前，实行垂直领导的行政机关主要是指海关、金融、国税、外汇管理等行政机关。至于国家安全机关，由于其行政行为的性质、行使职权的手段以及工作方法较为特殊，有时还涉及国家机密问题，因而规定了向其上一级国家安全机关申请复议。

2. 对地方各级人民政府的具体行政行为不服申请复议的管辖。根据《行政复议法》第13条的规定，公民、法人或其他组织对地方各级人民政府的具体行政行为不服的，应向上一级地方人民政府申请复议，由上一级地方人民政府管辖，其中，对省、自治区人民政府依法设立的派出机关所属的县级人民政府的具体行政行为不服的，应向该派出机关申请复议，由该派出机关管辖。

3. 对国务院各部门或省、自治区、直辖市人民政府的具体行政行为不服申请复议的管辖。根据《行政复议法》第14条的规定，公民、法人或其他组织对国务院各部门或省、自治区、直辖市人民政府的具体行政行为不服的，应分别向作出该具体行政行为的国务院部门或者省、自治区、直辖市人民政府申请复议，由原作出具体行政行为的行政机关进行复议。对行政复议决定不服的，可以向人民法院提起行政诉讼，也可以向国务院申请裁决，国务院依照《行政复议法》的规定作出最终裁决。

（三）行政复议管辖的几种特殊情况

1. 不服派出机关的具体行政行为的复议管辖。《行政复议法》第15条第1款第1项规定："对县级以上地方人民政府依法设立的派出机关的具体行政行为不服的，向设立该派出机关的人民政府申请行政复议。"根据这一规定，对由行政公署的具体行政行为引起的复议案件，只能由设立该行政公署的省、自治区人民政府管辖；对由区公所的具体行政行为引起的复议案件，只能由设立该区公所的县、自治县人民政府管辖；对由街道办事处的具体行政行为引起的复议案件，只能由设立该街道办事处的市辖区和不设区的市人民政府管辖。

2. 不服派出机构的具体行政行为的复议管辖。《行政复议法》第15条第1款第2项规定：对政府工作部门依法设立的派出机构依照法律、法规或者规章规定，以自己的名义作出的具体行政行为不服的，向设立该派出机构的部门或者该部门的本级地方人民政府申请行政复议。

3. 不服法律、法规授权组织的具体行政行为的复议管辖。《行政复议法》第15条第1款第3项规定,对法律、法规授权的组织作出的具体行政行为不服申请复议的,由直接管理该组织的地方人民政府、地方人民政府工作部门或者国务院部门管辖。

4. 不服共同行政行为的复议管辖。共同行政行为是指两个或者两个以上的行政机关以共同的名义作出的具体行政行为。根据《行政复议法》第15条第1款第4项的规定,公民、法人或其他组织对两个或两个以上行政机关以共同的名义作出的具体行政行为不服的,应向它们的共同上一级行政机关申请行政复议。

5. 不服被撤销的行政机关在其被撤销前作出的具体行政行为的复议管辖。行政机关被撤销,是指该机关的行政主体资格的转移或丧失。《行政复议法》第15条第1款第5项规定,对被撤销的行政机关在其被撤销前作出的具体行政行为不服申请复议的,由继续行使其职权的行政机关的上一级行政机关管辖。需要说明的是,行政机关被撤销后,如果没有继续行使其职权的行政机关存在,这时应当由作出撤销决定的行政机关充当复议被申请人,由作出撤销决定的行政机关的上一级行政机关行使复议管辖权。

四、行政复议的程序

行政复议的程序是指行政复议机关在审查行政复议案件时所遵循的方式、步骤、顺序和时限。

（一）申请

行政复议的申请,是指公民、法人或其他组织认为行政机关的具体行政行为侵犯其合法权益,依法向有管辖权的行政复议机关提出对该具体行政行为进行审查和处理,以保护自己合法权益的一种意思表示。

1. 申请的期限。公民、法人或者其他组织不服行政机关的具体行政行为,应当在知道该具体行政行为之日起60日内提出复议申请,但法律规定的申请期限超过60日的除外。因不可抗力或者其他正当理由耽误法定申请期限的,申请期限自障碍消除之日起继续计算。

2. 申请的条件。申请行政复议应当符合下列条件:①申请人是认为具体行政行为侵犯其合法权益的公民、法人或者其他组织;②有明确的被申请人;③有具体的复议请求和事实根据;④属于申请复议范围;⑤属于受理复议机关管辖;⑥法律、法规规定的其他条件。

3. 申请的方式。根据《行政复议法》第11条的规定,申请人申请行政复议,可以书面申请,也可以口头申请;口头申请的,行政复议机关应当当场记录申请人的基本情况、行政复议请求、申请行政复议的主要事实、理由和时间。可见,申请行政复议有两种方式,即书面形式和口头形式。

（二）受理

行政复议受理,是指行政复议机关对复议申请进行审查,对符合条件的复议申请决定立案的活动。

1.对申请的审查和处理。对申请的审查,主要包括以下内容:①复议申请是否符合法定条件;②复议申请是否超过法定期限,超过法定期限的,有无延长期限的正当理由;③是否属于重复申请;④案件是否已被人民法院受理;⑤申请手续是否完备。

行政复议机关在收到复议申请书之后,应当在5日内进行审查,并分别作出以下处理:①对不符合行政复议法规定的行政复议申请,决定不予受理,并书面告知申请人;②对符合行政复议法规定,但不属于本机关受理的行政复议申请,应当告知申请人向有关行政复议机关提出;③复议申请符合法定条件,且属于本行政复议机关管辖的,行政复议申请自行政复议机关负责法制工作的机构收到之日起即为受理。

对公民、法人或者其他组织依法提出的行政复议申请,行政复议机关无正当理由不予受理的,上级行政机关应当责令其受理;必要时,上级行政机关也可以直接受理。

对于法律、法规规定应当先向行政复议机关申请复议、对复议决定不服再向人民法院提起行政诉讼的,行政复议机关决定不予受理的,公民、法人或者其他组织可以自收到不予受理决定书之日起15日内,向人民法院提起行政诉讼。

2.受理的后果。受理意味着复议程序的开始,复议机关的复议期限开始计算,没有法定的理由不能中断程序,必须在法定的期限内作出行政复议决定,否则就违反了法定程序。

申请人的申请被行政复议机关受理后,在复议机关作出复议决定之前或者行政复议期限届满前,不能针对同一具体行政行为向人民法院提起行政诉讼。

（三）审查

行政复议机关受理复议申请后,就进入行政复议的审查阶段。

1.审查前的准备。审查前的准备是指行政复议机关受理复议申请后,为保证行政复议活动的顺利进行所作的一系列准备工作:①确定行政复议人员。②发送复议申请书副本或复议申请笔录复印件。行政复议机关应当自行政复议申请受理之日起7日内,将行政复议申请书副本或者行政复议申请笔录复印件发送被申请人。被申请人应当在收到申请书副本或者申请笔录复印件之日起10日内,提出书面答复,并提交当初作出具体行政行为的证据、依据和其他有关材料。③审阅复议材料和调查收集证据。④更换和追加复议当事人。⑤决定是否停止执行被申请复议的具体行政行为。⑥其他准备工作。

2.审查的方式。行政复议法规定了行政复议案件原则上采用书面审查的方式。所谓书面审查,是指行政复议机关审查复议案件,不需要复议参加人与复议机关当面调查、辩论,只需要根据复议参加人提交的复议法律文书与申请复议的具体行政行为相关的笔录等案件材料,以及行政复议机关收集的证据等进行书面审阅后,作出复议决定的一种审查方式。但是,书面审查并不排除当申请人提出要求,或者行政复议机关负责法制工作的机构认为有必要时向有关组织和人员调查情况,听取申请人、被申请人或第三人的意见。

3. 审查的期限。复议机关应当自受理复议申请之日起 60 日内作出复议决定。但法律规定复议期限少于 60 日的除外。情况复杂,不能在规定的期限内作出复议决定的,经行政复议机关的负责人批准,可以适当延长。但延长期限最多不超过 30 日。

（四）决定

根据《行政复议法》第 28 条的规定,行政复议决定包括下列种类:

1. 维持决定。维持决定,是指行政复议机关经过审查,在查明案件事实的基础上,认为被申请人所作的具体行政行为证据确凿,适用法律、法规正确,符合法定程序,内容适当,从而肯定其内容与效力的决定。维持决定的实质是肯定具体行政行为的正确性、合法性和有效性。《行政复议法》第 28 条第 1 款第 1 项规定:"具体行政行为认定事实清楚,证据确凿,适用依据正确,程序合法,内容适当的,决定维持。"

2. 撤销决定。撤销决定,是指行政复议机关经过审查,认为被申请人的具体行政行为违法或者不当,因而否定其效力的复议决定。根据《行政复议法》第 28 条第 1 款第 3 项和第 4 项的规定,撤销决定包括全部撤销、部分撤销和撤销并责令被申请人重作具体行政行为等三种形式。具有下列情形之一时,行政复议机关可以作出撤销决定:①主要事实不清、证据不足;②适用依据错误;③违反法定程序;④超越职权;⑤滥用职权;⑥具体行政行为明显不当;⑦被申请人不履行行政复议过程中的法定义务。

3. 履行决定。履行决定,是指复议机关经过审查,在被申请人具有不履行或拖延履行法定职责的情形时,对被申请人作出的责令其在一定期限内履行法定职责的决定。履行决定在下列两种情形下适用:①行政机关拒不履行法定职责。拒不履行,是指负有法定职责的行政机关超过法定履行期限而明确表示不履行法定职责。②行政机关拖延履行法定职责。拖延履行,是指行政机关对属于自己法定职责范围内的,法律未明确规定履行期限的事项故意拖延不办,或者对于某些紧急事项不及时办理。

4. 变更决定。变更决定,是指行政复议机关经过审查,认定被申请人作出的具体行政行为部分内容错误或违法,而直接改变被申请人所作具体行政行为内容的复议决定,也就是用复议决定代替被申请人的具体行政行为的决定。变更决定主要适用于具体行政行为部分违法且可以通过内容改变而达到正确、合法目的的情形。除被申请人不履行行政复议过程中的法定义务的情形外,变更决定的适用条件与撤销决定相同。

5. 确认决定。确认决定,是指复议机关经过审查,确认被申请复议的具体行政行为违法或者合法的复议决定。确认决定是《行政复议法》新增加的决定种类,增加这一种复议决定,有利于行政相对人提起行政赔偿救济,也有利于行政复议与行政诉讼制度的衔接。确认决定一般适用于以下几种情况:①行政机关的事实行为;②效力已经灭失的具体行政行为;③无效行政行为;④不能成立的行政行为;⑤违法不作为行为;⑥撤销可能损害公共利益的违法具体行政行为。如果被复议的具体行政行为违法,而撤销它又将给公共利益带来更大损失,则可适用确认决定确认其违法。

6.重作决定。重作决定是指复议机关经过审查,认定被申请人所作的具体行政行为违法,在作出撤销决定或者确认违法决定的同时,责令被申请人在一定期限内重新作出具体行政行为的复议决定。根据《行政复议法》第28条第1款第3项的规定,行政复议机关在作出撤销或者确认具体行政行为违法时,可以责令被申请人在一定期限内重新作出具体行政行为。重作决定以撤销决定或者确认具体行政行为违法的决定的存在为前提,因此只能与撤销决定或者确认具体行政行为违法的决定同时适用。

《行政复议法》第28条第2款规定:"行政复议机关责令被申请人重新作出具体行政行为的,被申请人不得以同一的事实和理由作出与原具体行政行为相同或者基本相同的具体行政行为。"这就是对重作决定本身在适用上的限制。"基本相同"是指主要事实、主要理由和结果相同。之所以作这样的限制,是为了保护行政相对人的合法权益,并维护行政复议的公正性和严肃性。

7.赔偿决定。赔偿决定是指复议机关经过审查,认为被申请人的具体行政行为侵犯申请人合法权益造成损害,而作出的由被申请人予以赔偿的复议决定。《行政复议法》第29条规定:"申请人在申请行政复议时可以一并提出行政赔偿请求,行政复议机关对符合国家赔偿法的有关规定应当给予赔偿的,在决定撤销、变更具体行政行为或确认具体行政行为违法时,应当同时决定被申请人依法给予赔偿。申请人在申请行政复议时没有提出行政赔偿请求的,行政复议机关在依法决定撤销或者变更罚款,撤销违法集资、没收财物、征收财物、摊派费用以及对财产的查封、扣押、冻结等具体行政行为时,应同时责令被申请人返还财产,解除对财产的查封、扣押、冻结措施,或者赔偿相应的价款。"

根据《行政复议法》的规定,行政复议机关作出行政复议决定,应当制作行政复议决定书,并加盖印章。

第二节　行政信访

一、行政信访的概念、特征

(一)行政信访的概念

行政信访是指公民、法人或者其他组织采用书信、电子邮件、传真、电话、走访等形式,向各级人民政府、县级以上人民政府工作部门反映情况,提出建议、意见或者投诉请求,依法由有关行政机关处理的活动。

(二)行政信访的特征

1.信访处理机关的特定性。行政信访的处理机关是各级人民政府、县级以上人民政府工作部门、县级以上人民政府负责信访工作的行政机构,而不是权力机关、司法机关和组织部门的信访机构。

2.信访人提出请求是行政信访的前提。行政信访是一种应信访人请求而进行的行政活动。信访人的请求是指其反映情况,提出建议、意见或者投诉的请求等。

3.行政信访没有固定的行为模式。行政信访不同于一般应申请的行政行为。应申请的行政行为如行政许可、行政给付等,有明确的法定条件、具体的办理机关等基本行为模式;行政信访则不然。由于信访内容的广泛性,信访人有可能是反映情况,也有可能是提出建议和意见或者投诉请求,对此,行政机关和信访机构的处理方式、程序也就不同,即行政信访的基本行为模式难以确定。

4.具有救济与监督的双重性。行政信访既是一种特殊的救济活动,也是一种监督活动。行政机关对信访人提出的信访事项经调查核实,事实清楚,符合法律、法规、规章或者其他有关规定的,予以支持,这是对公民合法权益的救济。另外,行政信访提出的信访事项还有可能引起有关机关对相应行政机关进行监督。因此,行政信访既是对信访人合法、合理诉求的维护与救济,又是对行政机关依法行政的监督,具有救济与监督的双重属性。

二、行政信访主体及其法律地位

(一)行政信访主体的概念和种类

行政信访主体,是指在行政信访活动中享有一定权利并承担一定义务的机关、组织或个人。根据《信访条例》的规定,行政信访主体包括:

1.行政机关。指各级人民政府和县级以上人民政府工作部门。

2.信访机构。指县级以上人民政府负责信访工作的行政机构。

3.信访人。指采用书信、电子邮件、传真、电话、走访等形式,向各级人民政府、县级以上人民政府工作部门反映情况,提出建议、意见或投诉请求的公民、法人或者其他组织。

(二)行政机关的法律地位

行政机关在信访活动中的法律地位,具体体现为其在信访中的法定职权与职责。主要包括以下方面:

1.畅通信访渠道。行政机关应当保障信访渠道的畅通,为信访人提出建议、意见或者投诉请求提供便利条件。

2.设置信访机构。县级以上人民政府应当设立信访机构;县级以上人民政府工作部门及乡、镇人民政府应当按照有利工作、方便信访人的原则,确定负责信访工作的机构或者人员,具体负责信访工作。

3.受理信访事项。有关行政机关收到信访事项后,能够当场答复是否受理的,应当场书面答复;不能当场答复的,应当自收到信访事项之日起15日内书面告知信访人;有关行政机关应当相互通报信访事项的受理情况。

4.及时办理信访事项。行政机关及其工作人员办理信访事项,应当恪尽职守、秉公办事,查明事实、分清责任,宣传法制、教育疏导,及时妥善处理,不得推诿、敷衍、拖延;对重大、紧急信访事项和信访信息不得隐瞒、谎报、缓报,或者授意他人隐瞒、谎报、缓报。

5.实施行政奖励与制裁。对在信访工作中做出优异成绩的单位或者个人,有关行政机关应给予奖励。对在信访工作中有违法行为的单位或者个人,有关行政机关应依法予以制裁。

6.实行回避。行政机关信访机构工作人员与信访事项或者信访人有直接利害关系的,应当回避。

(三)信访机构的法律地位

依据《信访条例》的规定,信访机构具有以下职权与职责:

①受理、交办、转送信访人提出的信访事项;②承办上级和本级人民政府交由处理的信访事项;③协调处理重要信访事项;④督促检查信访事项的处理;⑤研究、分析信访情况,开展调查研究,及时向本级人民政府提出完善政策和改进工作的建议;⑥指导本级人民政府其他工作部门和下级信访机构的信访工作,上级信访机构要定期向下级信访机构通报转送情况,下级信访工作机构要定期向上级信访机构报告转送信访事项的办理情况;⑦对于信访人反映的有关政策性问题,应当及时向本级人民政府报告,并提出完善政策、解决问题的建议;⑧对在信访工作中推诿、敷衍、拖延、弄虚作假造成严重后果的行政机关工作人员,可以向有关行政机关提出给予行政处分的建议;⑨就以下事项向本级人民政府定期提交信访情况分析报告:一是受理信访事项的数据统计、信访事项涉及领域以及被投诉较多的机关;二是转送、督办情况以及各部门采纳改进建议的情况;三是提出的政策性建议及其被采纳情况。

(四)信访人的法律地位

信访人的法律地位是指信访人在信访中的权利和义务,根据《信访条例》的规定,信访人的权利包括:①依法提出信访事项。即反映情况,提出建议、意见或者投诉的权利。②知情权、参与权、监督权和救济权。③请求保密和要求回避的权利。④获得行政奖励的权利。信访人的义务包括:①信访人提出信访事项,应当客观真实,对其所提供材料内容的真实性负责,不得捏造、歪曲事实,不得诬告、陷害他人。②信访人在信访过程中应当遵守法律、法规,不得损害国家、社会、集体的利益和其他公民的合法权利,自觉维护社会公共秩序和信访秩序。

三、行政信访程序

(一)信访事项的提出

1.信访事项提出的范围。《信访条例》规定,信访人对下列组织、人员的职务行为反映情况,提出建议、意见,或者不服下列组织、人员的职务行为,可以向有关行政机关提出信访事项:①行政机关及其工作人员;②法律、法规授权的具有管理公共事务职能的组织及其工作人员;③提供公共服务的企业、事业单位及其工作人员;④社会团体或者其他企业、事业单位中由国家行政机关任命、派出的人员;⑤村民委员会、居民委员会及其成员。

第
十
二
章

2.信访事项提出的形式。

(1)走访形式。信访人采用走访形式提出信访事项,应当到依法有权处理的本级或者上一级行政机关设立或者指定的接待场所提出;多人采用走访形式提出共同的信访事项的,应当推选代表,代表人数不得超过5人;信访事项已经受理或者正在办理的,信访人在规定期限内向受理、办理机关的上级机关再提出同一信访事项的,该上级机关不予受理。

(2)书面形式。信访人提出信访事项,一般应当采用书信、电子邮件、传真等书面形式;提出投诉请求的,还应当载明信访人的姓名(名称)、住址和请求、事实、理由。有关机关对采用口头形式提出的投诉请求,应当记录信访人的姓名(名称)、住址和请求、事实、理由。

(二)信访事项的受理

1.信访机构受理的信访事项。信访机构收到信访事项,应当予以登记,并区分情况,在15日内分别按下列方式处理:①对涉及人大、司法信访事项,应当告知信访人分别向有关的人民代表大会及其常务委员会、人民法院、人民检察院提出。②对已经或者依法应当通过诉讼、仲裁、行政复议等法定途径解决的,不予受理,但应当告知信访人依照有关法律、法规规定的程序向有关机关提出。③对依照法定职责属于本级人民政府或者其工作部门处理决定的信访事项,应当转送有权处理的行政机关;情况重大、紧急的,应当及时提出建议,报请本级人民政府决定。

2.行政机关受理的信访事项。①信访人按照规定直接向信访机构以外的行政机关提出的信访事项,有关行政机关应当予以登记;对符合规定并属于本机关法定职权范围的信访事项,应当受理,不得推诿、敷衍、拖延;对不属于本机关职权范围的信访事项,应当告知信访人向有权的机关提出。②有关行政机关收到信访事项后,能够当场答复是否受理的,应当场书面答复;不能当场答复的,应当自收到信访事项之日起15日内书面告知信访人。

3.紧急信访事项的受理。公民、法人或者其他组织发现可能造成社会影响的重大、紧急信访事项和信访信息时,可以就近向有关行政机关报告。地方各级人民政府接到报告后,应当立即报告上一级人民政府;必要时,通报有关主管部门。县级以上地方人民政府有关部门接到报告后,应当立即报告本级人民政府和上一级主管部门;必要时,通报有关主管部门。国务院有关部门接到报告后,应当立即报告国务院;必要时,通报有关主管部门。

(三)信访事项的办理和督办

1.信访事项的办理。

(1)查明事实。①对信访事项有权处理的行政机关办理信访事项,应当听取信访人陈述事实和理由;②必要时可以要求信访人、有关组织和人员说明情况;③需要进一步核实有关情况的,可以向其他组织和人员调查。

(2)分类处理。对信访事项有权处理的行政机关经调查核实,应当依照有关法律、法规、规章及其他有关规定,分别作出以下处理,并书面答复信访人:①请求事实清楚,符合法律、法规、规章或者其他有关规定的,予以支持;②请求事由合理但缺乏法律依据的,应当对信访人做好解释工作;③请求缺乏事实根据或者不符合法律、法规、规章或者其他有关规定的,不予支持。有权处理的行政机关依照规定作出支持信访请求意见的,应当督促有关机关或者单位执行。

（3）听证。对重大、复杂、疑难的信访事项,可以举行听证。听证应当公开举行,通过质询、辩论、评议、合议等方式,查明事实,分清责任。

（4）复查。信访人对行政机关作出的信访事项处理意见不服的,可以自收到书面答复之日起30日内请求原办理行政机关的上一级行政机关复查。收到复查请求的行政机关应当自收到复查请求之日起30日内提出复查意见,并予以书面答复。

（5）复核。信访人对复查意见不服的,可以自收到书面答复之日起30日内向复查机关的上一级行政机关请求复核。收到复核请求的行政机关应当自收到复核请求之日起30日内提出复核意见。复核机关可以按照规定举行听证,经过听证的复核意见可以依法向社会公示。听证所需时间不计算在30日的期限内。信访人对复核意见不服,仍然以同一事实和理由提出投诉请求的,各级人民政府信访工作机构和其他行政机关不再受理。

2. 信访事项的督办。信访机构发现有关行政机关有下列情形之一的,应当及时督办,并提出改进建议:①无正当理由未按规定的办理期限办结信访事项的;②未按规定反馈信访事项办理结果的;③未按规定程序办理信访事项的;④办理信访事项推诿、敷衍、拖延的;⑤不执行信访处理意见的;⑥其他需要督办的情形。收到改进建议的行政机关应当在30日内书面反馈情况;未采纳改进建议的,应当说明理由。

3. 办理时限。根据《信访条例》的规定,信访事项应当自受理之日起60日内办结;情况复杂的,经本行政机关负责人批准,可以适当延长办理期限,但延长期限不得超过30日,并告知信访人延期理由。法律、行政法规另有规定的,从其规定。

四、法律责任

（一）行政机关和信访机构的法律责任

行政机关和信访机构在行政信访活动中违法或不当行使职权,应承担改正责任。改正责任是指行政机关、信访机构在行政信访活动中违反《信访条例》的规定,并且该行为已经造成违法的后果,行政机关、信访机构负有使其恢复合法状态的职责。

这种改正责任主要针对以下情况:

1. 负有受理信访事项职责的行政机关在受理信访事项过程中违反《信访条例》的规定,有对收到的信访事项不按规定登记、对属于其法定职权范围的信访事项不予受理、未在规定期限内书面告知信访人是否受理信访事项的,由其上级行政机关责令改正。

2. 对信访事项有权处理的行政机关在办理信访事项过程中,有推诿、拖延办理或

第二节

未在法定期限内办结,以及对事实清楚、符合法定要求的投诉请求未予支持的,由其上级行政机关责令改正。

3.信访机构对收到的信访事项应当登记、转送、交办而未按规定登记、转送、交办,或者应当履行督办职责而未履行的,由其上级行政机关责令改正。

(二)行政机关、信访机构工作人员的法律责任

1.行政机关工作人员有下列行为之一的,依法给予行政处分:①违反《信访条例》的规定,将信访人的检举、揭发材料或者有关情况透露、转给被检举、揭发的人员或者单位的;②在处理信访事项过程中,作风粗暴,激化矛盾并造成严重后果的。

2.行政机关、信访机构工作人员在信访中承担行政处分和刑事责任的情形有:

因下列情形之一导致信访事项发生,造成严重后果的,对直接负责的主管人员和其他直接责任人员,依法给予行政处分;构成犯罪的,依法追究刑事责任:①超越或者滥用职权,侵害信访人合法权益的;②行政机关应当作为而不作为,侵害信访人合法权益的;③适用法律、法规错误或者违反法定程序,侵害信访人合法权益的;④拒不执行有权处理的行政机关作出的支持信访请求意见的。

行政机关及其工作人员违反《信访条例》的规定,对可能造成社会影响的重大、紧急信访事项和信访信息,隐瞒、谎报、缓报,或者授意他人隐瞒、谎报、缓报,造成严重后果的,对直接负责的主管人员和其他直接责任人员依法给予行政处分;构成犯罪的,依法追究刑事责任。打击报复信访人,构成犯罪的,依法追究刑事责任;尚不构成犯罪的,依法给予行政处分或者纪律处分。

(三)信访人的法律责任

信访人在行政信访中承担行政处罚和刑事责任的情形有:

1.信访人违反《信访条例》的规定,经劝阻、批评和教育无效的,由公安机关予以警告、训诫或者制止;违反集会游行示威的法律、行政法规,或者构成违反治安管理行为的,由公安机关依法采取必要的现场处置措施、给予治安管理处罚;构成犯罪的,依法追究刑事责任。

2.信访人捏造歪曲事实、诬告陷害他人,构成犯罪的,依法追究刑事责任;尚不构成犯罪的,由公安机关依法给予治安管理处罚。

【思考题】

1.简述行政复议的概念与特征。

2.简述行政复议基本原则的内容。

3.试述行政复议机关受理行政案件的范围。

4.简述行政复议机关不予受理的事项。

5.简述行政信访与特征。

6.简述行政信访的程序。

【实务训练】

单枝柏等诉武汉理工大学不予颁发学位证书案

案情简介: 2005 年 6 月,武汉理工大学 2001 级学生中有 600 多人由于没有达到学校规定的英语四级考试分数线而未获得学士学位。单枝柏等 7 名学生认为校方的这一决定是没有法律依据的行为。于 7 月 15 日委托律师向教育部提起行政复议,请求教育部审查学校作出上述行政行为的依据,并要求学校发放学位证书。

法律问题: 单枝柏等学生能否对武汉理工大学的这一行政行为提起行政复议? 教育部是否有权管辖这一行政复议案件? 本案中,单枝柏等 7 名学生是否可以请求教育部对学校作出该行政行为的依据进行审查?

提示与分析: ①单枝柏等学生可以对武汉理工大学的这一行政行为提起行政复议。因为武汉理工大学作为法律、法规授权组织,依据《学位条例》和《学位条例暂行办法》的有关规定,有权就对该校学生是否颁发学位证书作出决定,这一决定属于依授权作出的具体行政行为。单枝柏等 7 名学生与该具体行政行为有着直接的利害关系,是该案中的行政相对人,而且他们认为自己的合法权益受到具体行政行为的侵害,符合行政复议申请人的条件;并且是在法定的有效期间内提出的;根据《行政复议法》第 6 条的规定,该行政行为属于行政复议的受案范围。因此,单枝柏等学生对武汉理工大学的这一行政行为提起行政复议是符合《行政复议法》有关规定的。②教育部有权管辖这一行政复议案件。根据《行政复议法》第 15 条第 2 款第 3 项规定,对法律、法规授权组织的具体行政行为不服的,分别向直接管理该组织的地方人民政府、地方人民政府工作部门或者国务院部门申请行政复议。武汉理工大学属于教育部直属院校,对其行政行为不服申请行政复议的,可以由教育部行使复议管辖权。③武汉理工大学是依据校方内部管理规定作出该具体行政行为的,依照《行政复议法》第 7 条的规定,单枝柏等 7 名学生可以在对具体行政行为提起行政复议申请时附带要求对其进行审查。

实
务
训
练

第十三章

行政诉讼法概述

学习目的与要求 通过本章学习,全面了解行政诉讼的含义及其特点、行政诉讼法的概念和范围,正确理解行政诉讼保护公民、法人和其他组织合法权益以及督促行政机关依法行使职权的立法宗旨,从理论上掌握行政诉讼法与其他相关部门法的联系、行政诉讼基本原则的概念,理解行政诉讼的各项共有原则,重点把握具体行政行为的合法性审查这一行政诉讼的特有原则。

■ 第一节 行政诉讼与行政诉讼法

一、行政诉讼的概念与特点

(一)行政诉讼的概念

所谓行政诉讼,是指公民、法人或者其他组织在认为行政机关及其工作人员的行政行为侵犯自己的合法权益时,依法向人民法院请求司法保护,并由人民法院运用司法审判权对行政行为进行审查、裁判的一整套诉讼活动。

(二)行政诉讼的特点

行政诉讼与民事诉讼、刑事诉讼等都属于诉讼活动,因而具有诉讼活动的一般共性,同时由于这种诉讼活动在目的、内容和方式等方面又有区别于其他诉讼的地方,因而还有其固有的特点,这些特点主要包括:

1.行政诉讼所处理解决的是行政案件。这是行政诉讼受理、裁判的案件与其他诉讼的重要区别。民事诉讼处理解决民事案件,刑事诉讼处理解决刑事案件,而行政诉讼处理解决的行政案件与民事或刑事案件均有不同。行政案件是公民、法人或其他组织与作为行政主体的国家行政机关、法律、法规授权的组织等(以下均简称为行政机关)在行政活动中因行使职权或履行职责的行政行为而产生的争议,通常也被人们称为"行政争议"。行政诉讼就是专门审理解决这类争议的活动。

2.行政诉讼所争议的标的是行政机关的行政行为,即行政诉讼的原、被告等当事人之间进行诉讼活动所争议并要求认定的对象,是被告即行政机关对原告所作出的行政行为是否合法或适当。这是行政诉讼在诉讼标的上与其他诉讼的不同。行政案件是由原告认为被告的违法或不当行政行为侵害自己合法权益而引起的,因而行政诉讼所争议的根本问题就是行政行为是否合法或适当,法院的审查、裁判也紧紧围绕这一对象来进行。任何一个具体的行政诉讼都首先并主要解决这一问题,只有解决了行政行为是否合法或适当的问题,由行政行为所带来的人身、财产或其他权益是否受损害以及损害后如何弥补才能得以解决。

3.行政诉讼以不服行政行为的公民、法人或其他组织为原告,以作出行政行为的行政机关为被告,双方的地位是恒定的。这是这是行政诉讼在原、被告方面与其他诉讼的区别。行政诉讼是公民、法人或其他组织认为行政机关的行政行为违法并侵犯了自己的合法权益而提起的,旨在通过行政诉讼由法院审查该行政行为是否合法并作出相应的裁判,以保护自己的合法权益。为此,行政诉讼以公民、法人和其他组织为原告,以作出行政行为的行政机关为被告,行政诉讼的这种原、被告地位是恒定的。同时,被告对原告也不能进行反诉。这就与民事诉讼很不相同。这种特点是由行政诉讼的性质、行政机关行政职权的强制执行力所决定的。从行政诉讼的性质讲,它具有对行政权力行使的监督性,因而必然要以行政机关的行政活动为审查监督的对象,这决定了行政机关应成为被诉并受到司法审查的一方,否则就不符合行政诉讼的监督性质。

4.行政诉讼是法院运用国家审判权来监督行政机关依法行使职权和履行职责,以保护公民、法人和其他组织的合法权益不受行政机关违法行政行为侵害的一种司法活动。这是行政诉讼在目的和性质上与其他诉讼的区别。行政诉讼的根本目的是通过处理解决行政案件,防范或纠正行政机关违法行政行为造成的侵害,以实现对公民、法人和其他组织合法权益的有效保护。显然,行政诉讼的这种目的与民事诉讼和刑事诉讼的目的有很大区别。同时,也正是行政诉讼的这种目的决定了它具有监督行政机关依法行政的性质,英美法系国家将行政诉讼称之为"司法审查",实质上就体现了行政诉讼是国家审判机关对国家行政机关行政活动的一种司法监督,是以司法权来督促行政权的合法、正确行使,行政诉讼的这一性质是其他诉讼制度所不具备的。

二、行政诉讼法的概念、范围和效力

(一)行政诉讼法的概念

行政诉讼与行政诉讼法是既有联系又有区别的概念,行政诉讼是法院和当事人以及其他诉讼参与人为处理解决行政案件所进行的诉讼活动,而行政诉讼法则是对这种诉讼活动所作的一整套法律规定,是进行行政诉讼活动所必须遵循的行为规则。

我国的行政诉讼法,是指规定人民法院、当事人和其他诉讼参与人进行行政诉讼活动,及其在诉讼活动中相互关系的一整套法律规范。换言之,行政诉讼法是规定行政诉讼活动的全部法律规范的总称,是人民法院、当事人以及其他诉讼参与人进行行政诉讼活动都必须遵守的一整套法律准则。关于行政诉讼法,有狭义和广义两种解释。狭义的行政诉讼法也称形式意义的行政诉讼法,特指国家专门制定的具有完整法典形式的行政诉讼法。广义的行政诉讼法也称实质意义的行政诉讼法,指不论何种形式的、一切在内容上属于规定行政诉讼问题的各种法律规范。以下我们从狭义和广义两个方面来说明我国行政诉讼法的范围。

（二）行政诉讼法的范围

狭义的行政诉讼法在范围上仅指我国 1989 年 4 月 4 日由七届全国人大二次会议通过的《中华人民共和国行政诉讼法》(以下简称《行政诉讼法》),它完整、系统地规定了我国行政诉讼各方面的基本问题,是我国专门形式的行政诉讼法典。

广义的行政诉讼法在范围上则更为广泛,包括以下涉及行政诉讼问题的法律规范:

1. 宪法中有关行政诉讼的法律规范。我国宪法中有许多条文是有关行政诉讼问题的基本性、原则性规定,包括有关人民法院和人民检察院行使审判权和检察权、法律监督权的规定;有关保护公民一方合法权益以及公民合法权益受到国家机关及其工作人员违法失职行为侵害时行使申诉、控告权和请求赔偿权的规定;有关国家行政机关必须依法行使职权和履行职责的规定等等。这些规定都是进行行政诉讼立法和司法时起指导作用的法律规范,属于广义行政诉讼法中具有原则性、指导性意义的组成部分。

2. 专门的行政诉讼法典。即上文所称的狭义的行政诉讼法,它是广义行政诉讼法中最基本、最主要的组成部分。

3. 国家司法机关组织法中有关行政诉讼的法律规定。它对人民法院案件审判活动的原则、组织形式和程序等作了基本的规定,对人民检察院在诉讼中实施法律监督及监督的方法、程序等也作了基本的规定,这些规定都是人民法院和人民检察院在行政诉讼中必须遵循的工作规程,也是广义行政诉讼法的组成部分。

4. 民事诉讼法中能适用于行政诉讼活动的部分法律规范。我国的行政诉讼在专门的《行政诉讼法》制定之前,适用的是《民事诉讼法》,《行政诉讼法》在制定时为了避免条文的繁琐,对行政诉讼与民事诉讼完全相同的一些程序问题简略了,如开庭审理的程序、送达等,对这些问题,行政诉讼要参照《民事诉讼法》的相应规定办理,由此,《民事诉讼法》中的这类规定在适用于行政诉讼时,也属于行政诉讼法律规范,成为广义行政诉讼法的一个组成部分。

5. 各种行政法律、法规、自治条例和单行条例中有关行政诉讼的法律规范。我国大量的单项行政法律、法规、自治条例和单行条例中都有关于行政诉讼的条文规定,如《中华人民共和国治安管理处罚法》第 102 条规定:"被处罚人对治安管理处罚决定不服的,可以依法申请行政复议或者提起行政诉讼。"这类法律规范都属于广义行政诉讼法的重要组成部分。

6.正式、有效的法律解释。正式、有效的法律解释是有权的国家机关针对行政诉讼问题所作的法律解释,主要包括国家权力机关对行政诉讼法规范所作的立法解释、国家最高审判机关和最高检察机关有关行政诉讼的司法解释。这些法律解释都具有法律效力和普遍约束力。其中尤其是 1999 年 11 月 24 日经最高人民法院审判委员会第 1088 次会议讨论通过,并于 2000 年 3 月 10 日起施行的《最高人民法院关于执行〈中华人民共和国行政诉讼法〉若干问题的解释》(以下均简称为《行诉解释》),是国家最高审判机关结合行政审判工作实际,对行政诉讼法所作的全面、具体司法解释,它对于在行政审判工作中正确理解和全面执行行政诉讼法具有重要的作用。这些法律解释都属于广义行政诉讼法中不可缺少的组成部分。

7.有关行政诉讼的国际条约。我国在进行涉外行政诉讼时,可能要适用一些我国参加、缔结或认可的涉及行政诉讼问题的国际条约规定,除我国声明保留的条款之外,这类国际条约的规定就是我国进行涉外行政诉讼时应当遵循的准则,因而它们也属于广义行政诉讼法中的特别组成部分。

(三)行政诉讼法的效力

行政诉讼法的效力指行政诉讼法适用的效力范围,即行政诉讼法在怎样的空间范围和时间范围内,对哪些人和事具有适用的效力。具体包括:空间效力、时间效力、对人的效力和对事的效力四个方面。

1.空间效力。空间效力也称地域效力,行政诉讼法的空间效力指行政诉讼法适用的空间范围。一般讲,我国的行政诉讼法适用的空间范围是我国的一切领域,包括我国领土、领海、领空以及领土延伸部分的所有空间。凡在我国领域内发生的行政案件和在我国领域内进行行政诉讼,均适用我国行政诉讼法的规定。

但是,我国在某些地域建立了特别行政区,如香港特别行政区等,在特别行政区实行"一个国家、两种制度"的方针。根据《香港特别行政区基本法》第 8、18 条等条文的专门规定,包括《行政诉讼法》在内的绝大部分全国性的法律均不在特别行政区实施。同时,行政诉讼法从广义上讲,除包括统一、完整的行政诉讼法法典之外,还包括其他一些有关行政诉讼问题的法律规范,这些法律规范有的是有权的地方国家权力机关制定的,虽然都是在我国领域内适用,但具体范围却是有区域性的。由此,对不同层次的国家机关制定的行政诉讼法律规范,应分别正确了解它们适用的空间范围:①国家最高权力机关、行政机关和司法机关制定的行政诉讼法法典、各行政法律、行政法规中有关行政诉讼的法律规范和相关的法律解释等,适用于除特别行政区之外的我国的一切领域;②地方各省、直辖市的权力机关制定和批准的地方性法规中有关行政诉讼的法律规范,在各省、市范围内适用,即只适用于本省、市区域内发生的行政案件;③各民族自治地方自治机关制定的自治条例、单行条例中有关行政诉讼的法律规范,在各民族自治地方范围内适用,即只适用于本自治区域内发生的行政案件。

2.时间效力。行政诉讼法的时间效力指行政诉讼法生效、失效的起止时间以及对该法生效前发生的行政案件是否适用即溯及既往的效力。对于行政诉讼法生效、失效的时间,我国《行政诉讼法》第 75 条明确规定:"本法从 1990 年 10 月 1 日起施行。"这里的施行日期就是该法的生效时间,至于失效时间该法尚未作出规定,那么该法的失效将取决于两种情况:①国家立法机关决定废除现行行政诉讼法,明令废止之日为其失效时间;②国家立法机关制定了新法代替现行行政诉讼法,新法生效之日则为现行行政诉讼法的失效时间。其他行政法律、法规、规章等中有关行政诉讼的法律规范分别根据各自的法律、法规和规章明示的生效日期开始生效,并随着各自法律、法规和规章的失效日期开始失效。

我国行政诉讼法自施行之日起开始生效,一般不溯及既往,即对行政诉讼法生效之前发生行政案件不适用。

3. 对人的效力。行政诉讼法对人的效力指行政诉讼法适用于哪些人。根据我国《行政诉讼法》第 2 条和第 70 条的规定,凡在我国领域内进行行政诉讼的人都适用我国的行政诉讼法,行政诉讼法对他们都具有效力。这些人包括:我国的各级各类行政机关;我国的公民、法人和其他组织;在我国进行行政诉讼的外国人、无国籍人和外国组织。但对外国人、无国籍人和外国组织,法律另有规定的除外。

4. 对事的效力。行政诉讼法对事的效力指行政诉讼法适用于处理解决哪些行政案件,实际上也就指行政诉讼的受案范围。凡依法可以提起行政诉讼的行政案件,都适用行政诉讼法来审理解决。关于这些行政案件具体范围和类形,本书将在行政诉讼受案范围一章中详述。

三、行政诉讼法的立法宗旨

行政诉讼法的立法宗旨是指制定行政诉讼法所要达到的根本目的,或者说是行政诉讼法的根本任务。任何立法都是有目的的,目的是主体在有意识的活动中,按照自己的需要和对象本身的固有属性预先设计,并以观念形态预先存在于主体头脑之中的活动结果,是主体对自身需要与客观对象之间内在联系的主观反映。[1] 行政诉讼立法当然也有其明确目的并要以目的作为出发点来进行相应的诉讼制度设计。我国《行政诉讼法》第 1 条规定:"为保证人民法院正确、及时审理行政案件,保护公民、法人和其他组织的合法权益,维护和监督行政机关依法行使行政职权,根据宪法制定本法。"据此,我国行政诉讼法的立法宗旨包括以下三个方面:

(一)保证人民法院正确、及时审理行政案件

人民法院是行政诉讼中最主要的、处于核心地位的诉讼主体,是行政诉讼活动的组织者、指挥者和裁判者,对行政案件的处理具有决定性的作用。为了保证人民法院能正确、及时地审理解决行政案件,必须有一套能为之作为依据的科学的工作规程,使人民法院严格、正确地按此规程组织和进行诉讼活动,行政诉讼法的制定就是要提供这样一套工作规程。行政诉讼法的制定主要从下列几个方面来保证人民法院正确、及

---

〔1〕 宋英辉:《刑事诉讼目的论》,中国人民公安大学出版社 1995 年版,第 2 页。

时审理行政案件:

1.行政诉讼法明确并具体赋予了人民法院在行政诉讼中的各项重要职权如案件受理权、审理权、裁判权等以及行使的方式,以保证人民法院运用这些职权来正确审理解决行政案件。

2.行政诉讼法规定了一系列保证人民法院正确审理行政案件的原则、制度和方式,这包括人民法院依法独立行使审判权、以事实为根据、以法律为准绳等各项基本原则,主管、管辖、庭审、二审终审、执行等各项重要诉讼制度,这都为人民法院正确审理行政案件提供了重要的指导原则和制度条件保证。

3.行政诉讼法规定了保证行政案件得到及时处理的各种期限,并要求人民法院和诉讼参加人严格按期限进行诉讼活动。这些期限的规定能防止行政案件处理的久拖不决,对于及时解决纠纷、化解矛盾、提高办案效率、减少人力、物力和时间的耗费具有重要的保证作用。

4.行政诉讼法规定人民检察院有权对行政诉讼实施法律监督,规定检察机关对法院违法裁判的抗诉,规定当事人有权提出申诉和人民法院的审判监督程序等,这些毫无疑问对于人民法院正确审理行政案件都是具有切实保证作用的。

（二）保护公民、法人和其他组织的合法权益

保护公民、法人和其他组织的合法权益是我国行政诉讼最根本的目的,是其立法宗旨中最主要的方面。我国是人民民主的社会主义国家,人民是国家的主人,我国的国家性质决定了广大人民群众享有广泛的权利,国家具有保障这些权利得以充分实现的职责。在现实生活中,行政机关易于发生违法行使职权或失职行为,并侵犯公民、法人或其他组织的合法权益,且受害的公民、法人或其他组织难以凭借自身力量抗拒,为此有必要建立专门的行政诉讼制度对行政机关违法行使职权和履行职责进行制度性的司法监督,通过司法权来保护公民、法人和其他组织的合法权益。因而保护公民、法人和其他组织的合法权益必须作为我国行政诉讼法的立法宗旨,以充分体现我国的国家性质和政府服务于民的本质。行政诉讼法的制定对公民、法人和其他组织合法权益的保护主要体现为:

1.建立行政诉讼诉讼制度首先保障了公民一方对行政机关提起诉讼的程序权利的实现。

2.提供对公民一方合法权利的司法救济渠道,通过行政案件的审理,裁判确认、撤销、变更行政机关作出的侵犯公民一方合法权益的违法、不当行政行为,或促使行政机关依法及时履行职责,赔偿因其违法失职行为造成公民一方合法权益的损害。

3.通过行政诉讼的案件审理结果的引导性、警示性,督促行政机关在以后的工作中总结经验,改进工作,防范再次出现违法失职现象,从而起到了保护公民、法人和其他组织的合法权益的作用。

（三）维护和监督行政机关依法行使职权

行政诉讼法在保护公民、法人或其他组织合法权益的同时,还具有维护和监督行

第一节

政机关依法行使职权的目的。在维护方面,对于行政机关作出的合法、正确的行政行为,现行行政诉讼法在立法目的上规定要通过司法权予以维护,以保障国家利益和社会公共利益,维护正常的行政管理秩序。在监督方面,行政诉讼制度的建立正是要通过公民、法人或其他组织的起诉以及人民法院对具体行政行为的司法审查的过程,来检查、纠正行政机关违法行使行政职权的现象,以督促行政机关依法行政,尽职尽责、全心全意地为人民服务,从而最终保护保护公民、法人或其他组织的合法权益。行政诉讼法的主要内容都是有关监督行政机关依法行使职权的规定,应当说,对维护和监督行政机关依法行使职权两者相比较,监督行政机关依法行使职权是行政诉讼的主导方面。

在行政诉讼法的立法宗旨中,保护公民、法人或其他组织的合法权益与监督行政机关依法行使行政职权通常是统一的。因为行政诉讼制度对公民、法人和其他组织合法权益的保护是针对行政机关违法行使行政职权造成了侵害而言的,要达到保护的目的,就必须监督行政机关依法行使行政职权。同时,监督行政机关依法行使行政职权,在最终结果上就是要保护公民、法人和其他组织合法权益不受其侵害。但还必需认识到,在相互关系上,前者是最根本的,后者要服务于前者,如实践中有时会发生行政诉讼过程虽然形成了了对行政行为的监督,但在实际裁判结果上却对保护公民一方合法权益并没有具体作用,这就未能真正实现行政诉讼的立法宗旨。这也是必须解决的重要问题。

行政诉讼法的制定和实施对于建设我国高度的社会主义民主,对于依法治国、健全和完善我国社会主义法治,对于保护公民、法人和其他组织的合法权益,对于提高行政机关及其工作人员的素质和工作水平、搞好廉政建设和密切政府与人民群众关系都具有极为重要的意义和深远的影响。

■ 第二节　行政诉讼基本原则

一、行政诉讼基本原则的概念和作用

(一)行政诉讼基本原则的概念

行政诉讼基本原则是指体现行政诉讼基本特点和立法目的,贯穿于行政诉讼的整个(或主要)过程并对行政诉讼起主导和支配作用的基本行为准则。它既是行政诉讼法的精神实质和价值取向的反映,也是设立行政诉讼各项具体制度的基础。行政诉讼的基本原则源于行政诉讼法的规定和学者根据案例和法律规定进行的理论概括。

(二)行政诉讼基本原则的作用

行政诉讼基本原则在规范和指导行政诉讼活动方面具有重要的作用,表现为:

1.行政诉讼基本原则集中体现和直接揭示了行政诉讼的本质要求和精神实质,对行政诉讼规则体系的建立具有指导意义。

2. 行政诉讼基本原则贯穿于行政诉讼的整个(或主要)过程,影响着行政诉讼的各个环节、各个阶段的各项具体制度的建立。

3. 行政诉讼基本原则是人民法院和行政诉讼参与人进行行政诉讼活动的基本准则。

4. 行政诉讼基本原则可以弥补行政诉讼法具体规范的不足。在行政诉讼中遇到疑难问题,而行政诉讼法又没有明文规定时,可以根据行政诉讼基本原则的精神来处理和解决。

二、行政诉讼基本原则的内容

行政诉讼基本原则可以分为行政诉讼与其他类型诉讼的共有原则和行政诉讼的特有原则。其中,行政诉讼与其他类型诉讼的共有原则也可称为行政诉讼的一般原则。

(一)行政诉讼的一般原则

1. 人民法院依法独立行使审判权原则。我国《行政诉讼法》第 3 条规定:"人民法院依法对行政案件独立行使审判权,不受行政机关、社会团体和个人的干涉。"这就确立了人民法院依法独立对行政案件行使审判权的原则。该原则的基本内涵是:

(1)行政审判权的主体是人民法院,其他任何机关、社会团体和个人都无权行使行政审判权,也不能与人民法院分享行政审判权。

(2)人民法院对行政审判权的行使具有独立性,任何行政机关、社会团体和个人都不能干涉人民法院审判权的独立行使。任何组织和个人都必须尊重和维护人民法院的合法裁判,而不能对审判人员或主管法院施加任何压力,更不能凭借手中的权力对法院施加不良影响。

(3)人民法院严格依照法律的规定独立行使行政审判权,必须排除外来因素的干扰和妨害。在进行审理裁判时,不受外来的干涉、压力所左右,坚决抵制干扰,对于非法干预人民法院行使审判权的组织或个人应当依法追究法律责任。

2. 以事实为根据,以法律为准绳的原则。《行政诉讼法》第 4 条规定:"人民法院审理行政案件,以事实为根据,以法律为准绳。"行政诉讼的特殊之处在于人民法院对具体行政行为的合法性进行审查,而被诉具体行政行为大都是行政机关依据一定事实和适用有关法律规范作出的。因此,在行政诉讼中以事实为根据,就是要查明行政机关作出具体行政行为所认定的事实是否存在,是否符合客观情况;以法律为准绳,就是要求人民法院正确地适用法律法规,查明行政机关作出具体行政行为是否有法律、法规依据,适用法律、法规是否正确,是否违反法定程序以及是否违反法律目的等,然后对具体行政行为的合法性作出裁判。人民法院在行政诉讼中还应对行政机关适用的行政规章进行审查,如果认为行政规章违反上位法,也可以在审理案件时不予适用。

3. 合议、回避、公开审判和两审终审原则。《行政诉讼法》第 6 条规定:"人民法院审理行政案件,依法实行合议、回避、公开审判和两审终审制度。"这可分为合议、回避、公开审判和两审终审四项内容。

（1）合议。人民法院审理行政案件，一律实行合议制，不存在独任审判。合议可由审判员三人以上单数组成合议庭，也可由审判员和人民陪审员组成合议庭。合议庭是审判的主体，以少数服从多数的方式决定案件的裁判结果。这样规定是考虑到行政诉讼的一方当事人为行政机关，独任审判难以胜任。采用合议制，能够集思广益，有利于行政案件的合法、公正解决。

（2）回避。回避是指承办行政案件的审判人员、书记员以及勘验人、鉴定人和翻译人员遇有法律规定不得参与案件的审理或执行有关任务的情形时，经过法定程序，不参加有关案件的审理或免除有关任务的执行。回避分为自行回避与申请回避两种，前者是依法应当回避的人员主动回避，后者是诉讼当事人申请审判人员及其他相关人员回避。审判人员认为自己与本案有利害关系或其他关系，应当主动申请回避。当事人如果认为审判人员、书记员、翻译人员、鉴定人或勘验人与本案有利害关系或者有其他关系可能影响公正审判时，有权要求其回避。行政诉讼实行回避原则可以避免嫌疑而增强当事人的信任感，保障当事人的诉讼权利，保证人民法院公正地处理行政案件。

（3）公开审判。人民法院审理行政案件，除涉及国家秘密、个人隐私和法律另有规定者外，一律公开进行。公开审判原则包括审判过程和审判结果公开。即使依法不公开审理的行政案件，在宣布判决结果时也应公开进行。行政案件公开审判对于保障公正裁判，保护行政相对人合法权益有着特别重要的意义。公开审判要求人民法院的审判活动应当对社会公开，允许旁听和记者采访报道，使人民法院的审判活动置于诉讼当事人和全社会的监督之下，确保行政审判的公正。

（4）两审终审。两审终审是指行政案件经过两级人民法院的审理和裁判后，诉讼程序即告结束。行政诉讼案件经过第一审人民法院审理、判决或裁定后，当事人如果不服，可以向上一级人民法院提出上诉，第二审人民法院经过审理作出的判决、裁定为终审判决、裁定，当事人不服不得再提起上诉。不过当事人还可以依照审判监督程序提起申诉。最高人民法院的判决和裁定是终审判决和裁定，这只是两审终审原则的例外情形。行政诉讼实行两审终审，能够更好地保护行政相对人的合法权益。

4.当事人诉讼法律地位平等原则。《行政诉讼法》第7条规定："当事人在行政诉讼中的法律地位平等。"该原则的涵义是当事人在行政诉讼中的法律地位是平等的，他们都享有平等的诉讼权利和诉讼义务。但在行政诉讼中要保障双方当事人法律地位平等，对原告和被告的诉讼权利和义务就要给予恰当的分配，如行政诉讼的起诉权只有相对人才能享有，行政机关既无起诉权又无反诉权，但却有应诉的权利。行政诉讼中贯彻当事人诉讼地位平等原则，并不是指当事人的诉讼权利和诉讼义务完全相同。法律地位平等的实质是同等条件同样对待，由于行政诉讼中原被告双方的特定性，一方为具有国家行政权力的行政机关，另一方为行政相对人，二者并不在同等条件之下，在行政诉讼中的权利义务也不就能完全对应。

5.使用本民族语言文字进行诉讼原则。《行政诉讼法》第8条第1款规定："各民族公民都有用本民族语言、文字进行行政诉讼的权利",这就确立了使用本民族的语言文字进行诉讼的原则。在行政诉讼中,允许当事人用本民族语言文字进行诉讼,是各民族平等这一宪法原则在行政诉讼中的体现。任何民族都不能把自己的语言文字强加给别的民族。为了实现这一原则,《行政诉讼法》第8条第2、3款进一步规定:"在少数民族聚居或者多民族共同居住的地区,人民法院应当采用当地民族通用的语言、文字进行审理和发布法律文书。人民法院应当为不通晓当地民族通用的语言、文字的诉讼参与人提供翻译。"

6. 辩论原则。《行政诉讼法》第9条规定:"当事人在行政诉讼中有权进行辩论。"这就确立了辩论原则。所谓辩论,是指在人民法院的主持下,行政诉讼当事人有权就行政案件和争议的事实与法律适用问题,陈述各自的主张和意见,互相进行反驳和答辩,以维护自己的合法权益。在行政诉讼中,当事人辩论的内容既包括实体问题,又包括行政程序合法性问题,当事人可以针对行政案件事实的有无,证据的真伪,适用法律、法规的正确与否等方面的问题相互进行辩论。辩论有言辞辩论和书面辩论两种形式。辩论贯穿于行政诉讼的全部过程。辩论是有秩序地争辩,为了保证辩论的正常进行,确保当事人辩论权的充分行使,辩论必须在法院的主持下进行,法院应当保证当事人双方平等行使辩论权,并使双方围绕与本案有关的问题进行辩论。当事人进行辩论是人民法院查明事实真相,准确裁决行政争议的基础,也是保护相对人合法权益的需要。

7. 人民检察院对行政诉讼实行法律监督的原则。《行政诉讼法》第10条规定:"人民检察院有权对行政诉讼实行法律监督。"第64条规定:"人民检察院对人民法院已经发生法律效力的判决、裁定,发现违反法律、法规规定的,有权按照审判监督程序提出抗诉。"之所以确立人民检察院对行政诉讼实行法律监督原则,主要是为了保障行政诉讼活动依法进行,保护诉讼当事人的合法权益。一方面,人民检察院的法律监督对人民法院的审判权形成了一种制约,能促使人民法院正确处理和裁判行政案件;另一方面,人民检察院的法律监督为纠正可能出现的冤假错案提供了一种有效的途径,从而有助于保障社会公共利益和诉讼当事人的合法权益。

人民检察院实行法律监督的主要方式是抗诉。最高人民检察院对各级人民法院已经发生法律效力的行政判决、裁定,上级人民检察院对下级人民法院已经发生法律效力的行政判决、裁定,发现违反法律、法规规定的,应当按照审判监督程序提出抗诉。地方各级人民检察院对同级人民法院已经发生法律效力的行政判决、裁定,发现违反法律、法规规定的,应当建议上级人民检察院提出抗诉。人民检察院对提出抗诉的案件,在法院审理时应当派员出席法庭,对诉讼活动是否合法进行监督。

(二)行政诉讼的特有原则

行政诉讼的特有原则是指反映行政诉讼内在规律、仅为行政诉讼所具有,其他类型诉讼并不具备的原则。《行政诉讼法》第5条规定:"人民法院审理行政案件,对具体行政行为是否合法进行审查。"这一规定确立了人民法院对具体行政行为的合法性进行审查的原则,即合法性审查原则。合法性审查原则是指人民法院通过审理行政案件,对被诉具体行政行为是否合法进行审理并作出裁判。合法性审查原则是行政诉讼区别于其他类型诉讼的特有原则。

人民法院对具体行政行为合法性审查原则的主要内容可从以下几个方面理解:

1. 合法性审查的主体是人民法院。行政诉讼作为司法权对行政权进行制约的制度设计,理应由享有国家司法权的人民法院来行使。人民法院在行政诉讼中对行政机关的具体行政行为的合法性进行审查,这种审查是法律赋予人民法院的一项重要司法审判权,行政机关必须服从人民法院司法审查权的运用。人民法院以国家的名义行使行政审判权,不受任何其他国家机关、团体和个人的干涉。我国是由人民法院内设的行政审判庭负责审理行政案件。

2. 合法性审查的对象。根据我国《行政诉讼法》第 5 条的规定,合法性审查的对象仅限于具体行政行为。这意味着人民法院只对具体行政行为进行司法审查。除具体行政行为外,人民法院对抽象行政行为、行政相对人的有关行为等,均不得进行司法审查。因为合法性审查的对象限于具体行政行为,所以,如果相对人对行政机关制定的行政法规、规章或者其他行政规范性文件不服而向人民法院提起行政诉讼,人民法院并不能直接针对它们进行司法审查。但这并不绝对排斥人民法院对行政机关抽象行政行为的一定范围的监督,根据《行政诉讼法》第 53 条的规定,人民法院在审理行政案件时可以参照规章。"参照"意味着赋予人民法院一定程度上判断规章是否合法的审查监督权。因此,人民法院在审查具体行政行为时,若发现该具体行政行为所依据的行政规范性文件本身违法,也只能对具体行政行为予以撤销,而不得直接宣告或者确认行政规范性文件违法或无效,当然也无权对其予以撤销。

3. 合法性审查的内容。行政诉讼合法性审查的内容仅限于审查具体行政行为的合法性,而不涉及具体行政行为的合理性问题。根据王汉斌在《关于〈中华人民共和国行政诉讼法〉(草案)的说明》中的解释:"人民法院审理行政案件,是对具体行政行为是否合法进行审查,至于行政机关在法律、法规规定范围内作出的具体行政行为是否适当,原则上应由行政复议处理,人民法院不能代替行政机关作出决定"。人民法院对具体行政行为的合理性或适当性不予审查,这是由行政权和司法权的关系所决定的。行政权和司法权是两种不同性质的国家权力,行政权的行使需广泛运用法律赋予的自由裁量权,对属于行政自由裁量权范围内的事项是否适当问题,司法一般不予干预。人民法院对具体行政行为的合法性进行审查,既要审查具体行政行为适用法律是否正确,也要审查具体行政行为所根据的事实是否清楚,证据是否确实、充分,不能认为合法性就是法律审,将事实审与合法性审查对立起来或者轻视事实审,事实审是合法性审查的一个方面。[1] 合法性审查并不排斥人民法院对行政机关自由裁量行为的审查,根据《行政诉讼法》第 54 条的规定,对行政处罚显失公正的,人民法院可以判决

---

[1]　姜明安主编:《行政法与行政诉讼法》,法律出版社 2003 年版,第 323 页。

变更。这就意味着当行政机关根据自由裁量权作出的行政处罚决定显失公正时,人民法院也可以进行审查。当行政机关滥用自由裁量权时,人民法院也可以干预。

4.合法性审查的依据。人民法院对具体行政行为进行合法性审查,应以行政法律规范为依据。根据《行政诉讼法》第52条的规定,人民法院审理行政案件,以法律、行政法规、地方性法规为依据,地方性法规适用于本行政区域内发生的行政案件。人民法院审理民族自治地方的行政案件,还应以该民族自治地方的自治条例和单行条例为依据。另外,人民法院对部委规章和地方政府规章可以进行"参照",当规章与法律、行政法规相符合时,人民法院可作为依据予以适用,当规章与法律、法规不符合或相抵触时,人民法院可不予适用。根据《行诉解释》第62条第2款的规定,合法的规章以下的行政规范性文件也可作为人民法院审查具体行政行为是否合法的依据。

5.合法性审查的标准。根据《行政诉讼法》第54条的规定,对具体行政行为合法性审查的标准包括合法具体行政行为的标准和违法具体行政行为的标准两类。①合法具体行政行为的标准。具体行政行为必须同时符合以下三个条件才是合法的:第一,证据确凿;第二,适用法律、法规正确;第三,符合法定程序。②违法具体行政行为的标准。凡有下列情形之一的,就是违法的具体行政行为:第一,主要证据不足;第二,适用法律、法规错误;第三,违反法定程序;第四,超越职权;第五,滥用职权;第六,不履行法定职责或拖延履行法定职责。此外,被告无正当理由逾期提供证据、依据而被视为没有证据和依据的,被诉具体行政行为依法不成立或者无效的,也属于判断具体行政行为违法的标准。

6.合法性审查的方式和结果。人民法院通过诉讼的方式对具体行政行为进行合法性审查,并对具体行政行为的合法性作出判决或裁定。人民法院对行政案件进行审理后,认为具体行政行为合法的,判决维持;认为具体行政行为违法的,判决撤销或部分撤销并可判决被告重作具体行政行为,对行政处罚显失公正的还可以判决变更;对具体行政行为违法但不宜适用撤销判决的,可以作出确认判决。人民法院通过诉讼的方式对具体行政行为的合法性进行审查,人民法院并不能自以为是,完全以自己的判断取代行政机关的判断,司法权对行政权应有必要的尊重,只能从法的角度对行政机关的具体行政行为是否合法作出评判,司法审查必须有一定的界限。

【思考题】

1.简述行政诉讼的概念与特点。
2.简述行政诉讼法的概念和范围。
3.试述我国行政诉讼法的立法宗旨。
4.如何正确理解和把握行政诉讼的合法性审查原则?

【实务训练】

周柏锋诉规划与国土资源局违章建筑行政处罚案[1]

案情简介：周柏锋向他人购买位于峡山镇峡山居委会金光路第 64、66 号房屋,于 2002 年 4 月 22 日办理房屋过户登记手续,取得了房地产权证(房产中记载房屋为四层)。此后,周柏锋对房屋进行装修。2002 年 5 月,峡山镇政府村镇建设办公室(以下简称村镇办)发现其在该房屋天面上扩建(叠建)第五层建筑物,村镇办到现场制止时,现场已形成混凝土柱体框架结构,村镇办遂向其发出停止叠建、恢复原状的通知,周柏锋没有履行。同年 7 月 3 日,村镇办将周柏锋违法建设的情况向广东省潮阳市规划与国土资源局(以下简称规划与国土局)报告,规划与国土局作出处罚决定,限周柏锋在接到处罚决定书之日起 15 天内自行拆除违法建设的第五层建筑物,恢复原状。周柏锋不服,于 2003 年 2 月 10 日向潮阳市人民法院起诉,请求判决撤销规划与国土局的处罚决定。潮阳市人民法院认为,行政管理应以达到行政执法目的和目标为限,尽可能减少相对人的损失,规划与国土资源局对周柏锋作出强制拆除其违法建筑物的处罚过于严厉,显失公正,应予变更。遂判决撤销规划与国土资源局作出的拆除违法建设第五层建筑物的处罚决定,变更为对周柏锋罚款4 200元。

法律问题：人民法院判决变更行政机关作出的显失公正的行政处罚是合法性审查还是合理性审查? 它是否违背了行政诉讼的基本原则?

提示与分析：《行政诉讼法》第 5 条规定:"人民法院审理行政案件,对具体行政行为是否合法进行审查。"这一规定确立了人民法院对具体行政行为的合法性进行审查的原则,即合法性审查原则。合法性审查原则是指人民法院通过审理行政案件,对被诉具体行政行为是否合法进行审理并作出裁判。合理性审查是指人民法院对具体行政行为的准确性和适当性进行审查,并可以对显失公正的具体行政行为作出变更的判决。由于行政机关在行政活动中进行的活动有其专业性而依法享有一定的自由裁量权,法律也为行政机关规定了一定的裁量幅度和可供选择的手段,凡行政机关在法定的幅度内和可供选择的手段内作出决定的,都属于合理性问题。

本案中,人民法院对规划与国土局作出的行政处罚的准确性和适当性进行审理,并因其显失公正而作出变更判决,当然属于合理性审查,但这并不违背《行政诉讼法》的合法性审查这一基本原则。因为《行政诉讼法》规定人民法院审理行政案件,原则上只就所争议的具体行政行为的合法性进行审查,限制对具体行政行为的合理性进行审查的权力,其例外是人民法院可以对行政处罚这种具体行政行为的合理性进行审查。《行政诉讼法》第54 条第 4 项规定:"行政处罚显失公正的,可以判决变更。"本案中,潮阳市人民法院认为行政机关对周柏锋作出强制拆除其违法建筑物的处罚显失公

---

〔1〕　国家法官学院、中国人民大学法学院编:《中国审判案例要览(2004 年行政审判案例卷)》,中国人民大学出版社、人民法院出版社 2005 年版,第 152 ~ 154 页。

正,判决变更为罚款4 200元,符合《行政诉讼法》的上述规定。但值得注意的是,《行政诉讼法》目前只规定了人民法院对行政处罚显失公正的可以判决变更,即作为合法性审查原则的例外,而对其他具体行政行为显失公正的,尚未规定可以进行合理性审查和加以变更。

第十四章

行政诉讼受案范围

学习目的与要求 通过本章的学习,了解行政诉讼受案范围的概念、确定原则和方式;掌握人民法院受理行政诉讼案件的范围和不予受理的事项。

■ 第一节 行政诉讼受案范围概述

一、行政诉讼受案范围的概念

行政诉讼受案范围,也称人民法院对行政案件的主管范围,是指人民法院根据法律规定受理行政案件的范围。行政诉讼受案范围所要解决的是人民法院对哪些行政行为拥有司法审查权,或者说,行政相对人对哪些行政行为可以向人民法院起诉。

行政诉讼受案范围是行政诉讼制度中必不可少的核心内容之一。行政诉讼受案范围的确定,不仅仅是人民法院对哪些行政案件可以受理的问题,还具有以下几个方面的重要意义:

1. 行政诉讼受案范围是人民法院对行政机关行政活动实施司法审查的权限范围。行政诉讼是人民法院对行政机关行使职权和履行职责的行为予以审查监督的活动,人民法院能受理哪些范围的行政案件,也就意味着人民法院能对行政机关哪些行政行为具有审查监督的权力。

2. 行政诉讼受案范围是公民、法人或者其他组织的合法权益能受到司法补救的范围以及他们的诉权范围。明确行政诉讼的受案范围,有利于公民、法人或其他组织在认为自己的合法权益受到行政机关行政行为的侵犯后,及时、有效地行使诉讼权利。

3. 行政诉讼受案范围决定着人民法院与权力机关、行政机关在处理解决行政案件上的合理分工。明确行政诉讼的受案范围,即明确了人民法院在受理行政案件上的职责范围,便于人民法院及时、正确地受理案件,防止和减少因职责范围不清而错误受案或推诿受案的现象发生。

二、我国确定行政诉讼受案范围的原则和方式

(一)确定行政诉讼受案范围的原则

1. 充分保护公民、法人和其他组织合法权益的原则。建立行政诉讼制度的目的就是通过由人民法院审理行政案件,解决发生在行政机关与行政相对人之间的行政争议,从而有效地保护公民、法人及其他组织的合法权益,因此,在确立受案范围时,只要条件许可,应尽可能地扩展行政诉讼的受案范围,充分发挥司法审查的作用,最大限度地保护公民、法人及其他组织的合法权益。

2. 正确处理人民法院与行政机关在受理行政案件上合理分工的原则。因为行政争议涉及面广,类型较多,所以并不能都划归人民法院受理,否则会使人民法院在受理案件上负担过重,也不利于及时、有效地解决行政争议。为此,在确定行政诉讼的受案范围时要充分发挥行政机关在处理解决行政案件上的作用和长处,让其能通过行政复议、行政申诉等方式解决一部分行政争议,使人民法院和行政机关对各自的受案范围有一个合理的分工,如有些内部行政行为引起的争议以及法律规定由行政机关最终裁决的行政案件,就不属于人民法院的受案范围。

3. 立足现实,逐步扩大的原则。确定行政诉讼受案范围必须从我国政治、经济和法制建设的实际情况出发,不仅要符合我国政治制度的特点,而且还必须考虑到我国行政诉讼制度的实际状况和人们对它的认识程度。我国行政诉讼制度建立较晚,有关法律、法规规定还不够协调、完善,人民群众对此尚不够熟悉,有的还存在认识上的偏差。基于这些状况,行政诉讼受案范围在确立之初不宜规定过宽,对于一些目前尚不具备司法解决条件的行政案件,还不宜纳入行政诉讼受案范围。但是可以预见,随着我国社会经济的发展、公民法律意识的增强、民主政治和法治建设的逐步推进,行政诉讼受案范围必将与之相适应,得到不断的扩展。

(二)确定行政诉讼受案范围的方式

确定行政诉讼受案范围的方式越科学,行政诉讼受案范围的确定就越准确。世界各国确定行政诉讼受案范围的方式并不是完全相同的。有的国家是采用判例的方式,如英、美等国;而有的国家则是采用制定法的方式,如许多大陆法系国家。其中,以制定法来确定行政诉讼的受案范围又有不同的方式,如概括式、列举式(包括肯定的列举和否定的列举)和混合式等。

我国在确定行政诉讼的受案范围时,采用的就是混合式。首先,《行政诉讼法》以概括的方式确定了我国行政诉讼受案范围的基本界限,《行政诉讼法》第 2 条规定:"公民、法人或者其他组织认为行政机关和行政机关工作人员的具体行政行为侵犯其合法权益时,有权向人民法院提起诉讼。"《行诉解释》第 1 条第 1 款规定:"公民、法人或者其他组织对具有国家行政职权的机关和组织及其工作人员的行政行为不服,依法提起诉讼的,属于人民法院行政诉讼的受案范围。"接着,《行政诉讼法》第 11 条的第 1~8 项以肯定列举的方式列出了属于行政诉讼受案范围的各种行政案件,同时,《行政

诉讼法》第 11 条第 2 款还以概括的方式对今后可能纳入行政诉讼受案范围的行政案件作了补充。最后,《行政诉讼法》第 12 条以及《行诉解释》第 1 条第 2 款以否定列举的方式列出了不属于人民法院行政诉讼受案范围的事项。

■ 第二节　人民法院受理的行政案件

《行政诉讼法》第 11 条列出了人民法院受理的各种行政案件,具体如下:

一、不服行政处罚的案件

《行政诉讼法》第 11 条第 1 款第 1 项规定,人民法院受理公民、法人或者其他组织对拘留、罚款、吊销许可证和执照、责令停产停业、没收财物等行政处罚不服提起的诉讼。关于此类案件,需要注意的是:《行政诉讼法》第 11 条第 1 款第 1 项规定中出现的"等"是"等外等"而非"等内等"。也就是说,只要行政相对人认为行政机关的行政处罚侵犯其合法权益的,都有权提起行政诉讼。法院可以受理由所有行政处罚行为引起的行政案件,而不仅仅限于法律列举的几种行政处罚行为。因为,《行政处罚法》第 6 条明确规定:"对行政处罚不服的,公民、法人或者其他组织有权依法申请复议或者提起行政诉讼。"这样理解也符合行政诉讼法保护行政相对人合法权益的立法宗旨。

二、不服行政强制措施的案件

《行政诉讼法》第 11 条第 1 款第 2 项规定,人民法院受理公民、法人或者其他组织对限制人身自由或者对财产的查封、扣押、冻结等行政强制措施不服提起的诉讼。行政强制措施是行政机关为了预防或制止违法行为的发生或发展,以及为了保全证据,保障案件查处工作的顺利进行,而对行政相对人的人身自由或财产流通强行加以限制的一种具体行政行为。

根据作用对象的不同,可以将行政强制措施划分为限制人身自由的强制措施和限制财产使用或流通的强制措施。前者主要包括:强制隔离、强制戒毒、强制治疗、强制传唤、扣留,以及强制带离现场、强行驱散等;后者主要包括:查封、扣押、冻结、强制收缴、强行拆除、强制划拨等。鉴于行政强制措施涉及相对人的人身权或财产权,行政机关一旦违法或者不当实施行政强制措施,将会严重侵害相对人的合法权益。因此,《行政诉讼法》规定相对人对任何一种行政强制措施不服,都可以提起行政诉讼。

三、认为行政机关侵犯法定经营自主权的案件

《行政诉讼法》第 11 条第 1 款第 3 项规定,人民法院受理公民、法人或者其他组织认为行政机关侵犯法律规定的经营自主权提起的诉讼。

从全面保护公民、法人和其他组织合法权益着眼,我们认为这里所称的"法律"应作广义的理解,即它应当包括宪法、法律、法规和规章,凡上述法律文件所确定的经营

自主权,都在行政诉讼制度的保护之列。由此,法律规定的经营自主权应当是指各种企业和经济组织依照宪法、法律、法规和规章的规定,对自身的机构、人员、财产、原材料供应、生产、销售等各方面事务自主管理经营的权利。

在市场经济体制下,享有经营自主权是各市场参与主体,主要包括个体经营户、农村承包经营户、各类企业和经济组织,以及实行企业管理的事业单位,保持自身的独立性是参与市场竞争、获取经济利益的必要条件。该权利的外延依市场参与主体类型的不同而宽窄不一。根据《全民所有制工业企业转换经营机制条例》的规定,全民所有制企业享有的经营自主权主要有:生产经营决策权、产品劳务定价权、产品销售权、物资采购权、进出口权、投资决策权、留用资金支配权、资产处置权、联营兼并权、劳动用工权、内部人事管理权、工资奖金分配权、内部机构设置权、拒绝摊派权等14项。而个体工商户、各私营企业因拥有对自己或企业财产的所有权,因此在经营活动中几乎享有对财产的完全的占有、使用、收益和处分的权利,对经营事项几乎享有完全的决定权。

在实践中,侵犯法定经营自主权的形式主要表现为:强行上缴税收利润;强制变更企业名称、改变企业性质;强行联营、分立或者兼并、改变企业隶属关系;核定资产的使用权与所有权;强行签订、变更、解除合同,非法确认合同的效力;干预、限制供销渠道,撤换依法应由职工代表大会或股东大会或董事会选举或聘任的企业领导人、法定代表人;强行定价,干预人事管理权等。公民、法人或其他组织对以上诸种行为不服的,均可以提起行政诉讼。

总之,各市场参与主体凡认为行政机关的上述行为侵犯自己属法定经营自主权范围内各种权利的,都可以提起行政诉讼。

四、认为符合法定条件申请行政机关颁发许可证和执照,行政机关拒绝颁发或者不予答复的案件

许可证和执照是行政机关应行政相对人的申请核发的允许其享有某种资格、从事某种活动的法律凭证。许可证、执照是行政许可的主要表现形式,其与行政相对人的人身权利、财产权利有着密切的关系,直接影响行政相对人的合法权益。如果行政机关对符合法定条件的行政相对人拒绝颁发许可证、执照等法律凭证,则是对行政相对人权利的限制或剥夺,是对行政相对人权益的侵犯。因此,《行政诉讼法》第11条第1款第4项规定,人民法院受理公民、法人或者其他组织认为符合法定条件申请行政机关颁发许可证和执照,行政机关拒绝颁发或不予答复提起的诉讼。

从行为的类型上看,行政机关颁发许可证、执照的行为属于一种依申请的行政行为。因此,相对人提起这种诉讼应具备两个基本条件:①相对人已经向有权颁发证照的行政机关提出了申请;②行政机关对于相对人要求颁发证照的申请予以拒绝或不予答复,这是行政机关采取的两种行为方式。所谓拒绝是指行政机关对相对人的申请明确表示不同意或不予办理;所谓不予答复是指行政机关对相对人的申请予以推诿、拖

延或不予理睬。这两种行为方式是有所差别的,拒绝行为是一种作为的行为,它可能是合法的,也可能是不合法的;不予答复是一种不作为的行为,它只能是不合法的。

值得注意的是,对于《行政诉讼法》所规定的许可证和执照,就立法本意讲,指整个行政许可制度,即泛指行政许可的各种具体表现形式。凡在实质内容上属于须行政机关许可而享有人身、财产权利和其他社会权利的各种证照、文件乃至口头形式的凭证,都在此范围之列,即都属于《行政诉讼法》规定的许可证和执照的范围,受行政诉讼制度的保护。

五、认为行政机关不履行保护人身权、财产权法定职责的案件

保护行政相对人的人身权、财产权是行政机关应尽的职责和义务,如果行政机关负有法定职责不履行而导致公民、法人或者其他组织在人身权、财产权方面受到损害的,则是行政机关的失职行为。《行政诉讼法》第11条第1款第5项规定,人民法院受理公民、法人或者其他组织因申请行政机关履行保护人身权、财产权的法定职责,行政机关拒绝履行或不予答复而提起的诉讼。

公民、法人或者其他组织的人身权、财产权的内容十分广泛,包括公民个人的人身权、财产权,也包括法人或其他组织的身份权、财产权。人身权主要有人身自由权、人格权,以及生命健康权、名誉权、肖像权、姓名权、名称权和荣誉权等;财产权主要有财产所有权、财产使用权、继承权、经营权、专利权、商标权、著作权等。

相对人提起诉讼构成这类案件的基本条件是:①相对人的人身权、财产权正在受到或即将受到实际的侵害;②相对人已向行政机关提出了保护的请求,行政机关已经知道情况时除外;③被申请的行政机关负有相应的法定职责;④行政机关对相对人的申请予以拒绝或不予答复。无论行政机关是拒绝履行还是不予答复,都会侵犯相对人的合法权益,相对人可依法提起行政诉讼。

六、认为行政机关没有依法发给抚恤金的案件

依法发给抚恤金是法律、法规规定的某些行政机关的法定职责,也是对特定公民物质生活最低限度的保障。抚恤金从狭义上讲,本是国家规定对某些伤残人员或死亡人员遗属为慰抚和保障其生活而发放的专项费用,主要分为两种:一种是伤残抚恤金,发放对象是革命残废军人、因公致残的职工及其他人员;另一种是遗属抚恤金,发放对象是革命烈士、牺牲人员或其他死亡人员的遗属。但从广义上理解,国家对公民发放的社会福利保障费用,如福利金、救济金等,也具有抚恤金的性质。我国有些行政机关依法具有发放抚恤金和其他社会福利保障费用的专项职责,如果行政机关没有依法发给,既是失职行为,也是对公民合法权益的侵犯。《行政诉讼法》第11条第1款第6项规定,人民法院受理公民认为行政机关没有依法发给抚恤金的案件。

在这种案件中,原、被告都具有特定性,原告只能是享受抚恤金等的公民个人,被告只能是依法具有发放抚恤金等专项职责的行政机关,如民政部门、劳动保障部门等,

其他行政机关一般无这项职责。对于无法定职责的行政机关,公民一方不应对其提起行政诉讼。

行政机关未依法发给抚恤金的行为通常表现为:依照有关法律、法规的规定,应向公民发放的,行政机关未予发放;扣减了抚恤金的数额;依法应按期限发放的,行政机关无故拖欠;行政机关发给抚恤金发生了对象错误等等。

七、认为行政机关违法要求履行义务的案件

行政机关在行政管理中有权要求公民、法人或者其他组织履行义务,但必须严格依法进行,即必须是法律、法规规定的义务,且必须按法定的程序办事,否则就是违法要求履行义务。相对人的义务通常包括财产上的义务和行为上的义务,财产上的义务指相对人依法给付或交纳一定的财物或款项,如交纳费用、交付实物等;行为上的义务指相对人依法作出或不作出一定行为,如服兵役、服劳役的行为等。如果行政机关在实施行政管理过程中,违法要求行政相对人履行非法定的义务,如强行摊派、强迫劳役、非法征收、征用、无偿调拨财物等,就会侵犯相对人的人身权和财产权。《行政诉讼法》第11条第1款第7项规定,人民法院受理公民、法人或者其他组织认为行政机关违法要求履行义务而提起的诉讼。

行政机关违法要求履行义务主要表现为:行政相对人不负有某种法定义务,但行政机关任意要求其履行义务,如滥收费、滥摊派等;行政相对人已经依法履行了某种法定义务,但行政机关仍重复要求其履行义务;行政机关在要求相对人履行义务时违反法定程序,如收费不出具法定的收据,未经法定程序进行征收、征用等。

这种案件的认定有一个重要的界限:即必须是行政机关以具体行政行为来要求行政相对人履行义务,也就是行政机关以行政主体的身份运用行政权力令对方履行义务,如果行政机关在民事活动中以民事主体的身份要求对方履行民事义务,所引起的只是民事纠纷案件,不能提起行政诉讼。

八、认为行政机关侵犯其他人身权、财产权的案件

这种案件是除上述案件之外其他涉及人身权、财产权的行政案件,是对上述列举不足而作的补充。行政诉讼法所列的上述七种案件,都是因行政机关具体行政行为涉及相对人一方人身权、财产权的行政案件,但以逐一列举的方式是难以做到全面、完整的。为了能将涉及公民、法人或者其他组织人身权、财产权的其他行政案件也都归入行政诉讼的受案范围,《行政诉讼法》第11条第1款第8项概括性地规定,人民法院受理公民、法人或者其他组织认为行政机关侵犯其他人身权、财产权而提起的诉讼。

对于这类案件应当注意把握这样几个方面:

1. 它是涉及人身权、财产权的案件。

2. 它是由上述七种具体行政行为之外的具体行政行为引起的,如行政命令、行政处理决定、行政监督检查、行政确认、行政救助、行政奖励、行政裁决等作为或不作为的

各种具体行政行为。凡公民、法人或者其他组织认为行政机关的任何具体行政行为侵犯其人身权、财产权的,都可以提起行政诉讼。

3. 它所涉及的人身权、财产权范围非常广泛。人身权可以分为人格权和身份权,人格权具体包括人身自由权、生命健康权、荣誉权、名誉权、名称权、姓名权、肖像权等;身份权具体包括亲权、监护权、著作权、发明权、发现权等。财产权包括物权、债权、知识产权等,而每一种财产权又包括占有权、使用权、收益权和处分权。

这种行政案件目前常见的主要有:行政机关对平等主体间赔偿问题所作出的裁决或强制性补偿决定,当事人认为侵犯自己人身权、财产权而起诉的;行政机关对有关自然资源的所有权或使用权归属的问题作出处理决定,当事人认为侵犯自己财产权而起诉的;行政机关对发明专利权的确认裁决,当事人认为侵犯了自己的人身权、财产权因而起诉的;行政机关作出违背公民、法人或者其他组织意愿并直接导致增加义务或妨碍权利享有和行使的行政确认、其他各种行政处理及不作为的行政行为等,当事人认为侵犯了自己的人身权、财产权因而起诉的;行政机关对一方公民、法人和其他组织作出行政处理,另一方公民、法人和其他组织认为该处理涉及并侵害了自己相邻权或者公平竞争权而起诉的;行政机关作出复议决定、撤销或变更自身具体行政行为的决定,有关公民、法人或其他组织认为该类决定涉及自己的人身权、财产权由此与之形成法律上的利害关系,因而起诉的等等。

九、法律、法规规定可以起诉的其他行政案件

根据《行政诉讼法》第11条第2款的规定,人民法院受理法律、法规规定可以提起诉讼的其他行政案件,这是一条兜底性的规定。对于这一规定,需从以下几个方面来理解:

1. 这里所指的法律、法规是指除《行政诉讼法》之外的其他各种法律、行政法规、地方性法规,以及自治条例和单行条例等。它们既包括行政诉讼法制定施行以前就颁布并仍然有效的法律、法规,也包括行政诉讼法制定实施以后颁布的法律、法规,还包括将来可能会颁布的有关法律文件。

2. 这些法律、法规所规定的其他可以起诉的行政案件,是《行政诉讼法》未予以列举的行政案件,即属于《行政诉讼法》已列举的八种案件之外的行政案件。

3. 这些案件不限于只涉及公民、法人或其他组织的人身权、财产权,也可以是各种各样的合法利益,如可以包括公民的政治权利和自由、其他社会权利等。也就是说,凡因行政机关具体行政行为涉及公民一方合法权益而形成的行政案件,尽管《行政诉讼法》未作列举,但只要其他法律、法规规定可以提起行政诉讼,则都属于行政诉讼的受案范围,人民法院都应予以受理。

■ 第三节　人民法院不受理的事项

我国《行政诉讼法》列举规定了行政诉讼受案范围的行政案件,但这种列举并不是、也不能穷尽人民法院的受案范围,它不意味着未被法律列举出来的就不在受案范围之中。为了解决这一问题,还需要明确划定人民法院不予受理的事项,对行政诉讼不受案的界限作出明确的限定,使在限定之外的其他一切具体行政行为(包括前述列举未能穷尽的)都能进入行政诉讼的受案范围之列,这就便于最大限度地保护公民、法人和其他组织的诉讼权利。

根据《行政诉讼法》第 12 条和《行诉解释》第 1～5 条的规定,由行政机关的下列行为引发的争议不属于行政诉讼的受案范围,人民法院不予受理:

一、国防、外交等国家行为

《行政诉讼法》第 12 条第 1 项规定,国防、外交等国家行为不属于行政诉讼的受案范围。此处所称的国家行为,根据《行诉解释》第 2 条的规定,是指国务院、中央军事委员会、国防部、外交部等根据宪法和法律的授权,以国家的名义实施的有关国防和外交事务的行为,以及经宪法和法律授权的国家机关宣布紧急状态、实施戒严和总动员等行为。由此,国家行为实际上是有权代表整个国家的特定国家机关,根据宪法和法律授予的权限,以国家的名义实施的全局性的重大行为。我国最高行政机关国务院、最高军事机关中央军事委员会、国防部、外交部以及其他有关国家机关在宪法和法律授权的情况下,有权代表国家而实施国家行为。

"国家行为"一词在行政法学意义上到目前为止并无一个统一、确切的涵义,我国也有学者称其为"统治行为"、"政府行为",[1]在国外,其被解释为"与国家的重要政策有联系的行为","关系到国家存亡及国家统治之根本的、具有高度政治性的、国家最高机关(国会、内阁等)的行为"[2]等。这都说明了国家行为具有的特殊性质。

我们认为,对国家行为可以有对外、对内两种意义的理解:

1. 对外意义的,或称对外国家行为,指经宪法和法律授权的专门国家机关,在国际事务中,代表整个国家行使国际法上的权利和履行国际法上的义务的行为。这种国家行为是以国际法意义上的主权国家作为法律实体,其应该是国际法上的概念,是用于处理国家间关系的对外国家行为。

对外国家行为与具体行政行为的主要区别在于:①对外国家行为的主体是整体意义的国家,通常是以中华人民共和国的名义实施。而具体行政行为的主体只能是某行政机关,不以整个国家的名义实施。②对外国家行为的对象是另一方国家、国际组织

---

〔1〕　罗豪才、应松年主编:《行政诉讼法学》,中国政法大学出版社 1990 年版,第 114 页。

〔2〕　胡建淼:《十国行政法比较研究》,中国政法大学出版社 1993 年版,第 38、208 页。

等国际法主体,所涉及的都直接是国际关系事项。具体行政行为的对象则是特定的公民、法人和其他组织,所涉及的只是一国领域内具体行政管理事务。③由于对外国家行为的国际性和重大性,其行为依据都具有特殊性,一般是以国家宪法、某些专项法律以及规范国际关系的国际惯例、国际条约等为行为依据。而具体行政行为是针对特定公民、法人或者其他组织并处理国内常规行政事项的,它通常都是国内法中次于宪法的各种行政法律、行政法规,地方性法规乃至行政规章作为其直接依据。

对外国家行为主要包括国防、外交两大类。国防是为保卫国家安全、领土完整和全民族利益而抵御外来侵略、颠覆所进行的活动。如进行军事演习、调集军队、实施战争动员令、宣战等等。外交是为实现国家的对外政策而进行的国家间交往活动。如国家间的建交、断交、宣战、媾和、签订国际条约和协定、国家间的对等措施等等。

2.对内意义的,也可称对内国家行为,指经宪法和法律授权的有关国家机关,在对国内全局性、重大性的国家事务中,代表整个国家对内实施的统治行为。这种国家行为则是以公共权力意义上的国家作为法律实体,是用于处理国家与公民、法人和其他组织间重大关系的对内国家行为。

对内国家行为与具体行政行为的主要区别在于:

(1)对内国家行为从本质讲,是代表整体国家而不是仅代表某一行政机关的行为,它体现着国家的统一性和整体性。因此,行为主体在身份和名义上是代表整体意义的国家还是某个单一的行政机关是它们的区别之一。

(2)对内国家行为具有全局性、危急性特点,在行为内容上所处理的是直接关系国家全局,关系国家和全民族整体利益,直接涉及国家统一、领土完整、政权存亡、最基本政局能否稳定的危急问题。而具体行政行为所处理的通常都是日常一般性的行政管理事项,不具有涉及国家整体利益的危急性。

(3)对内国家行为具有政治性特点,这里所称的政治性是指国家要即时根据国际、国内政治、社会形势而实施,通常表现为是针对突发性政治、社会状况采取的紧急措施,往往不同于法律、法规的一般规定。对于这类问题,仅只针对日常行政事务的具体行政行为往往是无法处置的。

对内统治的国家行为主要包括:为保卫国家政权生存,控制政局,防止国家、民族分裂、抗拒大自然灾害等而采取的总动员、宣布戒严以及其他紧急性措施等。

国防、外交等国家行为不能被提起行政诉讼,这一般是各国行政诉讼制度的通例。我国行政诉讼将其排除在行政诉讼的受案范围之外,其主要原因在于:

(1)国家行为不是具体行政行为,即它不是行政机关以自己的名义对单个、特定对象实施的行政管理行为,而是宪法、法律授权的特定主体,代表整个国家以国家的名义实施的行为。

(2)由于是以国家的名义实施,因而是体现国家主权的行为,其权力具有国家的整体性和统一性,因而不属于人民法院的司法审查范围。

(3)国防、外交等国家行为关系到国家和民族的整体利益,即使这种行为会影响某些公民、法人或者其他组织的利益,但在此种情况下,公民、法人或者其他组织的个别利益要服从国家的整体利益。

二、抽象行政行为

《行政诉讼法》第12条第2项规定,行政法规、规章或者行政机关制定、发布的具有普遍约束力的决定、命令不属于行政诉讼的受案范围。根据《行诉解释》第3条的规定,这里规定的"具有普遍约束力的决定、命令",是指行政机关针对不特定对象发布的、能反复适用的行政规范性文件(行政法规和行政规章除外)。上述国务院制定、发布的行政法规,国务院各部委制定、发布的部门行政规章,地方省级人民政府、省政府所在地的市的人民政府和国务院批准的较大的市的人民政府制定、发布的地方行政规章,各级各类行政机关发布的具有普遍约束力的决定、命令等,被学术界统称为"抽象行政行为"。

《行政诉讼法》对抽象行政行为规定不予受理,并不排斥《行政诉讼法》对受案范围规定随着时代的变化而发展、完善。在人民法院审查裁判抽象行政行为条件成熟、有关技术性问题能得以妥善解决的情况下,也可以通过修改《行政诉讼法》赋予人民法院对抽象行政行为的审查裁判权。我国抽象行政行为包括两个部分,一部分是行政法规和行政规章,另一部分是规章以下的规范性文件。在目前条件下,我国《行政复议法》规定对规章以下的有关规范性文件,行政复议机关应行政相对人的申请在审查具体行政行为时可以一并进行审查,依此规定,公民一方在针对具体行政行为提起行政复议时,一并对作为具体行政行为依据的有关抽象行政行为提出异议并主张救济也是可行的,我国行政诉讼也可以考虑对规章以下的规范性文件在审理具体行政行为的过程中,一并加以审理并对违法的规范性文件作出撤销的裁判。在国外,有些国家对抽象行政行为规定可通过司法途径予以审查裁判,如美国的司法审查制度和德国的宪法诉讼就将其纳入了受案范围,我国也可以逐步向此方向发展。

三、行政机关对其工作人员的奖惩、任免等决定

《行政诉讼法》第12条第3项规定,行政机关对行政机关工作人员的奖惩、任免等决定不属于行政诉讼受案范围。根据《行诉解释》第4条的规定,这里规定的"对行政机关工作人员的奖惩、任免等决定",是指行政机关作出的涉及该行政机关公务员权利义务的决定。

行政机关对其工作人员的奖惩、任免等决定并不仅指奖惩、任免这两类决定,而是统称行政机关作出的涉及该行政机关公务员权利义务的各类决定,如有关公务员培训、考核、交流、回避、退休、工资福利待遇等方面的决定。这些决定涉及的是行政机关的内部人事管理关系,属于内部人事管理活动,由此导致的行政纠纷可由行政机关自己处理解决,人民法院不予干预。

但是,对此类案件不应作扩大解释,即并不是行政机关对其工作人员所作的各种

人事管理处理决定都不属于行政诉讼受案范围,其中关键问题应当看其处理决定所涉及的权利义务的性质。如果这类决定所涉及的权利义务是国家公务员的权利义务,可以不通过行政诉讼的方式解决;但如果所涉及的权利义务是行政机关工作人员作为普通公民所具有的权利义务,行政机关工作人员作为普通公民仍可以提起行政诉讼。

四、法律规定由行政机关最终裁决的具体行政行为

《行政诉讼法》第12条第4项规定,法律规定由行政机关最终裁决的具体行政行为不属于行政诉讼的受案范围。这里所称的"法律",根据《行诉解释》第5条的规定,仅仅是指全国人民代表大会及其常务委员会制定、通过的规范性文件。

我国目前只有极少的几部法律[1]根据实际需要规定了对某些具体行政行为引起的争议,行政机关所作的裁决是最终裁决。对于这些由法律授予行政机关最终裁决权的行政案件,人民法院不予受理。

五、公安、国家安全等机关依照刑事诉讼法的明确授权实施的行为

在我国,公安、国家安全等国家机关具有双重身份,它们既是实施刑事案件侦查等刑事司法活动的机关,又是从事公安、国家安全等方面管理的行政机关,因而,既可以对刑事犯罪嫌疑人实施刑事侦查措施等刑事司法行为,又可以对一般违反行政法的相对人实施行政处罚、行政强制等具体行政行为。刑事司法行为与具体行政行为有着不同的性质,各自针对不同的对象,根据《行政诉讼法》的规定,我国的行政诉讼目前只针对行政行为,因而公安、国家安全等机关的刑事司法行为尚不在行政诉讼受案范围之内。这就存在一个要明确划分行政行为和刑事司法行为两者界限的问题。对此,《行诉解释》第1条第2款第2项规定:"公安、国家安全等机关依照刑事诉讼法的明确授权实施的行为"不属于行政诉讼的受案范围。这一规定限定了公安、国家安全等机关的刑事司法行为只能是依照刑事诉讼法明确授权实施的行为。

这里,我们有必要从以下几个方面来正确理解和掌握公安、国家安全等机关"依照刑事诉讼法的明确授权实施的行为":

1.这类行为的主体,只能是公安机关、国家安全机关、海关、军队保卫部门、监狱等特定机关。

2.这类行为必须在刑事诉讼法明确授权的范围内实施。根据我国《刑事诉讼法》的授权,公安、国家安全等机关能实施的刑事司法行为主要包括:讯问刑事犯罪嫌疑

---

[1] 如《中华人民共和国外国人入境出境管理法》和《中华人民共和国公民出境入境管理法》分别规定,被公安机关处罚的人对处罚不服的,可以向上一级公安机关提出申诉,也可以向人民法院提起行政诉讼,如果选择向上一级公安机关提出申诉,上一级公安机关的裁决就是终局裁决。此外,《中华人民共和国行政复议法》规定,对国务院部门或省级人民政府就自身具体行政行为作出的行政复议决定不服的,可以向人民法院提起行政诉讼,也可以向国务院申请裁决,国务院的裁决是最终裁决;省级人民政府确认土地、矿藏等自然资源所有权或者使用权的行政复议决定为最终决定。

人、询问证人、检查、搜查、扣押物品（物证、书证）、冻结存款汇款、通缉、拘传、取保候审、保外就医、监视居住、刑事拘留、执行逮捕等。公安、国家安全等机关在刑事诉讼法授权范围之外实施的行为，如没收、违法收审等均不在此类行为之列。

3.这类行为必须是针对刑事诉讼法规定的对象所实施的刑事司法行为。这是对刑事诉讼法明确授权行为进行的实质性的限定。依据刑事诉讼法的授权，公安、国家安全等机关只能对刑事犯罪嫌疑人等有限的对象实施刑事司法行为，如果公安、国家安全等机关对其他公民滥用刑事司法行为，或故意用刑事司法行为代替具体行政行为，则也是对刑事诉讼法授权范围的超越。在这种情况下，即使它们具有"刑事司法行为"的形式，但仍应将其视作具体行政行为，如果公民一方提起行政诉讼，人民法院应当受理。

总之，对"刑事诉讼法明确授权"的行为作准确的划定，在主导思想上并不是为了使公安、国家安全等机关的一部分职权行为免除行政诉讼，而是为了严格限制刑事司法行为的范围，以防这些机关等以刑事司法行为之名逃避行政诉讼审查现象的发生。

六、行政机关的调解行为以及法律规定的仲裁行为

《行诉解释》第1条第2款第3项规定，"调解行为"不属于行政诉讼的受案范围。行政机关的调解行为，指行政机关居间对双方当事人之间的民事权益争议，经说服教育和劝导后，由当事人双方自愿达成解决纠纷协议的一种行为。行政机关居间调解民事纠纷，是行政机关实施管理的一种重要手段。在很多情况下，行政调解能够顺利、彻底解决当事人之间的纠纷，避免矛盾激化，有利于人民内部的团结和社会关系的稳定。行政机关调解行为的特点在于：①调解的对象是双方当事人之间的民事权益争议。这决定了行政机关的调解以当事人之间存在的民事权益争议为前提。②行政机关实施调解，需纠纷当事人的自愿申请。③行政机关的调解不具强制性，调解行为仅表现为对纠纷当事人进行劝导和说服教育，不对当事人作出强制性并令其服从的行政决定。④行政机关调解的最终结果是纠纷当事人之间自己自愿达成调解协议，其间并不掺杂行政机关自身的意志。

从行政机关调解行为的特点可知，该类调解行为的实质是需当事人自愿，不具行政职权的强制性，对当事人也不具有必然的约束力。基于此，行政机关的调解行为具有不可诉性，因而不在人民法院行政诉讼的受案范围之内。但是，如果行政机关借调解之名，违背当事人的意志作出具有强制性的决定，则当事人可以对其提起行政诉讼。

仲裁，是法律规定的机构以中立者的身份对平等主体之间的民事纠纷，依照一定的程序作出具有法律拘束力的判定。仲裁是一种准司法行为，主要特点是：仲裁机构具有相对独立性、仲裁程序由法律规定、仲裁文书具有法律效力等。仲裁的种类较多，其中就包括行政机关以及法律授权的组织作出的仲裁。《行诉解释》第1条第2款第3项规定："法律规定的仲裁行为"不属于行政诉讼的受案范围。这里所称的"法律规定的仲裁行为"，仅指全国人大及其常委会制定的法律所规定的仲裁。目前，这类仲裁

第三节

主要是劳动争议仲裁。劳动争议仲裁由各级劳动行政管理机关设立的劳动争议仲裁委员会负责进行。当事人对仲裁结果不服的,我国《民事诉讼法》已将其纳入了民事诉讼的范围并形成了固定的解决仲裁纠纷的制度。从实际效果来看,当事人如不服仲裁决定转而向人民法院提起民事诉讼,人民法院依法审理后作出的最终司法裁判可以自然否决行政机关错误的仲裁决定,因而也能同样起到保护公民、法人或者其他组织合法权益的作用。为此,法律不再将此类仲裁纳入行政诉讼的受案范围。但对于法律之外的其他行政法规、地方性法规、规章所规定的仲裁,当事人对仲裁决定不服的,则仍可以向人民法院提起行政诉讼。

七、不具有强制力的行政指导行为

由于行政指导行为对行政相对人不具有强制力和法律约束力,行政相对人对行政机关的指导有依其意愿选择是否接受的自由,我国行政诉讼法未将其纳入行政诉讼的受案范围。《行诉解释》第1条第2款第4项规定:"不具有强制力的行政指导行为"不属于行政诉讼的受案范围。

但是,在司法实践中应充分注意并正确处理下列情形:

1. 行政机关作出具体行政行为时名义上是行政指导,但实质上却是以各种方式强迫行政相对人必须服从,此时它们就超出了行政指导的性质。对此类具体行政行为不服的,行政相对人可以向人民法院提起行政诉讼,人民法院应当受案。

2. 行政指导的作出往往以行政奖励或某种优惠政策作为后盾,如果行政机关作出行政指导而且行政相对人响应,但行政机关事后不兑现奖励或相关优惠政策导致行政相对人受到损害,行政相对人向人民法院提起行政诉讼的,人民法院应当受理。

3. 行政机关作出错误的行政指导,或者未依法履行行政指导的职责导致行政相对人的合法权益遭受损失时,如果行政相对人向人民法院提起行政诉讼,人民法院应当受案。

八、驳回当事人对行政行为提起申诉的重复处理行为

重复处理行为,源于德国行政法学中的"重复处置行为",在行政法理论中也被我国台湾行政法学者称为"第二次行政行为",[1]它是指行政机关以原已存在的行政行为为基础,并为实现或加强原行政行为所设定的权利义务关系而再次实施的行为。其特点是:①重复处理行为要以原有的行政行为为基础。并非行政机关的一切原有行政行为都有"重复处理行为",但重复处理行为都是基于一定的原行政行为而发生的。②重复处理行为的引起,一般基于行政相对人对原有行政行为的不服而申请复议、申诉,或者基于行政相对人对原有行政处罚的不自觉履行等。③重复处理行为的目的在

---

〔1〕 转引自甘文:《行政诉讼法司法解释之评论——理由、观点与问题》,中国法制出版社2000年版,第26页。

于实现或加强既存之权利义务关系,并不能创设新的权利义务关系。根据《行诉解释》第1条第2款第5项的规定,公民、法人或其他组织对"驳回当事人对行政行为提起申诉的重复处理行为"不服提起诉讼的,不属于人民法院行政诉讼的受案范围。据此可知,并非对所有的重复处理行为,行政相对人不服的都被排除在人民法院行政诉讼的受案范围之外,而只限定为"驳回当事人对行政行为提起申诉的重复处理行为"。也就是说,只有这一类的重复处理行为不能提起行政诉讼。驳回当事人对行政行为提起申诉的重复处理行为,是行政机关对当事人就原已生效的行政行为提出的申诉给予驳回的行为,实质上是对原已生效的行政行为的再次肯定,也即是对原行政行为所确定的权利义务关系的再次肯定,并没有形成新的权利义务关系。如果对这类重复处理行为可以提起诉讼,就是在事实上取消提起诉讼的期间,就意味着任何相对人在任何时候都可以通过申诉的方式重新将任何一个行政行为提交法院进行重新审查,这就会使法律规定的诉讼期限失去意义。

故此,该类重复处理行为不再纳入行政诉讼的受案范围。对此类重复处理行为应当掌握以下几点:

1. 引起该类重复处理行为的情况或条件是当事人对原行政行为不服而提起的申诉。

2. 该类重复处理行为是有关行政机关对当事人提出的申诉经审查作出了驳回的处理决定,再次肯定了原已发生法律效力的行政行为。如果当事人对此重复处理行为不服提起行政诉讼,人民法院就不能予以受理。

九、行政机关对公民、法人或者其他组织权利义务不产生实际影响的行为

对公民、法人或者其他组织权利义务不产生实际影响的行为,是指行政机关在行使行政职权、履行行政职责的过程中所作出的未使相关的公民、法人或其他组织的权利义务发生现实的变动的行为。所谓实际影响,意即由行政机关的行政行为而使相关公民、法人或者其他组织的权利义务发生了现实的变动,包括有利的变动和不利的变动,诸如权利的限制、减少或权利的授予、增加;义务的免除、减少或义务的负担、增加等。如果不发生这种"实际影响",行政机关则不应当被诉。公民、法人或者其他组织对行政机关的具体行政行为提起行政诉讼的条件之一,就是"认为"行政机关的具体行政行为侵犯其合法权益,也即认为行政机关的具体行政行为对自己的权利、义务产生侵犯这种实际的影响。为此,行政机关对公民、法人或其他组织的权利义务不产生实际影响的行为就不作为人民法院受理的案件范围。

该类行为有如下几个特点:

1. 该类行为主体是行政机关在履行行政职责、行使行政职权的过程中产生的。行政机关的行为并非都是行政行为,它包括行政行为和其他法律行为,如民事法律行为等。行政机关只有在其履行行政职责、行使行政职权的过程中所产生的行为才属此类行为,除此之外所产生的行为均不是行政行为。如果不属于行政行为,无论行政机关

的行为是否对公民、法人或其他组织的权利义务产生实际影响,都不能作为此类行为对待,也与行政诉讼无关。

2.该类行政行为的作出没有对公民、法人或其他组织权利义务产生实际影响。即行政机关的行为没有使公民、法人或其他组织的权利义务发生现实的变动,包括有利的变动和不利的变动,即没有使公民、法人或其他组织的权利受到限制、减少或者权利的获得、增加,也没有义务的免除、减少或者义务的负担、增加等。

具体而言,该类行为可以会有以下几种表现形式:行政机关的行为尚处于内部准备阶段,并未形成外部具体行政行为。如行政处理正在行政机关内部研究讨论过程中,尚未形成最后决定,或者内部已有决定但尚未制作正式法律文书送达当事人也未实际实施等等;行政机关在行政相对人提起行政诉讼之前及时、主动地收回已送达的具体行政行为而使之无效;行政机关的行政行为涉及公共利益而非个人的特定利益。

【思考题】

1.试述我国行政诉讼受案范围的确立方式。

2.简述人民法院受理的行政案件。

3.简述人民法院不予受理的事项。

【实务训练】

建明食品公司诉泗洪县政府检疫行政命令纠纷案[1]

案情简介:2001 年 4 月,经泗洪县政府批准,建明食品公司成为泗洪县的生猪定点屠宰单位之一。在分别领取了相关部门颁发的企业法人营业执照、动物防疫合格证、税务登记证等证件后,建明食品公司开始经营生猪养殖、收购、屠宰、销售和深加工等业务。2003 年 5 月 18 日,泗洪县政府下设的临时办事机构县生猪办向本县各宾馆、饭店、学校食堂、集体伙食单位、肉食品经营单位以及个体经营户发出《屠宰管理通知》。该通知称,“县城所有经营肉食品的单位及个体户,从 5 月 20 日起到县指定的生猪定点屠宰厂采购生猪产品,个体猪肉经销户一律到定点屠宰厂(县肉联厂)屠宰生猪……”。另外,根据法律规定,建明食品公司应该向县兽检所报请生猪检疫。2003 年 5 月 22 日,泗洪县政府分管兽医卫生监督检验工作的副县长电话指示县兽检所,停止对县肉联厂以外的单位进行生猪检疫。建明食品公司报请县兽检所对其生猪进行检疫时,该所即以分管副县长有指示为由拒绝。建明食品公司认为,分管副县长的电话指示侵犯其合法权益,遂提起行政诉讼。泗洪县政府辩称,电话指示是分管副县长对

---

[1]《最高人民法院公报》2006 年第 1 期。

下属单位县兽检所作出的,是行政机关内部的行政指导行为;指示内容中没有提到建明食品公司,不会直接对其权利义务产生影响。因此,这个电话指示不是人民法院行政诉讼管辖的具体行政行为,不在人民法院行政诉讼受案范围内,建明食品公司无权对这个电话指示提起行政诉讼。江苏省高级人民法院认为该指示已对公民、法人或者其他组织权利义务产生实际影响,为可诉行政行为。

法律问题:行政机关上级对下级作出的指示是否属于人民法院行政诉讼受案范围内的可诉行政行为?

提示与分析:审查行政机关内部上级对下级作出的指示是否属于人民法院行政诉讼受案范围内的可诉行政行为,应当从指示内容是否对公民、法人或者其他组织权利义务产生了实际影响着手。作为依法设立的生猪定点屠宰点,建明食品公司有向该县动物防疫监督机构——县兽检所报检的权利和义务;县兽检所接到报检后,对建明食品公司的生猪进行检疫,是其应当履行的法定职责。县兽检所当时以分管副县长有电话指示为由拒绝检疫,可见该电话指示是县兽检所拒绝履行法定职责的唯一依据。生猪定点屠宰场所的生猪未经当地动物防疫监督机构进行屠宰前、后的检疫和检验,不得屠宰,屠宰后的生猪及其产品也无法上市销售。尽管分管副县长对县兽检所的电话指示是行政机关内部的行政行为,但通过县兽检所拒绝对建明食品公司的生猪进行检疫来看,电话指示已经对建明食品公司的合法权益产生实际影响,成为具有强制力的行政行为。再者,分管副县长在该县仅有两家定点屠宰场所还在从事正常经营活动的情况下,电话指示停止对县肉联厂以外单位的生猪进行检疫,指示中虽未提及建明食品公司的名称,但实质是指向该公司。分管副县长就特定事项、针对特定对象所作的电话指示,对内、对外均发生了效力,并已产生了影响相对人合法权益的实际后果,因而不属于《行政诉讼法解释》第1条第2款第6项规定的"对公民、法人或者其他组织权利义务不产生实际影响的行为",故属于人民法院行政诉讼受案范围内的可诉行政行为。

行政指导行为,是指行政机关在行政管理过程中作出的具有示范、倡导、咨询、建议等性质的行为。泗洪县政府分管副县长作出的关于"停止……检疫"的电话指示,既不是行政示范和倡导,也不具有咨询、建议等作用,因而不是《行诉解释》第1条第2款第4项规定的"不具有强制力的行政指导行为",实质是带有强制性的行政命令。泗洪县政府关于该指示属于行政机关内部行政指导行为的答辩理由,也不能成立。

综上所述,泗洪县政府分管副县长的电话指示,属于人民法院行政诉讼受案范围。

实务训练

第十五章

行政诉讼管辖

学习目的与要求　通过本章学习,了解行政诉讼管辖的概念、确定行政诉讼管辖的原则、行政诉讼管辖的种类以及裁定管辖等知识,掌握行政诉讼的级别管辖、地域管辖,正确理解和运用相关法律理论与法律规定解决实践问题。

■　第一节　行政诉讼管辖概述

一、行政诉讼管辖的概念

行政诉讼的管辖,是指人民法院之间受理第一审行政案件的分工和权限。行政诉讼管辖的功能在于明确第一审行政案件的审判权所属的具体法院,即解决某一第一审行政案件具体应当由何地、何级法院受理的问题。

理解行政诉讼管辖,应该注意以下几点:

1.行政诉讼管辖划分的是法院系统内部相互之间的分工和权限,而不是划分法院与其他国家之间以及国家机关与国家机关之间处理行政争议的分工和权限。

2.行政诉讼管辖的问题即包括上下级法院之间受理第一审行政案件的分工与权限,即级别管辖,也包括同一级人民法院之间受理第一审行政案件的分工与权限,即地域管辖。另外行政诉讼管辖还包括因确定行政案件管辖过程中可能出现的具体问题所产生的指定管辖和移转管辖等。

3.行政诉讼管辖确定的只是法院之间受理第一审行政案件的分工和权限,而不涉及二审、再审行政案件。根据我国行政诉讼法的规定,第一审程序结束后,因法定原因引发第二审程序,而第二审人民法院是第一审人民法院的上一级人民法院。因此,第一审人民法院的行政案件管辖确定后,第二审管辖法院就自行确定,无需法律再作具体规定。再审行政案件由原审法院另行组成合议庭审理,也不再涉及行政诉讼管辖确定问题。

4.第一审管辖一经确定后,即具有排他性和恒定性。人民法院根据行政诉讼法的规定获得了对某一行政案件的管辖权后,在作出判决之前,它对行政案件始终享有排他性管辖权。除非有法律另有规定和其他特殊情况的发生,不得对管辖作任意变动。

行政诉讼管辖,对于公民、法人和其他组织来说,是明确发生行政争议之后到哪一个法院起诉的问题;对人民法院来说,是确定不同职能和不同级别的人民法院审理行政案件的具体分工,明确不同人民法院之间受理行政案件的权限问题。因此行政诉讼管辖在行政诉讼中具有重要意义。

行政诉讼管辖不同于行政诉讼主管(又称行政诉讼的受案范围)。主管是指人民法院对哪些行政案件拥有审判权,即人民法院可以受理哪些行政案件,不能受理哪些案件,其解决的是国家机关之间的权限划分问题。管辖则是在法院获得了对某些案件的审判权之后,在人民法院内部之间对审判权进行再分配,其解决的是人民法院内部相互之间对某个行政案件行使审判权,即某个行政案件由哪个法院受理并审判,以及公民、法人和其他组织就某个行政案件向哪个法院起诉的问题。因此从二者的关系来看,管辖是以主管为基础,凡不属于人民法院主管的案件,任何一个法院都无管辖权。而行政诉讼主管又靠行政诉讼管辖来实现,没有管辖,人民法院审判权就无法实现。因此,主管是管辖的前提,管辖是主管的具体化。

二、确立行政诉讼管辖的原则

1. 便于当事人,特别是便于原告参加诉讼原则。作为行政诉讼的原告在行政执法阶段一般处于弱者地位,其权益容易被行政行为侵犯。设立行政诉讼制度的目的在于为他们认为行政机关的具体行政行为侵犯其合法权益时,提供一种法律救济手段。因此,在确定管辖时,首先要考虑的因素是行政诉讼管辖的设立是否能够为行政诉讼原告提供便利。《行政诉讼法》规定,一般行政案件的第一审行政案件由基层人民法院管辖,对限制人身自由的强制措施不服的案件,由被告所在地或原告所在地人民法院管辖,就体现了便于当事人诉讼的原则。在便利原告提起诉讼的同时,行政诉讼法还应该考虑方便被告参加诉讼问题。

2. 便于人民法院公正审理行政案件原则。在行政诉讼过程中,人民法院处于主动地位,是行政案件的指挥者,连接着当事人及其他诉讼参与人的诉讼活动。因此在确定管辖时,法律还必须为人民法院办理行政案件提供便利,便于人民法院调查取证、传唤当事人以及执行行政诉讼的裁判文书等,例如地域管辖中因不动产引起的行政案件的由不动产所在地法院管辖就是为了方便人民法院审理行政案件。另外,为了减少和避免行政权干预审判权的现象,《行政诉讼法》在确定管辖时,适当地提高了某些行政案件的审级,其目的在于方便人民法院审理行政案件,也有利于保证人民法院的公正审理这些案件。

3. 合理分工和均衡负担的原则。在确定行政诉讼管辖时,应当考虑到各级人民法院之间,要考虑到职能分工和工作负担的均衡性。在诉讼负担上不能使某一级法院的负担过重、过繁,否则就会不利于法院对行政案件的及时审理与判决。基层人民法院的主要任务是审判、执行行政案件,应当承担着更多的审理任务。中级以上人民法院,尤其是最高人民法院除审理行政案件外,通过再审、审判监督等方式,担负着对下级人民法院进行审判监督、总结审判经验等任务,不宜过多地受理、审理第一审行政案件,只负责某些特定案件的第一审。

　　4. 管辖与审判能力相适应原则。在行政案件的管辖分配时,不仅要考虑案件的数量问题,还要考虑能力、水平与可行性等问题,保障行政诉讼的管辖法院与其受理和审判的能力相适应的。例如海关、专利行政案件和商标案件,由于这些行政案件的专业性、政策性较强,基于基层法院的能力和水平问题,交由能力比较强、经验比较丰富的中级人民法院审理比较妥当。还有,上级人民法院有权管辖下级人民法院管辖的第一审行政案件,也可以把管辖的第一审行政案件交由下级法院审理,也是管辖与能力相适应的表现。把本辖区内重大的行政案件交由中级以上人民法院审理,体现了管辖与审判能力相适应原则。

　　以不同的标准,行政诉讼管辖可以作不同的划分。以管辖是否由人民法院决定为标准,行政诉讼管辖可以分为法定管辖和裁定管辖;以管辖是否是法律强制规定和任意规定为标准,行政诉讼的管辖可以分为专属管辖、协议管辖和选择管辖;以诉讼关系为标准,行政诉讼管辖可以分为共同管辖和合并管辖。根据我国行政诉讼法的规定,行政诉讼管辖包括级别管辖、地域管辖和裁定管辖。

■　第二节　级别管辖

　　级别管辖是指上下级人民法院之间受理第一审行政案件的分工和权限,其实质是依据人民法院组织体系来确定上下级人民法院对第一审行政案件的管辖权。级别管辖重在体现便于当事人参加和诉讼管辖与审判能力相适应原则。根据《行政诉讼法》的规定,行政诉讼的级别管辖分为:基层人民法院的管辖、中级人民法院的管辖、高级人民法院的管辖和最高人民法院的管辖。

一、基层人民法院管辖的第一审行政案件

　　《行政诉讼法》第 13 条规定:"基层人民法院管辖第一审行政案件。"这一规定的实质是,基层人民法院管辖除《行政诉讼法》第 14、15、16 条所规定的行政案件以外的所有行政案件。该条规定是硬性规定,基层人民法院没有裁量权,凡不属于其他级别法院管辖的案件,基层人民法院必须受理。但该条规定并不排除裁定管辖。在发生基层人民法院因利害关系、管辖权争议和其他客观原因不能行使管辖权的情况时,其上级或共同上级人民法院可以指定管辖。

二、中级人民法院管辖的第一审行政案件

　　按照《行政诉讼法》和《行诉解释》的规定,中级人民法院管辖下列行政案件:

1. 确认发明专利权的案件、商标纠纷案件和海关处理的案件。《行政诉讼法》第14条规定，确认发明专利权的案件、海关处理的案件由中级人民法院管辖。为了具体明确这一规定，《最高人民法院关于审理专利纠纷案件适用法律问题的若干规定》规定：专利纠纷第一审案件，由各省、自治区、直辖市人民政府所在地的中级人民法院和最高人民法院指定的中级人民法院管辖。这里所说的专利纠纷案件具体包括：不服专利复审委员会维持驳回申请复审决定案件；不服专利复审委员会专利权无效宣告请求决定案件；不服国务院专利行政部门实施强制许可决定案件；不服国务院专利行政部门实施强制许可使用费裁决案件；不服国务院专利行政部门行政复议决定案件；不服管理专利工作的部门行政决定案件；其他专利纠纷案件。

另根据《最高人民法院关于审理商标案件有关管辖和法律适用范围问题的解释》，中级人民法院还管辖商标评审复审决定或者裁定案件。该解释规定，不服国务院工商行政管理部门商标评审委员会作出的复审决定或者裁定的案件，由北京市高级人民法院根据最高人民法院的授权确定其辖区内有关中级人民法院管辖。不服工商行政管理部门作出的有关商标的具体行政行为的案件，根据行政诉讼法的有关规定确定管辖。

规定确认发明专利案件和商标评审复审决定或者裁定案件由中级人民法院管辖的主要理由是：①这类行政案件都具有较强的专业技术性，需要较高的科学技术水平和法律水平。②由于国家知识产权局和国家工商行政管理总局是国务院的部门，根据《行政诉讼法》第14条第2款的规定，这类案件应当由中级人民法院管辖。

《行政诉讼法》第14条规定海关处理的案件由中级人民法院管辖。根据《中华人民共和国海关法》的有关规定，海关处理的行政案件主要包括：相对人对海关作出的行政处罚不服提起诉讼的案件，对海关的扣押决定不服提起诉讼的案件，对海关作出的缴纳关税不服提起诉讼的案件，有关海关行政处罚的案件等。最高人民法院《关于海关行政处罚案件诉讼管辖问题的解释》规定，相对人不服海关作出的行政处罚决定提起诉讼的案件，由有管辖权的地方人民法院依照《行政诉讼法》的有关规定审理。相对人向海事法院提起诉讼的，海事法院不予受理。需要强调的是，海关处理的案件不等于所有的海关案件。最高人民法院《关于海事法院受理案件范围的若干规定》规定，海事法院可以受理海事行政案件和海事赔偿案件。这类海关案件并非海关处理案件，由专门法院受理。[1]

2. 对国务院各部门或者省、自治区、直辖市人民政府所作的具体行政行为提起诉讼的案件。规定这类行政案件由中级人民法院管辖的原因主要是，这些行政机关的级

---

〔1〕　但是《行诉解释》第6条第2款规定，专门人民法院、人民法庭不审理行政案件，也不审查和执行行政机关申请执行其具体行政行为的案件。这一规定与最高人民法院《关于海事法院受理案件范围的若干规定》的规定相冲突。我们认为，由于它们是同一级别的司法解释，基于海事法院有专门的知识和技能，应该按照特别法优于普通法的原则肯定海事法院的管辖权。

别较高,作出的具体行政行为影响较大,涉及面较广,有较强的政策性;其次该类案件交由中级人民法院管辖,还有利于法院排除干扰,实现审判公正。

3.国际贸易行政案件。中国入世以后,必然会产生大量国际贸易方面的行政案件,为了解决国际贸易纠纷,最高人民法院专门作出了司法解释——《关于审理国际贸易行政案件若干问题的规定》,以便于人民法院审理此类行政案件。根据最高人民法院《关于审理国际贸易行政案件若干问题的规定》第5条规定,第一审国际贸易行政案件由具有管辖权的中级以上人民法院管辖。国际贸易行政案件包括以下四种:①有关国际货物贸易的行政案件;②有关国际服务贸易的行政案件;③与国际贸易有关的知识产权行政案件;④其他国际贸易行政案件,如有关我国缔结或者参加的其他贸易、投资、知识产权等双边国际条约或多边国际条约的行政案件。《关于审理国际贸易行政案件若干问题的规定》主要适用于与世贸组织规则有关的国际贸易行政案件,但并不以此为限,还适用于其他国际贸易行政案件,如有关我国缔结或者参加的其他贸易、投资、知识产权等双边国际条约或多边国际条约的行政案件,这些案件也属于国际贸易行政案件,受本规定调整。规定这类案件由中级人民法院管辖的主要原因是因为这类案件往往争议标的金额大或者案情复杂,加上又具有涉外因素,政策性又强,审理结果也涉及到我国在司法上的国际声誉,因此有必要确定由中级人民法院管辖。

4.反倾销、反补贴行政案件。中国加入WTO之后,随着国际贸易量的不断扩大,国际贸易冲突不可避免,倾销、补贴案件就是这种冲突的表现。为此,最高人民法院出台了《最高人民法院关于审理反倾销行政案件应用法律若干问题的规定》和《最高人民法院关于审理反补贴行政案件应用法律若干问题的规定》。根据《反倾销规定》第5条,第一审反倾销行政案件由被告所在地高级人民法院指定的中级人民法院管辖或被告所在地高级人民法院管辖。反倾销行政案件主要包括以下四种:①有关倾销及倾销幅度、损害及损害程度的终裁决定;②有关是否征收反倾销税的决定以及追溯征收、退税、对新出口经营者征税的决定;③有关保留、修改或者取消反倾销税以及价格承诺的复审决定;④依照法律、行政法规规定可以起诉的其他反倾销行政行为。根据《反补贴规定》第5条,第一审反补贴行政案件由被告所在地高级人民法院指定的中级人民法院或被告所在地高级人民法院管辖。反补贴行政案件主要包括以下四种:①有关补贴及补贴金额、损害及损害程度的终裁决定;②有关是否征收反补贴税以及追溯征收的决定;③有关保留、修改或者取消反补贴税以及承诺的复审决定;④依照法律、行政法规规定可以起诉的其他反补贴行政行为。规定这类案件由中级人民法院管辖的主要原因与把国际贸易行政案件交由中级人民法院管辖的主要原因相同。

5.本辖区重大、复杂的行政案件。所谓重大案件是指对本辖区的政治、经济、文化和社会生活有重大影响的案件;所谓复杂案件是指案情复杂、处理难度较大的案件。根据《行诉解释》第8条的规定,本辖区内重大、复杂的案件是指以下四种案件:①被告为县级以上人民政府,且基层人民法院不适宜审理的案件。这类案件需要注意的是:第一,被告须是人民政府而不是职能部门;第二,被告须是县级以上政府,即县政府、不设区的市政府、市辖区的区政府以及县级以上的市政府;第三,基层人民法院不适宜审理的。②社会影响重大的共同诉讼、集团诉讼案件。共同诉讼是指诉讼当事人一方或双方为两人以上,就同一诉讼标的提起的或就同一类诉讼标的提起的人民法院认为可以合并审理的案件。集团诉讼是共同诉讼的一种特殊形式,一般是指行政机关的同一具体行政行为侵害多数相对人的合法权益,相对人共同提起行政诉讼的案件。共同诉讼和集团诉讼的案件并不都是由中级人民法院受理,只有达到"社会影响重大"程度时,才由中级人民法院受理,否则由基层人民法院受理。③重大涉外行政案件。这类案件必须是案件的当事人、依据、客体或者执行涉及其他国家或者国际组织。具体而言,包括:第一,原告是外国的公民、法人或其他组织;第二,案件的审理涉及国际条约的适用;第三,案件的客体是涉及国际关系协调的事项;第四,裁判的执行需要外国法院承认等。④涉及香港特别行政区、澳门特别行政区、台湾地区的行政案件。并非所有的涉及港、澳、台的行政案件都由中级人民法院审理,只有达到"重大"程度时才由中级人民法院审理。这里所讲的"重大案件"一般是指政治上或经济上有重大影响的案件。在政治上有重大影响的行政案件,主要是指当事人或诉讼标的涉及的人和事在政治上有重大影响。经济上有重大影响的行政案件,主要是指被处理的事项巨大或经济价值很高,或者可能给涉及港、澳、台地区公民和组织造成重大经济利益损失,或者给国家和国内公民和组织造成重大经济利益损失等。[1] ⑤其他重大、复杂的案件。规定这类案件由中级人民法院管辖的主要原因是这类案件本身的重大、复杂性质决定的。

三、高级人民法院管辖的第一审行政案件

《行政诉讼法》第15条规定,高级人民法院管辖本辖区内重大、复杂的第一审行政案件。之所以这样规定,是因为高级人民法院是地方各级人民法院中的最高一级法院,是中级人民法院的上诉审法院,其主要任务是:①对本辖区内基层人民法院和中级人民法院的审判工作进行指导、监督;②对不服中级人民法院判决、裁定不服的上诉案件进行审理。因此,高级人民法院不宜过多地管辖第一审行政案件,只有在遇到本辖区内具有重大、复杂的行政案件时才行使管辖权。

《行政诉讼法》第15条规定,高级人民法院管辖本辖区内重大、复杂的第一审行政案件只是概括规定,具体何种案件属于高级法院管辖的本辖区的案件,由高级法院认定。但就现有的法律解释来看,高级人民法院管辖的第一审重大、复杂的行政案件应当包括某些反倾销和反补贴行政案件:根据《最高人民法院关于审理反倾销行政案件应用法律若干问题的规定》和《最高人民法院关于审理反补贴行政案件应用法律若干问题的规定》的规定,高级人民法院对该类案件享有管辖权。

---

〔1〕　最高人民法院行政审判庭编:《关于执行〈中华人民共和国行政诉讼法〉若干问题的解释释义》,中国城市出版社2000年版,第22页。

四、最高人民法院管辖的第一审行政案件

《行政诉讼法》第16条规定,最高人民法院管辖全国范围内重大、复杂的第一审行政案件。最高人民法院是我国最高审判机关,其主要任务是对全国各级人民法院的审判工作进行指导和监督,并对审判中的法律适用问题进行司法解释,以及审理不服高级人民法院裁判提起的上诉案件。因此最高人民法院只对在全国范围内有重大、复杂影响的行政案件才行使管辖权。

■ 第三节 地域管辖

行政诉讼的地域管辖是指同级人民法院之间受理第一审行政案件的权限和分工。如果说级别管辖是基于法院的纵向系统来确定各级人民法院对第一审行政案件的管辖权限,则地域管辖从法院的横向系统来确定同级人民法院对第一审行政案件的管辖权限。根据《行政诉讼法》的规定,我国行政案件的地域管辖可划分为:一般地域管辖、特殊地域管辖和共同地域管辖。

一、一般地域管辖

行政诉讼的一般地域管辖是指以作出具体行政行为的行政机关所在地来确定人民法院对行政案件的管辖。

我国《行政诉讼法》第17条的规定:行政案件由最初作出具体行政行为的行政机关所在地人民法院管辖。经复议的案件,复议机关改变原具体行政行为的,也可以由复议机关所在地人民法院管辖。这就是我国行政诉讼的一般管辖规定。因此,一般管辖包括两种情况:

1. 行政案件由最初作出行政行为的行政机关所在地人民法院管辖。这是地域管辖的原则规定。凡是原告直接向法院起诉的案件,或者申请复议但复议机关作出维持决定,原告不服复议机关决定而向法院起诉的案件,均由最初作出具体行政行为的行政机关所在地人民法院管辖。

2. 行政案件可以由最初作出行政行为的行政机关所在地的人民法院管辖,也可以由复议机关所在地的人民法院管辖,这是一般地域管辖的特殊规定。这种管辖适用于行政案件经过行政机关复议,复议机关改变原具体行政行为的情形。根据最高人民法院《行政诉讼法解释》第7条的规定,行政复议决定"改变原具体行政行为"是指下列三种情形:①复议机关改变原具体行政行为所认定的主要事实和证据的。所谓主要事实,是指具体行政行为的法定构成要件事实;主要证据则是证明构成要件的事实;这里的"改变"包括补充、代替、调换、推理过程改变、重新认定等情形。②复议机关改变原具体行政行为所适用的规范依据且对定性产生影响的。这里所谓的"改变"则包括增加、减少、调整原具体行政行为所适用的法律条款,或者作出新的解释,或者改变案件

第十五章

定性。③复议机关撤销、部分撤销或者变更原具体行政行为处理结果的。复议机关无论是否改变原具体行政行为所认定的事实和所适用的依据，只要最终改变原具体行政行为的处理结果，就应该适用该条款规定的诉讼管辖。

二、特殊地域管辖

特殊地域管辖是相对于一般地域管辖而言的，是一般地域管辖的例外。特殊地域管辖是以诉讼当事人或诉讼标的与法院管辖区的关系来确定行政案件的管辖法院的。相对于一般地域管辖而言，该管辖具有优先适用的特点。我国特殊地域管辖有下列两种：

1.《行政诉讼法》第18条规定，对限制人身自由的强制措施不服提起的行政诉讼，由被告所在地或者原告所在地人民法院管辖。所谓"限制人身自由的行政强制措施"，不仅包括限制人身自由的行政强制措施，还包括限制人身自由的行政处罚行为、行政拘留等行为。凡涉及限制公民人身自由的行政强制措施，无论其名称、措施、程序和实施状态如何，一律适用该条规定。这是由行政诉讼法旨在保障公民、法人和其他组织合法权益的根本目的决定的。被告所在地是指被诉行政机关主要办事机构所在地。"原告所在地"，根据《行诉解释》第9条的规定，应该包括原告户籍所在地、经常居住地和被限制人身自由所在地。所谓经常居住地，是指公民在其户籍所在地之外最后、连续居住满一年以上的地方。所谓被限制人身自由地，是指被告行政机关对原告实施收容、拘禁、强制治疗、强制戒毒等被限制人身自由的场所所在地。

针对同一案件，同一个或不同的行政机关采取限制人身自由的强制措施、限制财产权利的强制措施、行政处罚的，原告可以选择管辖法院，受诉法院可以一并审理。对此，《行诉解释》第9条规定："行政机关基于同一事实既对人身又对财产实施行政处罚或者采取行政强制措施的，被限制人身自由的公民、被扣押或者没收财产的公民、法人或者其他组织对上述行为均不服的，既可以向被告所在地人民法院提起行政诉讼，也可以向原告所在地人民法院提起行政诉讼，受诉人民法院可以一并管辖，将两个诉讼请求合并审理。"但是根据《行政诉讼法》第19条的规定，不动产案件应当由不动产所在地法院管辖，这是否意味着被限制人身自由的公民不具有选择权呢？我们认为，从保护被限制人身自由的公民的诉权角度来看，应当适用最高人民法院的司法解释，即公民还是有选择权的。

2.《行政诉讼法》第19条规定因不动产提起的行政诉讼，由不动产所在地人民法院管辖。不动产一般是指不能移动其位置或者其位置移动后就会引起其性能、价值、形状等改变的财产，主要指土地及其地面附着物。土地包括滩涂、草原、山岭、荒地等；附着物指自然的或者人工的附在土地之上或之中的物体，如建筑物、矿山、山林、水流及其他定着物等。规定这类行政案件由不动产所在地人民法院管辖，既便于人民法院在审理案件过程中对现场进行调查、勘验、收集证据，做到及时、正确的处理，也便于人民法院判决、裁定的执行。行政诉讼法所称的"不动产"案件具体包括不动产所有权、使用权案件，建筑物的拆除、改建案件，不动产污染案件，自然权属征收案件，自然资源采伐许可案件等。

第三节

"不动产"必须是案件的客体或者当事人争议的标的,当事人起诉就是为了解决不动产权属问题。如果不动产仅仅是证据或关联情况,则不属于不动产案件。

另根据《最高人民法院关于国有资产产权管理行政案件管辖问题的解释》,当事人因国有资产产权界定行为提起行政诉讼的,应当根据不同情况确定管辖法院。产权界定行为直接针对不动产作出的,由不动产所在地人民法院管辖。产权界定行为针对包含不动产在内的整体产权作出的,由最初作出产权界定的行政机关所在地人民法院管辖;经过复议的案件,复议机关改变原产权界定行为的,也可以由复议机关所在地人民法院管辖。

三、共同管辖

行政诉讼中的共同管辖是指根据《行政诉讼法》的规定,两个以上人民法院对同一行政案件都有管辖权。共同管辖通常发生在地域管辖中,是在一般地域管辖和特殊地域管辖基础上派生出来的一种特殊管辖形态。行政诉讼法规定的共同管辖有以下几种:

1. 经过复议的行政案件,复议机关改变原具体行政行为决定的,由最初作出具体行政行为的行政机关所在地人民法院或者复议机关所在地人民法院管辖,如果复议机关与最初作出具体行政行为的行政机关不在同一行政区域的,两行政区域的人民法院都有管辖权。

2. 公民对行政机关限制人身自由的行政强制措施不服而提起的诉讼,既可以由被告所在地人民法院管辖,也可以由原告所在地人民法院管辖。

3. 临界不动产案件,有关行政区域的人民法院都有管辖权。这里比较常见的是因临界库区、保护区而发生的行政案件。

4. 行政机关基于同一事实既对人身又对财产实施行政处罚或者采取行政强制措施的,被限制人身自由的公民、被扣押或者没收财产的公民、法人或者其他组织对上述行为均不服的,被告所在地人民法院和原告所在地人民法院都有管辖权。

为了避免和解决管辖权争议,《行政诉讼法》和《行诉解释》规定了相应办法。

1. 原告选择。根据《行政诉讼法》第20条的规定,两个以上人民法院都有管辖权的案件,原告可以选择其中一个人民法院提起诉讼。

2. 最先收到诉状的人民法院管辖。根据《行政诉讼法》第20条的规定,原告向两个以上有管辖权的人民法院提起诉讼的,由最先收到起诉状的人民法院管辖。

3. 协商管辖或者指定管辖。根据《行政诉讼法》第22条的规定,人民法院对管辖权发生争议,由争议双方协商解决。协商不成的,报他们的共同的上级人民法院指定管辖。

4. 受诉人民法院一并管辖。根据《行诉解释》第9条的规定,行政机关基于同一事实既对人身又对财产实施行政处罚或者采取行政强制措施的,被限制人身自由的公民、被扣押或者没收财产的公民、法人或者其他组织对上述行为均不服的,既可以向被告所在地人民法院提起行政诉讼,也可以向原告所在地人民法院提起行政诉讼,受诉人民法院可以一并管辖,将两个诉讼请求合并审理。

■ 第四节 裁定管辖

行政诉讼的级别管辖和地域管辖,为解决具体行政案件的管辖提供了一般原则。但是,司法实践中常常会出现一些特殊情况,使得依法享有管辖权的法院无法行使管辖权,或由其管辖不利于案件公正、及时的处理的情形,于是用裁定管辖的方法来解决这些问题。行政诉讼的裁定管辖是指根据法律规定的规则,由人民法院裁定确定的第一审行政案件的管辖。由于其与级别管辖和地域管辖相比,不是法定的,而是由法院指定的,故称作裁定管辖。裁定管辖是法定管辖的补充,属于管辖的另一种类型。裁定管辖包括移送管辖、指定管辖和移转管辖。

一、移送管辖

移送管辖,是指人民法院对已经受理的行政案件,发现自己对该案件没有管辖权,从而依法将该行政案件移送给有管辖权的法院审理。《行政诉讼法》第21条规定:"人民法院发现受理的案件不属于自己管辖时,应当将其移送给有管辖权的人民法院。受移送的人民法院不得自行移送。"在行政诉讼中,移送管辖应当具备以下三个条件:

1. 移送案件的人民法院已经受理该行政案件,即诉讼程序已经开始但未审结。在审查起诉期间发现不属于自己管辖的人民法院应当告知当事人向有管辖权的人民法院提起诉讼,不产生移送问题;如果受诉人民法院已经对案件作出判决,当事人应当通过上诉或抗诉,引起二审程序或审判监督程序,也不发生移送管辖问题。

2. 移送案件的人民法院认为自己对该案件没有管辖权,即受案人民法院在审理过程中发现自己对该案件没有管辖权。这里的"认为自己没有管辖权"是以受案的人民法院的认识为标准,而不是以客观实际为标准。如果受诉人民法院认为自己对已受理的行政案件无管辖权,必须将案件及时移送给有管辖权的人民法院。

3. 受理案件的人民法院只能将案件移送给自己认为对该案有管辖权的人民法院。移送管辖的目的是纠正管辖中出现的错误,避免没有管辖权的人民法院对行政案件审理造成损失,因此,人民法院在运用移送管辖时,必须将案件移送给受理法院认为有管辖权的人民法院。这里的有管辖权的人民法院,也是以受理案件的人民法院的主观认识为准,而不是以客观实际为准。

4. 受移送的人民法院必须接受移送。案件被受理法院移送到受移送的人民法院,受移送的人民法院必须接受。如果受移送的人民法院如果认为自己也无管辖权时,不得再自行移送给别的人民法院或退回移送的人民法院,而应当报请上一级人民法院指定管辖。

二、指定管辖

指定管辖,是指由于某种特殊原因,有管辖权的人民法院不能行使管辖权,或者两个以上人民法院对同一行政案件的管辖发生争议,由上级人民法院以裁定的方式,决定案件由某个人民法院管辖的制度。指定管辖的意义在于使本来没有管辖权的人民法院由于上级人民法院的指定而获得管辖权,或者在有管辖权的法院中确定具体的管辖法院,确保行政案件得到及时审理。根据《行政诉讼法》第22条的规定,行政诉讼的指定管辖有下列两种情形:

1.有管辖权的人民法院由于特殊原因不能行使管辖权的,由其上级人民法院指定管辖。所谓特殊原因主要有两个方面:①事实原因,这是指有管辖权的人民法院遇到不可抗力的原因,客观上无法行使管辖权,如发生地震、水灾、火灾等自然灾害或事故;②法定原因,这是指法律明确规定有管辖权的人民法院遇到当事人申请全体审判人员回避而无法组成合议庭,不能行使管辖权。在这种情况下,为了及时审理行政案件,由上级人民法院指定其他人民法院行使管辖权。

2.人民法院之间因对管辖权发生争议并协商不成的,由它们共同的上级人民法院指定管辖。根据《行政诉讼法》第22条第2款的规定,人民法院管辖权发生争议,由争议双方协商解决。人民法院之间管辖权发生争议有两种情况,一种是积极争议,它是指两个以上的人民法院都认为自己对某一行政案件享有管辖权;另一种是消极争议,它是指两个以上人民法院都认为自己对某一行政案件没有管辖权。处理这两种争议,首先应当协商,协商不成的,应报请双方共同上级人民法院来指定。

三、移转管辖

移转管辖又称管辖权的转移,它是指经上级人民法院决定或同意,下级人民法院将其有管辖权的第一审行政案件移交给上级人民法院审理,或者上级人民法院将自己有管辖权的第一审案件移交给下级人民法院审理的情形。根据《行政诉讼法》第23条的规定,上级人民法院有权审判下级人民法院管辖的第一审行政案件,也可以将自己管辖的第一审行政案件移交下级人民法院审判。下级人民法院对其管辖的第一审行政案件,认为需要由上级人民法院审判的,可以报请上级人民法院决定。行政诉讼法规定移转管辖的目的在于赋予上级人民法院灵活处理管辖特殊问题的权力,使上级法院可以根据不同的具体情况决定或变更行政案件的管辖,实现行政案件审判的及时与公正。移转管辖时应当注意以下两点:首先,移转的法院与接收的法院之间应当有审级关系,没有上下级审级关系的法院之间是不能进行移转管辖的;其次,移转管辖的目的应当在于诉讼公正和诉讼效率,诸如下级法院受理案件后,发现案情复杂,难度大,自己力所不能及,或者为了排除地方的干扰,或是为了保护当事人的诉权等。

移转管辖不同于移送管辖:①移交法院之间的关系不同。移送管辖一般是在同级人民法院之间进行的,它是地域管辖的一种补充形式,其目的是将没有管辖权的法院已受理的行政案件,移送给有管辖权的人民法院;而移转管辖发生在上、下级法院之间,它是级别管辖的一种变通形式,其目的是为了调整不同级法院对具体案件的管辖权。②移交的基础不同。移送管辖是受案法院认为自己对案件没有管辖权,而将行政案件移送给有权管辖的法院;移转管辖则是有管辖权的法院经上级法院决定或同意,将自己有管辖权的行政案件移交给无管辖权的法院。③移交的条件不同。移转管辖必须经过上级人民法院同意或直接决定,下级人民法院只有提出管辖权转移的建议权,没有最终的决定权;移送管辖的移送法院可以不经受移送法院的同意,直接将案件移送过去。

四、管辖权异议

行政诉讼的管辖权异议是指在行政诉讼当事人在人民法院受理起诉后的法定期间内,向受理案件的人民法院提出异议,认为该案件应当由其他人民法院受理的情形。

当事人提出管辖权异议是当事人的诉讼权利,已经受理案件的人民法院不能置之不理。能够提出管辖权异议的只有行政诉讼的当事人,即原告、被告、共同诉讼人和第三人。根据《行诉解释》第10条的规定,当事人提出管辖异议,应当在接到人民法院应诉通知之日起10日内以书面形式提出。对当事人提出的管辖异议,人民法院应当进行审查。异议成立的,受理行政案件的人民法院应当裁定,将案件移送有管辖权的人民法院;异议不成立的,裁定驳回。对裁定驳回管辖异议不服的,当事人可以在法定期限内提出上诉。逾期不提出上诉和二审人民法院裁定驳回上诉,维持原裁定的,原审人民法院应当继续本案的审理。当事人就原审人民法院有无管辖权问题提出再审的,不影响原审人民法院对案件的继续审理。

【思考题】

1. 简述行政诉讼管辖的种类。
2. 简述确定行政诉讼管辖的原则。
3. 简述移送管辖与移转管辖的区别。
4. 试述行政诉讼的特殊地域管辖。
5. 试述中级人民法院管辖的第一审行政案件。

【实务训练】

侯某等诉江苏无锡市政府行政确认案[1]

案情简介:原告侯某等五人曾长期居住在现发生争议的无锡市映山河地区。1996年市委锡计委(1996)第170号文批准对映山河地区进行改造,1997年市建委锡开建

---

[1]　国家法官学院、中国人民大学法学院主编:《中国审判案例要览(2001年商事审判暨行政审判案例卷)》,中国人民大学出版社2002年版,第723~726页。

(1997)第25号文批准对其拆迁,同年无锡市城市建设委员会建设发展总公司(以下简称城建公司)领取了锡规地许(1997)第26号房屋拆迁许可证。1998年经市人民政府批准,城建公司与市国土局签订了国有土地使用权出让合同。后该公司在映山河地区按照基本建设程序实施开发建设。侯某等五人的原住房在该拆迁地域内,现已实施拆迁并得到了安置。1999年3月16日,原告侯某等五人向市国土局提出了土地权属争议处理申请书,请求保护原祖传私房土地使用权。市国土局受理了该案,并向被申请人城建公司送达了土地争议案件申请书、受理表、通知书,城建公司递交了答辩状。1999年9月1日市国土局召开调解会,原告收到通知未到会。1999年12月24日,市国土局经无锡市人民政府批准,在《无锡日报》上发布通告:"在通告发布之日起,15日内办理土地使用权注销登记手续,逾期不办理者,将直接注销其国有土地使用权登记。"2000年,市国土局受无锡市人民政府委托作出了土地使用权属争议案件决定书,依据国家土地管理局《确认土地所有权和使用权的若干规定》第27条的规定,决定将原属于侯某等五人的映山河26、29、33、38号和原西映山河15号的国有土地使用权确认给城建公司。侯某等五人不服,向无锡市中级人民法院提起行政诉讼。

法律问题:本案应该有哪个法院审理?

提示与分析:本案涉及到行政诉讼的级别管辖问题。《行政诉讼法》第14条第3项规定:本辖区内重大、复杂的案件,由中级人民法院管辖。但是对"重大、复杂"的判断标准却没有明确规定。为了进一步提高审判质量,《行政诉讼法解释》对此进行了明确:"本辖区内重大、复杂的案件"包括以下四种:①被告为县级以上人民政府,且基层人民法院不适宜审理的案件。②社会影响重大的共同诉讼、集团诉讼案件。③重大涉外或涉及香港特别行政区、澳门特别行政区、台湾地区的行政案件。④其他重大、复杂的案件。

作出以上制度设计的原因是我国法院的行政化和地方化倾向严重。这种行政化,表现在管理上是套用行政级别,地方各级人民法院在级别上比相应的地方机关低半级;表现在人财物上是法院受制于该级地方机关;表现在党的组织上,法院的负责人比地方政府的负责人要低很多层次。所以基层法院在审理县级以上行政机关为被告的行政案件时难度非常大;如果行政机关败诉,执行的难度也比较大。这种行政化直接导致法院地方化,一些法院地方化倾向比较严重,在某种意义上成为"地方的"法院,蜕变为地方保护主义的工具。法院的行政化和地方化损害了法院的权威,使法院通过行政诉讼对行政机关的监督严重弱化,难以有效地保障公民、法人和其他组织的合法权益,有悖于建立行政诉讼的初衷。所以最高法院通过司法解释提高行政诉讼的审判级别,将被告为县级以上人民政府,且基层人民法院不适宜审理的行政案件的初审权交由中级人民法院,以保障行政诉讼的宗旨的实现。

本案中,被告无锡市人民政府是"县级以上人民政府"。但仅凭这一点还不足以确定该案的级别管辖问题,还要看是不是同时属于"基层人民法院不适宜管辖"的情况。本案涉及的是无锡市人民政府根据《宪法》和《土地管理法》以及其他规范性文件

第十五章

的规定,对原告祖传的房屋土地使用权争议进行确认,即关系到原告的重大切身利益,又关系到人民政府的形象,既关系到解放前后的土地所有权和使用权的冲突问题,又关系到法院能不能排除行政干扰问题,因此应当由中级人民法院审理更为适宜。

实务训练

第十六章

行政诉讼参加人

学习目的与要求　通过本章的学习,了解行政诉讼参加人与当事人的概念,了解行政诉讼当事人资格的转移等基本知识;掌握行政诉讼原告、被告以及第三人资格的确认规则,并能够运用这些知识解决司法实践中的具体问题。

■ 第一节　行政诉讼参加人概述

一、行政诉讼参加人的概念

行政诉讼参加人,是指因与行政案件有利害关系,通过起诉、应诉等方式参加到行政诉讼活动中,并对整个或部分行政诉讼活动产生较大影响的行政诉讼当事人及其代理人。按照《行政诉讼法》第四章的规定,行政诉讼参加人包括行政诉讼当事人和与行政诉讼当事人地位类似的行政诉讼代理人。行政诉讼当事人具体包括行政诉讼原告、行政诉讼被告和行政诉讼第三人。诉讼代理人包括法定代理人、指定代理人和委托代理人。

行政诉讼的当事人是行政诉讼参加人中的核心诉讼主体,也是整个诉讼活动的核心主体。

二、行政诉讼当事人

(一)行政诉讼当事人的概念

行政诉讼当事人是指因具体行政行为发生争议,以自己的名义参加诉讼,并受人民法院裁判拘束的人。当事人有狭义与广义之分,狭义的当事人仅指原告与被告,包括共同原告和共同被告;广义的当事人除原告和被告外,还包括第三人。本书采用的是广义的当事人。

行政诉讼当事人具有如下特点：

1.行政诉讼当事人是与具体行政行为有直接利害关系，并受人民法院裁判拘束的人。这是当事人不同于其他诉讼参与人的特点。行政诉讼当事人或者是作出具体行政行为的主体，或者是其权利义务受到具体行政行为影响的人，与具体行政行为有利害关系。这里所说的利害关系，指的是行政实体法上的利害关系。对实体法上的相对人来说，利害关系是指其权利义务的得失、变更。对实体法上的被告行政机关而言，利害关系则是指其行使权力的行为是否合法、得当。

行政诉讼当事人还是受人民法院裁判拘束的人。由于当事人是诉讼的争议主体，而法院的裁判是针对争议作出的，所以当事人是直接受到法院裁判约束的人。法院的裁判是国家意志的体现，一旦生效，就对当事人产生拘束力，当事人必须自觉履行相关义务，否则会导致强制执行。受法院裁判拘束意味着诉讼的法律后果由当事人自己承担。

2.行政诉讼当事人以自己的名义参加诉讼，这是当事人不同于代理人的根本特点。原告以自己的名义起诉，被告以自己的名义应诉，第三人以自己的名义参加诉讼。所有的当事人都是以自己的名义参加诉讼。所谓以自己的名义进行诉讼，也就是按自己的意志、为自己的利益参加诉讼。以自己的名义参加诉讼是当事人主体性的典型表现，凡不以自己的名义、以他人的名义进行诉讼活动的，不是行政诉讼的当事人。代理人是以被代理人的名义参加诉讼的，就不是行政诉讼的当事人。

3.行政诉讼当事人具有一定的稳定性。这是行政诉讼不同于民事诉讼的特点。行政诉讼系是以行政法律关系的存在为前提。行政法律关系因行政诉讼当事人的诉讼而转化为行政诉讼法律关系。一般情况下，在行政法律关系中作出具体行政行为的主体是行政诉讼的被告，其权利义务受到行政行为影响的人是行政诉讼的原告或第三人。因此，行政诉讼的原告与被告、第三人与被告的关系具有一定的稳定性，被告永远是行政主体，体现出行政诉讼典型的"民告官"性质。

（二）诉讼当事人的诉讼地位

当事人的诉讼地位指的是行政诉讼中当事人的所享有的诉讼权利和诉讼义务。在行政诉讼中，当事人享有广泛的诉讼权利，并承担相应的诉讼义务。赋予当事人行政诉讼权利是对公民在行政过程中主体地位的肯定，是维护其合法权益的需要。规定当事人诉讼义务是为了维护诉讼秩序，保障诉讼的顺利进行。

1.当事人的诉讼权利。按照《行政诉讼法》及有关法律、法规和司法解释的规定，当事人的诉讼权利主要有：①与实体权益直接相关的诉讼权利。如原告有起诉权，变更或增加诉讼请求的权利，撤诉权和上诉权；被告有应诉权和答辩权，在一审中改变其具体行政行为的权利以及上诉权等。②程序上的诉讼权利。如申请回避权，举证权，辩论权，委托代理权，使用本民族语言文字进行诉讼的权利，查阅、复制本案庭审材料及有关法律文件的权利，查阅、补正庭审笔录的权利，申请诉讼保全和证据保全的权利，原告有申请停止执行具体行政行为的权利等。③对法院生效判决的执行申请权。

胜诉一方有权向人民法院申请执行。此外,对法院生效的法律文书,对被告有依法强制执行的权利。

2.当事人的诉讼义务。当事人应当履行的诉讼义务主要有:依法行使诉讼权利,按时到庭参加诉讼,履行举证义务,遵守法庭秩序,自觉履行生效的法律文书等。

需要指出的是,在行政诉讼中,原告与被告的诉讼权利、义务并不完全对等。如原告有起诉权,而被告没有反诉权;再如行政诉讼实行举证责任倒置,被告承担具体行政行为合法性的举证义务。此外,上述的原告的诉讼权利、义务也及于第三人。

■ 第二节　行政诉讼的原告

一、行政诉讼原告的概念

行政诉讼的原告是指认为行政主体及其工作人员的具体行政行为侵犯其合法权益,以自己的名义依法向人民法院起诉,从而引起行政诉讼程序发生的公民、法人和其他组织。理解行政诉讼原告要注意以下几点:

1.行政诉讼原告是公民、法人和其他组织。建立行政诉讼制度最根本的目的在于为行政相对人提供法律救济、保护行政相对人的合法权益。因此,在行政诉讼中,只有作为行政实体法中的行政相对人——公民、法人和其他组织才有必要成为行政诉讼中的原告。行政机关在法律上具有双重地位,当其作为行政主体时,不具有原告资格;但当其以行政相对人的身份出现,接受其他行政机关的管理,受到具体行政行为侵害时,也可以成为行政诉讼的原告。

2.行政诉讼原告是认为具体行政行为侵犯其合法权益的公民、法人和其他组织。这里有四层内容:①合法权益,严格地说是指法定权利,不包括法定外利益。在我国,目前只有法定权利,而且主要是人身权、财产权受到侵害的人才有原告资格。②原告必须是自己的合法权益受到侵害的人。任何人不得为他人的利益而起诉。诉权是一种权利,当事人可以行使,也可以放弃。当事人放弃诉权的,他人不得强迫其行使。③这里所说的侵害是指对相对人行政法上的权利义务产生影响,包括已经产生影响和一旦实施必将产生影响,而不仅限于已经造成实际损害。④这里的侵害并不以真实存在为必要条件,只要起诉人"认为"其合法权益受到侵害即可。至于起诉人的合法权益是否确受其害,最终要由人民法院作出判断。

3.行政诉讼原告是承担具体行政行为法律后果或受具体行政行为影响的公民、法人或其他组织。原告必须与被诉的具体行政行为有利害关系,即承担该具体行政行为法律后果或其合法权益受到具体行政行为影响。也就是说,原告所受侵害和可诉具体行政行为存在因果关系。可诉具体行政行为是因,所受侵害是果。在现实生活中,因果关系常常相当复杂,相对人所受侵害要是由具体行政行为引起,才可诉之法院。

根据《行政诉讼法》第2、41、71条的规定,我国行政诉讼原告包括下列几类:

1.公民。我国公民是指具有中华人民共和国国籍的人。对公民来说,从出生到死亡都有行政诉讼权利能力,可依法提起行政诉讼。此外,外国人、无国籍人以及外国组织,根据对等原则在我国提起行政诉讼。

2.法人。法人是指具有民事权利能力和民事行为能力,依法独立享有民事权利和承担民事义务的组织,包括企业、事业和社团法人。法人的成立必须经法定程序批准。法人从成立到解散都具有行政诉讼权利能力和行政诉讼行为能力。法人的诉讼行为由其法定代表人代表。行政主体以机关法人的身份出现在行政法律关系中,也可以成为行政诉讼的原告。

3.其他组织(非法人组织)。其他组织是指依法成立、有一定的组织机构和财产,但又不具备法人资格的组织。其他组织的范围,具体包括依法登记并领取营业执照的私营独资企业、合伙组织、合伙型联营组织等。

二、行政诉讼原告的确定

根据《行政诉讼法》及《行诉解释》的规定,行政诉讼原告资格应当按照如下方式确定:

1.侵权案件中受害人原告资格确定。侵权案件中的受害人是指平等主体一方因受到其他公民(加害人)违法行为侵害的人。在发生侵害时,如果加害人或受害人中起诉的一方为原告,没有起诉的一方是第三人;如果加害人认为行政处罚过重而起诉,受害人认为处罚过轻同时起诉的,受害人和加害人都是原告,但他们不是共同原告。

2.相邻权人原告资格的确定。相邻权是指不动产的占有人在行使其物权时,对与其相邻的他人不动产所享有的特定支配权。根据《民法通则》的规定,相邻权主要包括截水、排水、通行、通风、采光等权利。由于生产生活区域日益集中,人们的相互依赖性增强,相邻权越来越重要。如果具体行政行为侵害了公民的相邻权,根据《行诉解释》第13条的规定,相邻权人具有原告资格。

3.公平竞争权人原告资格的确定。公平竞争权是《宪法》第33条规定的平等权的具体表现。一般情况下,对公平竞争权的侵犯主要来自其他竞争者违反公平竞争原则的行为,但在有些情况下,行政机关实施行政行为破坏了公平竞争的环境或规则,影响到公民、法人或其他组织的人身权或财产权,也可能构成违法侵权行为时,公民、法人或其他组织就应当享有起诉资格。因此,《行诉解释》规定,行政机关的具体行政行为涉及到公平竞争权时,公民、法人或其他组织可以依法提起行政诉讼,也就是说公平竞争权受到侵犯的公民、法人或其他组织具有原告资格。

4.企业投资人原告资格的确定。有两个以上投资人投资组成的合资、合作或者联营企业中,投资组成的企业利益即是投资者的利益。《行诉解释》对于联营、合作、合资企业内部权利人赋予独立的诉讼主体地位,承认无论是企业利益受损还是内部权利人自己的利益受损,该内部权利人与具体行政行为均具有法律上的利害关系,均可以成为原告。该解释15条规定,联营企业、中外合资企业、中外合作企业的联营、合营、合作各方,认为联营、合作、合资企业权益或自己一方合法权益受到具体行政行为侵害的,均可以以自己的名义提起诉讼。

5. 股份制企业原告资格的确定。《行诉解释》第18条规定,股份制企业的股东大会、股东代表大会、董事会等认为行政机关作出的具体行政行为侵犯企业经营自主权的,可以企业名义提起诉讼。与联营、合作、合资企业内部权利人不同的是,由于在股份制企业中,股东的权益被企业完全吸收,因此,股东提起诉讼时,只能以企业的名义提起诉讼,而不能以自己的名义提起行政诉讼。

6. 合伙组织原告资格的确定。合伙组织分为个人合伙和合伙企业两种形式。根据《行诉解释》第14条的规定,合伙人向人民法院提起诉讼的,以核准登记的字号为原告,由执行合伙人企业事务的合伙人作为诉讼代表人。其他合伙组织起诉的,合伙人为共同原告。

7. 非国有企业被行政机关注销、撤销、合并、强令兼并、出售、分立或者改变企业隶属关系时原资格告的确定。根据《行诉解释》第17条的规定,非国有企业被行政机关注销、撤销、合并、强令兼并、出售、分立或者改变企业隶属关系的,该企业或其法定代表人可以提起行政诉讼,即企业或其法定代表人是原告。需要注意的是,非国有企业法定代表人起诉时,是以自己的名义而非以企业的名义,即非国有企业的法定代表人被赋予独立的原告资格。另外,《行诉解释》有关注销、撤销、合并、强令兼并、出售、分立或者改变企业隶属关系等列举性规定仅仅是便于理解,没有穷尽侵犯企业经营自主权的全部情形。因此,对《行诉解释》的列举性规定应当从企业经营自主权的角度作概括性理解。

8. 农村土地承包人原告资格的确定。我国农村集体土地的所有制和使用权是分离的,除了土地承包这种形式外,租赁、以土地作价入股、宅基地使用等也都是所有权和使用权的分离形式。土地的承包、物权、租赁、作价入股、宅基地使等直接与农民的人身权和财产权紧密相连。在这种情况下,不仅所有权人的利益要保护,使用人的权利更要保护。由于土地的承包、物权、租赁、作价入股、宅基地一般是在行政机关的组织管理下进行的,行政机关的具体行政行为有可能侵犯农民的合法权益。为了保护农民的这些权利,《行诉解释》赋予了土地承包人以原告资格。该《行诉解释》第16条规定,农村土地承包人等土地使用权人对行政机关处分其使用的农村集体所有土地的行为不服,可以自己的名义提起诉讼。

9. 企业法定代表人更换时原告资格的确定。企业法定代表人被行政机关更换的,新法定代表人不同意起诉或者撤回起诉时原告资格的确认问题。根据《最高人民法院行政审判庭关于对在案件审理期间法定代表人被更换,新的法定代表人提出撤诉申请,法院是否准许撤诉问题的答复意见》规定,在企业法定代表人被行政机关变更或撤换的情况下,原企业法定代表人有权提起行政诉讼。新的法定代表人提出撤诉申请,缺乏法律依据。也就是说,原法定代表人既可以以自己的名义起诉,也可以以企业的名义起诉,二者都可以成为原告。

三、行政诉讼原告资格的转移

原告资格转移是指有权起诉的公民死亡、法人或其他组织终止,他们的原告资格依法转移给与其有利害关系的特定公民、法人或其他组织。行政诉讼原告资格是行政诉讼法赋予特定人的,通常不能转移。但在法定情况下,行政诉讼的原告资格是可以转移的。行政诉讼原告资格转移应该注意以下几个问题:

1. 行政诉讼原告资格转移的条件。行政诉讼原告资格转移的条件主要包括以下几个方面:①有原告资格的主体在法律上不复存在;②有原告资格的自然人死亡、有原告资格的法人或非法人组织终止时,其诉讼期限仍在法定起诉期限内;③原告资格转移发生在有特定利害关系的主体之间,就自然人而言,彼此之间存在着近亲属关系,就法人或非法人组织之间,被转移主体与承受者之间在实体权利义务上存在着承受与被承受的关系。

2. 自然人原告资格的转移。根据《行政诉讼法》第24条的规定,有权提起诉讼的公民死亡,其近亲属可以提起诉讼。按照《行诉解释》的规定,近亲属包括配偶、父母、子女、兄弟姐妹、祖父母、外祖父母、孙子女、外孙子女和其他具有扶养、赡养关系的亲属。按照《民法通则》的规定,死亡包括自然死亡和按法定程序宣告死亡。有权提起诉讼的公民死亡,其近亲属应当以自己的名义提起诉讼,并由其近亲属享有相应的权利,承担相应的后果。若通过诉讼获得赔偿,其近亲属根据遗产继承的规则分配;若败诉,具体行政行为未执行的财产,如罚款、税款等,则应当从该公民的遗产中支付,若需要支付的财产超过死亡公民的遗产,根据民法上的有限继承原则,法院不得执行近亲属的财产;对死亡公民的人身处罚以及人身强制措施,法院不能判决施之于死亡者的近亲属。

3. 法人或者其他组织的原告资格的转移。根据《行政诉讼法》第24条的规定,有权提起诉讼的法人或者其他组织终止,承受其权利的法人或者其他组织可以提起诉讼。法人或者其他组织终止有两种情况。①消灭,即法人或者其他组织的资格在法律上最终归于消灭或结束,如撤销、破产,其权利由法律规定的组织承受,如上级企业或清算组织。②变更,即原法人或者组织以新的法人或其他组织的形式出现,并且与原法人或组织之间在法律上具有承继关系。变更有分立与合并两种形式。分立后,原法人或其他组织的诉讼资格转移给分立后的法人或其他组织,它们成为共同原告。合并后,原组织或其他组织的原告资格转移给新的法人或者其他组织,新的法人或其他组织取得原告资格。

第二节

■ 第三节　行政诉讼的被告

一、行政诉讼被告的概念

行政诉讼的被告是原告指控其具体行政行为侵犯原告的合法权益而向人民法院起诉,人民法院受理后通知其应诉的行政机关或法律、法规授权的组织。行政诉讼的被告具有下列特征:

1. 行政诉讼被告是行政机关和法律、法规授权的组织。这里的行政机关指的是有独立的机构、编制和经费,能够以自己的名义独立行使行政职权,并能独立承担法律责任和诉讼后果的国家机关。

法律、法规授权的组织虽然不是行政机关,但基于法律、法规授权而取得行政诉讼权利能力,能够以自己的名义独立行使行政职权,独立承担法律责任和诉讼后果,因而是行政诉讼的被告。

2. 行政诉讼被告是被原告诉称侵犯其合法权益的行政机关或法律、法规授权组织。行政诉讼被告是行政机关和法律、法规授权的组织,并不意味着所有的行政机关和法律、法规授权的组织都是行政诉讼被告。静态的行政机关或法律、法规授权的组织,或虽然作出某种行政行为,但公民、法人和其他组织认可的行政机关或法律、法规授权组织是不会成为行政诉讼被告的。因此,行政机关或法律、法规授权组织只有在行使行政职权过程中,因其具体行政行为被公民、法人或其他组织认为侵犯其合法权益,进而以原告的身份向人民法院起诉时,才有可能成为行政诉讼被告。

3. 行政诉讼被告是被人民法院通知应诉的行政机关或法律、法规授权组织。被原告认为侵犯其合法权益的行政机关或法律、法规授权组织只是一种可能的行政诉讼被告,并非一定是行政诉讼被告。行政诉讼被告的确认包括这两个方面的因素,一方面是原告的指控,另一方面是法院的确定。没有原告的指控,法院不能确定被告;没有法院的审查确定,仅有原告的指控也不能认定行政诉讼被告。行政诉讼被告的确定过程是原告人指控与法院通知应诉的过程的统一。因此,行政诉讼被告是由法院确认,并由法院通知其应诉的行政机关或法律、法规授权组织。

二、行政诉讼被告的确定

根据《行政诉讼法》及《行诉解释》的规定,行政诉讼被告应该按照下列方式确定:

1. 直接起起诉案件的被告的确定。行政诉讼案件有两类,一类是复议前置的案件,即公民、法人或其他组织向人民法院起诉前,先必须经过行政复议程序,否则法院就不予受理。另一类是不需要经过行政复议的行政案件,该类案件是公民、法人或其他组织在法律、法规没有明确规定实行复议前置时,可选择先复议、后起诉,或者直接起诉。根据《行政诉讼法》第25条规定,公民、法人或者其他组织直接向人民法院起诉的,作出具体行政行为的行政机关是被告。这里的行政机关必须具有行政诉讼权利能力。因行政机关内部机构以及工作人员的管理行为引起争议的,由于他们不具有行政诉讼权利能力,当事人不服向人民法院起诉的,只能由行政机关内部机构以及工作人员所在行政机关作被告。《行诉解释》第20条规定,行政机关的内设机构或者派出机构在没有法律、法规或者规章授权的情况下,以自己的名义作出具体行政行为,当事人不服提起诉讼的,应当以该行政机关为被告。

2.经过行政复议程序的行政案件被告的确定。

(1)复议机关维持原具体行政行为的,作出原具体行政行为的行政机关是被告。规定由作出具体行政行为的原行政机关作被告,是考虑到原行政机关了解情况,掌握作出具体行政行为的证据和规范性文件,并且原行政机关应当对自己的行为负责。

(2)复议机关改变原具体行政行为的,复议机关是被告。复议机关改变具体行政行为,表明原具体行政行为的法律效力已经丧失,有效的只是复议机关的决定,复议机关的决定对公民、法人或其他组织发生拘束力,复议机关是直接处理涉及公民、法人或者其他组织的权利义务机关。原告只能对影响自己权利义务的行政行为提起行政诉讼,因此,此时的被告只能是复议机关。根据《行诉解释》第7条的规定,行政复议决定"改变原具体行政行为"是指下列三种情形:①复议机关改变原具体行政行为所认定的主要事实和证据的。所谓主要事实,是指具体行政行为的法定构成要件事实;主要证据则是证明构成要件的事实;这里的"改变"包括补充、代替、调换、推理过程改变、重新认定等情形。②复议机关改变原具体行政行为所适用的规范依据且对定性产生影响的。这里所谓的"改变"则包括增加、减少、调整原具体行政行为所适用的法律条款,或者作出新的解释。③撤销、部分撤销或者变更原具本行政行为处理结果的。

(3)复议机关在法定期限内不作复议决定时,当事人选择行政诉讼被告。根据《行诉解释》第22条的规定,复议机关在法定期限内不作复议决定,当事人对原具体行政行为不服,向人民法院起诉的,作出原具体行政行为的行政机关作为被告;当事人对复议机关不履行法定职责不服的,复议机关为被告。

3.法律、法规授权的组织、机构或其他组织作出具体行政行为时被告的确定。法律、法规授权组织、机构包括事业单位、企业单位、社会团体、内设机构、派出机构等。法律、法规授权组织、机构依法获得职权,能以自己的名义独立实施具体行政作为,具有行政主体资格。因此,《行政诉讼法》第25条明确规定,法律、法规授权组织作出的行政行为,该组织是被告。

4.经上级行政机关批准而作出具体行政行为时行政诉讼被告的确定。在实践中,一个行政机关作出具体行政行为,须经上级行政机关批准的情况时有发生。这时的行政主体就包括作出具体行政行为的行政机关和该行政机关的上级行政机关。为了解决经上级行政机关批准而作出具体行政行为时的行政诉讼被告问题,《行诉解释》第19条作出了明确规定,当事人不服经上级行政机关批准的具体行政行为,向人民法院提起诉讼的,应当以在对外发生法律效力的文书上署名的机关为被告。具体而言:当一个行政机关作出具体行政行为后,须报请上级行政机关批准,上级行政机关批准后正式对外署名的,该审批机关是被告;如果该上级行政机关只是审批,没有署名的,作出具体行政行为的行政机关为被告;如果二者都署名,则二者为共同被告。

5.行政机关内部组织或派出机构作出具体行政行为时被告的确定。按照现行的"谁主体,谁被告"行政诉讼被告确认规则,只有行政主体才能成为行政诉讼被告。行政机关的内部组织和其派出机构一般情况下是不能作为行政诉讼被告的。但如果行政机关的内部组织和其派出机构取得行政主体资格,其就当然的成为行政诉讼被告。为此,《行诉解释》第20条规定,行政机关的内设机构或者派出机构在没有法律、法规或者规章授权的情况下,以自己的名义作出具体行政行为,当事人不服提起诉讼的,应当以该行政机关为被告。法律、法规或者规章授权行使行政职权的行政机关内设机构、派出机构或者其他组织,超出法定授权范围实施行政行为,当事人不服提起诉讼的,应当以实施该行为的机构或者组织为被告。

6.受委托的组织作出具体行政行为时被告的确定。行政委托是指行政机关依法将其职权的一部分委托给非行政主体行使的行为。行政委托一般是明示的。《行政诉讼法》第25条规定,由行政机关委托的组织所作出的具体行政行为,委托的行政机关是被告。除了明确的委托外,还有一种推定委托,即尽管行政主体没有明示,但按照法律、法规的规定,另一组织作出行政行为符合委托的条件,视为行政委托。《行诉解释》第21条规定,行政机关在没有法律、法规或者规章规定的情况下,授权其内设机构、派出机构或者其他组织行使行政职权的,应当视为委托。当事人对该类主体的具体行政行为不服提起诉讼的,该行政机关为被告。

7.行政机关被撤销后被告的确定。为适应行政管理的需要,行政机关可能被合并、撤销,还可能为新成立的机构所取代。为切实保障相对人的合法权益,当作出有争议的具体行政行为的行政机关被撤销时,需对被告进行确定。《行政诉讼法》第25条规定行政机关被撤销的,继续行使职权的行政机关是被告。至于行政机关被撤销后,没有继续行使其职权的行政机关时,被告如何确定,法律没有明确规定。我们认为这时应当以作出撤销决定的机关或被撤销机关所属行政机关为被告。

8.共同作出具体行政行为被告的确定。在通常情况下,由行政机关各自的职权所决定,具体行政行为都是由单个行政机关作出的,但也不排除在职权交叉等特殊情况下由两个以上行政机关共同作出。两个以上行政机关作出一具体行政行为的,共同作出具体行政行为的行政机关是共同被告。具体而言:①行政机关以共同名义作出具体行政行为的,共同署名的行政机关是共同被告;如果只有一个行政机关署名,则无论有无其他行政机关的实质参与,都视为署名行政机关的行为,由署名的行政机关作被告。②行政机关与非行政机关(不具有行政主体资格)共同署名作出处理决定的,作出决定的行政机关是被告。但行政机关和非行政机关共同作出的行为侵犯了相对人合法权益,需要赔偿的,人民法院可通知非行政机关作为第三人参加诉讼。

9.由行政机关组建的组织作出具体行政行为被告的确定。在行政实践中,行政机关组建了一些机构,并赋予其一定的行政职权,诸如"联防队"、"城管大队"等。这些组织作出具体行政行为时能否成为行政诉讼被告,根据《行诉解释》和《行政处罚法》的规定,应视其是否具有行政主体资格而定。如果行政机关组建并赋予行政管理职能、但不具有独立承担法律责任能力的机构,以自己的名义作出具体行政行为,组建该机构的行政机关为共同被告;如果这些组织按照《行政处罚法》的规定,[1]取得独立行政主体地位的,则这些组织为被告。

10.非常设机构作出具体行政行为时被告的确定。在我国,由于多种原因,非常设机构大量存在。非常设机构的行为引起争议的,以哪个行政机关为被告,法律没有明确规定。按照行政诉讼被告的确认规则,可作如下处理:如果非常设机构引起争议的行为有法律、法规的明确授权,则非常设机构为被告;如果没有法律、法规的授权,则以组建该机构的行政机关是被告。

此外,当事人不服开发区管委会及其所设部门作出的具体行政行为,向人民法院起诉的,宜由开发区管委会或其所设部门为被告。

在实践中,由于行政机关的设置较为复杂,因而不能要求原告确定适格被告。相对人起诉时只需指出具体行政行为为何组织或者何人所为,适格被告最终由人民法院确定。当人民法院认为被告不适格时,不应当不予受理,或受理后驳回起诉,而应在征得原告同意后依职权追加或者变更被告。应当追加的被告,原告不同意追加的,可以作为第三人参加诉讼;应当变更被告,原告不同意变更的,裁定驳回起诉。当然,如果不存在适格的行政诉讼被告,人民法院可以不予受理或在受理后驳回起诉。

■ 第四节　共同诉讼人

《行政诉讼法》第26条规定,当事人一方或双方为二人以上,因同一具体行政行为发生的行政案件,或者因同样的具体行政行为发生的行政案件,人民法院认为可以合并审理的,为共同诉讼。参与共同行政诉讼的主体成为共同诉讼人。根据《行政诉讼法》的规定,共同诉讼分为必要的共同诉讼和普通的共同诉讼。因而,共同诉讼人也可分为必要的共同诉讼人和普通的共同诉讼人。

一、必要的共同诉讼人

必要共同诉讼,是指当事人一方或双方为两人以上,诉讼标的是同一具体行政行为的诉讼。必要共同诉讼中的共同原告和共同被告统称为必要共同诉讼人。必要共同诉讼具有如下特征:

---

[1] 《行政处罚法》第16条规定,国务院或者经国务院授权的省、自治区、直辖市人民政府可以决定一个行政机关行使有关行政机关的行政处罚权,但限制人身自由的行政处罚权只能由公安机关行使。第17条规定,法律、法规授权的具有管理公共事务职能的组织可以在法定授权范围内实施行政处罚。

1. 必要共同诉讼人诉讼的标的同一,即诉讼客体是同一具体行政行为。所谓同一具体行政行为是指行政主体以一个意思表示处理两个以上的行政相对人、两个以上的行政主体以一个意思表示处理一个行政相对人或者两个以上的行政主体以一个意思表示处理两个以上的行政相对人。

2. 必要共同诉讼人因同一具体行政行为而发生了不可分割的法律或事实联系。共同诉讼当事人对于引起争议的同一具体行政行为,有着共同的利害关系,即共同的诉讼权利义务关系,任何一个人的行为都会影响到其他人的权益。其实质是,一个案件,多个当事人。

3. 必要共同诉讼人都是独立的法律主体。共同诉讼人有独立的诉讼法律地位,一个诉讼当事人对其他诉讼当事人的行为没有约束力。它们各自以自己的名义参与诉讼,并对各自的行为负责。之所以必须共同审理,在于判决的统一和诉讼效率的要求。

对必要共同原告,法院有义务通知未起诉的其他共同原告参加诉讼;但如果有原告资格的人不愿起诉,法院不得强行追加,可以通知他们作为第三人参加诉讼。对于必要共同被告,原告起诉中有遗漏的,人民法院有权在征求原告人同意的基础上追加被告,并通知被告应诉。被追加的被告无权拒绝应诉。

二、普通的共同诉讼人

普通的共同诉讼是指当事人一方或双方为两人以上,诉讼标的同样,由法院合并审理的诉讼。普通诉讼中的共同原告和共同被告统称为普通共同诉讼人。

普通共同诉讼合并审理的主要目的在于节省诉讼成本。同类具体行政行为引起的争议案件并不必然引起合并审理,是否合并取决于合并审理的成本及人民法院的裁量权。如果合并审理更能节约诉讼成本,则合并审理;反之,则分案审理。因此,与必要共同诉讼人不同的是:普通共同诉讼人之间没有必然的联系,其诉讼行为不影响其他共同诉讼人。

三、共同诉讼人的确定

1. 根据《行诉解释》第46条的规定,行政主体就同一事实对若干公民、法人或其他组织分别作出具体行政行为,公民、法人或其他组织不服向人民法院起诉的,该公民、法人或其他组织为共同原告。例如行政处罚中的共同被处罚人不服行政机关的处罚向人民法院起诉的,共同被处罚人为必要的共同原告。

2. 侵权案件中的致害人和受害人为必要的共同诉讼人。侵权案件中的致害人和受害人均对给予致害人的行政处罚不服,提起诉讼的,尽管两者的诉讼请求相反,但因是同一具体行政行为引起的人民法院应该合并审理。此时致害人和受害人是共同原告。

3. 法人或组织因违法被处罚,该法人或组织的负责人、直接行为人同时被处罚的,该法人或组织与该法人或组织的负责人、直接行为人为共同原告。

4. 根据《行诉解释》第 46 条的规定,两个以上行政主体分别依据不同的法律、法规对同一事实作出具体行政行为,公民、法人或其他组织不服向人民法院起诉的,行政主体为共同被告。

另外,两个以上的行政主体联合执法,作出同一具体行政行为时,如果都署名的,所有参加执法的行政主体是共同被告。

■ 第五节　行政诉讼第三人

一、第三人的概念和特点

根据《行政诉讼法》第 27 条的规定,同提起诉讼的具体行政行为有利害关系的其他公民、法人或者其他组织,可以作为第三人申请参加诉讼,或者由人民法院通知参加诉讼。因此,行政诉讼第三人,是指与被诉具体行政行为有利害关系,申请参加或者由人民法院通知其参加到行政诉讼中来的其他公民、法人或者其他组织。

行政诉讼第三人具有以下特征:

1. 第三人是原告、被告以外的人。这是第三人最原始的含义。第三人既不是原告,也不是被告,而是原告、被告以外的人。当然,不排除有些具有原告资格的人放弃诉权而成为第三人。在具体的行政案件中,无论是相对人还是行政机关都可能成为第三人。

2. 第三人应当与被诉的具体行政行为有利害关系。与被诉的具体行政行为有利害关系是判断行政诉讼第三人是否具备资格的唯一标准。按照《行诉解释》,"利害关系"应该是行政机关的具体行政行为对公民、法人或其他组织的权利义务已经产生或将会产生实际影响,其中包括不利的关系和有利的关系。

3. 第三人具有独立的诉讼地位。在行政诉讼中,第三人具有独立的地位,或者其利益不能被原告或被告的所代替,或者因法定原因不能成为原告或被告。在诉讼中,第三人有权提出与本案有关的诉讼主张。第三人有权站在原告一方要求撤销违法的具体行政行为,也有权和被告一道请求维持被诉具体行政行为,还可能既不请求维持、也不请求撤销被诉具体行政行为,仅主张自己的行为合法。根据《行诉解释》第 24 条的规定,行政诉讼第三人对人民法院的一审判决不服的,有权提起上诉。

4. 第三人参加的是他人已经开始、尚未结束的诉讼。第三人参加诉讼必须以原告、被告之间的诉讼正在进行为前提。如果原告、被告之间的诉讼尚未开始,其可以作为原告或被告参加诉讼;若原告、被告之间的诉讼已经审结,其可以另行提起诉讼,没有必要成为第三人。

设定第三人制度,主要是为了人民法院作出公正、统一的判决,同时也便于人民法院查清案件事实,提高审判效率。

二、行政诉讼第三人的确定

1.行政处罚案件中第三人的确定。

(1)行政处罚案件中的受害人或加害人互为第三人。在行政处罚案件中,加害人不服行政处罚作为原告起诉,受害人可以作为第三人参加诉讼。如果受害人认为行政处罚过轻不服向人民法院起诉时,加害人可以以第三人的名义参加诉讼。

(2)没有提起行政诉讼的共同被处罚人可以作为行政诉讼第三人。在同一行政处罚案件中,行政主体处罚了两个以上的违法行为人,其中一部分被处罚人向人民法院起诉的,没有起诉的被处罚人可作为行政诉讼第三人。

2.行政裁决案件中第三人的确定。公民、法人或其他组织之间发生民事纠纷,由行政主体居中裁决的,叫做行政裁决。一方当事人对行政主体的裁决不服向人民法院起诉的,另一方当事人可以作为行政诉讼第三人。

3.两个以上行政主体共同作出行政行为时第三人的确定。两个以上行政主体作出行政行为,公民、法人或其他组织只起诉其中的一个被告,人民法院应当追加另外的行政诉讼被告。如果公民、法人或其他组织不同意追加时,人民法院应当通知其作为第三人参加诉讼。

4.具体行政行为冲突案件中第三人的确定。具体行政行为的冲突有两种情况,一种是两个以上行政主体都作出具体行政行为,且具体行政行为相互冲突,此时公民、法人或其他组织起诉时,非被告的行政机关为第三人。另外一种情况是越权之诉中,公民、法人或其他组织起诉越权的行政主体时,被越权的行政主体为第三人。

5.非行政机关的组织参与作出具体行政行为时第三人的确定。行政主体在行使行政职权过程中,某些非行政机关的组织和行政主体共同作出具体行政行为。若这些非行政机关的组织没有法律、法规的授权,且公民、法人或者其他组织对这种"共同"作出的具体行政行为不服提起行政诉讼时,非行政机关的组织是行政诉讼第三人。

6.受行政委托的组织作出具体行政行为时第三人的确认。受行政委托的组织作出具体行政行为时超越委托的范围,公民、法人或其他组织对委托的行政主体提起行政诉讼时,受行政委托的组织可以作为第三人。

三、第三人参加行政诉讼的程序

第三人参加诉讼的程序包括第三人参加诉讼的时间和方式等内容。

第三人参加诉讼的时间为原、被告之间的行政诉讼开始以后、终结以前。

第三人参加诉讼的方式有两种:一种是第三人主动申请参加,由法院决定。如果法院准许,则以书面形式通知第三人;如果未获准许,法院则以裁定形式予以驳回。另一种是第三人未主动申请,法院通知其参加诉讼;如果第三人拒绝参加,法院可以缺席判决。

行政诉讼第三人和其他诉讼主体一样,享有诉讼权利,承担诉讼义务。前者如有权提供证据、聘请律师等;后者如遵守法庭秩序等。第三人不服一审判决、裁定的,有权上诉。

■ 第六节　行政诉讼代理人

一、行政诉讼代理人的概念

行政诉讼代理人,是指在行政诉讼中,以当事人的名义在代理权限内进行行政诉讼活动的人。行政诉讼代理人具有以下特征:

1.行政诉讼代理人只能以行政诉讼当事人的名义进行诉讼活动。以行政诉讼当事人的名义参加行政诉讼是诉讼代理人不同于当事人的关键所在。如果诉讼代理人以自己的名义参加诉讼,则不再是代理人,而只能是当事人。如果不是以代理人的名义参加诉讼的,则是证人、鉴定人、勘验人等其他诉讼参与人,亦非代理人。

2.行政诉讼代理人只能在代理权限范围内活动。代理人的代理权限或者取决于法律的规定,如法定代理人的代理权;或者由当事人授予,如委托代理人的代理权。诉讼代理人无论通过何种方式取得代理权,都必须认真地行使权利,履行职责,即不能随意放弃权利,也不能超越权限。

3.行政诉讼代理人的行为的法律后果归属于被代理人。代理行为是帮助他人所实施的行为,不是为了代理人自己的利益,因而,代理人行为的法律后果要由被代理人承担。当然,如果代理行为越权,代理人要承担相应的责任。

4.行政诉讼代理人必须维护被代理人的利益。代理人参加行政诉讼的目的不是为了维护自己的利益,而是为了被代理人的利益。因此,代理人只能代理一方当事人,不能同时代理双方当事人,也不能同时作原告、被告一方和第三人的代理人。当然也不能为自己代理。

设立行政诉讼代理人制度的目的首先是使无诉讼行为能力当事人能参加诉讼,保护无诉讼行为能力当事人的合法权益。其次在于为行政诉讼当事人提供法律上的帮助,使他们能够有效地行使诉讼权利,维持其合法权益。最后,设立行政诉讼代理人制度有助于法院正确、及时地审理行政案件,接受监督,提高审判质量。

二、行政诉讼代理人的种类

按照代理权产生的依据不同,可将行政诉讼代理人分为三类:即法定代理人、指定代理人和委托代理人。

(一)法定代理人

行政诉讼的法定代理人,是指根据法律规定享有代理权,代替无诉讼行为能力人进行行政诉讼的人。法定代理人是直接根据法律规定而设定的,不以被代理人的意志而转移。法定代理人的条件首先是被代理人是无诉讼行为能力的人,即未成年人、精神病人等。其次是代理人与被代理人之间存在亲权或监护关系,诸如父母、配偶、子女、兄弟姐妹等。如果被代理人没有作为监护人的亲属,则由未成年人父母所在单位或精神病人所在单位的居民委员会、村民委员会作为法定代理人。

法定代理为全权代理,其所做的一切诉讼行为都被视为被代理的当事人本人所为的诉讼行为,具有与当事人诉讼行为的同等效力。法定代理人在行政诉讼中具有和当事人相同的地位,可以代理当事人为一切诉讼行为。

法定代理人代理权限是基于亲权或监护关系而产生,基于特定的法律事实而消灭。这些事实主要包括作为被代理人的未成年人已经成年,有行政诉讼行为能力;精神病人恢复正常,重新具有诉讼行为能力;代理人本人死亡或丧失诉讼行为能力;被代理人与代理人之间的收养关系结束等。

(二)指定代理人

行政诉讼的指定代理人,是指基于法院指定而享有代理权、代替无诉讼行为能力人进行行政诉讼的人。指定代理人制度同样是为无诉讼行为能力的人设定的,是对法定代理人制度的补充。

指定代理人的代理权限分两种情况:一种是指定代理人为法定代理人的,为全权代理;另一种指定代理人为法定代理人以外的,代理权限由法院确定。

指定代理人代理权的消灭是基于以下事实而发生:案件终结;当事人恢复诉讼行为能力;当事人的法定代理人可以行使代理权等。

(三)委托代理人

行政诉讼的委托代理人,是指受当事人、法定代理人的委托、代理行政诉讼当事人进行行政诉讼活动的人。委托代理基于当事人、法定代理人的委托产生。设定委托代理人制度主要是为当事人、法定代理人提供法律上的帮助,代理参加诉讼,以弥补其法律知识的不足。委托代理可分为一般代理和全权代理,代理权的大小取决于当事人和代理人的约定。

在行政诉讼中,委托代理人的范围有:

1.律师。律师享有依法查阅本案有关材料,调查、收集证据的权利等。但律师作为被告的委托代理人时,除非法律许可,在诉讼过程中不得自行取证。

2.社会团体。具体包括工会、共青团、妇联等。社会团体作为委托代理人仅存在于行政诉讼中。社会团体接受委托时,该社会团体的法定代表人为委托诉讼代理人。社会团体的法定代表人征得委托人的同意,可以指定该社会团体的成员或者聘请律师作为诉讼代理人。

3.提起诉讼的公民的近亲属。

4.提起诉讼的公民所在单位推荐的人。

5.经人民法院许可的其他公民。

委托代理人代理权消灭有以下主要事实:诉讼终结;委托人解除委托,受委托人辞去委托;当事人、第三人更换或死亡;受委托人死亡或丧失诉讼行为能力等。

【思考题】

1. 简述行政诉讼当事人的概念。
2. 简述行政诉讼当事人资格的转移。
3. 试述行政诉讼原告资格的确认。
4. 试述行政诉讼被告资格的确认。
5. 试述行政诉讼第三人资格的确认。

【实务训练】

张某诉某镇政府行政确认案[1]

案情简介： 村民李某 1975 年未经批准，擅自占用耕地建房。1987 年间，县进行土地全面清查时，李某按照当时的法律、法规补办了手续。1989 年，李某扩建房屋时，邻居张某认为李某扩建西侧基础侵占其相邻通道，提出异议而发生纠纷。1995 年李某欲将住宅翻建，张某又以李某多占相邻通道为由向有关部门请求解决。某镇人民政府受理了张某的请求并主持调解，但双方未能达成一致意见。随后，镇政府就李某是否占用通道问题，于 1996 年 1 月 24 日以陈政(1996)7 号文，向某县土地管理局请示："关于李某在原基地拆旧翻新，原申请的土地使用证是否合法和有效？"某市土地管理局于 1996 年 1 月 26 日以晋土(1996)10 号文答复某镇政府："李某持有的两份土地使用证书应认定有效。"某镇人民政府遂于 1996 年 3 月 24 日作出陈政(1996)20 号文决定，认定李某持有的土地使用证仍有效，同意李某房屋翻建。张某不服，欲向某市人民法院提起诉讼。

法律问题： 村民张某是否具有原告资格？如果张某有资格向人民法院起诉，李某在行政诉讼中处于什么地位？本案中张某应该以谁为被告提起行政诉讼？

提示与分析： 相邻权属于民事法律关系范畴，但是民事主体侵犯他人相邻权的行为并不都是发生在民事领域，很多时候也与具体行政行为有着密切联系，特别是在民事主体的行为经行政机关批准、许可或确认后实施时，拥有相邻权的一方认为行政机关的批准行为侵犯其合法权益时，可以以原告的身份向人民法院提起行政诉讼。本案中，被告镇政府的决定，是批准第三人李某翻建房屋，是针对李某作出的。张某虽然不是具体行政行为直接指向的行政相对人，但张某认为该李某的翻建行为侵犯了他的相邻权，使其对公用通道的使用权受到了妨碍，而镇政府的批准、确认行为使李某的房屋翻建合法化。《行诉解释》第 13 条规定，被诉的具体行政行为涉及相邻权的，公民、法人或其他组织可以提起行政诉讼。因此，本案中，张某可以以原告的身份就镇政府的

---

[1] 最高人民法院中国应用法学研究所编：《人民法院案例选·行政卷》(1992~1999 年合订本)，中国法制出版社 2000 年版，第 803~805 页。

陈政(1996)20 号决定向人民法院提起行政诉讼。

张某起诉后,如果镇政府的决定被人民法院撤销,则意味着李某的土地使用证是无效的,其翻建房屋的行为是违法的,也就意味着其应该拆除翻建的房屋,利益将受到损害。所以,李某与被诉的具体行政行为有法律上的利害关系。根据《行政诉讼法》第 27 条的规定,在本案中,如果张某向人民法院提起行政诉讼,且人民法院受理了该案,则李某可以申请参加诉讼或由人民法院通知其以第三人身份参加诉讼。

由于本案是镇政府作出的行为,当然是以镇政府为被告。需要注意的是镇政府是经过请示后以自己的名义作出具体行政行为的,这是否意味着应以县土地管理局作为行政诉讼被告呢?事实上镇政府的请示行为是内部的行为,张某是无从知晓的。根据行政诉讼被告的确认规则,张某只能以作出行政行为署名的镇政府为被告。本案还有一个复杂的问题是镇政府与县土地管理局的关系。一般而言,土地建房审批权是土地管理部门的职权范围,镇政府是无权确认的,因此县土地管理局与镇政府是委托与被委托的关系。如果镇政府基于行政委托关系以县土地管理局的名义作出决定的,则县土地管理局为被告。

行政诉讼证据

学习目的与要求 通过本章的学习,了解行政诉讼证据的概念、特征和种类,把握行政诉讼举证责任的含义及其分担规则,熟练掌握各种证据材料的提供、收集和保全,以及证据的审查、核实和认定规则。

第一节 行政诉讼证据概述

一、行政诉讼证据的概念

所谓行政诉讼的证据,是指一切用来证明案件真实情况的事实材料。这个定义包含了以下要素:①证据是一种材料,这种材料是由当事人提交给人民法院或者由人民法院依照职权在必要情况下调取的。这种材料可有多种表现形式,如物证、书证、视听资料、证人证言、当事人陈述、鉴定结论、勘验笔录和现场笔录等等。②证据的用途是用来证明案件事实的。至于它是否能够正确反映案件事实,起到证明作用,应当由法院依法认定。也就是说,只要是在诉讼程序中向人民法院提交,希望证明当事人主张的材料都是证据。当事人提供的和法院收集到的证据,在法律上均无预决力,其中只有符合客观性、关联性、合法性标准的证据才能作为法院判案的根据,即所谓的可定案证据。

二、行政诉讼证据的特征

作为证据的一种,行政诉讼证据首先必须具有证据的三个共同特征,即客观性(证据必须是客观存在的事实)、关联性(证据必须是与待证案件事实具有内在联系)和合法性(证据的来源和形式必须合法)。此外,因受行政诉讼性质的影响,行政诉讼证据还具有以下不同于民事诉讼证据和刑事诉讼证据的特征:

1. 行政诉讼证据法定形式的多样性。根据《行政诉讼法》第31条规定,行政诉讼证据包括书证、物证、视听资料、证人证言、当事人陈述、鉴定结论、勘验笔录和现场笔录。行政诉讼的法定证据中包括了其他诉讼证据所不具备的现场笔录。另外,《行政诉讼法》还规定行政机关必须向人民法院提供作出具体行政行为的事实依据和规范性文件,具体行政行为所依据的规范性文件虽然不是证据,但对具体行政行为的合法性也能起到一定的证明作用。如证明具体行政行为的动机、证明具体行政行为的幅度的合理性等。

2. 行政诉讼证据来源的特定性。行政诉讼的证据主要来自于行政程序,并且主要由作为被告的行政机关提供给人民法院。行政机关在实施行政行为的过程中,应当在充分、全面地掌握证据,弄清事实真相之后,才能依照法律、法规作出裁决。行政机关向法院提交的证据应当是作出裁决之前的证据。

3. 举证责任分配的特殊性。诉讼中由哪一方当事人承担举证责任是诉讼活动中的一个基本问题,不同的诉讼活动中,举证责任的分配是不同的。民事诉讼中举证责任分配的规则是"谁主张、谁举证",而在行政诉讼中,举证责任的分配是相对确定的,即对具体行政行为的合法性问题由被告承担举证责任,如果被告不能提供证据证明被诉的具体行政行为合法,则无须原告证明具体行政行为违法,就应当由被告承担败诉的后果。

4. 行政诉讼证据规则的特殊性。如行政诉讼被告及其代理人在诉讼过程中,不得自行向证人和原告收集证据;被告应当在收到起诉状副本之日起 10 日内向人民法院提供证据等。

三、行政诉讼证据的种类

根据《行政诉讼法》第 31 条的规定,依据证据的不同形式,行政诉讼的证据可以分为以下几类:

1. 书证。书证是指用文字或图画、符号等记载的、表达人的思想和行为并用来证明案件情况的材料,其基本特征是用它记载或反映的内容来证明案件事实。

2. 物证。指用来证明案件事实的物品或痕迹。物证是以其存在的外形、性状、质量、特征、规格等证明案件事实的证明材料。物证较为客观、真实,但通常情况下是间接证据。当物证有可能灭失或变质时应注意保全。

3. 视听资料。指利用录音、录像的方法录制的音响和图像或者用电子计算机储存的用来证明案件事实的材料。由于技术的进步,视听资料可以用剪辑、拼凑的方法进行伪造或加工,因而应注意用专门技术进行审查。

4. 证人证言。指了解案件有关情况的非本案诉讼参加人就其所了解的有关案件事实的情况依法所作出的陈述。了解案件情况的公民作证是法律规定的义务,但精神病人或没有独立思考能力的儿童等不能作证。

5. 当事人陈述。指原告、被告、第三人在诉讼中向人民法院所作的关于案件事实情况的叙述。由于当事人与案件有直接的利害关系,其所陈述的真实性应经严格审查

第十七章

方可确信,并且应该有其他证据作为旁证,才能作为定案根据。

6. 鉴定结论。指鉴定部门所指派的鉴定人运用自己的专业知识,利用专门的设备和材料,对案件中出现的专门问题进行分析、鉴别后所作的结论性意见。鉴定结论包括两大类:①当事人向人民法院提供的鉴定结论,但必须是法定部门作出的,否则没有证明效力。②人民法院在认为需要时,对专门问题交由法定鉴定部门进行的鉴定。无法定鉴定部门的,人民法院可指定其他鉴定部门进行鉴定。

7. 勘验笔录和现场笔录。勘验笔录是指行政机关工作人员或法院指定的工作人员对不能、不便拿到人民法院的物证和现场,就地进行分析、检验、测量、勘查后作出的记录。现场笔录是指行政机关工作人员在实施行政行为的现场,对现场情况所作的书面记录。

勘验笔录不同于现场笔录:①制作的主体不同。勘验笔录既可以是行政机关工作人员制作的,也可以是法院的工作人员制作的,还可以是受行政机关或者人民法院委托的人员制作的。而现场笔录只能是行政机关的工作人员制作的,因为只有行政机关才可能在行政管理的现场。②制作的时间和反映的待证事实不同。勘验笔录是案件事实发生以后制作的,即是对案件事实发生以后在现场留下的痕迹、相关物品的物理性状等进行勘察、测定,从而倒推、回溯案件发生时的情况,因此勘验笔录的证明力较差,属于间接证据,需要有其他证据加以佐证方可证明待证事实;而现场笔录则是行政机关在实施行政管理的过程当中制作的,是对行政执法当时的情况所作的书面描述和客观记载,因此在具备法定条件和形式后,其证明力较强,属于直接证据。现场笔录是行政诉讼中特有的法定证据,是为了适应行政执法的特殊性而设置的。行政机关在制作、运用现场笔录时应遵循下列规则:①现场笔录应当是在现场制作的,而不能事后补作;②现场笔录应当有当事人的签名或盖章。没有当事人或其他证人签名盖章的现场笔录不能起到证明的作用。行政机关不能因此放弃对其他证据的收集而单纯依赖现场笔录,人民法院也应对现场笔录进行严格审查,只有符合上述规则的现场笔录才能作为定案根据。

■ 第二节 行政诉讼的举证责任

一、行政诉讼举证责任的概念与特征

行政诉讼的举证责任是指在行政诉讼中,承担举证责任的当事人应当提供证据证明自己的主张,否则将承担败诉风险及不利后果的制度。行政诉讼举证责任具有以下特征:

1. 行政诉讼的证明对象主要是被诉的具体行政行为,其证明要求的侧重点主要放在被诉具体行政行为的事实基础和合法性上。

2. 行政诉讼举证责任分配相对确定。行政诉讼中,对于被诉具体行政行为的合法

第二节

性,要由被告承担举证责任。由于行政机关在行政程序中必须遵循"先取证、后裁决"的规则,被告必须依法提供证据证明其具体行政行为在行政程序中就已合法,如果它不能证明其作出的具体行政行为是合法的,法院就只能判决被告败诉。所以,作为被告的行政机关必须自始至终地承担证明被诉具体行政行为合法的举证责任。

3. 行政机关的举证范围不局限于被诉具体行政行为合法性的事实依据,还包括行政机关作出具体行政行为所依据的规范性文件;在举证的时间上,也有特殊限制,即被告应当在一审答辩期内向人民法院提供证据。

二、行政诉讼举证责任的分担

行政诉讼举证责任的分担是指对于有争议且需要加以证明的事实,应当由谁承担举证责任。我国的《行政诉讼法》和《最高人民法院关于行政诉讼证据若干问题的规定》(以下简称《行政诉讼证据规定》)对行政诉讼举证责任的分担作出了规定。《行政诉讼法》第 32 条规定:"被告对作出具体行政行为负有举证责任,应当提供作出具体行政行为的证据和所依据的规范性文件。"可见,对具体行政行为的合法性问题应当由被告承担举证责任,而对具体行政行为合法性以外的其他问题仍然是"谁主张、谁举证"。

（一）被告的举证责任

被告对具体行政行为的合法性承担举证责任,这意味着,被告必须举出事实根据和法律依据来证明其具体行政行为合法,如果不能证明自己被诉的具体行政行为合法,则无须原告证明其行为违法,被告就要承担败诉的法律后果。行政机关对被诉具体行政行为的合法性承担举证责任的根据在于:

1. 行政行为的合法要件要求具体行政行为符合一个最基本规则:先取证,后裁决。因此,当行政机关作出行政行为后被诉至法院时,应当能够有充分的事实材料证明其行政行为的合法性。这是被告承担举证责任的基础。这也符合"谁主张,谁举证"的举证责任的一般原则。

2. 在行政法律关系中,行政机关居于主动地位,其实施行为时无须征得公民、法人或其他组织的同意,而公民、法人或其他组织则处于被动地位。为了体现在诉讼中双方当事人地位的平等性,就要求被告证明其行为的合法性,否则应当承担败诉的后果,而不能要求处于被动地位的原告承担举证责任。

3. 行政机关的举证能力比原告要强,在一些特定情况下,原告几乎没有举证能力,有的案件的证据需要一定的知识、技术手段、资料乃至于设备才能取得。此时,原告将无法或者很难收集到证据,即使取得了也可能难以保全。因此,要求原告对被诉具体行政行为的合法性举证超出了其承受能力。

（二）原告的举证责任

《行政诉讼法》对原告的举证责任问题并没有作出明确的规定。但这并不意味着原告在行政诉讼中无须承担任何举证责任。在行政诉讼中,完全由行政机关承担举证责任不仅违反了"谁主张、谁举证"的举证责任的一般原则,而且也是有失公平的。因为有些具体行政行为的合法性是以行政相对人行为的存在为前提的,在此情况下,行政相对人应首先证明其行为的存在;有时为了对具体行政行为进行审查,可能涉及到其他程序问题;原告在诉讼中也可能提出不同的诉讼主张。因此,原告在行政诉讼中也应承担必要的举证责任,这主要是指除对被诉的具体行政行为的合法性由被告承担举证责任以外,原告对其主张应承担举证责任。

原告主要对以下事项承担举证责任:

1. 证明起诉符合法定条件。这有两层含义:①公民、法人或者其他组织向人民法院起诉时,应当提供其符合起诉条件的相应的证据材料。②原告在审理阶段承担证明起诉符合法定条件的举证责任。法院受理行政案件,并不等于原告的起诉符合法定条件。在被告对其是否符合法定条件提出质疑的情况下,原告若无法证明其起诉符合法定条件,将承担被法院驳回起诉的败诉责任。但是,若被告认为原告起诉超过起诉期限,则应当由被告承担举证责任。

2. 起诉被告不作为的案件中,证明其提出申请的事实。不作为案件是指行政相对人以行政机关拒绝、不予答复、拖延或没有有效履行职责为由而提起诉讼的案件。在此类案件中,行政相对人的申请是行政机关实施一定行为的前提,没有申请行为,行政机关拒绝、拖延等不作为行为当然无从谈起。因此,原告应当提供其在行政程序中曾经提出申请的证据材料,这符合"谁主张、谁举证"的原则。只要原告证明其提出过申请的事实,被告就应当承担证明其不作为符合法律规定的责任,否则将承担败诉责任。但考虑到原告对一些申请行为承担举证责任的困难与不合理性,《行政诉讼证据规定》第4条第2款规定了两种除外情形:

(1)被告应当依职权主动履行法定职责的。如某公民遭到歹徒殴打时被巡逻民警看见,民警未进行援助。在这种情况下,原告只须证明民警看见歹徒打他就可以了,而无须证明自己提出过申请保护的事实。

(2)原告因被告受理申请的登记制度不完备等正当事由不能提供相关证据材料,并能够作出合理说明的。从实际情况来看,有时即使在行政机关事实上已接受申请的情况下,原告也无法举证。因此,在被告本身没有建立完备的登记制度或者被告拒绝提供有关登记记录的情况下,原告虽不能证明其已提供申请的证据材料,但只要作出合理说明,原告即免除举证责任。

3. 在行政赔偿诉讼中,证明因受被诉行为侵害而造成损失的事实。行政赔偿诉讼适用单独的诉讼程序,基本上与民事诉讼的程序相同,因此在行政赔偿诉讼中应依"谁主张,谁举证"原则来分配举证责任。因此,在行政赔偿诉讼中,原告应当对其主张承担举证责任。具体地说,应对下列事实承担举证责任:实际损害的存在;具体行政行为违法或不当;具体行政行为与损害事实之间的因果关系。

4. 其他应当由原告负举证责任的事项。这是关于原告举证责任的兜底条款,也是考虑到审判实践的复杂性而作的规定。例如,原告应对被告滥用职权的事实,对原告主张的有利于自己的程序意义上的事实等承担举证责任。当然,对其他事项不应作扩大化的理解。

■ 第三节　行政诉讼证据的提供、调取与保全

一、当事人向人民法院提供行政诉讼证据

向人民法院提供证据是行政诉讼当事人的权利。行政诉讼开始后,胜诉是双方当事人努力追求的目标,而诉讼请求、有争议的事实都必须通过证据来予以证明。双方当事人为了让法院支持自己的诉讼主张,积极、主动地向人民法院提供证据,这对于保障当事人主张其实体权利,促使人民法院查明案情,判断是非,确认具体行政行为的合法性和公正裁判,都具有重要作用。同时,向人民法院提供证据,也是双方当事人的法定义务。《行政诉讼法》第34条第1款规定:"人民法院有权要求当事人提供或者补充证据。"与人民法院依法享有的这一权力相对应,当事人也有主动、及时地向人民法院提供证据的义务。人民法院向当事人送达受理案件通知书或者应诉通知书时,应当告知其举证范围、举证期限和逾期提供证据的法律后果,并告知因正当事由不能按期提供证据时应当提出延期提供证据的申请。《行政诉讼证据规定》还对当事人提供证据的要求作了具体规定。

（一）当事人提供证据的规则

1.被告提供证据的规则。在行政诉讼中,被告举证的范围既包括作出具体行政行为所依据的事实根据,也包括作出具体行政行为所依据的规范性文件,即被告应当全面证明具体行政行为的合法性。

（1）被告举证的期限。根据《行诉解释》第26条和《行政诉讼证据规定》第1条的规定,被告应当在收到起诉状副本之日起10日内,提供证据、依据,如果被告不提供或者无正当理由逾期提供证据,视为被诉具体行政行为没有相应的证据。被告因不可抗力或者客观上不能控制的其他正当事由,不能在规定的期限内提供证据的,应当在收到起诉状副本之日起10日内向人民法院提出延期提供证据的书面申请。人民法院准许延期提供的,被告应当在正当事由消除后10日内提供证据。逾期提供的,视为被诉具体行政行为没有相应的证据。

（2）被告及其诉讼代理人在诉讼过程中不得自行向原告和证人收集证据。原告提起行政诉讼后,被告再自行向原告和证人收集证据是一种违法行为,由此所获得的证据即使能够证明案件的真实情况也会因该证据不具有合法性而被排除在采信范围之外。这是因为:在诉讼中,被告应当已经具备了作出裁决的依据,否则其在程序上已经违法。如果允许被告及其代理人在诉讼过程中进行补证,则不利于督促行政机关遵循先取证、后裁决的规则,更难以保证证据的真实性和合法性。

行政诉讼的代理人在诉讼中也不能自行向原告和证人收集证据,因为被告的诉讼

代理人参加行政诉讼活动是基于被告的委托。根据委托代理原理,委托人不具有的权利,自然也就不能委托给其代理人。既然被告不具有在诉讼中自行向原告和证人收集证据的权利,作为其代理人,自然也就不能享有这一权利。

在诉讼过程中,被告及其代理人原则上不得向证人收集证据,但是在经过人民法院允许的情况下,被告可以补充有关证据。根据《行诉解释》第28的规定,有下列情形之一的,被告经人民法院准许可以补充相关证据:①被告在作出具体行政行为时已经收集证据,但因不可抗力等正当事由不能提供的。②原告或者第三人在诉讼过程中,提出了其在被告实施行政行为过程中没有提出的反驳理由或者证据的。

2. 原告和第三人提供证据的举证规则。①原告可以提供证明被诉具体行政行为违法的证据。原告提供的证据不成立的,不免除被告对被诉具体行政行为合法性的举证责任。②原告和第三人举证的期限。根据《行政诉讼证据规定》第7条的规定,原告或者第三人应当在开庭审理前或者人民法院指定的交换证据之日提供证据。因正当事由申请延期提供证据的,经人民法院准许,可以在法庭调查中提供。逾期提供的,视为放弃举证权利。原告或者第三人在第一审程序中无正当事由未提供而在第二审程序中提供的证据,人民法院不予采纳。

(二)当事人提供各类证据的具体要求

《行政诉讼证据规定》第10~21条对当事人提供各类证据提出了具体要求:

1. 对提供书证的要求。当事人向人民法院提供书证的,应当符合下列要求:①提供书证的原件,原本、正本和副本均属于书证的原件。提供原件确有困难的,可以提供与原件核对无误的复印件、照片、节录本;②提供由有关部门保管的书证原件的复制件、影印件或者抄录件的,应当注明出处,经该部门核对无异后加盖其印章;③提供报表、图纸、会计账册、专业技术资料、科技文献等书证的,应当附有说明材料;④被告提供的被诉具体行政行为所依据的询问、陈述、谈话类笔录,应当有行政执法人员、被询问人、陈述人、谈话人签名或者盖章。法律、法规、司法解释和规章对书证的制作形式另有规定的,从其规定。

2. 对提供物证的要求。当事人向人民法院提供物证的,应当符合下列要求:①提供原物。提供原物确有困难的,可以提供与原物核对无误的复制件或者证明该物证的照片、录像等其他证据;②原物为数量较多的种类物的,提供其中的一部分。

3. 对提供视听资料的要求。当事人向人民法院提供计算机数据或者录音、录像等视听资料的,应当符合下列要求:①提供有关资料的原始载体。提供原始载体确有困难的,可以提供复制件;②注明制作方法、制作时间、制作人和证明对象等;③声音资料应当附有该声音内容的文字记录。

4. 对提供证人证言的要求。当事人向人民法院提供证人证言的,应当符合下列要求:①写明证人的姓名、年龄、性别、职业、住址等基本情况;②有证人的签名,不能签名的,应当以盖章等方式证明;③注明出具日期;④附有居民身份证复印件等证明证人身份的文件。

5.对提供鉴定结论的要求。被告向人民法院提供的在行政程序中采用的鉴定结论,应当载明委托人和委托鉴定的事项、向鉴定部门提交的相关材料、鉴定的依据和使用的科学技术手段、鉴定部门和鉴定人鉴定资格的说明,并应有鉴定人的签名和鉴定部门的盖章。通过分析获得的鉴定结论,应当说明分析过程。

6.对被告向人民法院提供的现场笔录的要求。被告向人民法院提供的现场笔录应当载明时间、地点和事件等内容,并由执法人员和当事人签名。当事人拒绝签名或者不能签名的,应当注明原因。有其他人在现场的,可由其他人签名。法律、法规和规章对现场笔录的制作形式另有规定的,从其规定。

7.对涉外证据的具体要求。当事人向人民法院提供的在中华人民共和国领域外形成的证据,应当说明来源,经所在国公证机关证明,并经中华人民共和国驻该国使领馆认证,或者履行中华人民共和国与证据所在国订立的有关条约中规定的证明手续。

当事人提供的在中华人民共和国香港特别行政区、澳门特别行政区和台湾地区内形成的证据,应当具有按照有关规定办理的证明手续。

当事人向人民法院提供外文书证或者外国语视听资料的,应当附有由具有翻译资质的机构翻译的或者其他翻译准确的中文译本,由翻译机构盖章或者翻译人员签名。

8.其他要求。主要包括:①证据涉及国家秘密、商业秘密或者个人隐私的,提供人应当作出明确标注,并向法庭说明,法庭予以审查确认。②当事人应当对其提交的证据材料分类编号,对证据材料的来源、证明对象和内容作简要说明,签名或者盖章,注明提交日期。

人民法院收到当事人提交的证据材料,应当出具收据,注明证据的名称、份数、页数、件数、种类等以及收到的时间,由经办人员签名或者盖章。对于案情比较复杂或者证据数量较多的案件,人民法院可以组织当事人在开庭前向对方出示或者交换证据,并将交换证据的情况记录在卷。

二、人民法院对行政诉讼证据的调取

行政诉讼证据的调取是指人民法院依职权或依原告和第三人的申请,向有关行政机关以及其他组织取得证据。人民法院调取行政诉讼证据,有助于其全面、客观地了解案件事实真相,从而准确地适用法律,对有争议的具体行政行为的合法性作出准确的评判,以有效地解决行政争议。应当注意的是,人民法院只有认为必要时,才主动调取证据。一般情况下,证据是由当事人向人民法院提供的。

1.法院可以依职权向有关行政机关以及其他组织、公民调取证据。《行政诉讼法》第34条第2款规定:"人民法院有权向有关行政机关以及其他组织、公民调取证据。"根据《行政诉讼证据规定》的规定,有下列情形之一的,人民法院有权向有关行政机关以及其他组织、公民调取证据:①涉及国家利益、公共利益或者他人合法权益的事实认定的。②涉及依职权追加当事人、中止诉讼、终结诉讼、回避等程序性事项的。

人民法院需要调取的证据在异地的,可以书面委托证据所在地人民法院调取。受

托人民法院应当在收到委托书后,按照委托要求及时完成调取证据工作,送交委托人民法院。受托人民法院不能完成委托内容的,应当告知委托的人民法院并说明原因。

2.人民法院可以根据原告或第三人的申请调取证据。实践中往往会出现应由原告提供证据但原告确因客观原因不能提供的情况,而造成这种情况的原因又多是原告在行政程序中处于弱势地位而难以获取相关证据,因此,从保护公民、法人或者其他组织的合法权益出发,法院应酌情帮助原告一方调取一些必要的证据。原告或者第三人不能自行收集,但能够提供确切线索的,可以申请人民法院调取下列证据材料:①由国家有关部门保存而须由人民法院调取的证据材料;②涉及国家秘密、商业秘密、个人隐私的证据材料;③确因客观原因不能自行收集的其他证据材料等。

当事人申请人民法院调取证据的,应当在举证期限内提交调取证据申请书。调取证据申请书应当写明下列内容:证据持有人的姓名或者名称、住址等基本情况;拟调取证据的内容;申请调取证据的原因及其要证明的案件事实。

人民法院对当事人调取证据的申请,经审查符合调取证据条件的,应当及时决定调取;不符合调取证据条件的,应当向当事人或者其诉讼代理人送达通知书,说明不准许调取的理由。当事人及其诉讼代理人可以在收到通知书之日起3日内向受理申请的人民法院书面申请复议一次。人民法院应当在收到复议申请之日起5日内作出答复。人民法院根据当事人申请,经调取未能取得相应证据的,应当告知申请人并说明原因。

3.人民法院可以依当事人申请或者依职权勘验现场。人民法院勘验现场时,勘验人必须出示人民法院的证件,并邀请当地基层组织或者当事人所在单位派人参加。当事人或其成年亲属应当到场,拒不到场的,不影响勘验的进行,但应当在勘验笔录中说明情况。

审判人员应当制作勘验笔录,记载勘验的时间、地点、勘验人、在场人、勘验的经过和结果,由勘验人、当事人、在场人签名。勘验现场时绘制的现场图,应当注明绘制的时间、方位、绘制人姓名和身份等内容。当事人对勘验结论有异议的,可以在举证期限内申请重新勘验,是否准许由人民法院决定。

4.人民法院可以要求当事人提供或补充证据。为了达到胜诉的目的,当事人一般会主动、全面、准确地提供证据,但由于当事人的特定地位,其对证据的收集、占有总带有一定的局限性。如果法院只依据当事人提供的证据审理案件,往往不能全面、客观地查清事实真相,另外,诉讼活动是不断变化的,随时会出现新的情况和新的主张。因此,人民法院应有权要求当事人提供或补充证据。一般而言,在下列情况下,人民法院应当要求当事人提供或补充证据:①当事人提供的证据不足以充分证明其提出的主张。如只提供了主要证据,没有提供次要证据;或者只提供了次要证据而没有提供主要证据。②人民法院发现当事人只提供对自己有利的证据,而没有提供对自己不利的证据。③当事人虽然掌握了证据,但出于种种原因未向法院提供或全部提供。④当事人提供的证据有瑕疵,如证言含混不清,物证不够完整,视听资料不清晰等。⑤当事追加诉讼请求。⑥某项证据的成立需要有其他证据佐证,而当事人未提供佐证材料。

5.人民法院不得为证明被诉具体行政行为的合法性,调取被告在作出具体行政行为时未收集的证据。

6.人民法院有权取得对专门性问题的鉴定结论。《行政诉讼法》第35条规定:"在诉讼过程中,人民法院认为对专门性问题需要鉴定的,应当交由法定鉴定部门鉴定。"人民法院对专门性问题的鉴定,不是对行政机关鉴定过的问题全部重新进行鉴定,而是将应当鉴定而没有鉴定的问题、不具有鉴定资格的人员或部门所作的鉴定结论、鉴定结论不明确的鉴定以及鉴定结论与其他证据有矛盾的鉴定等,交由法定鉴定部门进行鉴定。

原告或者第三人有证据或者有理由表明被告据以认定案件事实的鉴定结论可能有错误,在举证期限内书面申请重新鉴定的,人民法院应予准许。当事人对人民法院委托的鉴定部门作出的鉴定结论有异议申请重新鉴定,提出证据证明存在下列情形之一的,人民法院应予准许:①鉴定部门或者鉴定人不具有相应的鉴定资格的;②鉴定程序严重违法的;③鉴定结论明显依据不足的;④经过质证不能作为证据使用的其他情形。对有缺陷的鉴定结论,可以通过补充鉴定、重新质证或者补充质证等方式解决。

人民法院对委托或者指定的鉴定部门出具的鉴定书,应当审查是否具有下列内容:①鉴定的内容;②鉴定时提交的相关材料;③鉴定的依据和使用的科学技术手段;④鉴定的过程;⑤明确的鉴定结论;⑥鉴定部门或者鉴定人资格的说明;⑦鉴定人及鉴定部门签名盖章。上述内容欠缺或者鉴定结论不明确的,人民法院可以要求鉴定部门予以说明、补充鉴定或者重新鉴定。

三、行政诉讼证据保全

(一)行政诉讼证据保全的概念

行政诉讼证据保全是指在行政诉讼证据可能灭失或者以后难以取得的情况下,人民法院根据诉讼参加人的申请或者依职权采取某种必要的措施,将证据加以固定和保存的制度。行政诉讼证据保全是一项收集和保存证据的有效措施,它既是当事人提供证据的补救方法,也是人民法院取得证据的一种手段。它对于保护当事人的合法权益、保证行政诉讼的顺利进行具有重要的意义。

(二)行政诉讼证据保全的条件

根据《行政诉讼法》第36条的规定,证据保全可在下面两种情况下实施:

1.证据可能灭失。证据可能灭失又分为两种情况:①证据材料的载体本身可能不复存在。如证人因年老、患病即将死亡;作为物证的建筑物可能倒塌或被拆除等。②证据材料的载体本身仍然存在,但可能失去它所具有的证明作用。如作为证据材料的物品由于自然因素将会发生变形或质变而失去证明作用,案件现场可能因人为因素或自然力的作用而失去原貌,无法正确反映案情等。因此,当遇到这种情况时,应及时采取相应的保全措施。

2.证据在以后难以取得。难以取得,并非指今后绝对无法取得,而是指一旦错过了有利时机,证据虽不致灭失,但以后取得将发生严重困难。如证人将要出国留学或定居;证人属于长期外出,行踪不定的人员等。当出现此种情况时,也应采取行政诉讼证据的保全措施。

（三）行政诉讼证据保全的程序

1.诉讼参加人提出申请,由人民法院决定。原告、被告、共同诉讼人、第三人及其诉讼代理人,都可以向人民法院提出保全证据的申请。当事人向人民法院申请保全证据的,应当在举证期限届满前以书面形式提出,并说明证据的名称和地点、申请保全的内容和范围、申请保全的理由等事项。当事人申请保全证据的,人民法院可以要求其提供相应的担保。人民法院对诉讼参加人的申请,应当认真审查,根据实际情况作出是否准予保全证据的裁定。

2.人民法院依职权主动采取保全证据措施。人民法院审判人员如果发现证据可能灭失或者以后难以取得的,应不待参加人提出申请,依职权主动地对证据采取保全措施。此外,法律、司法解释规定诉前保全证据的,依照其规定办理。人民法院保全证据时,可以要求当事人或者其诉讼代理人到场。

（四）行政诉讼证据保全的方法

对证据实施何种方法进行保全,应根据具体情况而定。书证的保全方法主要是复制;物证的保全方法有拍照、录像、复制和制作勘验笔录等;视听材料的保全方法主要是录音、录像;对证人证言、当事人的陈述主要是采用制作询问笔录或者录音;此外还可以根据证据的不同特点采用查封、扣押、鉴定等保全措施。

■ 第四节　行政诉讼证据的质证

一、行政诉讼证据质证的概念

行政诉讼证据的质证,又称行政诉讼证据的对质辨认和核实,它是指在法庭指导下,当事人双方对在法庭上出示的证据进行对质、辨认、辩驳、说明和解释,以确认证据证明力的活动。质证是行政诉讼当事人的一项重要诉讼权利,是当事人为达到胜诉的目的依法可以采取的重要手段,也是法院审查、认定证据的重要方式和必要前提。在我国行政诉讼案件审理中,当事人双方可以就证据的关联性、合法性和真实性进行质证,也可以就证据有无证明效力及证明效力大小进行质证。

二、行政诉讼证据质证的规则和要求

（一）出示证据的规则和要求

1.证据应当在法庭上全面出示,并经庭审质证。《行诉解释》第31条规定:"未经法庭质证的证据不能作为人民法院裁判的根据",《行政诉讼证据规定》第35条规定:

"证据应当在法庭上出示。未经庭审质证的证据,不能作为定案的依据。但当事人在庭前证据交换过程中没有争议并记录在卷的证据,经审判人员在庭审中说明后,可以作为认定案件事实的依据。"未经庭审质证的证据,不能作为定案的依据。但也有例外情形:①当事人在庭前证据交换过程中没有争议并记录在卷的证据,经审判人员在庭审中说明后,可以作为认定案件事实的依据。②经合法传唤,因被告无正当理由拒不到庭而需要依法缺席判决的,被告提供的证据不能作为定案的依据,但当事人在庭前交换证据中没有争议的证据除外。出示证据、证证的目的之一在于取得对证据的一致认识,当事人对有关证据相互交换没有争议与质证的效果无异,因此,此类证据可以作为定案证据。

证据的出示必须全面,不仅要求当事人主动出示证据,而且要求人民法院对自己收集的证据向双方当事人出示。由调取途径的不同所决定,出示证据的方式也有一定差异。具体地说,当事人申请人民法院调取的证据,由申请调取证据的当事人在庭审中出示,并由当事人质证。但人民法院依职权调取的证据,由法庭出示,并可就调取该证据的情况进行说明,听取当事人意见。法庭在质证过程中,对与案件没有关联的证据材料,应予排除并说明理由。

证据的出示应公开进行,但涉及国家秘密、商业秘密和个人隐私或者法律规定的其他应当保密的证据,不得在开庭时公开质证。

(二)证据的质证规则

1.法庭在第一审程序中进行质证并且对经过庭审质证的证据,除确有必要外,一般不再进行质证。

2.法庭在质证过程中,准许当事人补充证据的,对补充的证据仍应进行质证。

3.在第二审程序中或者按照审判监督程序审理的案件,对当事人依法提供的新的证据,法庭应当进行质证。在此所谓的"新的证据"主要是指以下证据:在一审程序中应当准予延期提供而未获准许的证据;当事人在一审程序中依法申请调取而未获准许或者未取得,人民法院在第二审程序中调取的证据;原告或者第三人提供的在举证期限届满后发现的证据等。

4.在第二审程序中,当事人对第一审认定的证据仍有争议的,法庭也应当进行质证;按照审判监督程序审理的案件,因原判决、裁定认定事实的证据不足而提起再审所涉及的主要证据,法庭也应当进行质证。

(三)对各类证据质证的具体要求

当事人应当围绕证据的关联性、合法性和真实性,针对证据有无证明效力以及证明效力大小,进行质证。经法庭准许,当事人及其代理人可以就证据问题相互发问,也可以向证人、鉴定人或者勘验人发问。当事人及其代理人相互发问,或者向证人、鉴定人、勘验人发问时,发问的内容应当与案件事实有关联,不得采用引诱、威胁、侮辱等语言或者方式。在质证过程中,对各类证据的质证要求是不一样的:

1.对书证、物证和视听资料的质证要求。对书证、物证和视听资料进行质证时,当事人应当出示证据的原件或者原物。但有下列情况之一的除外:①出示原件或者原物确有困难并经法庭准许可以出示复制件或者复制品;②原件或者原物已不存在,可以出示证明复制件、复制品与原件、原物一致的其他证据。视听资料应当当庭播放或者显示,并由当事人进行质证。

2. 对证人证言的质证要求。凡是知道案件事实的人,都有出庭作证的义务。有下列情形之一的,经人民法院准许,当事人可以提交书面证言:①当事人在行政程序或者庭前证据交换中对证人证言无异议的;②证人因年迈体弱或者行动不便无法出庭的;③证人因路途遥远、交通不便无法出庭的;④证人因自然灾害等不可抗力或者其他意外事件无法出庭的;⑤证人因其他特殊原因确实无法出庭的。

不能正确表达意志的人不能作证。根据当事人申请,人民法院可以就证人能否正确表达意志进行审查或者交由有关部门鉴定。必要时,人民法院也可以依职权交由有关部门鉴定。

当事人申请证人出庭作证的,应当在举证期限届满前提出,并经人民法院许可。人民法院准许证人出庭作证的,应当在开庭审理前通知证人出庭作证。当事人在庭审过程中要求证人出庭作证的,法庭可以根据审理案件的具体情况,决定是否准许以及是否延期审理。

有下列情形之一,原告或者第三人可以要求相关行政执法人员作为证人出庭作证:①对现场笔录的合法性或者真实性有异议的;②对扣押财产的品种或者数量有异议的;③对检验的物品取样或者保管有异议的;④对行政执法人员的身份的合法性有异议的;⑤需要出庭作证的其他情形。

证人出庭作证时,应当出示证明其身份的证件。法庭应当告知其诚实作证的法律义务和作伪证的法律责任。出庭作证的证人不得旁听案件的审理。法庭询问证人时,其他证人不得在场,但组织证人对质的除外。证人应当陈述其亲历的具体事实。证人根据其经历所作的判断、推测或者评论,不能作为定案的依据。

3. 对鉴定结论的质证要求。当事人要求鉴定人出庭接受询问的,鉴定人应当出庭。鉴定人因正当事由不能出庭的,经法庭准许,可以不出庭,由当事人对其书面鉴定结论进行质证。鉴定人不能出庭的正当事由,参照前述证人不能出庭的规定。

对于出庭接受询问的鉴定人,法庭应当核实其身份、与当事人及案件的关系,并告知鉴定人如实说明鉴定情况的法律义务和故意作虚假说明的法律责任。

4. 对专门性问题的质证要求。对被诉具体行政行为涉及的专门性问题,当事人可以向法庭申请由专业人员出庭进行说明,法庭也可以通知专业人员出庭说明。必要时,法庭可以组织专业人员进行对质。

当事人对出庭的专业人员是否具备相应专业知识、学历、资历等专业资格等有异议的,可以进行询问。由法庭决定其是否可以作为专业人员出庭。专业人员可以对鉴定人进行询问。

第四节

■ 第五节 行政诉讼证据的审核认定

一、行政诉讼证据审核认定的涵义

行政诉讼证据的审核认定,简称为行政诉讼的认证,是指人民法院对经庭审出示、质证的证据进行审查判断以确定其是否具有客观性、关联性、合法性,有无证明力及证明力的大小,并据此对证据材料能否作为定案根据进行认定的活动。它包括审核与认定两个紧密联系的环节。

二、行政诉讼证据的审核认定标准

根据《行政诉讼法》的规定,各类证据都要经过审核属实,才能作为人民法院定案的根据。人民法院审核认定证据是在法官的主持和诉讼参与人的参加下,依法对各种证据进行分析判断,确定证据材料与案件事实之间的证明关系,排除不具有关联性的证据材料,找到可定案证据的活动。能否准确找到可定案证据是人民法院正确地进行裁判的关键所在。人民法院裁判行政案件,应当以证据证明的案件事实为依据。人民法院审核、认定证据应当遵循全面、客观的原则。首先,人民法院应当对接受和收集的所有证据全部纳入审核认定范围,不因其来源和种类不同而人为取舍。其次,人民法院应当站在客观、公正的立场上对证据进行审核认定,避免先入为主或者主观臆测。

对证据的审核认定包括对证据能力与证明力的认定,对二者的认定应该以客观性、关联性、合法性为标准。

1.客观真实性。证据的真实性是指证据材料所反映的或者所证明的案件的真实情况,即该证据是否真实、可靠。不具有客观真实性的证据不能作为定案的根据。法庭应当根据案件的具体情况,从以下方面审查证据的客观真实性:①证据形成的原因;②发现证据时的客观环境;③证据是否为原件、原物,复制品与原件、原物是否相符;④提供证据的人或者证人与当事人是否有利害关系;⑤影响证据真实性的其他因素。

2.关联性。证据的关联性是指行政诉讼证据与待证事实之间必须有内在的必然联系。证据的关联性以证据的客观性为前提,关联性之中包含了客观性。法庭应当对经过庭审质证的证据和无需质证的证据进行逐一审查和对全部证据综合审查,遵循法官职业道德,运用逻辑推理和生活经验,进行全面、客观和公正地分析判断,确定证据材料与案件事实之间的证明关系,排除不具有关联性的证据材料,准确认定案件事实。

3.合法性。证据的合法性是指行政诉讼证据必须是经合法程序、运用合法手段取得的,并且符合法定形式。不具有合法性的证据,不能作为定案证据。法院应当根据案件的具体情况,从以下几方面审核证据的合法性:①证据是否符合法定形式;②证据的取得是否符合法律、法规、司法解释和规章的要求;③是否有影响证据效力的其他违法情形。

三、行政诉讼证据的审核认定规则

人民法院对所有的证据予以审查后,排除不具有真实性、合法性和关联性的证据材料,采纳有证明力和可信度的证据活动即行政诉讼证据的认定。对证据的认定也就是对证据予以采信。根据《行政诉讼法》和《行政诉讼证据规定》的规定,人民法院认定证据应当遵循下列规则:

(一)证据排除规则

1.非法证据不能作为人民法院的定案根据。证据的内容、形式和程序必须合法,非法证据不能作为人民法院的定案根据。下列证据材料不能作为定案根据:①严重违反法定程序收集的证据材料;②以偷拍、偷录、窃听等手段获取侵害他人合法权益的证据材料;③以利诱、欺诈、胁迫、暴力等不正当手段获取的证据材料;④当事人无正当事由超出举证期限提供的证据材料;⑤在中华人民共和国领域以外或者在中华人民共和国香港特别行政区、澳门特别行政区和台湾地区形成的未办理法定证明手续的证据材料;⑥当事人无正当理由拒不提供原件、原物,又无其他证据印证,且对方当事人不予认可的证据的复制件或者复制品;⑦被当事人或者他人进行技术处理而无法辨明真伪的证据材料;⑧不能正确表达意志的证人提供的证言;⑨不具备合法性和真实性的其他证据材料等。

2.下列证据不能作为认定被诉具体行政行为合法的依据:①被告及其诉讼代理人在作出具体行政行为后或者在诉讼程序中自行收集的证据;②被告在行政程序中非法剥夺公民、法人或者其他组织依法享有的陈述、申辩或者听证权利所采用的证据;③原告或者第三人在诉讼程序中提供的、被告在行政程序中未作为具体行政行为依据的证据。

3.对被告在行政程序中采纳的鉴定结论,原告或者第三人提出证据证明有下列情形之一的,人民法院不予采纳:①鉴定人不具备鉴定资格;②鉴定程序严重违法;③鉴定结论错误、不明确或者内容不完整。

4.以违反法律禁止性规定或者侵犯他人合法权益的方法取得的证据,不能作为认定案件事实的依据。

(二)禁止反证规则

禁止反证规则是指某些证据虽具有一定证明力,但出于某种特殊考虑或原因,不能作为定案根据的规则。具体包括:①复议机关在复议程序中收集和补充的证据,或者作出原具体行政行为的行政机关在复议程序中未向复议机关提交的证据,不能作为人民法院认定原具体行政行为合法的依据。②被告在二审过程中向法庭提交在一审过程中没有提交的证据,不能作为二审法院撤销或者变更一审裁判的根据。③行政赔偿诉讼中,人民法院主持调解时当事人为达成调解协议而对案件事实的认可,不得在其后的诉讼中作为对其不利的证据。④被告在行政程序中依照法定程序要求原告提供证据,原告依法应当提供而拒不提供,在诉讼程序中提供的证据,人民法院一般不予采纳。

第五节

（三）证明力优先规则

证据的证明力,是指证据本身所显示出来的能够让法庭相信其所证实的案件事实的效力。证据证明力的大小因证据的不同而有所不同,法庭在审核认定证据具有证明力之后,还要对不同证据证明力大小加以区分,以便综合判断和确认案件事实。根据《行政诉讼证据规定》的规定,人民法院判断证明同一事实的数个证据的证明力应当遵循下列规则:①国家机关以及其他职能部门依职权制作的公文文书优于其他书证;②鉴定结论、现场笔录、勘验笔录、档案材料以及经过公证或者登记的书证优于其他书证、视听资料和证人证言;③原件、原物优于复制件、复制品;④法定鉴定部门的鉴定结论优于其他鉴定部门的鉴定结论;⑤法庭主持勘验所制作的勘验笔录优于其他部门主持勘验所制作的勘验笔录;⑥原始证据优于传来证据;⑦其他证人证言优于与当事人有亲属关系或者其他密切关系的证人提供的对该当事人有利的证言;⑧出庭作证的证人证言优于未出庭作证的证人证言;⑨数个种类不同、内容一致的证据优于一个孤立的证据;⑩以有形载体固定或者显示的电子数据交换、电子邮件以及其他数据资料,其制作情况和真实性经对方当事人确认,或者以公证等其他有效方式予以证明的,与原件具有同等的证明效力。

（四）当事人自认（承认）规则

从当事人主义出发,当事人对自己的权利享有处分权,当事人对证据效力的承认是当事人处分权的一种体现。在不受外力影响的情况下,一方当事人提供的证据,对方当事人明确表示认可的,可以认定该证据的证明效力;对方当事人予以否认,但不能提供充分的证据进行反驳的,可以综合全案情况审查认定该证据的证明效力。

在庭审中一方当事人或者其代理人在代理权限范围内对另一方当事人陈述的案件事实明确表示认可的,人民法院可以对该事实予以认定。但有相反证据足以推翻的除外。

（五）直接认定（司法认知）规则

这是指法院在审判过程中无需当事人举证证明而直接认可特定事实问题的真实性。法庭通过司法认知,可以快速地完成证明过程,及时地作出裁判。

1.某些事实无需加以证明,就可以被肯定或者否定。下列事实法庭可以直接认定:①众所周知的事实;②自然规律及定理;③按照法律规定推定的事实;④已经依法证明的事实;⑤根据日常生活经验法则推定的事实。但上述①、③、④、⑤项,当事人有相反证据足以推翻的除外。

2.原告确有证据证明被告持有的证据对原告有利,被告无正当事由拒不提供的,可以推定原告的主张成立。

3.生效的人民法院裁判文书或者仲裁机构裁决文书确认的事实,可以作为定案依据。但是如果发现裁判文书或者裁决文书认定的事实有重大问题,应当中止诉讼,通过法定程序予以纠正后恢复诉讼。

（六）非独立的定案证据规则

某些证据因其形成过程或者其自身存在着某种缺陷,导致这些证据不能单独作为定案依据,而必须有其他证据补充或结合其他证据才能作为定案依据。下列证据不能单独作为定案依据:①未成年人所作的与其年龄和智力状况不相适应的证言;②与一方当事人有亲属关系或者其他密切关系的证人所作的对该当事人有利的证言,或者与一方当事人有不利关系的证人所作的对该当事人不利的证言;③应当出庭作证而无正当理由不出庭作证的证人证言;④难以识别是否经过修改的视听资料;⑤无法与原件、原物核对的复制件或者复制品;⑥经一方当事人或者他人改动,对方当事人不予认可的证据材料;⑦其他不能单独作为定案依据的证据材料等。

（七）公开说理规则

公开说理规则,是指对于证据的认定,应当公开、当庭进行,其理由与结果应当在判决书中予以说明并宣告。具体地说:

庭审中经过质证的证据,能够当庭认定的,应当当庭认定;不能当庭认定的,应当在合议庭合议时认定。人民法院应当在裁判文书中阐明证据是否采纳的理由。

法庭发现当庭认定的证据有误,可以按照下列方式纠正:庭审结束前发现错误的,应当重新进行认定;庭审结束后宣判前发现错误的,在裁判文书中予以更正并说明理由,也可以再次开庭予以认定;有新的证据材料可能推翻已认定的证据的,应当再次开庭予以认定。

【思考题】

1. 试述行政诉讼证据的概念与特征。

2. 行政诉讼的证据的法定种类主要有哪些?

3. 行政诉讼中的举证责任的分配有什么特点? 具体是如何分配的?

4. 试述行政诉讼中定案证据的条件。

5. 行政诉讼的举证规则是怎样的?

6. 行政诉讼中证据保全是如何进行的? 其主要条件是什么?

7. 什么是行政诉讼证据的质证? 其具体要求有哪些?

8. 在行政诉讼中人民法院审核认定证据的规则主要有哪些?

【实务训练】

苏某诉某市草原监理所行政处罚决定案[1]

案情简介:苏某是某市制药厂职工,经该厂委托,苏某在某县辖区内收购当地农民采挖的麻黄草。苏某雇佣个体运输户陈某的汽车,将收购到的两吨麻黄草运往所属的

〔1〕 姜明安、张恋华主编:《政府法制案例分析》,中共中央党校出版社 2005 年版,第 421 页。

制药厂。在运输途中,被该市草原监理所工作人员发现。经检查,苏某、陈某并未持有采药许可证及调运、货运的合法手续,且所采的麻黄草有部分系带根采挖,违反了该自治区的《〈草原法〉实施细则》。该市草原监理所对苏某作出没收麻黄草,并处以麻黄草价款2倍的罚款,对陈某作出没收拉运麻黄草的运输工具的处罚。苏某不服,提起行政诉讼,在诉讼中,苏某突然提出他是受该市制药厂的委托收购麻黄草,市草原监理所处罚的对象错误,不应对他本人进行行政处罚。被告针对这一问题遂向人民法院提出补充收集与此相关的证据的申请。

法律问题:被告在行政诉讼中向人民法院申请补充有关证据,能否得到准许?

提示与分析:在行政诉讼中,根据《行诉解释》和《行政诉讼证据规定》的有关规定,被告对作出的具体行政行为负有举证责任,应当在收到起诉状副本之日起10日内,提供据以作出被诉具体行政行为的全部证据和所依据的规范性文件。被告不提供或者无正当理由逾期提供证据的,视为被诉具体行政行为没有相应的证据。而对于因不可抗力和客观上不能控制的其他正当事由,不能在前面所述的期限内提供证据的,应当在收到起诉状副本之日起10日内向人民法院提出延期提供的书面申请。人民法院准许延期提供的,被告应当在正当事由消除后10日内提供证据。逾期提供的,同样视为被诉具体行政行为没有相应的证据。并且,在行政诉讼过程中,被告及其诉讼代理人不得自行向原告和证人收集证据。

一般情况下,被告在行政诉讼中不得补充调取证据。但是,鉴于我国行政法治的现实情况,我国现行《行政诉讼法》并没有绝对规定在答辩期限之后被告提供的证据绝对无效,也没有禁止被告在行政诉讼中补充调取证据。特别是在行政程序中相对人可能隐瞒一些重要信息,如果绝对禁止行政诉讼被告补充调取证据,可能损害行政管理目标的实现。当然也不能不加以限制而允许被告随意补充调取证据,否则,不但影响行政审判效率和公正,也可能造成相对方合法权利的受侵害。因此,《行诉解释》第28条规定:"有下列情形之一的,被告经人民法院准许可以补充相关的证据:①被告在作出具体行政行为时已经收集证据,但因不可抗力等正当事由不能提供的;②原告或者第三人在诉讼过程中,提出了被告在实施行政行为过程中没有提出的反驳理由或者证据的。"本案就属于该解释的第二种情形,原告在诉讼过程中提出了被告在实施具体行政行为时没有提出的反驳理由,所以被告在取得人民法院许可的情况下,可以补充调取相应的证据。

第十七章

行政诉讼程序

学习目的与要求 通过本章的学习,要求系统了解行政诉讼的第一审程序、第二审程序、审判监督程序和行政诉讼审理过程中的各种特殊制度;熟悉起诉、上诉、撤诉和提起审判监督程序的条件;掌握行政诉讼法律适用的依据和规则,行政诉讼裁判的种类及其适用条件等。

■ 第一节 第一审程序

第一审程序,是人民法院对行政案件进行初次审理时所必须遵循的时限、步骤、方式等要素所构成的一个连续过程,包括起诉、受理、审理和裁判四个阶段。第一审程序是一切诉讼案件的必经程序,是第二审程序的前提和基础,只有经过第一审程序才能到达第二审程序。

一、起诉

行政诉讼的起诉,是指公民、法人和其他组织认为行政机关的具体行政行为侵犯了其合法权益,向人民法院提出诉讼请求,要求人民法院行使国家审判权,对具体行政行为进行审查,以保护自己合法权益的一种法律行为。在行政诉讼中,作出具体行政行为的行政机关一方只能作被告,不享有起诉权,也不能反诉成为原告。

(一)起诉的条件

根据《行政诉讼法》第41条的规定,起诉应当符合下列条件:

1.原告是认为具体行政行为侵犯其合法权益的公民、法人或者其他组织。这一条件包括以下含义:①原告是作为行政相对人的公民、法人和其他组织,而不是行使行政职权的行政主体。②原告必须与被诉具体行政行为具有法律上的利害关系。所谓具有法律上的利害关系,也就是指行政机关的具体行政行为对原告的权利义务已经或将会产生实际影响。③原告认为具体行政行为侵犯其合法权益,是其主观上的一种认识,至于具体行政行为事实上是否侵犯其合法权益,还有待法院审查后确定。

2. 有明确的被告。原告在起诉状中必须明确指出被告是谁,若没有明确的被告,起诉不能成立。明确的被告不等于适格的被告。被告是否适格,是法院受理审查的范畴,而不是原告起诉的条件。

3. 有具体的诉讼请求和事实根据。具体的诉讼请求是指原告请求人民法院通过审判程序保护自己合法权益的具体内容,如请求撤销违法的具体行政行为;请求人民法院变更显失公正的行政处罚决定;请求人民法院责令被告履行法定职责;请求人民法院确认具体行政行为无效;请求人民法院判令被告赔偿损失等。

在提出诉讼请求的同时,原告还必须提出支持自己请求的事实根据。这主要是指证明具体行政行为存在的事实,证明自己的合法权益遭受侵害的事实。证明具体行政行为是否存在的事实,一般以行政机关的书面处理或处罚决定书为据,但有时行政机关由于工作上的疏忽,或者由于执法程序混乱,或者出于规避法律的目的,在作出具体行政行为时,未给相对人书面的行政处理或处罚决定书,对此,《行诉解释》第40条规定:"行政机关作出具体行政行为时,没有制作或者没有送达法律文书,公民、法人或者其他组织不服向人民法院起诉的,只要能证明具体行政行为存在,人民法院应当依法受理。"

4. 属于人民法院受案范围和受诉人民法院管辖。根据《行政诉讼法》和《行诉解释》的有关规定,并非行政机关的所有行为人民法院都应受理,原告起诉,必须属于人民法院的受案范围。如果原告起诉的案件依法不属于行政诉讼的受案范围,就不能提起行政诉讼。

原告提起诉讼,必须向对案件有管辖权的人民法院起诉。人民法院不能受理不属于自己管辖范围的行政案件。但因原告选择上的错误,向无管辖权的人民法院提起诉讼的,人民法院应告知原告向有管辖权的人民法院提起诉讼;如果无管辖权的人民法院已经受理案件的,则应将该案移送有管辖权的人民法院。

(二)起诉的程序

1. 起诉期限。起诉期限是指不服具体行政行为的当事人有权请求人民法院保护其合法权益的法定期限。根据《行政诉讼法》和《行诉解释》的规定,起诉的期限有下列几种情况:

(1)直接提起行政诉讼的起诉期限。公民、法人或其他组织不服行政机关的具体行政行为而直接向人民法院提起行政诉讼的,应当在知道作出具体行政行为之日起3个月内提起行政诉讼。法律另有规定的除外。

有些单行法律作出了特殊规定,例如:起诉期限为15日,如《邮政法》第40条、《土地管理法》第83条、《水污染防治法》第54条、《专利法》第57条第1款的规定;起诉期限为1个月,如《森林法》第17条第3款的规定。法律有特殊规定的,起诉期限应以这些特殊规定为准。

(2)经复议后的起诉期限。公民、法人或其他组织不服行政机关的具体行政行为

第十八章

而向复议机关申请行政复议,对复议决定不服的,可以在收到复议决定书之日起15日内向人民法院提起行政诉讼。复议机关逾期不作决定的,公民、法人或者其他组织可以在复议期满之日起15日内向人民法院提起诉讼。法律另有规定的除外。

(3)行政机关不作为案件的起诉期限。公民、法人或者其他组织申请行政机关履行法定职责,行政机关在接到申请之日起60日内不履行的,公民、法人或其他组织可以在期满之日起3个月内提起行政诉讼。法律、法规、规章和其他规范性文件对行政机关履行职责的期限另有规定的,从其规定。

公民、法人或者其他组织在紧急情况下请求行政机关履行保护其人身权、财产权的法定职责,行政机关不履行的,起诉期间不受上述规定的限制。

(4)行政机关未告知行政相对人诉权或者起诉期限的起诉期限。行政机关作出具体行政行为包括复议决定时,未告知公民、法人或者其他组织诉权或者起诉期限的,起诉期限从公民、法人或者其他组织知道诉权或者起诉期限之日起计算,但从知道或者应当知道具体行政行为内容之日起最长不得超过2年。

(5)行政相对人不知道具体行政行为内容的起诉期限。公民、法人或者其他组织不知道行政机关作出的具体行政行为内容的,其起诉期限从知道或者应当知道该具体行政行为内容之日起计算。对涉及不动产的具体行政行为从作出之日起超过20年、其他具体行政行为从作出之日起超过5年提起诉讼的,人民法院不予受理。

2.起诉期限的延长。《行政诉讼法》第40条规定:"公民、法人或者其他组织因不可抗力或者其他特殊情况耽误法定期限的,在障碍消除后的10日内,可以申请延长期限,由人民法院决定。"据此,要延长起诉期限必须符合以下三个条件:

(1)起诉期限耽误的原因须是不可抗力或其他特殊情况。所谓不可抗力,是指当事人不能预见、不能避免并且不能克服的客观情况。所谓其他特殊情况,是指除不可抗力以外,不能归责于起诉人的事由,如原告病重、原告被限制人身自由等。由于不属于起诉人自身的原因超过起诉期限的,被耽误的时间不计算在起诉期间内。因人身自由受到限制而不能提起诉讼的,被限制人身自由的时间不计算在起诉期间内。

(2)当事人申请延长期限,应当在不可抗力或者其他特殊障碍消除后10日内提出,超过10日,就丧失了申请延长起诉期限的权利。

(3)当事人申请延长法定的起诉期限,是否准许,由人民法院决定。

需要指出的是,这种起诉期限的延长,应是顺延,即把因法定事由而耽误的期限补足,而不是重新计算期限。

3.起诉与申请行政复议的衔接。在行政诉讼和行政复议的衔接问题上,我国采用由行政相对人选择救济手段和行政复议前置相结合的立法模式。

在由行政相对人选择救济手段的情况下,如果行政相对人选择了向行政复议机关申请复议,复议机关已经受理的,在法定复议期限内不得向人民法院提起行政诉讼;如果行政相对人选择了向人民法院提起行政诉讼,人民法院已经依法受理的,不得申请行政复议。如果行政相对人既提起诉讼又申请行政复议的,由先受理的机关管辖;同时受理的,由行政相对人选择。如果行政相对人先向行政复议机关申请复议,又经复议机关同意撤回复议申请,在法定起诉期限内对原具体行政行为提起诉讼的,人民法院应当依法受理。另外,根据《公民出境入境管理法》第 15 条、《外国人入境出境管理法》第 29 条第 2 款和《中国公民往来台湾地区管理办法》第 39 条的规定,在公安机关以违反出入境管理为由对自然人进行行政处罚的案件中,被处罚人对公安机关处理不服的,可以选择复议(或申诉)或直接向人民法院提起行政诉讼,如选择向上一级公安机关申请复议(或申诉),则由上一级公安机关作出终局裁决。

在行政复议前置的情况下,行政相对人未申请复议直接提起诉讼的,人民法院不予受理,常见的有自然资源所有权、使用权确认案件[1]、对征税行为不服的纳税争议案件[2]、工伤保险行政案件[3]、社会保险费征缴中的行政处罚案件[4]、宗教事务行政管理案件[5]等;行政相对人依法向行政复议机关申请了行政复议,复议机关不受理复议申请或者在法定期限内不作出复议决定,行政相对人不服,依法向人民法院提起行政诉讼的,人民法院应当依法受理。

值得注意的是,对某些案件不得提起行政诉讼,行政相对人只能选择行政复议,行政复议决定为终局裁决。这种制度一般是根据所谓"专业性"强的理由设立的。我国《行政复议法》第 30 条第 2 款规定:"根据国务院或者省、自治区、直辖市人民政府对行政区划的勘定、调整或者征用土地的决定,省、自治区、直辖市人民政府确认土地、矿藏、水流、森林、山岭、草原、荒地、滩涂、海域等自然资源的所有权或者使用权的行政复议决定为最终裁决。"

(三)起诉的方式

根据《行政诉讼法》第 42、43 条及《行诉解释》第 32 条第 4 款规定的精神,起诉应以书面形式进行,即原告应向人民法院递交起诉状及起诉状副本。

二、受理

(一)受理的概念

受理,是指人民法院对公民、法人或其他组织的起诉进行审查,认为符合法律规定的起诉条件而决定立案并予以审理的诉讼行为。原告起诉与人民法院受理是两种性质不同却又有密切联系的诉讼行为。原告起诉是人民法院受理的前提,如果没有原告的起诉行为,也就没有人民法院的受理行为。但是,受理又不是起诉的必然结果。是否受理,由人民法院对起诉行为进行审查后决定。只有起诉与受理这两个诉讼行为相

---

[1] 《行政复议法》第 30 条第 1 款、《最高人民法院关于适用〈行政复议法〉第三十条第一款有关问题的批复》。

[2] 《税收征收管理法》第 88 条第 1 款、《海关法》第 64 条。

[3] 《工伤保险条例》第 53 条。

[4] 《社会保险费征缴暂行条例》第 25 条。

[5] 《宗教事务条例》第 46 条。

结合,行政诉讼程序才能开始。因此,人民法院通过对起诉的审查,决定是否受理,是十分重要的诉讼行为。

(二)对起诉的审查和处理

1.审查方式和处理期限。对起诉的审查方式为人民法院组成合议庭进行审查;处理期限为7日,从受诉人民法院收到起诉状之日起计算;因起诉状内容欠缺而责令原告补正的,从人民法院收到补正材料之日起计算。

2.对起诉的审查。人民法院接到原告的起诉状后,应从以下几个方面对起诉进行审查:①对起诉条件的审查,即依据《行政诉讼法》第41条的规定,审查原、被告是否合格;诉讼请求是否具体、明确、事实根据是否具备;是否属于人民法院的受案范围和受诉人民法院管辖。②对起诉程序的审查。审查起诉是否符合法定起诉程序,主要是指当事人起诉是否符合行政复议与行政诉讼关系的规定,有复议前置要求的是否经过了复议程序。③对起诉期限的审查。审查行政相对人是否在法定起诉期限内提起诉讼,若起诉超过了法定起诉期限,是否有延长期限的正当理由。④审查是否属于重复诉讼。重复诉讼分为时间上的重复诉讼和空间上的重复诉讼。前者是指起诉人就已经作出生效判决、裁定的案件再次提起诉讼,即审查诉讼标的是否为生效判决的效力所羁束;后者是指对于其他人民法院正在审理中的同一案件,当事人又以同一标的、同一事实根据和理由另行起诉。⑤对撤诉后再起诉的审查。已撤回起诉,再行起诉应审查其是否有正当理由。⑥对起诉状内容的审查。审查起诉状内容是否明确、完整。⑦对诉讼代理人、代表人的审查。法律规定必须由法定或者指定代理人、代表人为诉讼行为的,审查是否由法定或者指定代理人、代表人为诉讼行为;由诉讼代理人代为起诉,审查其代理是否符合法定要求。⑧对其他法定起诉要件的审查。

3.对起诉的处理。人民法院对起诉的审查,是程序意义上的审查,即只就当事人的起诉是否符合法律规定的条件进行审查,以决定是否受理。一般来讲,当事人起诉符合法定条件要求,人民法院应予以受理,否则,应裁定不予受理。

人民法院根据对各具体行政案件的审查情况,应当依法作出不同处理决定:

(1)符合起诉条件的,决定立案。对于符合起诉条件的,人民法院应在收到起诉状之日起7日内立案,并及时通知当事人。

(2)不符合起诉条件,但可以补正或更正的,法院指定期间责令补正或更正;在指定期间已经补正或更正的,应依法受理。

(3)不符合起诉条件,且无法或者逾期补正或更正的,裁定不予受理。人民法院认为起诉不符合受理条件的,并且原告无法补正或者逾期不补正或更正而不符合起诉条件的,在接到起诉状之日起7日内作出裁定,不予受理。原告对不予受理的裁定不服,可在收到裁定书之日起10日内向上一级人民法院提出上诉。根据《行诉解释》第44条第1款的规定,起诉有下列情形之一的,人民法院应当裁定不予受理;已经受理的,裁定驳回起诉:①请求事项不属于行政审判权限范围的;②起诉人无原告诉讼主体资格的;③起诉人错列被告且拒绝变更的;④法律规定必须由法定或者指定代理人、代表人为诉讼行为,未由法定或者指定代理人、代表人为诉讼行为的;⑤由诉讼代理人代为起诉,其代理不符合法定要求的;⑥起诉超过法定期限且无正当理由的;⑦法律、法规规定行政复议为提起诉讼必经程序而未申请复议的;⑧起诉人重复起诉的;⑨已撤回起诉,无正当理由再行起诉的;⑩诉讼标的为生效判决的效力所羁束的;⑪起诉不具备其他法定要件的。

(4)人民法院在 7 日内不能决定是否受理的,应当先予受理;受理后经审查发现不符合起诉条件的,裁定驳回起诉。

此外,如果受诉人民法院在 7 日内既不立案,又不作出不予受理的裁定,起诉人可以向上一级人民法院申诉或者起诉。上一级人民法院认为符合受理条件的,应予受理;受理后可以移交或者指定下级人民法院审理,也可以自行审理。

三、一审案件的审理

(一)审理前的准备

根据《行政诉讼法》的有关规定和审判实践,审理前的准备工作主要包括:

1. 组成合议庭。人民法院按照第一审程序审理行政案件,必须根据《行政诉讼法》第 46 条的规定,由审判员组成合议庭,或者由审判员、陪审员组成合议庭。合议庭的成员,应当是 3 人以上的单数。合议庭组成后,应尽可能在开庭前将合议庭组成人员通知当事人,以便于当事人及早了解合议庭成员的个人情况,从而充分行使申请回避的权利。

2. 送达诉讼文书。根据《行政诉讼法》第 42、43 条和《行政诉讼证据规定》的有关规定,人民法院决定受理的,应该及时将受理案件通知书送达原告,将起诉状副本、应诉通知书送达第三人。人民法院应当在立案之日起 5 日内,将起诉状副本和应诉通知书发送被告。被告应当在收到起诉状副本之日起 10 日内向人民法院提交作出具体行政行为的有关材料,并提出答辩状。人民法院应当在收到答辩状之日起 5 日内,将答辩状副本发送原告。被告不提出答辩的,不影响人民法院审理。人民法院向当事人送达上述诉讼文书时,应当告知其举证范围、举证期限和逾期提供证据的法律后果,并告知因正当事由不能按期提供证据时应当提出延期提供证据的申请。

3. 处理管辖异议。当事人在答辩期内提出管辖异议的,人民法院应当进行审查,并依法裁定移送管辖或者驳回异议。

4. 审核诉讼材料,调查收集证据。合议庭应当认真审核诉讼材料,即当事人提供的起诉状、答辩状和各种证据材料,了解诉讼主体的情况,了解原告的诉讼请求、事实及理由,了解被告和第三人的答辩要点、被告作出具体行政行为的证据和法律依据。合议庭在审核诉讼材料的基础上,研究和确定庭审提纲。

人民法院根据案件情况,决定调查收集证据的方式和范围,主要包括:要求当事人提供或者补充证据;依职权向其他组织和公民调取证据;对案件涉及的专门性问题,决定是否需要鉴定,并根据案情,决定是否勘验现场;根据案件需要,组织当事人在开庭前向对方出示或者交换证据；依据案件需要，根据当事人申请，或者依职权作出证据保全决定，采取证据保全措施；当事人申请证人出庭作证的，应当在举证期限届满前提出，并经人民法院许可。人民法院准许证人出庭作证的，应当在开庭审理前通知证人出庭作证。

5. 更换和追加当事人。原告所起诉的被告不适格，人民法院应当告知原告变更被告；原告不同意变更的，裁定驳回起诉。应当追加被告而原告不同意追加的，人民法院应当通知其以第三人的身份参加诉讼。同提起诉讼的具体行政行为有利害关系的其他公民、法人或者其他组织，可以作为第三人申请参加诉讼，或者由人民法院通知参加诉讼。

6. 其他必要的准备工作。除上述活动外，人民法院在开庭审理前还应根据案情需要做好如下工作：为不通晓当地民族通用的语言、文字的当事人提供翻译；决定将具有共同诉讼性质的案件合并审理；裁定采取财产保全措施或者先予执行；根据具体案情分别裁定停止具体行政行为的执行或者驳回停止执行的申请；在开庭3日前将开庭时间、地点通知当事人和其他诉讼参与人；决定是否公开审理，如果决定公开审理，应当公告当事人姓名、案由和开庭的时间、地点等。

（二）开庭审理

1. 宣布开庭。宣布开庭是法庭调查前的一个准备阶段。其主要内容和顺序是：先由书记员查清当事人和其他诉讼参与人是否到庭，并宣布法庭纪律；再由审判长宣布开庭；审判长还应宣布案由，核对当事人及其诉讼代理人身份，宣布合议庭组成人员、书记员名单。鉴定人、勘验人、翻译人员出庭参与诉讼活动时，也应宣布他们的姓名、称谓和职务，告知当事人有关的诉讼权利和义务，告知当事人如认为审判人员及书记员、翻译人员、鉴定人、勘验人与本案有利害关系或者有其他关系可能影响公正审判的，有权申请上述人员回避。询问当事人是否申请回避。如果当事人提出回避申请，法院应当根据法律的有关规定作出处理。

2. 法庭调查。行政诉讼第一审程序中的法庭调查，是指合议庭根据法律的规定，对原告起诉的具体行政行为进行全面审查而开展的司法活动。法庭调查使行政案件审理进入实质性阶段，它是开庭审理的核心。这一阶段的主要任务是，通过当事人对案件事实的全面陈述，发表意见，将所有与本案有关的证据在法庭上进行质证、核对，以彻底查清案件的事实真相，为作出正确的裁判奠定基础。法庭调查的顺序为：

（1）当事人陈述。在法庭调查时，当事人可以对各自的诉讼主张和所依据的事实、理由和证据进行全面的、充分的阐述和说明。行政诉讼法并未明确规定当事人陈述的顺序，有的地方规定由原告、被告和第三人先后依次陈述，有些地方则采取被告、原告和第三人先后依次陈述的顺序。诉讼代理人可以在被代理人陈述后根据需要作补充性陈述。

（2）举证与质证。行政诉讼法未明确规定举证与质证的顺序，有的地方规定按原告、被告、第三人的先后举证的次序，有些地方则采取被告、原告、第三人的先后举证次序。无论举证采取何种顺序,原告举证后,质证的顺序都是被告先质证,再由第三人质证。被告举证后,先由原告质证,再由第三人质证。第三人举证后,先由原告质证,再由被告质证。举证、质证的内容包括:①证人出庭作证,宣读未到庭证人证言,当事人经法庭许可向证人发问,有权对证人证言发表质证意见;②出示书证、物证和视听资料,当事人发表质证意见;③宣读鉴定结论。经法庭许可,当事人可以向鉴定人发问,可以发表质证意见并请求重新鉴定,是否准许,由人民法院决定;④宣读勘验笔录、现场笔录;经法庭许可,当事人可以向勘验人员和现场笔录人发问,可以发表质证意见并请求重新勘验,是否准许,由人民法院决定。

参照民事诉讼的有关规定和行政审判实践,经审判长许可,当事人可以就案件的事实互相发问,审判人员在必要时也可以询问当事人。

(3)证据的认定和争议焦点的归纳。经过庭审质证的证据,能够当即认定的,应当当即认定;当即不能认定的,可以休庭合议后再予以认定;合议之后认为需要继续举证或者进行鉴定、勘验等工作的,可以在下次开庭质证后认定。未经庭审质证的证据,不能作为定案的根据。

参照民事诉讼的相关规定,法庭调查结束前,审判长应当就法庭调查认定的事实和当事人争议的问题进行归纳总结。

3.法庭辩论。法庭辩论是开庭审理的又一个重要阶段,它是在审判人员的主持下,当事人及其诉讼代理人对案件的事实认定和法律适用提出自己的看法,并对对方当事人的主张进行反驳的一种诉讼活动。法庭辩论是当事人行使辩论权的集中体现,通过辩论可以使审判人员全面、充分地听取各方当事人的主张和意见,为正确认定事实、适用法律奠定基础。

(1)法庭辩论应当按照一定的程序进行。法庭辩论必须在审判人员主持下进行,辩论的顺序是:①原告及其诉讼代理人发言;②被告及其诉讼代理人答辩;③第三人及其诉讼代理人发言;④互相辩论。

(2)法庭辩论必须以法庭调查为基础。经过法庭调查核实的事实和证据是进行法庭辩论的基础。如果当事人在辩论时提出新的事实和证据,而审判人员认为与案件有关的,可以宣布中止辩论,重新进行法庭调查。

(3)法庭辩论应当围绕着案件中存有争议的事实、证据和法律适用问题展开,任何与案件无关的辩论内容,审判人员有权提示或给予制止。

法庭辩论终结,审判长按照原告、被告、第三人的顺序征询各方最后意见,然后宣布休庭。

4.合议庭评议。合议庭评议,是指合议庭成员通过对案件情况的分析研究,在确认案件的事实和适用法律的基础上,对被诉具体行政行为是否合法作出最终判断的一种诉讼活动。合议庭评议采用不公开的形式进行,并实行少数服从多数的原则。合议庭评议应当制成笔录,对评议中的不同意见应当记录在案,所有合议庭成员都应当在笔录上签名。对复杂的行政诉讼案件如合议庭成员不能形成统一的意见,应当提交审

第十八章

判委员会讨论决定,合议庭必须执行。

5.宣判。人民法院对公开审理或不公开审理的案件,一律公开宣告判决。当庭宣判的,应当在10日内发送行政判决书、裁定书、行政赔偿调解书或者行政附带民事判决书;定期宣判的,宣判后立即发给裁判文书。宣告判决时,必须告知当事人上诉权利、上诉期限和上诉的法院。书记员应当将法庭审理的全部活动记入笔录,由审判人员和书记员签名。法庭笔录应当当庭宣读,也可以告知当事人和其他诉讼参与人当庭或在5日内阅读。当事人和其他诉讼参与人认为对自己的陈述记录有遗漏或者差错的,有权申请补正。如果不予补正,应当将申请记录在案。法庭笔录由当事人和其他诉讼参与人签名或者盖章。拒绝签名盖章的,记明情况附卷。

6.闭庭。宣告判决、裁定或行政赔偿调解书、附带民事诉讼调解书后,由审判长宣布闭庭。

(三)法律适用

1.法律适用的概念与特点。所谓行政诉讼中的法律适用,是指人民法院在审理行政案件的过程中,按照法定程序具体运用行政法规范审查具体行政行为的合法性并作出相应裁判的活动。它具有以下特点:

(1)法律适用的主体是人民法院,具有特定性。在行政诉讼中,是由人民法院运用行政法规范对行政案件作出裁判,所以,只有人民法院才能成为行政诉讼法律适用的主体,而行政主体则不能成为行政诉讼法律适用的主体。

(2)法律适用的性质是对行政法规范的再次适用,具有司法监督性。行政诉讼的法律适用是人民法院对行政主体在作出具体行政行为过程中适用行政法规范是否合法的审查适用,是对同一行政事项的再次法律适用,也是对行政主体第一次法律适用的监督。

(3)法律适用的形式既有"依据",又有"参照",具有复杂多样性。根据《行政诉讼法》的规定,我国行政诉讼法律适用的形式表现为既有"依据",又有"参照"。

(4)法律适用的目的是评判具体行政行为是否合法,其效力具有终局性。行政诉讼法律适用的直接目的是人民法院运用司法审查权对具体行政行为是否合法进行裁判,是对行政主体适用法律规范作出具体行政行为的再次审查,根据司法最终解决的原则,行政诉讼法律适用是对法律规范的最终适用,具有最终的法律效力。其法律效力不仅高于行政主体在行政执法中的法律适用,而且也高于行政复议机关在审理行政复议案件中的法律适用。

2.法律适用的规则。根据《行政诉讼法》第52、53条和《行诉解释》第62、97条的规定,行政诉讼中法律适用的规则是:

(1)人民法院审理行政案件,以法律、法规为依据。《行政诉讼法》第52条规定:"人民法院审理行政案件,以法律和行政法规、地方性法规为依据。地方性法规适用于本行政区域内发生的行政案件。人民法院审理民族自治地方的行政案件,并以该民族自治地方的自治条例和单行条例为依据。"即人民法院审理行政案件依据的法律、法规包括:法律、行政法规、地方性法规、自治条例和单行条例。

人民法院在行政诉讼法律适用中必须遵守法律和法规,对法律和法规不能直接进行司法审查,但当其发现法律、法规存在合宪性或合法性问题时,可以向有权机关提出自己的观点,在有权机关确认和解决合宪、合法性问题之前,必须遵守相应的法律和法规,无权对法律和法规拒绝适用,更不能直接宣布其违法或无效。

(2)人民法院审理行政案件,参照规章。《行政诉讼法》第53条第1款规定:"人民法院审理行政案件,参照国务院部、委根据法律和国务院的行政法规、决定、命令制定、发布的规章以及省、自治区、直辖市和省、自治区人民政府所在地的市和经国务院批准的较大的市的人民政府根据法律和国务院的行政法规制定、发布的规章。"

(3)人民法院审理行政案件,援引司法解释。《行诉解释》第62条第1款规定:"人民法院审理行政案件,适用最高人民法院司法解释的,应当在裁判文书中援引。"最高人民法院关于具体适用法律的司法解释,各级人民法院必须遵照执行。各级人民法院在审理行政案件时,适用最高人民法院司法解释的,应当在行政裁判文书中援引。

(4)人民法院审理行政案件,可以引用其他规范性文件。根据《行诉解释》第62条第2款的规定,人民法院审理行政案件,可以在裁判文书中引用合法、有效的其他规范性文件。

(5)人民法院审理行政案件,参照民事诉讼的有关规定。《行诉解释》第97条规定:"人民法院审理行政案件,除依照行政诉讼法和本解释外,可以参照民事诉讼的有关规定。"

必须指出,本部分关于法律适用的理论与规则除了适用于行政诉讼的第一审程序外,还适用于第二审程序和审判监督程序。

(四)审理期限

行政诉讼中的审理期限,是指人民法院受理行政案件从立案之次日起至裁判宣告或调解书生效之日止的期间。根据《行政诉讼法》第57条、《行诉解释》第82条和《最高人民法院关于严格执行案件审理期限制度的若干规定》的规定,人民法院应当在立案之日起3个月内作出第一审判决。有特殊情况需要延长的,由高级人民法院批准可以延长3个月。高级人民法院审理第一审案件需要延长的,由最高人民法院批准,可以延长3个月。基层人民法院申请延长审理期限,应当直接报请高级人民法院批准,同时报中级人民法院备案。

需要延长审理期限的,应当在审理期限届满10日前向高级人民法院或者最高人民法院提出申请。对于下级人民法院申请延长办案期限的报告,上级人民法院应当在审理期限届满3日前作出决定,并通知提出申请延长审理期限的人民法院。

下列期间不计入行政案件审理期限:①因当事人、诉讼代理人、辩护人申请通知新的证人到庭、调取新的证据、申请重新鉴定或者勘验,法院决定延期审理一个月之内的期间;②公告、鉴定的期间;③审理当事人提出的管辖权异议和处理法院之间的管辖争议的期间;④由有关专业机构进行审计、评估、资产清理的期间;⑤中止诉讼至恢复诉讼的期间。

四、行政诉讼裁判

行政诉讼裁判,是指受理行政案件的人民法院根据案件事实和国家法律,针对审理案件过程中发生的各种问题所作的司法处理。根据其表现形式的不同,行政诉讼裁判分为行政诉讼判决、裁定和决定,根据审级的区别分为一审、二审和再审裁判。以下主要介绍一审裁判,其他类型的裁判在后文介绍。

(一)一审行政判决

一审行政判决,又称为初审行政判决,是指人民法院代表国家,在审理一审行政案件终结时,根据事实和法律,对被诉具体行政行为是否合法作出的结论性判定以及对被诉具体行政行为的效力作出的权威性处理。根据《行政诉讼法》和《行诉解释》的相关规定,一审行政判决的种类包括:维持判决、驳回诉讼请求判决、确认判决、撤销判决、变更判决和履行判决。

一审判决的种类。一审判决的种类如下:

1. 维持判决。维持判决,是指人民法院经过审理,在查清全部案件事实的基础上,确认被诉具体行政行为合法、正确,并对业已形成的行政法律关系予以认可和维持的判决。维持判决的实质是人民法院通过确认具体行政行为的合法性,对行政机关依法作出的具体行政行为进行维护。

人民法院维持行政机关的具体行政行为,必须具备一定的条件。《行政诉讼法》第54条第1款第1项规定:"具体行政行为证据确凿,适用法律、法规正确,符合法定程序的,判决维持。"

2. 驳回诉讼请求判决。驳回诉讼请求判决是指人民法院经过审理,在查明事实的基础上所作的对原告诉讼请求予以否定的判决。根据《行诉解释》第56条的规定,驳回原告诉讼请求的判决主要适用于下列情形:①起诉被告不作为理由不能成立的;②被诉具体行政行为合法但存在合理性问题的;③被诉具体行政行为合法,但因法律、政策变化需要变更或者废止的;④其他应当判决驳回诉讼请求的情形。

3. 确认判决。确认判决是人民法院经过审理,在查明案件事实的基础上,对被诉具体行政行为是否合法、有效所作的判决。确认判决分为确认被诉具体行政行为合法、有效的判决和确认被诉具体行政行为违法、无效的判决。根据《行诉解释》第57条第1款的规定,人民法院认为被诉具体行政行为合法,但不适宜判决维持或者驳回诉讼请求的,可以作出确认其合法或者有效的判决。根据《行诉解释》第57条第2款和第58条的规定,人民法院经过审查,认为被诉具体行政行为具有下列情形之一的,应当作出确认被诉具体行政行为违法或者无效的判决:①被告不履行法定职责,但判决责令其履行法定职责已无实际意义的;②被诉具体行政行为违法,但不具有可撤销内容的;③被诉行政行为依法不成立或者无效的;④被诉具体行政行为违法,但撤销该具体行政行为将会给国家利益或者公共利益造成重大损失的,人民法院应当作出确认被诉具体行政行为违法的判决,并责令被诉行政机关采取相应的补救措施,造成损害的,依法判决承担赔偿责任。

4.撤销判决。撤销判决是人民法院经过审理,在查清全部案件事实的基础上确认具体行政行为违法或部分违法,进而作出的部分或全部撤销具体行政行为的判决。根据《行政诉讼法》第 54 条第 2 项的规定,被诉具体行政行为具有下列情形之一的,人民法院判决撤销或部分撤销,并可以判决被告重新作出具体行政行为:①主要证据不足的;②适用法律、法规错误的;③违反法定程序的;④超越职权的;⑤滥用职权的。

人民法院在适用《行政诉讼法》第 54 条第 2 项作出撤销判决时,应当注意:

第一,部分撤销判决的适用需要具备一定的条件,并不是在任何情况都可以适用部分撤销判决。部分撤销判决一般适用于以下三种情况:①被诉具体行政行为由可分离的几部分内容构成,当其中的部分内容合法部分内容违法时,人民法院在对合法的部分内容予以维持的同时,可以判决对违法的部分予以撤销;②行政相对人有两种以上的违法行为,受到同一行政机关两个以上的行政处罚,行政相对人对这些处罚均不服并提起行政诉讼,人民法院对诉的客体进行合并,在依法审理的基础上,若发现其中有一个行政处罚符合撤销的条件即可判决撤销该行政处罚,而对其他合法的行政处罚予以维持;③两个或两个以上的行政相对人共同违法,同一行政机关分别对其予以行政处罚,受处罚的行政相对人均不服并提起行政诉讼,人民法院对诉的主体予以合并,在依法审理的基础上,若发现对一部分行政相对人的行政处罚符合撤销条件的,即可判决撤销,而对其他合法的行政处罚则予以维持。或者两个或两个以上的行政机关同时对行政相对人实施具体行政行为,行政相对人均不服并提起行政诉讼,人民法院经并案审理以后,发现其中一个行政主体是不合法的行为主体,则可判决撤销该机关的行为,而维持其他行政机关所作的合法的行政行为。

第二,撤销并责令重作具体行政行为也需具备一定的条件,并不是所有的撤销判决都可以责令重作具体行政行为。只有在违法的具体行政行为被撤销后,行政法律关系中的具体法律问题并没有解决,而行政机关又可能重新作出具体行政行为时,才有责令重作的必要。人民法院判决责令被告重新作出具体行政行为,应当在判决书中给予一定的时间限制。

第三,人民法院判决撤销并责令重作具体行政行为的,行政机关不得以同样的事实和理由作出与原具体行政行为基本相同的具体行政行为,但行政程序违法除外。因为行政机关若能以同样的事实和理由作出与原具体行政行为基本相同的具体行政行为,则撤销判决将失去意义,并将导致反复诉讼。

5.变更判决。变更判决是指人民法院经过审理,在查明案件事实的基础上,运用国家审判权直接变更被诉具体行政行为而作出的判决。《行政诉讼法》第 54 条第 1 款第 4 项规定:"行政处罚显失公正的,可以判决变更。"这一规定,既赋予了人民法院司法变更权,同时也对行使条件作了严格的限制。这些限制主要包括:①人民法院行使司法变更权只能针对行政处罚行为,对非行政处罚行为,人民法院不能直接变更;②人民法院行使司法变更权只能针对显失公正的行政处罚行为,对于主要证据不足,适用法律、法规错误,超越职权,违反法定程序的行政处罚,人民法院只能判决撤销而不能直接变更。对于滥用职权的行政处罚,只有当其达到显失公正时方能直接变更。

6.履行判决。履行判决是人民法院经过审理,在查明案件事实的基础上,对拒不履行或拖延履行法定职责的行政主体,责令其在一定期限内履行法定职责的判决。《行政诉讼法》第54条第1款第3项规定:"被告不履行或者拖延履行法定职责的,判决其在一定期限内履行。"根据《行政诉讼法》的规定,适用履行判决必须具备以下条件:①被告对行政相对人负有履行职责的法定义务;②行政相对人向负有法定职责的主管行政机关提出了合法的申请。当然,在紧急情况下可以不受此条件的限制;③被告具有不履行或者拖延履行法定职责的客观事实。

(二)行政诉讼裁定

1.行政诉讼裁定的概念与特征。行政诉讼裁定,简称行政裁定,是人民法院在审理行政案件过程中,为解决本案的程序问题所作出的对诉讼参与人发生法律效力的司法判定。与行政判决相比,行政诉讼裁定具有以下特点:

(1)适用的事项不同。行政裁定是人民法院在审判行政案件的过程中为解决程序问题所作出的决定,而行政判决是人民法院在审理行政案件的过程中为解决实体问题所作的最终决定。所谓程序问题,是人民法院指挥当事人和其他诉讼参与人按照法定程序进行诉讼活动中发生的问题,或者是人民法院按照法定程序审理行政案件中发生的问题。裁定一般只针对上述程序问题,偶尔也涉及实体问题,但裁定涉及的实体问题,只是人民法院为最终解决本案实体问题而在程序上所采取的暂时性或者临时性的应急措施,它不最终确定行政案件争议的权利义务关系即实体问题。

(2)作出的时间不同。行政裁定在行政诉讼的任何阶段都可以作出,而行政判决只能在案件审理终结时才能作出。裁定具有很大的灵活性和适应性。

(3)适用的法律依据不同。行政裁定所适用的法律依据是程序性规范,而行政判决所适用的法律依据主要是实体性规范。

(4)表现的形式不同。行政裁定在形式上既可以是书面的,也可以是口头的,而行政判决则必须是书面的。行政裁定即使是书面的,法律也没有规定特定的格式,而行政判决不仅要求是书面的,而且有特定的格式。

(5)上诉范围不同。除对不予受理、管辖异议和驳回起诉的裁定可以上诉外,对其他裁定一律不准上诉;而对所有类型的一审行政判决都可以上诉。

2.行政诉讼裁定的种类。行政诉讼裁定的种类如下:

(1)不予受理的裁定。人民法院对原告的起诉,经过审查,认为有《行诉解释》第44条规定的情形之一的,应当作出不予受理的裁定。不予受理的裁定是法院认为原告的起诉不符合法定条件时作出的不予立案审理的程序处理。如果原告对不予受理的裁定不服,有权在接到裁定后10日内提起上诉,要求上级人民法院撤销该裁定。

(2)驳回起诉的裁定。人民法院对原告的起诉,经过审查,认为有《行诉解释》第

44 条规定的情形之一的,应当作出不予受理的裁定,如果该案已经受理的,应当作出驳回起诉的裁定。驳回起诉的裁定,是法院对原告起诉的否定。如果原告对驳回起诉的裁定不服,有权在接到裁定后 10 日内提起上诉。

(3)管辖异议的裁定。原告提起行政诉讼,人民法院受理并通知被告应诉后,被告对人民法院的管辖提出异议的,人民法院就管辖异议作出的处理应使用裁定。

(4)终结诉讼的裁定。由于发生特殊原因或者撤诉,使行政诉讼无法继续进行,而结束诉讼程序的,称为终结诉讼。如当行政诉讼过程中出现一方当事人死亡,没有继承人参加诉讼,或者原告撤回诉讼等情形时,人民法院均可以使用裁定终结诉讼程序。

(5)中止诉讼的裁定。由于发生一定的客观情况,可能使正在进行的行政诉讼不能继续进行,法院需要裁定中途停止诉讼,待以后情况变化后再恢复诉讼。此种情形称为中止诉讼。人民法院对于中止诉讼的处理,应该使用裁定。

(6)移送或者指定管辖的裁定。人民法院对于已经受理的行政诉讼案件,发现自己没有管辖权,可以将案件移送给有管辖权的法院管辖。人民法院就某一行政诉讼案件的管辖权发生争议,在协商不成时,可以报请上级人民法院指定管辖。移送或者指定管辖,均以裁定的方式进行。

(7)诉讼期间停止具体行政行为的执行或者驳回停止执行的申请的裁定。《行政诉讼法》第 44 条规定,原告申请停止执行具体行政行为的,人民法院认为该具体行政行为的执行会造成难以弥补的损失,并且停止执行不损害社会公共利益的,人民法院应裁定停止执行。

(8)财产保全的裁定。人民法院对于可能因一方当事人的行为或者其他原因,使判决不能执行或者难以执行的案件,可根据对方当事人的申请,或者依职权作出财产保全的裁定。

(9)先予执行的裁定。人民法院审理请求给付财物的案件,在作出判决交付执行之前,因权利人难以或无法维持生活或工作,可裁定义务人先行给付一定款项或特定物,并立即交付执行。

(10)准许或者不准许撤诉的裁定。原告提起行政诉讼后,又申请撤回起诉,或在案件宣判之前要求撤诉,人民法院认为依法应准许或者不准许其撤诉的,应当使用裁定。在二审程序中,上诉人申请撤诉的,人民法院是否准许,也应使用裁定。

(11)补正裁判文书中的笔误的裁定。如果判决书有错写、误算、用词不当、遗漏判决原意、文字表达超出判决原意的范围,以及正本与原本个别地方不符等失误,可以裁定加以补正。但如果判决书遗漏部分诉讼请求、诉讼费用以及涉及当事人实体权利等内容,则应作出补充判决,不得以裁定为之。

(12)中止或者终结执行的裁定。在执行过程中,当出现申请人表示可以延期执行等法定可以执行中止或者执行终结的情形时,人民法院应当使用裁定中止或者终结执行。

（13）提审、指令再审或者发回重审的裁定。这是上级法院审理上诉案件适用的一种裁定。上级法院认为原判认定事实不清，证据不足，或者由于违反法定程序可能影响案件正确判决的，裁定撤销原判，发回原审人民法院重审。上诉审法院驳回上诉和维持原判，用判决；而撤销原判，发回重审用裁定，两者不同。上诉审法院驳回上诉，维持原判，是确认原判认定事实清楚，适用法律、法规正确，处理结果适当，从而否定上诉人的上诉请求，是解决实体问题的审判行为，应当使用判决。而撤销原判，发回重审是上诉法院认为原判认定事实不清，证据不足，或者认为原判违反法定程序可能影响案件的正确判决，而作出的解决程序问题的审判行为。撤销原判，发回重审，使原判自始不发生效力。但对实体问题，上诉审法院未作肯定或否定的判定。因此，撤销原判，发回重审，应当适用裁定，不能适用判决。

（14）准许或者不准许执行行政机关的具体行政行为的裁定。根据《行诉解释》第93条的规定，人民法院受理行政机关申请执行其具体行政行为的案件后，应当在30日内由行政审判庭组成合议庭对具体行政行为的合法性进行审查，并就是否准予强制执行作出裁定。

（15）其他裁定。

3.行政诉讼裁定的效力。行政诉讼裁定只对案件参与人发生拘束力，对社会不发生拘束力。因为，裁定是解决行政诉讼程序问题的审判行为，而程序问题通常发生在人民法院与诉讼参与人之间，或者发生在诉讼参与人相互之间，一般不涉及案件以外的人和事，所以，裁定对于社会不发生拘束力。在特殊情况下，如果裁定涉及到当事人以外的单位或个人，那么，对所涉及的单位或个人亦发生相应的拘束力。例如，诉讼期间停止执行具体行政行为的裁定，要求银行停止划拨的，因其内容涉及银行，所以，该裁定对银行具有拘束力，银行应停止划拨行为，不能再从原告的账户中划拨款项给被告。

裁定具有确定力，裁定一经作出，人民法院不得任意加以撤销或者改变。对于不准上诉的裁定，裁定一经宣布或送达即发生法律效力。对于可以上诉的裁定，只有在法定上诉期间内当事人不上诉，裁定才发生法律效力。对于某些可以依法申请复议的裁定（如是否停止具体行政行为的执行），一经作出即发生法律效力，当事人申请复议不影响裁定的执行。

裁定一般在诉讼期间具有效力，随着诉讼的结束，裁定的效力自行消失。如停止具体行政行为执行的裁定，一旦人民法院对案件宣告判决，即失去效力。但是，有的裁定具有独立性，不依附于诉讼而持续存在，即使诉讼结束，裁定的效力并不随之消失。例如，批准原告撤诉的裁定发生法律效力后，原告不能对同一被告、同一具体行政行为，以同一事实和理由提起新的诉讼。

（三）行政诉讼决定

1.行政诉讼决定的概念和特点。行政诉讼决定，是指人民法院为了保证行政诉讼的顺利进行，对诉讼过程中发生的某些特殊事项所作的决定。它具有不同于判决和裁定的特点：

(1)行政诉讼决定所解决的是诉讼过程中可能出现的特殊问题，而行政判决所解决的是案件争议的实体问题，裁定所解决的是诉讼过程中发生的程序问题。

(2)行政诉讼决定是为了保证案件的正常审理和诉讼程序的正常进行，或者为案件审理和诉讼活动的正常进行创造必要的条件，而不是对案件的实体问题作最终的结论和处理。

(3)行政诉讼决定不是对案件的审判行为，不能依上诉程序提起上诉，当事人对决定不服，只能申请复议。

2.行政诉讼决定的种类及适用范围。行政诉讼决定是人民法院在行政诉讼过程中，对某些特殊问题运用司法行政权力所作的行为。凡是不属于判决或者裁定解决的问题，均可以采用决定的方式解决。行政诉讼决定主要有以下几种：

(1)回避决定。当事人认为本案审判人员具有应该回避的事由时，有权申请回避。院长担任审判长时的回避，由审判委员会决定；审判人员的回避，由院长决定；其他人员(即书记员、翻译人员、鉴定人、勘验人员)的回避，由审判长决定。对当事人提出的回避申请，人民法院应当在 3 日内以口头或者书面形式作出决定。申请人对驳回回避申请决定不服的，可以向作出决定的人民法院申请复议一次。复议期间，被申请回避的人员不停止参与本案的工作。对申请人的复议申请，人民法院应当在 3 日内作出复议决定，并通知复议申请人。

(2)采取强制措施的决定。诉讼参与人或者其他人员有妨害诉讼的违法行为，人民法院可以根据情节轻重，予以训诫、责令具结悔过或者处以 1 000 元以下的罚款、15 日以下的拘留。对于训诫、责令具结悔过的强制措施，通常由审判长当庭作出口头决定，记入笔录即可；对于罚款、拘留的强制措施，须经人民法院院长批准，由合议庭作出书面决定。当事人不服的，可以申请复议。

(3)延长诉讼期限的决定。公民、法人或者其他组织因不可抗力或者其他特殊情况耽误法定期限的，在障碍消除后的 10 日内，可以申请延长期限，由人民法院决定。此外，高级人民法院和最高人民法院亦可作出是否延长审理期限的决定。

(4)再审的决定。合议庭已经审结的行政案件，裁判发生法律效力后，若发现违反法律、法规的规定，认为需要再审的，由院长提交审判委员会讨论决定是否再审。审判委员会决定再审的，院长应当按照审判委员会的决定作出再审的决定。

(5)对重大、疑难行政案件的处理决定。合议庭审理的重大、疑难的行政案件，经评议后，合议庭应报告院长，由院长提交审判委员会讨论决定，制作判决，向当事人宣告、送达。

(6)执行程序的决定。执行过程中，案外人对执行标的提出异议的，由执行员进行审查，认为有理由的，报院长批准中止执行，由合议庭审查或审判委员会作出决定。此外，行政机关拒绝履行判决、裁定的，人民法院可以从期满之日起，对该行政机关按日处以 50~100 元的罚款决定。

第十八章

3.行政诉讼决定的形式。行政诉讼中的决定分为口头决定和书面决定两种形式。从审判实践看,人民法院对妨害诉讼行为的人作出的罚款和拘留决定,对行政机关拒绝履行判决或裁定的罚款决定,应当采用书面形式,即行政诉讼决定书的形式。但人民法院对当事人申请回避作出的决定,可以采用口头或者书面的形式,实践中一般都采用口头形式。人民法院对妨害诉讼行为的人作出的训诫、责令具结悔过的决定,审判委员会对重大或疑难行政案件的处理决定,以及审判委员会对已生效的行政案件的裁判认为应当再审的决定,以及其他处理内部关系的决定,实践中通常仅制作笔录,记录在案。

4.行政诉讼决定的效力。行政诉讼决定一经作出,当即发生效力,具有执行内容的,应立即付诸执行。对影响当事人权利的决定,当事人可申请复议一次,但不因当事人申请复议而停止决定的执行和影响决定的效力。决定发生效力后,如果发现认定事实或者适用法律确有错误,可由作出决定的人民法院撤销或变更,但不能依审判监督程序进行再审,也不能通过上诉程序由上一级人民法院予以纠正。

■ 第二节　第二审程序

行政诉讼第二审程序,简称为二审程序,又称为上诉审程序或终审程序,是指行政诉讼当事人不服地方各级人民法院第一审未生效的行政判决、裁定,向上一级人民法院提起上诉,由上一级人民法院进行审理的程序。二审程序不是必经程序。一个行政案件是否经过二审,主要取决于当事人是否上诉。

一、上诉

(一)上诉的概念

上诉,是指行政诉讼的当事人因不服第一审人民法院未生效的判决、裁定,请求第一审人民法院的上一级人民法院对行政案件进行重新审理的诉讼活动。

上诉和起诉虽然都是当事人请求人民法院解决行政争议的诉讼行为,上诉权和起诉权也都是行政诉讼法赋予当事人的两项基本诉讼权利,但两者存在明显的区别:

1.起诉的主体是在行政法律关系中处于相对人地位的公民、法人或其他组织,起诉的理由是原告认为被告作出的具体行政行为违法,侵犯了自己的合法权益;上诉的主体是在第一审程序中的当事人,包括原告、被告和第三人,上诉的理由是上诉人认为第一审未生效的判决、裁定有错误。

2.起诉必须包括实体权利请求,即使以具体行政行为违反法定程序为由请求人民法院予以撤销,其实质仍然是解决行政实体法上的权利和义务冲突;而上诉如是针对裁定提起的,只有程序上的请求内容。

3.受理起诉的可以是一个人民法院,也可以是多个人民法院,如在选择管辖中,当事人可以向两个或两个以上的人民法院提起行政诉讼;而受理上诉的人民法院只有一个,即第一审人民法院的上一级人民法院。

（二）上诉的条件

1. 上诉必须针对未发生法律效力的第一审判决、裁定。可以提起上诉的判决包括除最高人民法院以外的所有第一审判决;可以提起上诉的裁定只限于不予受理、驳回起诉和管辖权异议的裁定。已经生效的第一审判决和法律规定不得上诉的裁定,当事人不得提起上诉。

2. 上诉人和被上诉人必须是一审程序中的当事人。上诉人是指不服第一审未生效的判决、裁定,请求第一审人民法院的上一级人民法院重新审理和作出裁判的一审程序中的当事人。被上诉人是在一审程序中与上诉人相对的另一方当事人。

3. 必须在法定上诉期限内提出上诉。上诉期限是行政诉讼法规定的、当事人行使上诉权的法定期限。根据《行政诉讼法》第 58 条的规定,不服判决的上诉期限为 15 天,不服裁定的上诉期限为 10 天。上诉期限属于法定期限,当事人和人民法院不得协商变更。如果当事人因不可抗力或者其他特殊情况耽误了上诉期限的,可以在障碍消除后的 10 天内,向人民法院申请延长上诉期限;是否准许,由人民法院审查决定。

4. 上诉的方式必须合法。当事人必须以书面形式提起上诉,即必须递交上诉状。

（三）提出上诉的程序

上诉既可以通过一审人民法院提出,也可以直接向第二审人民法院提出。当事人提出上诉,应当按照对方当事人的人数提出上诉状副本。当事人直接向第二审人民法院提出上诉的,第二审人民法院应当在 5 日内将上诉状发送一审人民法院。一审人民法院收到上诉状后,应当在 5 日内将上诉状副本送达其他当事人。对方当事人应当在收到上诉状副本之日起 10 日内提出答辩状。被上诉人不提交答辩状的,不影响人民法院对上诉案件的审理。

一审人民法院在收到上诉状、答辩状后,应当在 5 日内连同全部案卷和证据材料报送第二审人民法院。已经预收诉讼费用的,一并报送。

二、上诉的审查与受理

（一）审查的主体与内容

对当事人上诉的审查权,是由一审人民法院还是第二审人民法院行使,行政诉讼法没有作出明确规定。我们认为,第一审人民法院对行政案件作出判决或裁定后,标志着第一审程序结束,当事人与第一审人民法院的行政诉讼法律关系随之消灭。上诉是引起第二审程序的直接动因,因此,对上诉的审查权必须由第二审人民法院行使。第二审人民法院在收到一审人民法院报送的上诉状、答辩状以及一审的全部案卷材料后,即可进行审查。

第二审人民法院对上诉的审查,主要从是否符合上诉的条件进行审查。

（二）审查的结果

通过对上诉的审查,第二审人民法院对上诉可以有三种处理结果:①对于符合法定条件的上诉,且上诉状的内容完整的,应当决定受理;②对于符合法定条件的上诉,但上诉状的内容有欠缺的,应当告知上诉人限期补正,否则可以裁定不予受理;③对于不符合法定条件的上诉,应当裁定不予受理。

三、上诉案件的审理

第二审法院审理上诉案件,除适用二审程序本身的特别规定外,均适用第一审程序。以下仅就行政诉讼法对第二审程序作出的特别规定进行说明:

1. 审理范围。人民法院审理上诉案件,应当贯彻全面审查的原则,不受上诉范围的限制。《行诉解释》第67条第1款规定:"第二审人民法院审理上诉案件,应当对原审人民法院的裁判和被诉具体行政行为是否合法进行全面审查。"

2. 审判组织。根据《行政诉讼法》第6、46条和《最高人民法院关于人民法院合议庭工作的若干规定》第1条第1款的规定,人民法院审理二审行政案件必须采用合议制,并且,只能由审判人员组成合议庭,合议庭的组成人员中不得有人民陪审员。

3. 审理方式。根据《行政诉讼法》第59条以及《行诉解释》第67条第2款的规定,人民法院对上诉案件,认为事实清楚的,可以实行书面审理。所谓书面审理,是指人民法院不需要当事人和其他诉讼参与人到庭,不进行法庭调查和法庭辩论,只通过审阅案卷材料即直接作出裁判的审理方式。但是,当事人对原审人民法院认定的事实有争议的,或者第二审人民法院认为原审人民法院认定事实不清楚的,第二审人民法院应当开庭审理。也就是说,第二审程序的审理方式既可以是开庭审理,也可以是书面审理。但书面审理必须具备一个条件,即一审裁判认定事实清楚。

4. 第二审程序中的特殊证据规则。根据《行政诉讼证据规定》第7条第2款、第50条和第52条的规定,原告或者第三人在第一审程序中无正当事由未提供而在第二审程序中提供的证据,人民法院不予接纳。在第二审程序中,对当事人依法提供的新的证据,法庭应当进行质证;当事人对第一审认定的证据仍有争议的,法庭也应当进行质证。所谓"新的证据"是指以下证据:①在一审程序中应当准予延期提供而未获准许的证据;②当事人在一审程序中依法申请调取而未获准许或者未取得,人民法院在第二审程序中调取的证据;③原告或者第三人提供的在举证期限届满后发现的证据。

5. 审理期限。根据《行政诉讼法》第60条和《最高人民法院关于严格执行案件审理期限制度的若干规定》第3条第2款的规定,人民法院审理行政上诉案件,应当在收到上诉状之日起2个月内作出终审判决。有特殊情况需要延长的,由高级人民法院批准,可以延长2个月。高级人民法院审理的第二审案件需要延长期限的,由最高人民法院批准,可以延长2个月。审理期限的计算与一审程序相同。

四、二审裁判

行政诉讼中的二审裁判,是指受理第二审行政案件的人民法院根据案件事实和国家法律,采用第二审程序,针对审理案件过程中发生的各种问题所作的司法处理。由

第二节

于我国实行两审终审制度,因而二审裁判是生效裁判,亦称终审裁判,当事人对其不能上诉。

根据《行政诉讼法》第61条和《行诉解释》第68、69、70、71条的规定,人民法院审理上诉案件,按照下列情形,分别作出以下裁判:

1. 判决驳回上诉,维持原判。维持原判是指二审人民法院通过对上诉案件的审理,确认一审判决认定事实清楚,适用法律、法规正确,从而作出的否定和驳回上诉人的上诉,肯定一审判决的合法性并维持一审判决或裁定的判决。

根据《行政诉讼法》的规定,适用维持原判的判决必须同时具备以下条件:①原判决认定事实清楚。所谓"原判决认定事实清楚",是指一审判决无论是认定具体行政行为合法,还是认定其违法,或者认定其形式上合法,实质上违法,或认定其显失公正,都必须有明确无误的事实和确凿的证据支持,这些事实和证据不应该存在疑点,不应该相互矛盾。否则,就不能认定原判决认定事实清楚。②原判决适用法律、法规正确。所谓"原判决适用法律、法规正确",是指一审法院适用法律、法规恰如其分,没有适用不应当适用的法律规范,也没有遗漏应当适用的法律规范。

2. 依法改判。依法改判,是指第二审人民法院通过对上诉案件的审理,确认一审判决认定事实清楚,但适用法律、法规错误,或确认一审判决所根据的事实不清楚,而作出直接改变一审判决内容的判决。

根据《行政诉讼法》第61条的规定,依法改判适用于以下三种情况:①一审判决认定事实清楚,但适用法律、法规错误;②一审判决认定事实不清,证据不足;③一审审理由于违反法定程序可能影响案件正确判决。值得注意的是,当一审判决认定事实不清、证据不足,或者一审审理违反法定程序可能影响案件正确判决时,人民法院既可以发回原审法院重审,也可以依法改判。

3. 裁定撤销原判,发回重审。发回重审适用于以下情形:①原判决认定事实不清,证据不足,或者由于违反法定程序可能影响案件正确判决的;②原审判决遗漏了必须参加诉讼的当事人或者诉讼请求的;③原审判决遗漏行政赔偿请求,第二审人民法院经审理认为依法应当予以赔偿的,在确认被诉具体行政行为违法的同时,就行政赔偿问题进行调解;调解不成的,应当就行政赔偿部分发回重审。

第二审人民法院裁定发回原审人民法院重新审理的行政案件,原审人民法院应当另行组成合议庭进行审理。当事人对重审案件的判决和裁定不服,可以上诉。

4. 裁定撤销原裁定,指令依法立案受理或者继续审理。第二审人民法院经审理认为原审人民法院不予受理或者驳回起诉的裁定确有错误,且起诉符合法定条件的,应当裁定撤销原审人民法院的裁定,指令原审人民法院依法立案受理或者继续审理。

另外,当事人在第二审期间提出行政赔偿请求的,第二审人民法院可以进行调解;调解不成的,应当告知当事人另行起诉。

第十八章

■　第三节　审判监督程序

行政诉讼中的审判监督程序,又称为再审程序,是指人民法院对已经发生法律效力的行政判决书、裁定书和行政赔偿调解书再次进行审理的程序。并不是每个行政案件都必须经过审判监督程序,只有裁判已经发生法律效力又确有错误的行政案件,才能适用这一程序。

一、审判监督程序与第二审程序的区别

审判监督程序和第二审程序都是对行政案件再次进行审理的一种程序。其目的都是为了纠正人民法院已作出的判决和裁定可能存在的错误,维护正确的判决和裁定,保护当事人的合法权益。但它们之间也存在着差异,主要表现在:

1. 审理的对象不同。审判监督程序是对已经发生法律效力的行政裁判进行审查;而第二审程序则是对第一审人民法院作出的尚未发生法律效力的判决、裁定进行审查。

2. 提起的机关和人员不同。审判监督程序是由上级人民法院、人民检察院及原审人民法院院长提交审判委员会决定后提起的;而第二审程序是由当事人及其法定代理人提起的。

3. 提起的理由不同。审判监督程序的启动必须以已经生效的判决、裁定违反法律、法规规定,行政赔偿调解违反自愿原则或者调解协议的内容违反法律规定为前提;而第二审程序是由当事人认为第一审判决、裁定在认定事实或者适用法律上有错误而提起,不论其理由是否正确,二审法院必须对此案重新进行审理并作出裁判。

4. 提起的期限不同。在审判监督程序中,如果是当事人申请再审的,应当在行政判决书、行政裁定书和行政赔偿调解书生效后两年内提出。如果属于人民法院决定再审,或是因人民检察院抗诉而再审的,则没有提起期限上的限制,有权提起的机关对于已生效的判决、裁定发现其确有错误的,随时可以提起审判监督程序;而在二审程序中,当事人必须在法定的期限内提起上诉,对判决的上诉期限为 15 天,对裁定的上诉期限为 10 天。

5. 审理的人民法院不同。按审判监督程序对行政案件再次进行审理的法院既可以是原一审人民法院、二审人民法院,也可以是它们的上级人民法院;按第二审程序对行政案件再次进行审理的法院只能是第一审人民法院的上一级人民法院。

二、审判监督程序的提起

(一)提起审判监督程序的条件

1. 必须由法定的机关和人员提出。能够提起审判监督程序的机关和人员有:①作出生效裁判的人民法院的院长与审判委员会;②作出生效裁判的上级人民法院;③人民检察院。当事人对已经发生法律效力的判决、裁定,认为确有错误的,或者对已经发

生法律效力的行政赔偿调解书,提出证据证明调解违反自愿原则或者调解协议的内容违反法律规定的,可以向原审人民法院或者上一级人民法院提出申诉或者申请再审。但是,当事人提出的申诉或者再审申请,不一定会引起再审。因此,当事人不是提起审判监督程序的主体。

2.必须是对已经发生法律效力的行政判决书、裁定书和行政赔偿调解书提出。上述能够提起审判监督程序的机关和人员只能对已经发生法律效力的行政判决书、裁定书提出再审,当事人还可就行政赔偿调解书提出再审申请。

3.必须具有法定理由。提起审判监督程序的理由具体包括:

(1)人民法院院长、上级人民法院发现生效裁判违反法律、法规规定。根据《行诉解释》第72条的规定,有下列情形之一的,属于《行政诉讼法》第63规定的"违反法律、法规规定"的情形,人民法院应当决定再审:①原判决、裁定认定的事实主要证据不足;②原判决、裁定适用法律、法规确有错误;③违反法定程序,可能影响案件正确裁判;④其他违反法律、法规的情形。

(2)人民检察院发现生效裁判违反法律、法规规定。根据《人民检察院民事行政抗诉案件办案规则》第37条的规定,有下列情形之一的,人民检察院应当依照《行政诉讼法》第64条的规定提出抗诉:①人民法院对依法应予受理的行政案件,裁定不予受理或者驳回起诉的;②人民法院裁定准许当事人撤诉违反法律规定的;③原判决、裁定违反《立法法》第78~86条的规定适用法律、法规、规章的;④原判决、裁定错误认定具体行政行为的性质、存在或者效力的;⑤原判决、裁定认定行政事实行为是否存在、合法发生错误的;⑥原判决、裁定违反《行政诉讼法》第32条规定的举证责任规则的;⑦原判决、裁定认定事实的主要证据不足的;⑧原判决确定权利归属或责任承担违反法律规定的;⑨人民法院违反法定程序,可能影响案件正确判决、裁定的;⑩审判人员在审理该案件时有贪污受贿、徇私舞弊或者枉法裁判行为的;⑪原判决、裁定违反法律、法规的其他情形。

(3)人民法院认为当事人提出的申诉或再审申请符合条件。根据《最高人民法院关于规范人民法院再审立案的若干意见(试行)》(以下简称《再审立案意见》)第9条的规定,对终审行政裁判的申诉,具备下列情形之一的,人民法院应当裁定再审:①依法应当受理而不予受理或驳回起诉的;②有新的证据可能改变原裁判的;③主要证据不充分或不具有证明力的;④原裁判的主要事实依据被依法变更或撤销的;⑤引用法律条文错误或者适用失效、尚未生效法律的;⑥违反法律关于溯及力规定的;⑦行政赔偿调解协议违反自愿原则,内容违反法律或损害国家利益、公共利益和他人利益的;⑧审判程序不合法,影响案件公正裁判的;⑨审判人员在审理该案件时索贿受贿、徇私舞弊并导致枉法裁判的。

(二)提起审判监督程序的程序

提起再审的程序,具体分为以下四种情况:

1.本院院长提交审判委员会讨论决定再审。各级人民法院院长对本院已经发生法律效力的判决、裁定,发现违反法律、法规,认为需要再审的,应当提交审判委员会讨论决定是否再审。

2.上级人民法院提审或者指令下级人民法院再审。上级人民法院对下级人民法院已经发生法律效力的判决、裁定,发现违反法律、法规规定的,有权提审或者指令下级人民法院再审。

3.人民检察院抗诉。《行政诉讼法》第64条规定:"人民检察院对人民法院已经发生法律效力的判决、裁定,发现违反法律、法规规定的,有权按照审判监督程序提出抗诉。"审判监督程序中的抗诉,是指人民检察院对人民法院作出的生效判决、裁定,认为确有错误时,依法向人民法院提出重新审理要求的诉讼活动。根据《人民检察院民事行政抗诉案件办案规则》第28、31条的规定,地方各级人民检察院对同级人民法院已经发生法律效力的判决、裁定,经审查认为符合抗诉条件的,应当提请上一级人民检察院抗诉。最高人民检察院对各级人民法院的生效民事或行政判决、裁定,上级人民检察院对下级人民法院的生效民事或行政判决、裁定,有权提出抗诉。人民检察院提出抗诉,由检察长批准或者检察委员会决定。

对人民检察院按照审判监督程序提出抗诉的案件,人民法院应当再审。

4.当事人提出申诉或者申请再审。当事人对已经发生法律效力的判决、裁定,认为确有错误的,可以向原审人民法院或者上一级人民法院提出申诉。当事人申请再审,应当在判决、裁定发生法律效力后2年内提出。当事人对已经发生法律效力的行政赔偿调解书,提出证据证明调解违反自愿原则或者调解协议的内容违反法律规定的,可以在2年内申请再审。

人民法院接到当事人的再审申请后,经审查,符合再审条件的,应当立案并及时通知各方当事人;不符合再审条件的,予以驳回。根据《再审立案意见》第12、13、15、16条的规定,人民法院对以下再审申请或申诉不予受理:

(1)再审申请人或申诉人超过两年提出再审申请或申诉的;

(2)不符合法定主体资格的再审申请或申诉;

(3)上级人民法院对经终审法院的上一级人民法院依照审判监督程序审理后维持原判或者经两级人民法院依照审判监督程序复查均驳回的申请再审或申诉案件。但再审申请人或申诉人提出新的理由,且符合《行政诉讼法》第62条及《再审立案意见》第9条规定条件的除外;

(4)最高人民法院再审裁判或者复查驳回的案件,再审申请人或申诉人仍不服提出再审申请或申诉的。

三、再审案件的审理

1.裁定中止原判决的执行。按照审判监督程序决定再审的案件,应当裁定中止原判决的执行;裁定由院长署名,加盖人民法院印章。上级人民法院决定提审或者指令下级人民法院再审的,应当作出裁定,裁定应当写明中止原判决的执行;情况紧急的,可以将中止执行的裁定口头通知负责执行的人民法院或者作出生效判决、裁定的人民法院,但应当在口头通知后 10 日内发出裁定书。

2.审判组织。人民法院审理再审案件,应当另行组成合议庭。

3.适用程序。人民法院按照审判监督程序再审的案件,发生法律效力的判决、裁定是由第一审人民法院作出的,按照第一审程序审理,所作的判决、裁定,当事人可以上诉;发生法律效力的判决、裁定是由第二审人民法院作出的,按照第二审程序审理,所作的判决、裁定是发生法律效力的判决、裁定,当事人不得上诉;上级人民法院按照审判监督程序提审的,按照第二审程序审理,所作的判决、裁定是发生法律效力的判决、裁定,当事人不得上诉。

4.审理期限。再审案件按照第一审程序审理的,适用行政诉讼法规定的审理一审案件的期限;按照第二审程序审理的,适用行政诉讼法规定的审理二审案件的期限。

5.通知人民检察院派员出庭。人民法院开庭审理抗诉案件时,应当通知人民检察院派员出庭。

四、再审裁判

再审裁判,是指人民法院按照审判监督程序程序作出的行政判决和裁定。根据案件的具体情况,人民法院分别作出如下处理:

1.维持原裁判。原判决、裁定并无不当的,应当判决维持并继续执行原判决、裁定。原中止执行的裁定自行失效。

2.依法改判。人民法院审理再审案件,认为原生效判决、裁定确有错误,在撤销原生效判决或者裁定的同时,可以对生效判决、裁定的内容作出相应裁判。

3.发回重审。

(1)原生效判决、裁定确有错误的。人民法院审理再审案件,认为原生效判决、裁定确有错误,在撤销原生效判决或者裁定的同时,也可以裁定发回作出生效判决、裁定的人民法院重新审判。

(2)违反法定程序的。《行诉解释》第 80 条规定,人民法院审理再审案件,发现生效裁判有下列情形之一的,应当裁定发回作出生效判决、裁定的人民法院重新审理:①审理本案的审判人员、书记员应当回避而未回避的;②依法应当开庭审理而未经开庭即作出判决的;③未经合法传唤当事人而缺席判决的;④遗漏必须参加诉讼的当事人的;⑤对与本案有关的诉讼请求未予裁判的;⑥其他违反法定程序可能影响案件正确裁判的。

4.对原审法院受理、不予受理或者驳回起诉错误的处理。根据《行诉解释》第 79 条的规定,人民法院审理二审案件和再审案件,对原审法院受理、不予受理或者驳回起诉错误的,应当分别情况作如下处理:①第一审人民法院作出实体判决后,第二审人民法院认为不应当受理的,在撤销第一审人民法院判决的同时,可以发回重审,也可以径行驳回起诉;②第二审人民法院维持第一审人民法院不予受理裁定错误的,再审法院应当撤销第一审、第二审人民法院裁定,指令第一审人民法院受理;③第二审人民法院

第十八章

维持第一审人民法院驳回起诉裁定错误的,再审法院应当撤销第一审、第二审人民法院裁定,指令第一审人民法院审理。

值得注意的是,抗诉案件审理后,人民法院还应当将审理结果告知提出抗诉的人民检察院。

■ 第四节　行政案件审理过程中的特殊制度

一、撤诉

撤诉,是指在行政诉讼过程中,人民法院对原告或者上诉人撤回诉讼请求的申请裁定是否准许的制度。

（一）撤诉的类型

根据行政诉讼法的规定,撤诉既可以分为撤回起诉和撤回上诉[1],也可以分为申请撤诉和视为申请撤诉。理论界主要采取后一种分类方式,以下就此作些简要介绍:

1.申请撤诉。申请撤诉,是指在行政诉讼过程中,人民法院对原告或者上诉人主动撤回诉讼请求的申请裁定是否准许的制度。

根据法律规定,申请撤诉具有两种情形:①在被诉具体行政行为未改变的情况下主动向人民法院申请撤诉,即主动申请撤诉。对主动申请撤诉的,人民法院经审查认为原告(或者上诉人)主动申请撤诉完全出于本人意愿并符合其他条件的,应当裁定准予撤诉;②因被告改变其所作的具体行政行为而申请撤诉。《行诉解释》第50条规定:"被告在一审期间改变被诉具体行政行为的,应当书面告知人民法院。原告或者第三人对改变后的行为不服提起诉讼的,人民法院应当就改变后的具体行政行为进行审理。被告改变原具体行政行为,原告不撤诉,人民法院经审查认为原具体行政行为违法的,应当作出确认其违法的判决;认为原具体行政行为合法的,应当判决驳回原告的诉讼请求;原告起诉被告不作为,在诉讼中被告作出具体行政行为,原告不撤诉的,参照上述规定处理。"

申请撤诉必须符合下列条件:①提出撤诉申请必须是原告或者上诉人或者原告或者上诉人特别授权的委托代理人,对没有诉讼行为能力的原告或者上诉人,由他的法定代理人提出;②申请撤诉必须是原告或者上诉人自愿并明确提出;③申请撤诉必须符合法律的规定,不得影响或侵犯国家、集体和他人的合法权益,不得规避法律;④申请撤诉必须是在人民法院判决或者裁定宣告前提出。申请撤诉必须经人民法院审查,是否准许,由人民法院审查后作出裁定。

2.视为申请撤诉。视为申请撤诉,又称按撤诉处理,是指在行政诉讼过程中,由于

---

〔1〕 关于撤回上诉与撤回起诉的区别,参见方世荣、徐银华、丁丽红编著:《行政诉讼法学》,清华大学出版社2006年版,第189～190页。

原告或者上诉人没有履行法定诉讼义务，人民法院据此推定原告或者上诉人有撤诉的意思表示，并裁定准予撤诉或不准撤诉的制度。与申请撤诉不同，视为申请撤诉没有原告或者上诉人明确的意思表示，只是从其行为予以推断。根据《行政诉讼法》第48条、《行诉解释》第37、49条第1款的规定，视为申请撤诉有三种情况：①原告或者上诉人经两次合法传唤，无正当理由拒不到庭的；②原告或者上诉人未经法庭许可中途退庭的；③原告或者上诉人未按规定的期限预交案件受理费，又不提出缓交、减交、免交申请，或者提出申请未获批准的。

（二）撤诉的法律后果

人民法院裁定准许当事人撤诉或者对当事人按撤诉处理后，即发生如下法律后果：

1.终结行政诉讼审理程序。人民法院裁定准许当事人撤诉或者对当事人按撤诉处理后，正在进行的一审程序或二审程序即告终结。

2.原告或者上诉人不得以同一事实和理由，就同一标的再行起诉或者上诉。《行诉解释》第36条第1款规定："人民法院裁定准许原告撤诉后，原告以同一事实和理由重新起诉的，人民法院不予受理。"

3.撤诉申请人承担诉讼费用。原告或者上诉人申请撤诉获得人民法院裁定准许后，案件受理费由原告或者上诉人承担，减半收取。

二、缺席判决

缺席判决，是指在当事人无正当理由拒不参加法庭审理的情况下，人民法院直接经过审理并作出判决的制度。缺席判决是相对于对席判决而言的，其与对席判决具有同等效力。

缺席判决主要适用于以下两种情况：①经人民法院两次合法传唤，被告无正当理由拒不到庭的，可以缺席判决。②原告或者上诉人申请撤诉，人民法院裁定不予准许的，原告或者上诉人经合法传唤无正当理由拒不到庭，或者未经法庭许可而中途退庭的，人民法院可以缺席判决。

三、财产保全与先予执行

（一）财产保全

行政诉讼中的财产保全是指人民法院对于因当事人一方的行为或者其他原因，可能使具体行政行为或者人民法院生效裁判不能或者难以执行的案件，先行采取强制措施以保证具体行政行为或者判决实现的制度。人民法院在诉讼中采取财产保全措施适用于两种情形：①对于因一方当事人的行为或者其他原因，可能使人民法院生效裁判不能或者难以执行的；②对于因一方当事人的行为或者其他原因，可能使具体行政行为不能或者难以执行的。人民法院在诉讼中采取财产保全的程序有两种，即依申请保全和依职权保全。

第十八章

根据《行诉解释》第 48 条第 3 款的规定,当事人对财产保全的裁定不服的,可以申请复议。复议期间不停止裁定的执行。另外,《行政诉讼法》及《行诉解释》未对人民法院作出财产保全裁定的期限,财产保全的范围、方法,是否责令申请人提供财产担保,解除财产保全的条件,申请财产保全错误时的赔偿责任等问题作出规定。根据《行诉解释》第 97 条的规定,可以参照民事诉讼的有关规定。

（二）先予执行

行政诉讼中的先予执行是指人民法院根据行政案件的需要,在判决作出前裁定一方当事人先行支付他方当事人一定款项的制度。先予执行是在特殊的行政案件中及时解决原告一方当事人生活急需,克服审判周期长的局限性,保护当事人合法权益的一项有力措施。参照民事诉讼的有关规定,适用先予执行应当符合以下条件:①原告必须向人民法院提出先予执行的申请,法院不能依职权主动裁定先予执行;②当事人之间的权利义务关系明确,义务人没有依法履行给付义务,不先予执行将严重影响到申请人的生活;③原告的诉讼请求必须有给付内容。

先予执行适用以下案件:行政机关没有依法发给抚恤金、社会保险金、最低生活保障费等案件。先予执行以当事人申请为前提,人民法院认为符合先予执行条件的,应以书面方式裁定先予执行。裁定一经做出,立即生效并开始执行,当事人不得提出上诉。如果被申请人不服,可以申请复议一次,复议期间不停止裁定的执行。

四、审理程序延阻

审理程序延阻是指因特殊原因而使诉讼活动不能按正常程序进行时,人民法院根据具体情况分别决定（或裁定）采取延期开庭审理、中止诉讼或终结诉讼的制度。审理程序延阻包括三个制度:延期审理、诉讼中止或诉讼终结。

（一）延期审理

延期审理,是指在法定情形出现时,人民法院决定将已经确定的审理日期或者正在进行审理的案件延至另一日期再审理的制度。《行政诉讼法》没有作出关于延期审理的规定,参照《民事诉讼法》第 132 条的规定,有下列情形之一的,可以延期开庭审理:①必须到庭的当事人和其他诉讼参与人有正当理由没有到庭的;②当事人临时提出回避申请的;③需要通知新的证人到庭,调取新的证据,重新鉴定、勘验,或者需要补充调查的;④其他应当延期的情形。

（二）诉讼中止

诉讼中止,是指在诉讼进行过程中,诉讼程序因特殊情况的发生而暂时停止的制度。根据《行诉解释》第 51 条的规定,在诉讼过程中,有下列情形之一的,中止诉讼:①原告死亡,须等待其近亲属表明是否参加诉讼的;②原告丧失诉讼行为能力,尚未确定法定代理人的;③作为一方当事人的行政机关、法人或者其他组织终止,尚未确定权利义务承受人的;④一方当事人因不可抗力的事由不能参加诉讼的;⑤案件涉及法律适用问题,需要送请有权机关作出解释或者确认的;⑥案件的审理须以相关民事、刑事或者其他行政案件的审理结果为依据,而相关案件尚未审结的;⑦其他应当中止诉讼的情形。

中止诉讼由人民法院以裁定方式作出。对于中止诉讼的裁定,当事人不得申请复议,也不得提出上诉。中止诉讼的原因消除后,恢复诉讼。诉讼程序恢复后,当事人在诉讼中止前所为的诉讼行为,依然继续有效。

（三）诉讼终结

诉讼终结,是指在诉讼进行过程中,因特殊情况的发生使诉讼活动不能继续进行下去或者继续进行下去无任何意义,法院结束诉讼程序的法律制度。根据《行诉解释》第52条的规定,在诉讼过程中,有下列情形之一的,终结诉讼:

1. 原告死亡,没有近亲属或者近亲属放弃诉讼权利的;

2. 作为原告的法人或者其他组织终止后,其权利义务的承受人放弃诉讼权利的;

3. 因《行诉解释》第51条第1款第1、2、3项原因中止诉讼满90日仍无人继续诉讼的,裁定终结诉讼,但有特殊情况的除外。《行诉解释》第51条第1款第1、2、3项原因,即原告死亡,须等待其近亲属表明是否参加诉讼的;原告丧失诉讼行为能力,尚未确定法定代理人的;作为一方当事人的行政机关、法人或者其他组织终止,尚未确定权利义务承受人的。因上述原因中止诉讼满90日仍无人继续诉讼的,人民法院一般应裁定终结诉讼。

另外,在原告或者上诉人申请撤诉或者视为申请撤诉的情况下,人民法院裁定准许撤诉的,诉讼即告终结。终结诉讼,由人民法院作出诉讼终结的裁定。诉讼终结裁定书送达当事人之日起,即发生法律效力。对此裁定,不能提出上诉,也不能申请复议。当事人不能对同一诉讼请求以同一事实和理由向人民法院起诉,法院也无权受理。

五、合并审理

合并审理,是指人民法院对相互有联系的行政案件可以决定合并在一起进行审理的制度。根据《行诉解释》第46条的规定,有下列情形之一的,人民法院可以决定合并审理:①两个以上行政机关分别依据不同的法律、法规对同一事实作出具体行政行为,公民、法人或者其他组织不服向同一人民法院起诉的;②行政机关就同一事实对若干公民、法人或者其他组织分别作出具体行政行为,公民、法人或者其他组织不服分别向同一人民法院起诉的;③在诉讼过程中,被告对原告作出新的具体行政行为,原告不服向同一人民法院起诉的;④人民法院认为可以合并审理的其他情形。

六、诉讼不停止执行具体行政行为

诉讼不停止执行具体行政行为,是指行政相对人不服行政机关所作出的具体行政行为而起诉到人民法院时,人民法院受理后,在诉讼期间不停止该具体行政行为执行的制度。我国《行政诉讼法》第44条对此作了规定,即"诉讼期间,不停止具体行政行为的执行"。

需要注意的是,诉讼期间不停止具体行政行为的执行,并不意味着在任何条件下诉讼期间具体行政行为都不停止执行。由于实际生活中的情况非常复杂,有时不停止执行可能使违法的具体行政行为造成严重的后果。鉴于此,《行政诉讼法》第44条还规定,有下列情形之一的,停止具体行政行为的执行:

1. 被告认为需要停止执行的。诉讼期间,被告认为自己作出的具体行政行为确实存在错误,或者不停止执行将给相对人的合法权益造成难以弥补的损害时,可以自行决定暂停执行该具体行政行为。

2. 原告申请停止执行,人民法院认为该具体行政行为的执行会造成难以弥补的损失,并且停止执行不损害社会公共利益,裁定停止执行的。在被告没有主动停止执行具体行政行为的情况下,原告可以向人民法院提出申请,要求停止执行被告作出的具体行政行为。人民法院应原告的申请,裁定停止执行具体行政行为应具备两个条件:①具体行政行为不停止执行会给原告造成难以弥补的损失;②具体行政行为停止执行不损害国家利益和社会公共利益。

3. 法律、法规规定停止执行的。如《治安管理处罚法》第107条规定:"被处罚人不服行政拘留处罚决定,申请行政复议、提起行政诉讼的,可以向公安机关提出暂缓执行行政拘留的申请。公安机关认为暂缓执行行政拘留不致发生社会危险的,由被处罚人或者其近亲属提出符合本法第108条规定条件的担保人,或者按每日行政拘留二百元的标准交纳保证金,行政拘留的处罚决定暂缓执行。"

七、行政附带民事诉讼

(一)行政附带民事诉讼的涵义

行政附带民事诉讼是指人民法院在审理行政案件、解决行政争议的同时,对与该行政争议相关的民事纠纷一并加以审理解决的诉讼制度。我国《行政诉讼法》并没有明确规定行政附带民事诉讼制度,但最高人民法院在司法解释中已有相关规定,审判实践中则也大量实际运行。《行诉解释》第61条规定:"被告对平等主体之间民事争议所作的裁决违法,民事争议当事人要求人民法院一并解决相关民事争议的,人民法院可以一并审理。"这里规定的在行政诉讼中一并审理行政争议与民事争议,从性质上讲就是行政附带民事诉讼,该规定也是我国有关行政附带民事诉讼的一项法定依据。

(二)我国现行行政附带民事诉讼制度的特点

《行诉解释》第61条关于在行政审判中对相关民事争议可以一并审理的规定,是我国现行行政附带民事诉讼制度的基本形态。其特点主要有:

1. 行政附带民事诉讼的审理对象是行政裁决处理过的相关民事争议。这意味着,对于不属于行政机关就民事争议所作行政裁决的其他具体行政行为起诉的行政诉讼,目前尚不能与相关民事争议一并审理。

2. 行政提起附带民事诉讼的前提是行政诉讼中被诉的行政裁决违法。换言之,行政诉讼部分审结判定该类行政裁决违法,才能进而一并审理判定由其处理过的相关民事争议,如果行政诉讼判定该类行政裁决合法并加以维持,则原由行政裁决处理解决过的民事争议在内容上就是正确的,人民法院就不必再审理判决已得到正确处理解决的民事争议。

3.行政附带民事诉讼的程序是经民事争议的当事人在行政诉讼过程中提出附带审理民事争议的要求,由法院决定是否一并审理。民事争议的当事人自己不提出要求,法院不会主动加以附带一并审理解决;另外,是否合并审理由人民法院根据案情需要决定。

4.行政附带民事诉讼的当事人是民事争议当事人。行政附带民事诉讼中,当事人的身份有其独特性。其中民事案件的原告是经过行政机关行政裁决的民事纠纷双方当事人中的任何一方,包括行政诉讼的原告、行政诉讼的第三人(即在行政裁决中与行政诉讼原告有民事争议但未提起行政诉讼的人),即民事诉讼的原告既可能是行政诉讼的原告,也可能不是行政诉讼的原告;而民事案件的被告不再是行政诉讼的被告,只是与民事案件原告相互有民事争议的另一方公民、法人和其他组织。

5.行政附带民事诉讼的实质仍然是民事诉讼,适用民事实体法和民事诉讼法。目前,我国行政机关行政裁决所处理的民事争议主要包括平等主体之间的权属纠纷与侵权纠纷,因不服行政裁决对这些民事争议的处理提起的行政附带民事诉讼,其目的是为了解决平等主体之间的这些民事争议。因此,行政附带民事诉讼的实质仍然是民事诉讼,应该适用民事实体法和民事诉讼法。

【思考题】

1.简述行政诉讼的起诉条件。

2.试述行政诉讼法律适用的规则。

3.试述第一审行政诉讼撤销判决的适用条件。

4.试述第一审行政诉讼变更判决的适用条件。

5.简述二审裁判的种类。

6.简述审判监督程序与第二审程序的区别。

7.简述行政诉讼的撤诉制度。

8.试述诉讼不停止执行具体行政行为的制度。

【实务训练】

益民公司诉河南省周口市政府等行政行为违法案[1]

2000年7月,周口市益民燃气有限公司(以下简称益民公司)取得原周口地区建

设局关于授予益民公司管道燃气专营权的批复,其中注明益民公司经营的燃气项目既能在近期满足周口市(川汇区)工业与居民生活对燃气的需要,又能与"西气东输"工程接轨。2003 年 4 月 26 日,周口市发展计划委员会(以下简称市计委)向河南亿星实业集团有限公司(以下简称亿星公司)、益民公司等 13 家企业发出邀标函,着手组织周口市天然气城市管网项目法人招标,同年 5 月 2 日发出的《周口市天然气城市管网项目法人招标方案》(以下简称《招标方案》)及其补充通知中规定,投标人应"按时将5000 万元保证金打人周口指定账户,中标企业的保证金用于周口天然气项目建设"。益民公司在报名后因未能交纳 5000 万元保证金而没有参加最后的竞标活动。同年 5 月 12 日,正式举行招标。同年 6 月 19 日,市计委依据评标结果和考察情况向亿星公司下发了《中标通知书》。同年 6 月 20 日,市政府作出周政(2003)54 号《关于河南亿星实业集团有限公司独家经营周口市规划区域内城市管网燃气工程的通知》(以下简称 54 号文),其中称:"由河南亿星实业集团公司独家经营周口市规划区域内城市天然气管网工程。"54 号文送达后,亿星公司办理了天然气管网的有关项目用地手续,购置了输气管道等管网设施,于 2003 年 11 月与中国石油天然气股份有限公司西气东输管道分公司(以下简称中石油公司)签订了"照付不议"用气协议,并开始动工开展管网项目建设。益民公司认为,市计委、市政府作出的上述《招标方案》、《中标通知》和 54号文违反了法律规定,并侵犯了其依法享有的管道燃气经营权,向人民法院提起行政诉讼。法院判决确认市计委、市政府具体行政行为违法,但虑及公共利益,并未判决撤销上述行政行为。

法律问题:如果判决撤销该具体行政行为将会给公共利益造成重大损失,如何处理?

提示与分析:虽然市计委作出《招标方案》、发出《中标通知书》及市政府作出 54号文的行为存在适用法律错误、违反法定程序之情形,且影响了益民公司的信赖利益,但是如果判决撤销上述行政行为,将使公共利益受到以下损害:①招标活动须重新开始,如此则周口市"西气东输"利用工作的进程必然受到延误。②由于具有经营能力的投标人可能不止亿星公司一家,因此重新招标的结果具有不确定性,如果亿星公司不能中标,则其基于对被诉行政行为的信赖而进行的合法投入将转化为损失,该损失虽然可由政府予以弥补,但最终亦必将转化为公共利益的损失。③亿星公司如果不能中标,其与中石油公司签订的"照付不议"合同亦将随之作废,周口市利用天然气必须由新的中标人重新与中石油公司谈判,而谈判能否成功是不确定的,在此情况下,周口市民及企业不仅无法及时使用天然气,甚至可能失去"西气东输"工程在周口接口的机会,从而对周口市的经济发展和社会生活造成不利影响。根据《行诉解释》第 58 条关于"被诉具体行政行为违法,但撤销该具体行政行为将会给国家利益或者公共利益造成重大损失的,人民法院应当作出确认被诉具体行政行为违法的判决,并责令被诉行政机关采取相应的补救措施"之规定,应当判决确认被诉具体行政行为违法,同时责令市政府和市计委采取相应的补救措施。

实务训练

第十九章

行政诉讼执行

学习目的与要求 通过本章学习,应当掌握行政诉讼案件的执行与非诉行政行为执行的概念、特点、内容。重点把握两种执行制度的程序、非诉行政行为执行中审查等制度。

■ 第一节 行政诉讼案件执行

一、行政诉讼执行的概念与特征

行政诉讼执行是指对发生法律效力的行政判决书、行政裁定书、行政赔偿判决书和行政赔偿调解书,负有义务的一方当事人逾期拒不履行的,人民法院和有权的行政机关依法采取强制措施,使生效法律文书所确定的义务得以实现的活动。

行政诉讼的执行具有以下特征:

1.执行机关是人民法院或有权行政机关。行政诉讼的执行是指经过诉讼程序审理与裁判后对法院生效裁判文书的执行,不是对未经行政诉讼程序的具体行政行为的执行。对生效裁判的执行,被执行人可能是作为行政诉讼原告的公民、法人或者其他组织,也可能是作为被告的行政机关。执行主体可能是人民法院,也可能是依法拥有强制执行权的行政机关。

2.执行申请人或被申请人必有一方是行政机关。行政诉讼发生在行政机关与行政相对人之间,人民法院作出生效判决、裁定后,当事人不自觉履行的问题当然也就或者发生在原告身上,或者发生在被告身上。因此,作为被告的行政机关不履行生效裁判时,就会成为被申请执行人。而当做为原告的行政相对人不履行生效裁判时,行政机关如果拥有强制执行权,则不发生申请人民法院的问题,如果没有强制执行权,自然就会成为执行申请人。

3.执行根据是已经生效的裁判文书。就行政诉讼而言,这些生效的裁判文书包括行政判决书、行政裁定书、行政赔偿判决书、行政赔偿调解书等。

4.执行后果是使裁判文书所确定的义务得以实现。执行本身并不具有重新调整或确认新义务的性质,从根本上讲,它不过是以方法上的强制性去实现义务人本应自动履行的义务。鉴于此,所有的强制执行措施都以达到这个目的为限度,绝对不允许越出这个范围。

二、行政诉讼执行的条件、主体、对象与范围

（一）执行的条件

行政诉讼执行的条件,是指法律规定的启动行政诉讼执行程序的条件。根据《行政诉讼法》和《行诉解释》的有关规定,行政诉讼的执行条件有四:

1.须有执行根据。根据《行诉解释》第83条的规定,行政诉讼的执行根据为已经发生法律效力的行政判决书、行政裁定书、行政赔偿判决书、行政赔偿调解书。

2.须有可供执行的内容。并非所有的生效法律文书都有可供执行的内容,只有生效裁判明确规定了当事人作为义务的才有执行的可能,否则不存在发生执行的问题。例如,人民法院对被诉的行政机关的不具有可供撤销内容的具体行政行为作出了确认违法判决,该判决就不存在强制执行的问题。一般来讲,行政诉讼中作为可供执行内容的义务有:赔偿等给付义务;恢复原状;实施特定行为的义务,如拆除违章建筑、收缴财物、作出特定具体行政行为等。

3.被执行人有能力履行而拒绝履行义务。法律当然鼓励、允许当事人自觉履行义务,因此强制执行的只能针对当事人拒绝履行义务的情形。另一方面,当事人拒绝履行应当是其有能力履行,如果根本没有条件自己履行法定义务,强制执行也没有任何实际意义。应该注意,当事人没有能力履行义务而不对其强制执行并没有免除其义务。

4.申请当事人在法定期限以内提出了执行申请。当事人有依法申请的权利,而这种权利是要受到保护期限限制的。根据《行诉解释》第84条的规定,申请人是公民的,申请执行的期限为1年,申请人是行政机关、法人或者其他组织的为180日,逾期法院则不予保护。申请人逾期申请的,除有正当理由外,人民法院不予受理。

（二）执行的主体

所谓执行的主体,是指行政执行案件形成的诉讼法律关系中权利义务的承担者。在由行政机关执行的时候,就是行政执行程序上的权利义务的承担者,包括执行组织、执行当事人、执行参与人和执行异议人。

1.执行组织。执行组织,也叫执行机关,是指拥有行政诉讼执行权并主持执行过程的主体,根据《行诉解释》第85条的规定,执行主体是第一审人民法院。第一审人民法院认为情况特殊需要由第二审人民法院执行的,可以报请第二审人民法院执行;第二审人民法院可以决定由其执行,也可以决定由第一审人民法院执行。

2.执行当事人。执行当事人,在法院为执行主体时是指执行申请人与被申请人,在行政机关为执行主体时是指执行人与被执行人。执行申请人与被申请人、执行人与

被执行人,是行政诉讼第一审中的原告和被告,也就是行政管理中的管理者和被管理者。但需要注意,在人民法院作为执行主体时,一审中的原告或被告都可能成为申请人,也可能成为被申请人,关键看行政裁判确定谁是权利人、谁是义务人。在行政机关作为执行主体的情况下,没有申请人与被申请人,只有执行人与被执行人。作为原争议一方当事人的行政机关,同时又成为了执行机关。

3. 执行参与人。执行参与人,是指除执行当事人以外的其他参与执行过程的国家机关、企业、社会组织或者个人。执行参与人参加到执行程序的原因是因为他们对执行中涉及的财产转移、交付承担相应的义务。

具体而言,执行参与人主要有以下三种:

(1)如果执行涉及被执行人的存款、劳动收入,那么,该存款或劳动收入所在的机构(如银行、信用社或工作单位等),就有义务协助执行这部分财产。这些机构就是执行参与人。

(2)如果执行涉及物件或票证等,那么,掌握或保护这些物件、票证的单位或个人,有义务按通知交出这些物件、票证等,他们也是执行参与人。

(3)如果执行涉及财产的手续登记或变更,那么,主管登记的机关或部门也有义务协助完成执行过程,从而成为执行参与人,如房产变卖执行中的房产管理机关等。

4. 执行异议人。执行异议人,是指在执行过程中,当事人以外的对执行标的提出不同意见,主张全部或者部分权利的主体。《民事诉讼法》第208条规定:"执行过程中,案外人对执行标的提出异议的,执行员应当按照法定程序进行审查。理由不成立的,予以驳回;理由成立的,由院长批准中止执行。如果发现判决、裁定确有错误,按审判监督程序处理。"

可见,执行异议人的根本特征在于他就案件的执行标的向法院提出了自己的独立主张,主张自己的权利。执行异议人可能是审判程序中的当事人,也可能不是,但一定不是执行程序的申请人与被申请人。

对于执行异议人理由成立的,法院在裁定中止执行后应当对执行标的作出调整,如执行被执行人的其他无权属争议的财产。执行标的不应当调整而异议又成立的,通常是人民法院的生效裁判存在错误,应当按照审判监督程序对案件重审。异议人是否参加重审,学术界尚存争论,我们认为人民法院应当通知异议人参加诉讼,异议人也有权申请参加诉讼。

(三)执行对象

执行对象,是指执行根据所确定的,并由执行组织的执行行为所指向的客体。执行对象必须以执行根据,即以生效的行政判决书、行政裁定书、行政赔偿判决书、行政赔偿调解书所确定的义务为基础。在法院作为执行组织的案件中还必须是执行申请人在其执行申请中明确指明要求被执行人履行义务为前提,申请人没有请求的内容,即使在生效裁判文书中存在,也不应成为执行的对象。执行对象与执行人的义务存在密切联系,但并不等同。如判决行政机关履行法定职责,申请人的执行请求是房地产管理局履行依法核发房产证的职责,但人民法院的执行行为只能是《行政诉讼法》第65条第3款规定的罚款或其他强制方法,这些执行行为所直接指向的对象是财产而不是行为。

行政诉讼的执行对象分三类:物、行为和人身。在一个具体的执行案件中,执行对象有时是特定的,不能以其他物体代替,如退还所扣车辆;有时是不特定的,如退还罚款。

(四)执行范围

通过对执行对象采用强制的方法,可以实现生效裁判确定的义务,但不能为了实现这个目的对所有涉及被执行人的执行对象任意地采取强制执行措施,强制执行的存在是为了维护公正、合理、稳定的社会秩序,当执行超过必要的限度时,反而会破坏公正、合理、稳定的社会秩序。因此,执行应有必要的限度。所谓执行范围,是指物、行为、人身成为执行对象的具体界限。它要解决哪些物是可以执行的对象,哪些必须给被执行人保留,对行为或人身的执行又应有何种限制。由于行为或者人身作为执行对象时都是特定的,因此,在理论与实践中,执行范围问题主要涉及的是作为执行对象的物。对此,有以下几项限制:

1.只有属于被执行人本人所有的财产或物件才能成为执行的对象,其他无论什么关系人的财产或物件都不能纳入被执行的范围。通过民事法律关系使用或暂时持有的财物不得执行。如属于两人以上共有财产,只能把其中属于被执行人所有的部分作为执行对象。但如果该财产属于不动产,不能将财产整体予以执行再返还其他所有人部分,而只能将被执行人所有的部分产权予以执行,因此,这时不能执行该不动产物本身。

2.被执行人是公民的,应当保留被执行人及其扶养家属的生活必需费用和生活必需品。

3.被执行人如果是以生产劳动为主要谋生手段的,该被执行人赖以谋生的生产工具不能作为执行的范围。

4.被执行人是法人或组织的,在法人或组织未宣告破产或被撤销的,其必要的生产、工作设备、厂房、用房等不能纳入执行范围。

5.被执行人是行政机关的,除可供执行的款项以外,行政机关履行职责所必须的财物均不能纳入执行范围。即使是款项,仍必须保留给行政机关足够的履行职责的经费。

三、行政诉讼执行措施

(一)执行措施概述

所谓执行措施,是指执行机关所采用的具体执行手段与方法。规定行政诉讼执行措施的主要有三类法律文件:①《行政诉讼法》,该法第65条规定了被执行人是行政机关时的执行措施。②《民事诉讼法》,该法第221~229、232条规定的执行措施在行政诉讼中适用于被执行人是公民、法人或者其他组织的情形。③单行法律的规定,如《税收征收管理法》、《治安管理处罚法》等法律都规定有强制手段。

（二）执行措施的种类及适用

行政诉讼执行措施，可以按不同标准分为不同种类，常用的有两种分类：按照执行措施适用对象的不同，可以分为针对行政机关的执行措施与针对其他被执行人的执行措施。按照执行措施的强制方式，可以分为直接强制执行措施与间接强制执行措施。

这里，我们按照执行措施适用对象的不同，分别介绍行政诉讼的执行措施：

1. 对行政机关的执行措施。按照《行政诉讼法》第65条第3款的规定，行政机关拒绝履行人民法院生效的判决、裁定的，人民法院可以根据不同情况采取四种执行措施：

①划拨。对行政机关应当归还的罚款或者应当给付的赔偿金，人民法院通知银行从该行政机关的账户内划拨。②罚款。行政机关在生效法律文书规定期限内拒不履行的，从期满之日起，人民法院对该行政机关按日处以50～100元的罚款。③司法建议。人民法院向不履行生效法律文书的行政机关的上一级行政机关或者监察、人事机关提出司法建议，接受司法建议的机关，根据有关规定进行处理，并将处理结果告知人民法院。④追究刑事责任。行政机关拒不履行判决、裁定，情节严重构成犯罪的，依法追究主管人员和直接责任人员的刑事责任。此外，按照《行诉解释》第96条的规定，行政机关拒绝履行人民法院生效判决、裁定的，人民法院除了可以依照《行政诉讼法》第65条第3款规定的上述规定处理外，并可以参照《民事诉讼法》第102条的有关规定，对行政机关主要负责人或者直接责任人员予以罚款处理，即对人员罚款。

2. 对公民、法人或者其他组织的执行措施。对公民、法人或者其他组织的执行措施种类较多。除了《民事诉讼法》规定的以外，单行法律中规定的执行措施几乎都是针对公民、法人或者其他组织的。主要有：

（1）冻结。是指对被执行人在金融储蓄机构的存款所适用的执行措施。

（2）划拨或者扣缴。是指将被执行人的款项从存款机构账户内划出，并直接划入执行机关所指定账户的强制执行措施。

（3）扣留、提取。是指对被执行人的劳动收入直接从发放或存放处扣留与提取的执行措施。如对公民所在工作单位发出协助执行通知书，从其工资中逐月扣除等。

（4）查封、扣押、拍卖、变卖和收购。

查封，是指对被执行物品进行清核后张贴封条、原状封存的措施。查封既可以对动产适用也可以对不动产适用，前者可为异地封存，后者只能就地封存。查封的效力及于被查封物及其孳息。

扣押，是指将被执行财物强制扣押的措施。扣押主要适用于易于移动的贵重财物，被扣押物须扣押于执行机关指定场所，并应予妥善保管，不能使用或毁坏，否则，扣押机关须负赔偿责任。扣押所需保管费用由被执行人负担。

拍卖，是指对查封、扣押物，交由拍卖商行在公开竞价基础上卖出，所得款项用于偿付义务人之债务，余额退还义务人。

变卖，是指对查封、扣押物，将其按商品进行出售，所得款项用于偿付义务人之债务,余额退还被执行人。执行机关应将变卖物交由商业机构进行变卖,不得自行变卖。

收购,是指对查封、扣押的属于国家法律禁止私自买卖、不能自由或者限制自由流通的物品,由专门单位按照规定的价格强行收购,所得价款用于偿付义务人之债务,余额退还义务人。

(5)强制交付。是指以强制方法实际交付特定物给申请人的措施。一般必须是特定物才有交付的必要。交付的形式可以是当事人双方当面交付,也可由执行机关转交。

(6)强行拆除。是指对建筑物及其附属物执行措施,用于对违章建筑的拆除。

(7)强行迁出或者强制退出。是指对人及物品违法占据建筑物或者其他场所,如工厂、农田、建筑工地等情形的强制措施,包括人及物品搬迁。

(8)强行销毁。是指将被执行人拥有的违法的有形物品予以损毁,如盗版音像制品、侵犯专利权、侵犯商标权的产品等。

四、行政诉讼执行程序

行政诉讼执行程序,是指在行政诉讼执行的全部过程中,以及在行政诉讼执行中出现特定情形时应当遵循的行为准则。

(一)执行提起

执行提起是执行程序发生的原因。执行是要式行为,必须依据法律规定的方式提起。按照《民事诉讼法》第 210、216 条的规定,执行程序的提起有三种方式:

1. 申请执行。申请是提起执行的主要方式。依据《行诉解释》第 83～85 条的规定,对生效法律文书负有义务的一方当事人拒绝履行的,对方当事人可以依法申请人民法院强制执行。公民提出申请执行的期限为 1 年,行政机关、法人或者其他组织为180 天,申请执行的期限从法律文书规定的履行期间的最后一日起计算;法律文书中没有规定履行期限的,则以该文书生效之日起计算。依据最高人民法院《关于人民法院执行工作若干问题的规定(试行)》(以下简称《执行规定》)第 20～23 条的规定,申请人须向第一审人民法院提交行政执行申请书,申请执行的法律文书及其他相关的证据材料,并预交执行费用。申请执行人可以委托代理人代为申请执行。

2. 移送执行。移送执行,是指无须当事人申请,而由案件审判庭的审判人员直接将生效法律文书移交法院执行庭的执行人员进行执行的制度,是人民法院依职权的主动执行。由于执行事关当事人的实体权利,而当事人有权处分自己的实体权利,因此,执行通常应有当事人申请。但考虑到有些案件当事人主动申请存在困难,如缴纳执行费用等,《民事诉讼法》第 216 条规定了移送执行制度。

《执行规定》第 19 条规定:"发生法律效力的具有给付赡养费、扶养费、抚育费内容的法律文书、民事制裁决定书,以及刑事附带民事判决、裁定、调解书,由审判庭移送执行机构执行。"可见,移送执行的范围应由法律明文规定,没有规定可以移送执行的,法院应当依当事人的申请执行。司法解释这里规定的移送执行情形都与行政诉讼无关,目前也没有其他关于行政诉讼中适用移送执行的范围规定。我们认为,参照民事诉讼中适用移送执行的案件范围规定,在行政诉讼中,起诉行政机关没有依法发给抚恤金、社会保险金、最低生活保障费等案件,审理案件的行政审判庭可以将生效的具有这些给付内容的法律文书移送执行机构执行,其他行政诉讼案件原则上不应当适用移送执行制度。

3. 委托执行。委托执行,是指执行法院不便异地执行时,委托当地法院并由该受委托法院代为执行的制度。依据《民事诉讼法》第 210 条、《执行规定》第 111 ~ 123 条以及最高法院《关于加强和改进委托执行工作的若干规定》,[1]被执行人或被执行的财产在本省、自治区、直辖市辖区以外的案件,除少数特殊情况之外,应当委托执行。被执行人或被执行的财产在本省、自治区、直辖市辖区内,须跨中级人民法院、基层人民法院辖区执行的案件,亦应以委托执行为主。作出执行决定的法院须向受托的法院发出书面委托函,并附送据以执行的生效法律文书副本原件、立案审批表复印件,以及被执行人财产状况、财产保全情况等有关情况说明。受托法院应当于收到委托执行手续后 15 日内开始执行,一般应当在 30 日内执行完毕,最迟应当在 6 个月内执行完毕。委托手续不全的,执行期限自受托法院收到齐全手续之日起算。执行结果应函复委托的法院。如果在委托执行中,受委托法院认为受托执行的案件应当中止、终结执行的,应将有关材料函告委托法院,由委托法院根据情况作出裁定。受托法院在办理受托执行案件过程中,发现据以执行的生效法律文书有明显错误,如予执行将造成严重后果的,应当首先对被执行人的财产采取查封、扣押、冻结等措施,然后将书面意见及时转交作出生效法律文书的法院处理。

(二)审查立案

行政诉讼执行的审查立案,是指执行机构在接到执行申请书和移送执行书后,在法定期限内,对有关文书、材料进行审查、对案情进行了解,并决定是否立案执行的制度。委托执行中,受托法院不得拒绝执行,所以,对受托法院而言,不存在立案问题。

依据《执行规定》第 18 条规定,行政诉讼执行中审查的主要事项有:

①申请人资格是否适当;②申请或者移送执行的法律文书是否已经生效;③申请执行人是否在法定期限内提出申请;④生效的法律文书是否具有给付内容;⑤执行标的和被执行人是否明确;⑥义务人是否在生效法律文书确定的期限内未履行义务;⑦是否属于受理申请的人民法院的管辖;⑧其他需要审查的事项。

人民法院的执行机构应当在接到执行申请书或者移送执行书之日起 7 日内完成审查,符合条件的,决定立案;不符合条件的,裁定不予受理。

(三)执行准备

决定立案执行的,执行机构在实施执行以前,应当全面了解案情,特别是要了解被

---

〔1〕　最高人民法院《关于加强和改进委托执行工作的若干规定》,2000 年 2 月 24 日由最高人民法院审判委员会第 1102 次会议通过,2000 年 3 月 11 日起施行。

执行义务人拒不履行义务的原因,是否有能力及其财产状况等情况,做好执行的准备工作。按照《执行规定》第24条的规定,人民法院受理执行案件后,应当在3日内通知被执行人在指定的期限以内自动履行义务。同时,要制订强制执行的方案,决定所要采取的执行措施,确定执行的时间、地点、划分执行范围、明确执行对象,并办理好有关执行措施的批准手续,通知执行参与人以及有关人员到场。

(四)实施执行

实施执行是指人民法院适用执行措施的过程,是执行的实现阶段。人民法院应当运用强制措施,保证实现法律文书所确定的义务内容,保护当事人合法权益。

(五)执行阻却

执行阻却,是指在执行过程中,因发生法定事由,使执行不能继续或继续执行已无必要,因而执行程序中断的现象。《行政诉讼法》并没有就执行阻却作出规定,参照《民事诉讼法》第211、234~236条的规定,执行阻却的情形有:执行和解、执行中止、执行终结。

1. 执行和解。执行和解,是指在执行中,执行申请人与被申请人双方自行达成和解协议,从而结束执行的制度。和解不得违反法律规定,不得损害第三人的利益,不得损害公共利益。当事人双方在平等、自愿的基础上达成和解协议。和解协议应当交执行机构存卷,或由执行员将和解内容记录在案,由双方当事人签名或盖章。对于达成和解协议的内容,人民法院不再执行,如果一方当事人不履行和解协议的,人民法院可以根据对方当事人的申请,恢复对原生效行政赔偿判决书、行政赔偿调解书的执行。

2. 执行中止。执行中止,是指在行政诉讼的执行过程中,由于法定事由的出现,暂时中断执行,待事由消失后执行程序继续进行的制度。参照《民事诉讼法》第234条的规定,在行政诉讼中引起执行中止的法定事由应当包括:①申请人表示可以延期执行的;②案外人对执行标的提出确有理由的异议的;③作为一方当事人的公民死亡,需要等待继承人继承权利或承担义务的;④作为一方当事人的法人、其他组织终止的,尚未确定权利义务承受者的;⑤法院认为应当中止执行的其他情形。

按照《行诉解释》第63条的规定,参照《民事诉讼法》第236条的规定,执行中止应当由人民法院作出裁定。该裁定一经送达当事人,立即生效。执行中止的事由消失后,人民法院应当主动恢复执行。当事人也可以申请人民法院恢复执行,对当事人的申请,人民法院经过审查属实的,应当恢复执行。恢复执行的,中止执行以前的执行活动继续有效。

需要强调,中止执行的上述③、④两种情形是专门针对执行申请人是行政机关,被执行人为行政诉讼中的原告,执行根据是人民法院裁判维持具体行政行为效力的情况。这两种情况下,如果公民死亡,或者法人或社会组织终止,需要确定权利义务承受者,但不能无限期等待,参照《行诉解释》第52条第2款的规定,执行中止满90天仍然没有确定这两种情况下的权利义务承受人的,人民法院应当裁定执行终结。

3. 执行终结。执行终结,是指在行政诉讼的执行过程中,因法定事由出现,使执行已无必要或不可能继续进行,因而结束执行程序的制度。与执行中止不同,执行中止是暂时中断,待导致中止的事由消失后还要继续执行,而执行终结则是执行程序的结束,以后不再恢复或继续。执行终结也不同于执行完毕,执行完毕是指被执行法律文书的内容的实现而结束执行程序,执行终结的结束程序并不是由于义务的实现。参照《民事诉讼法》第235条的规定,在行政诉讼中引起执行终结的法定事由应当包括:

①申请人撤销执行申请的;②据以执行的法律文书被依法撤销;③作为被执行人的公民死亡,无遗产可供执行,又无义务承担人的;④请求依法发给抚恤金、最低生活保障费案件的权利人死亡的;抚恤金、最低生活保障费都是特定人享有的权利,如果该特定权利人已死亡,其权利内容也随之消灭,不能被转让或代替,也不得继承,已无执行的必要,必须终结;⑤法院认为应当终结执行的其他情形。

根据《行诉解释》第63条的规定,参照《民事诉讼法》第236条的规定,终结执行的,法院应当作出终结执行裁定书,该裁定书一经送达当事人,立即生效。

(六)执行完毕

执行完毕是指,执行机关采取执行措施,实现执行根据确定的义务,完成执行任务,从而结案。执行完毕是执行案件在内容和程序上的终结,当事人权利得以实现,执行案件结束。应结清执行交付的各种手续、费用等,从而告知程序完毕。如果执行确有错误,只有通过执行回转予以补救。

(七)执行回转

执行回转是在执行结束后,因法定事由而将已执行的对象恢复到执行前的状态,即回转。执行回转的本质是纠正错误的执行。按照《行诉解释》第48条,并参照《民事诉讼法》第214条的规定,行政诉讼中执行回转的事由包括:①执行完毕后,据以执行的判决书、裁定书、调解书被人民法院按照审判监督程序撤销的;②第一审法院作出的先行给付裁定已经执行完毕后,原告败诉从而使得先行给付裁定失去合法的基础与效力;③执行人员违法执行的。

参照最高法院《关于人民法院执行工作若干问题的规定(试行)》第109条的规定,执行回转也适用于当事人自动履行的情形,只要属于上述应当执行回转的情形,法院即应依职权或者应当事人的申请完成执行回转,以恢复合法状态。执行回转时,已经执行的标的物系特定物的,应当退还特定物。不能退还特定物的,可以折价补偿。

■　第二节　非诉行政行为执行

一、非诉行政行为执行的概念

非诉行政行为的执行,是指行政机关作出具体行政案件后,公民、法人或者其他组织在法定期限内,既不向人民法院提起行政诉讼,又拒不履行已生效的具体行政行为所确定的义务时,行政机关或行政裁决行为确定的权利人向人民法院提出执行申请,由人民法院采取强制措施,使具体行政行为的内容得以实现的制度。

非诉行政行为的执行有四个特征:

1.非诉行政行为的执行机关是人民法院,而非行政机关。

2.非诉行政行为的执行根据是行政机关作出的已生效具体行政行为。该具体行政行为没有进入行政诉讼,没有经过人民法院的裁判。

3.非诉行政行为的执行申请人是行政机关或行政裁决行为确定的权利人,被执行人是公民、法人或者其他组织。

通常情况下,非诉行政行为执行的执行申请人是行政机关。在特定情况下,非诉行政行为的执行申请人也可以是生效具体行政行为确定的权利人或者其继承人、权利承受人。《行诉解释》第90条规定:"行政机关根据法律的授权对平等主体之间民事争议作出裁决后,当事人在法定期限内不起诉又不履行,作出裁决的行政机关在申请执行的期限内未申请人民法院强制执行的,生效具体行政行为确定的权利人或者其继承人、权利承受人在90日内可以申请人民法院强制执行。享有权利的公民、法人或者其他组织申请人民法院强制执行具体行政案件,参照行政机关申请人民法院强制执行具体行政行为的规定。"行政裁决是行政机关对双方当事人争议的民事权益作出的裁决,如果裁决中的义务人拒不履行行政裁决,行政裁决中确定的权利人的权益就无法得到保护。因此,由于权利人与行政裁决有直接利害关系,最了解义务人是否已经履行了义务,由他直接申请人民法院强制执行可以弥补行政机关怠于履行职责行使申请执行权利的不足。

4.非诉行政行为的执行前提是公民、法人或者其他组织在法定期限内,既不提起行政诉讼,又拒不履行具体行政行为所确定的义务。

《行政诉讼法》第66条规定:"公民、法人或者其他组织对具体行政行为在法定期限内不提起诉讼又不履行的,行政机关可以申请人民法院强制执行,或者依法强制执行。"这里的依法强制执行是指作出具体行政行为的行政机关自己强制执行。据此,行政机关申请人民法院强制执行具体行政行为必须同时具备两个前提:

(1)公民、法人或者其他组织在法定起诉期间内没有对该具体行政行为提起行政诉讼。

(2)公民、法人或者其他组织拒不履行该具体行政行为所确定的义务。

二、非诉行政行为执行的权力根据与范围

(一)非诉行政行为执行的权力根据

非诉行政行为执行的权力根据,是指在何种情况下行政机关可以申请人民法院强制执行具体行政行为,在何种情况下行政机关不能申请人民法院强制执行具体行政行为的问题。在我国,行政行为强制执行权的划分目前还是由单行的法律、法规具体规定,目前还没有统一的立法规定。总结单行法律、法规的规定,结合《行诉解释》第87条的规定,人民法院行使对非诉行政行为的执行权包括以下三种情况:

1.法律、法规没有赋予行政机关强制执行权,行政机关申请人民法院强制执行的,人民法院应当依法受理;

2.法律、法规规定既可以由行政机关依法强制执行,也可以申请人民法院强制执行,行政机关申请人民法院强制执行的,人民法院应当依法受理;

3.法律、法规赋予行政机关强制执行权,没有规定可以申请人民法院强制执行,行政机关申请人民法院强制执行的,人民法院应当依法受理。

需要说明,前两种情况,《行诉解释》有明确规定。第三种情况下人民法院是否应当受理行政机关的申请,学术界还存在争论,也有学者认为此种情形中法院不能受理行政机关的执行申请。[1]

（二）非诉行政行为执行的范围

非诉行政行为执行的范围是指哪些行政行为可以通过人民法院的非诉强制执行程序来实现其内容。

按照《行政诉讼法》第66条的规定,只要行政机关作出具体行政行为后,该行为所确定的承担义务的公民、法人或者其他组织在法定期限内既不自觉履行,又不提起诉讼的,行政机关就可以申请人民法院强制执行。可见,这条规定将执行的范围限于具体行政行为。然而,在司法实践中,这条规定过于笼统,为此,我们根据司法实践中具体情况,认为非诉行政行为执行的范围应当遵循以下三项具体限定:

1.按照《行政诉讼法》第12条及《行诉解释》第1条第2款的规定,不允许提起行政诉讼的行为,人民法院不予执行。

简单地说,《行政诉讼法》第66条规定的是公民、法人或者其他组织在法定期限内不提起诉讼的,行政机关可以申请强制执行。既然不允许起诉,就无法满足行政机关申请执行的前提。另外,不允许当事人起诉,却允许行政机关申请强制执行;不允许法院通过行政诉讼审查合法性,却要求法院强制执行,有悖司法公正。

2.行政行为的内容不具体,或者没有可供执行内容的。

强制执行是为了实现行政行为确定给公民、法人或者其他组织的义务,不是要法院代替行政机关来确定行政行为的具体内容,更不是借法院的力量抖威风、壮声势。因此,凡是内容不明确、具体,或者不是对公民、法人或者其他组织科以可执行义务的行为,人民法院均不应执行。

3.其他不宜由法院执行的行为。如限制人身自由的行政行为。

三、非诉行政行为执行的管辖与期限

（一）非诉行政行为执行的管辖

非诉行政行为执行的管辖,是指人民法院受理与执行非诉行政行为时的分工与权限制度。《行诉解释》第89条规定:"行政机关申请人民法院强制执行其具体行政行

---

〔1〕 应松年主编:《行政诉讼法学》,中国政法大学出版社2002年版,第256页。

为,由申请人所在地的基层人民法院受理;执行对象为不动产的,由不动产所在地的基层人民法院受理。基层人民法院认为执行确有困难的,可以报请上级人民法院执行;上级人民法院可以决定由其执行,也可以决定由下级人民法院执行。"据此,并参照《行政诉讼法》第三章、《行诉解释》第6、8条关于行政诉讼案件管辖制度的规定,我们认为,非诉行政行为执行案件的管辖包括八种情况:①专门人民法院、人民法院的派出法庭不受理非诉行政执行案件;②非诉行政执行案件原则上由申请人所在地的基层人民法院管辖;③国务院部门、省级人民政府申请执行的案件,专利、海关行政机关申请执行的案件,以及重大涉外或者重大涉港、澳、台的案件,中级人民法院辖区内重大复杂的案件,以及其他基层人民法院不适宜执行的案件由中级人民法院受理;④执行对象为不动产的,由不动产所在地的基层人民法院管辖;⑤申请人申请人民法院强制执行具体行政行为,基层人民法院认为执行有困难的,可以报请上级人民法院受理。上级人民法院可以决定自己执行,也可以决定由下级人民法院执行;⑥两个以上人民法院对案件都有管辖权的,申请人可以选择向其中一个人民法院申请执行。申请人分别向两个以上有管辖权的人民法院申请强制执行的,由最先立案的人民法院管辖。两个以上人民法院对同一非诉执行案件同时立案的,报请其共同的上级人民法院指定管辖;⑦人民法院对非诉行政执行案件的管辖权发生争议的,由争议的人民法院协商确定管辖,协商不成的,报共同的上一级人民法院指定管辖;⑧人民法院发现所受理的非诉行政执行案件不属于本院管辖的,应当移送至有管辖权的人民法院处理,受移送的法院不得再自行移送。

(二)非诉行政行为执行的期限

根据《行诉解释》第88、90条的规定,非诉行政行为申请执行的期限分两种情况:

1.行政机关申请执行其具体行政行为的,应当自被执行人的法定起诉期限届满之日起180日内提出。逾期申请的,除有正当理由外,人民法院不予以受理。

2.行政机关根据法律的授权对平等主体之间民事争议作出裁决后,当事人在法定期限内没有起诉又不履行,作出裁决的行政机关在申请期限内不申请执行的,生效行政裁决行为所确定的权利人或者其继承人、权利承受人申请人民法院强制执行的,应当在行政机关申请期限届满之日起90日内提出。

应当说明的是,无论是行政机关申请执行还是行政裁决行为所确定的权利人、权利人的继承人、权利承受人申请执行,其期限一律按照《行诉解释》的上述规定。

四、非诉行政行为执行的条件

非诉行政行为的执行以国家强制力为后盾,直接针对公民、法人或者其他组织权益,并影响到行政法治目标的实现,因而非诉行政行为执行的条件应当明确,以避免执行不当损害公民、法人或者其他组织的合法权益,或者影响行政效率。根据《行政诉讼法》第66条,以及《行诉解释》第86条规定,申请人民法院执行具体行政行为应当具备以下九个条件:

1.具体行政行为依照法律、法规的规定可以由人民法院执行,即属于前述非诉行政行为执行的范围。

2.具体行政行为已经生效并具有可执行内容。申请强制执行的具体行政行为必须已经生效,并具有可供执行的内容,如给付或作为义务。

3.申请人是作出该具体行政行为的行政机关或者法律、法规、规章授权的组织,或者是行政裁决行为所确定的权利人、权利人的继承人、权利承受人。

4.被申请人是该具体行政行为所确定的义务人。

5.被申请人对具体行政行为在决定期限内不申请行政复议、不提起行政诉讼,又不履行。

6.具体行政行为确定的履行义务的期限已经届满,或者行政机关另行指定的履行义务的期限内已经届满。

7.申请人在法定期限内提出申请。

8.申请人向人民法院提出书面申请。

9.受理执行申请的人民法院拥有管辖权。

五、非诉行政行为执行的程序

非诉行政行为的执行程序包括申请与受理、审查、告知履行和强制执行等环节。

(一)申请与受理

非诉行政行为的执行始自行政机关或者行政裁决所确定的权利人、权利人的继承人或者权利承受人的申请,向人民法院提出申请是非诉行政行为执行开始的唯一方式,法院无权自行开始非诉行政行为的执行,这一点与行政诉讼的执行有所不同。按照《行诉解释》第91条的规定,依法申请人民法院强制执行具体行政行为的,应当提供以下申请材料:

1.强制执行申请书。强制执行申请书应当包括与执行有关的事项,主要包括:①申请人与被申请人的姓名或者单位名称、住址或者地址等当事人基本情况;②申请执行的具体行政行为的内容或者其他申请执行的事项;③申请执行的理由,如被申请人拒不履行义务的情况等;④其他与执行有关的事项。

2.据以执行的生效行政法律文书。

3.证明被申请执行的具体行政行为合法的材料。主要包括:①行政机关具有作出该具体行政行为的权限;②行政机关据以作出该具体行政行为的事实和相关证据;③行政机关作出该具体行政行为的法律依据。

4.被执行人的财产状况。

5.其他必须提交的材料。其他必须提交的材料是指除上述材料以外的与执行有关的必要材料。如执行对象为特定物的,行政机关就应提供有关特定物的形态、特征、存放地点等情况。

人民法院在接到申请人的申请后,应当进行审查以决定是否受理立案。《行政诉讼法》和相关司法解释均没有规定法院审查立案的期限,我们认为应当比照《行政诉讼法》第 42 条的规定,人民法院应当自接到申请之日起 7 日内进行审查,决定是否受理,不予以受理的,应当作出驳回执行申请的裁定。

(二)非诉行政行为执行中的财产保全

执行中的财产保全通常是为了防止被执行人隐匿、转移财产,恶意逃避执行的财产处分行为而由人民法院依法对被执行人的财产采取一种强制性的保护措施。《行诉解释》第 92 条规定:"行政机关或者具体行政行为确定的权利人申请人民法院强制执行前,有充分理由认为被执行人可能逃避执行的,可以申请人民法院采取财产保全措施。后者申请强制执行的,应当提供相应的财产担保。"据此,非诉行政行为执行中的财产保全有以下四个特征:

1. 非诉行政行为执行前的财产保全依申请开始,人民法院不得主动采取。保全申请人必须是非诉行政行为执行的申请人,即行政机关或者具体行政行为确定的权利人。

2. 非诉行政行为执行前财产保全申请应向对该具体行政行为拥有强制执行管辖权的人民法院提出。

3. 非诉行政行为执行前财产保全的实质条件是申请人有充分理由证明被执行人可能逃避执行。被执行人逃避执行的可能必须基于客观事实,而不是申请人的主观臆断,申请人必须提出充分理由证明被执行人有逃避执行的可能性。

4. 非诉行政行为执行前提出财产保全的申请人如果是具体行政裁决行为所确定的权利人,权利人的继承人或者权利承受人的,必须向人民法院提供采取保全措施的财产担保。申请人不按规定提供担保,人民法院应当依法驳回其执行前财产保全申请。

应当说明,行政机关作为执行申请人时申请执行前的财产保全的,《行诉解释》没有规定其提供财产担保的义务。对于申请人提出的符合条件的执行前财产保全申请的,人民法院应当及时采取财产保全措施。

(三)人民法院对具体行政行为的合法性审查

根据《行诉解释》第 93 条的规定,人民法院对非诉行政行为决定立案执行后,应当对被申请执行的具体行政行为进行合法性审查。这种审查既不同于是否受理执行申请的立案审查,也不同于行政诉讼程序中对被诉具体行政行为的合法性审查。是否受理执行申请的立案审查属于程序性审查,而这种审查是实质审查;行政诉讼中对被诉具体行政行为的合法性审查是通过开庭审理的诉讼程序根据《行政诉讼法》第 54 条规定进行的严格审查,而这种审查既不开庭,也没有严格的程序。

1. 审查组织与方式。根据《行诉解释》第 93 条规定,负责对被执行的具体行政行为的合法性进行审查的机构是行政审判庭,行政审判庭对被执行的具体行政行为进行审查实行合议制,由行政审判庭组成合议庭。经合议庭审查认定具体行政行为合法、正确,人民法院应作出准予强制执行的裁定,否则,人民法院应当作出不予强制执行的裁定。该裁定应当送达申请人民法院强制执行的行政机关或者行政裁决行为的权利人,但不得上诉。

2. 审查标准。根据《行诉解释》第95条的规定,被申请执行的具体行政行为有下列三情形之一的,人民法院应当裁定不准予执行:①明显缺乏事实根据的。如申请执行的行政机关没有提供认定事实的重要证据,或者其提供的证据不能证明具体行政行为所认定的事实等;②明显缺乏法律依据的。如被申请执行的具体行政行为根本没有适用任何法律规范、具体行政行为所适用的法律规范明显与其针对事项没有关系、具体行政行为所适用的法律规范违反法律适用的一般原则等;③其他明显违法并损害被执行人合法权益的。如明显滥用职权、行政处罚显失公正、重复处理行为等。

需要说明,《行诉解释》没有将违反法定程序的行为排除在可执行之外。我们认为,如果被申请执行的具体行政行为只是程序上存在瑕疵,不影响实体内容的正确,法院无权拒绝执行,但是,如果是严重违反法定程序时,法院就应当裁定不准予执行。所谓严重违反法定程序是指具体行政行为违反程序的严重程度已经导致对该行为无须进行实体上是否正确的评价了。如具体行政行为的程序违反法律的禁止性规定;行政机关在作出具体行政行为的过程中非法剥夺公民、法人或者其他组织的陈述、申辩、听证、行政复议等权利;行政机关以利诱、欺骗、胁迫、暴力等不正当手段作出具体行政行为等严重违反法定程序的。

此外,如果具体行政行为依法没有成立或者属于无效的行为时,人民法院亦应当裁定不准予执行。

总之,人民法院对具体行政行为不予执行的原因,必须是被申请执行的具体行为存在较为明显的错误,即具体行政行为有原则性错误时,人民法院才能对该具体行政行为不予执行。

(四)案件移交与通知履行

按照《行诉解释》第93条规定,人民法院的行政审判庭裁定准予执行的非诉行政行为需要采取强制执行措施的,行政审判庭应当将案件交由本院负责强制执行非诉行政行为的机构具体执行。

参照前述行政诉讼执行制度,负责执行非诉行政行为的机构,在强制执行前,应当再次书面通知被执行人,告诫被执行人履行义务,并附履行期限,促使被执行人自觉履行义务。如果被执行人逾期仍不履行义务的,则由执行机构实施强制执行。

(五)实施强制措施

准备强制阶段,人民法院应当出具强制执行手续,填写强制执行的有关法律文书,通知有关单位、人员到场,制定强制执行方案等。非诉强制执行的具体措施以及实施方法与前述行政诉讼执行的相关内容相同,主要是要参照《民事诉讼法》及最高法院《关于适用〈中华人民共和国民事诉讼〉若干问题的意见》的有关规定执行,此处不再赘述。

（六）执行结束

执行任务完成后,人民法院应将案卷材料整理归档,并结清各种手续及费用,书面通知申请强制执行的申请人,从而宣告执行程序结束。

【思考题】

1. 简述行政诉讼执行的概念与特征。
2. 简述行政诉讼执行的条件。
3. 简述行政诉讼的执行程序。
4. 简述非诉行政行为执行的概念与特征。
5. 简述非诉行政行为执行的范围。
6. 简述非诉行政行为执行的条件。
7. 简述非诉行政行为执行的程序。

【实务训练】

嵊州市环保局向嵊州市法院申请复议案

案情简介:2002 年 8 月,浙江省嵊州市环保局根据群众举报,到该市崇仁硅藻土保温材料厂检查,发现该厂未经环评和审批,擅自扩建了一只倒焰窑,并已投产。鉴于这家企业明显违反了《建设项目环境保护管理条例》的规定,嵊州市环保局于 8 月 23 日以〔嵊环罚字(2002)第 124 号〕文作出行政处罚决定,责令嵊州市崇仁硅藻土保温材料厂违法扩建的倒焰窑立即停止生产。被处罚单位在法定期限内既不申请行政复议,也不向法院提起诉讼,拒绝履行行政处罚决定事项。嵊州市环保局遂依法向嵊州市人民法院申请强制执行,但该法院以"停止生产这一具体行政行为不具有强制执行内容"为由,于 9 月 24 日作出"不予受理"的决定。嵊州市环保局不服,又向嵊州市法院申请复议,被该法院"驳回申请,维持原决定"。

法律问题:责令停止生产是否属于具有可执行内容的具体行政行为,为什么?

提示与分析:受民事执行案件多为涉及财产的执行内容的影响,很多人认为"具有可供执行的内容"就是对财产或者人身自由采取强制执行措施,其实,行为也可以成为执行对象。如法院可以采取执行罚迫使当事人履行,或者采取措施消灭该单位的生产条件迫使当事人履行等。由此,我们认为,责令停止生产也是具有可执行内容的具体行政行为。从法律实践的角度看,产生这种争论的主要原因是我国行政诉讼法执行制度规定的执行措施都以财产或者人身为执行对象而设计的,缺乏针对行为的执行措施,这是法院作出"不予受理"决定的制度原因,它也是今后需要完善的地方。

第二十章

行 政 赔 偿

学习目的与要求 通过本章的学习,要求掌握行政赔偿的概念和特点、行政赔偿的归责原则和构成要件,了解有关行政赔偿范围、行政赔偿请求人和赔偿义务机关、行政赔偿程序、行政赔偿方式和标准的法律规定并能正确运用于法律实务。

■ 第一节　行政赔偿概述

一、行政赔偿的概念和特征

行政赔偿是指国家行政机关及其工作人员违法行使职权,侵犯公民、法人和其他组织的合法权益造成其损害时,由国家向受害人承担赔偿责任的制度。

行政赔偿与其他赔偿制度比较,具有以下特点:

1. 行政赔偿的主体是国家,但具体履行行政赔偿义务的机关则为致害的行政机关或法律、法规授权的组织。行政赔偿是因行政机关及其工作人员违法行使职权的行为引起的,因此,法律规定原则上由实施违法行为的行政机关承担具体赔偿义务。如果法律、法规授权的组织在行使授予的行政权力时侵犯了公民、法人和其他组织的合法权益造成其损害,被授权组织为赔偿义务机关;受行政机关委托的组织或个人在行使受委托的行政权力时侵犯了公民、法人和其他组织的合法权益造成损害的,委托的行政机关为赔偿义务机关。

2. 行政赔偿的范围是特定的。根据《国家赔偿法》和《行政诉讼法》的规定,行政赔偿的范围分为两类:①具体行政行为造成的损害,如违法行政处罚行为、违法采取行政强制措施、行政不作为等造成的损害;②事实行为造成的损害,即行政机关工作人员行使行政职权时,以殴打等暴力行为或违法使用武器警械造成的损害。

3. 行政赔偿途径是多渠道的。受害人取得行政赔偿,可以通过向行政赔偿义务机关提出申请,也可以通过行政复议行政诉讼等多种渠道实现。《行政诉讼法》《行政复议法》《国家赔偿法》分别规定了受害人请求行政赔偿的具体步骤、方式、方法、顺序、期限和条件等。

二、行政赔偿的归责原则

行政赔偿的归责原则是指在法律上确定国家承担行政赔偿责任所依据的标准。归责原则的确立,为从法律价值上判断国家应承担法律责任提供了根本的依据和标准,它对于确定行政赔偿责任的构成及免责条件、举证责任的负担以及承担责任的程度等,均具有重要意义。[1]

我国《国家赔偿法》第 2 条规定:"国家机关和国家机关工作人员违法行使职权侵犯公民、法人和其他组织的合法权益造成损害的,受害人有依照本法取得国家赔偿的权利。"该条规定确定了我国行政赔偿的归责原则是违法责任原则。该原则应从以下几方面理解:

1. 违法原则是指行政机关及公务人员违反法律法规的严格规定或法律的一般原则,在行使职权时侵犯公民、法人和其他组织合法权益的,国家必须承担赔偿责任。

2. 违法不仅指违反严格意义上的法律规范,还包括违反法的基本原则和法的精神。

三、行政赔偿的构成要件

行政赔偿的构成要件,是指行政机关代表国家承担赔偿责任所应具备的前提条件。根据《行政诉讼法》和《国家赔偿法》的规定,行政赔偿的构成要件包括侵权行为主体、侵权行为、损害事实和因果关系等四个方面。

1. 侵权行为主体。侵权行为的主体只能是国家行政机关及其工作人员、法律、法规授权的组织及其工作人员、行政机关委托的组织或个人。

2. 侵权行为。侵权行为是指行政机关及其工作人员、法律、法规授权的组织及其工作人员以及行政机关委托的组织或个人在行使行政职权的过程中所实施的违法行为,包括违法的具体行政行为和事实行为。[2]

3. 损害事实。行政赔偿的主要功能是对损害的补救,如果仅仅有行政侵权行为,而没有损害事实的存在,则谈不上行政赔偿。因此,必须要有损害事实的存在,而且损害必须是已经产生的、确实存在的,不是想象的、主观臆造的。

4. 因果关系。即行政侵权行为与损害事实之间存在因果关系。如果侵权行为与损害事实之间没有因果关系,那么行政机关及其工作人员就没有义务对损害负责,国家也不承担行政赔偿责任。

---

[1]　姜明安主编:《行政法与行政诉讼法》,北京大学出版社、高等教育出版社 2005 年版,第 651 页。
[2]　方世荣、石佑启主编:《行政法与行政诉讼法》,北京大学出版社 2005 年版,第 549 页。

■ 第二节 行政赔偿的范围

根据我国《国家赔偿法》的规定,行政赔偿的范围如下:

一、侵犯人身权的行政赔偿

(一)人身自由权损害赔偿

根据我国《国家赔偿法》的规定,行政赔偿范围内的人身自由权损害包括以下几类:

1.违法拘留。行政机关违反法律规定的权限、程序,或在证据不足、事实不清等情况下拘留公民的,属于违法拘留。因违法拘留造成公民损害的,国家承担赔偿责任。

2.违法采取限制人身自由的行政强制措施。限制人身自由的行政强制措施必须依法作出并依法执行,违法采取限制人身自由的行政强制措施给公民造成损害的,应由国家承担赔偿责任。

3.非法拘禁。非法拘禁是指行政机关及其工作人员在执行职务时,在不具有行政拘留或者限制人身自由行政强制措施权限的情况下,采取捆绑、隔离、监禁、关押等方法剥夺公民人身自由的行为。因非法拘禁造成公民人身自由被损害的,国家应承担赔偿责任。

4.以其他方法非法剥夺公民人身自由的行为。实践中还存在行政机关或工作人员以其他方法非法剥夺公民人身自由的行为,如用监视居住、限制外出、办学习班或变相拘留等手段,非法剥夺公民人身自由,由此造成侵害后果的,国家应当承担赔偿责任。

(二)生命健康权损害赔偿

根据《国家赔偿法》的规定,纳入行政赔偿范围的生命健康权损害包括以下几类:

1.以殴打等暴力行为或者唆使他人以殴打等暴力行为造成公民身体伤害或死亡的。这类行为是行政机关工作人员在行使职权时亲自实施或者唆使他人实施的违法行为。因行政机关工作人员暴力行为或者唆使他人实施暴力行为致害的公民有权请求行政赔偿。

2.违法使用武器、警械造成公民身体伤害或死亡的。行政机关工作人员违反法律规定使用武器、警械造成他人身体伤害或残疾死亡的,国家应承担赔偿责任。

3.造成公民身体伤害或者死亡的其他违法行为。这是一项概括性规定。除上述行为以外,凡行政机关及其工作人员行使职权时的其他违法行为造成公民身体伤害或者死亡的,如行政机关不履行保护公民人身权的法定职责而造成公民身体伤害或者死亡等,国家也应当承担赔偿责任。

二、侵犯财产权的行政赔偿

根据我国《国家赔偿法》第4条的规定,行政机关及其工作人员在行使职权时有

下列侵犯财产权情形之一的,国家应当承担赔偿责任:

1.违法实施罚款、吊销许可证和执照、责令停产停业、没收财物等行政处罚。实践中,涉及财产权的违法行政处罚的表现形式有:处罚主体不合法;超越权限;处罚对象错误;处罚内容错误;处罚程序违法等。凡行政机关及其工作人员有上述违法行政处罚行为,造成公民、法人或其他组织财产损害的,国家应当给予行政赔偿。

2.违法对财产采取查封、扣押、冻结等行政强制措施。违法对财产采取强制措施的主要表现形式有:实施主体不合法;强制措施的对象错误;强制措施的程序违法;疏于对财产的妥善保管等。违法对财产采取强制措施造成损害的,国家要承担行政赔偿责任。

3.违反国家规定征收财物、摊派费用。行政机关违法征收财物、摊派费用的主要表现有:没有法定征收权的行政机关乱征收、滥摊派;征收财物和费用没有法律上的根据;法律、法规对征收财物有明文规定,行政机关不按规定实施征收。

4.造成财产损害的其他违法行为。这是对财产权损害赔偿的概括性规定。它是指除上述列举的行为以外,其他造成公民、法人和其他组织损害的违法行为,主要包括行政机关的不作为行为、行政检查行为、行政裁决行为、行政命令行为、侵犯企业经营自主权的行为等,以及与行政机关及其工作人员行使职权有关的,造成公民、法人和其他组织财产权损害的事实行为等。凡是行政相对人的财产权受到上述行为违法侵害并造成实际损失的,相对人均可请求行政赔偿。

三、国家不承担行政赔偿责任的情形

根据《国家赔偿法》第5条的规定,国家不承担行政赔偿责任的情形主要有:

(一)行政机关工作人员实施的与行使职权无关的个人行为

行政机关工作人员的行为包括职务行为和个人行为。国家只对职务行为造成的损害承担行政赔偿责任,对于那些与行使职权无关的个人行为造成的损害,不承担赔偿责任。

关于行政机关工作人员职务行为与个人行为的区分标准,法律、法规没有规定统一的标准,司法机关也未就此作出司法解释。区分个人行为和职务行为的主要标准是:时间标准、地点标准、名义标准、公益标准、职责标准、命令标准和公务标志标准等[1]。凡是在行使职权过程中实施的行为或因行使职权提供侵权机会的行为,一般都归为职权行为的范畴[2]。在一个具体的行政赔偿案件中,由于职务行为与个人行为的划分比较复杂,需要综合考虑上述多项标准。

(二)因公民、法人和其他组织自己的行为致使损害发生

行政机关及其工作人员在行使职权时造成公民、法人或其他组织损害的原因很

---

〔1〕 王连昌主编:《行政法学》,中国政法大学出版社1994年版,第100～101页。

〔2〕 姜明安主编:《行政法与行政诉讼法》,北京大学出版社、高等教育出版社1999年版,第434页。

多,如果该损害完全是因受害人自己的行为造成的,则应当免除国家行政赔偿责任。这是因为国家承担行政赔偿责任的构成要件之一,在于行政机关及其工作人员行使职权的行为与造成损害的结果之间有因果关系,即行政机关及其工作人员行使职权的行为是造成损害结果的原因。

如果损害结果发生的原因既有受害人自己的行为,又有行政机关及其工作人员的违法行为,应当在分清责任的基础上确定行政机关应当承担的赔偿责任。如果部分损害是行政机关或工作人员所致,部分损害由受害人自己行为所致,则国家应当给予部分赔偿。

(三)法律规定的其他情形

这是指除以上情况外,法律规定的国家不承担行政赔偿责任的其他情形。这里所说"法律",应作狭义的理解,仅指全国人民代表大会及其常务委员会通过的法律,法规和规章均不包括在内。

■ 第三节　行政赔偿请求人和赔偿义务机关

一、行政赔偿请求人

(一)行政赔偿请求人的概念

行政赔偿请求人是指因受违法行政的侵害,依法有权请求国家给予行政赔偿的公民、法人和其他组织。这一概念包括以下几层含义:

1.行政赔偿请求人只能是作为行政相对人的公民、法人和其他组织,而不是行使行政职权的行政机关及其工作人员。

2.行政赔偿请求人是其合法权益受到违法行政侵害并造成实际损害的公民、法人和其他组织。

3.行政赔偿请求人必须是以自己的名义请求赔偿的公民、法人和其他组织。不是以自己的名义提出赔偿请求而是代表他人或以他人名义请求行政赔偿的,不是赔偿请求人,至多只能是赔偿请求人的代理人。

(二)行政赔偿请求人的范围

根据《国家赔偿法》第6条的规定,行政赔偿请求人包括以下几类:

1.受到行政侵权行为损害的公民、法人和其他组织。公民包括中国公民和外国公民以及无国籍人;法人,是指依法成立,有必要财产和经费,有自己的名称、组织机构和场所,能独立承担民事责任的组织,包括企业法人、事业法人及社团法人等;其他组织是指公民、法人以外的组织,即不具备法人条件,没有取得法人资格的社会组织和经济组织。

2.受害的公民死亡的,其继承人和其他有扶养关系的亲属可以成为赔偿请求人。在通常情况下,受害的公民本人是行政赔偿的请求人,但当受害的公民死亡时,行政赔偿请求人的资格就要转移到其继承人和其他有扶养关系的亲属。

3.受害的法人和其他组织终止的,承受其权利的法人或者其他组织可以成为赔偿请求人。受害的法人和其他组织终止的,行政赔偿请求人的资格就转移到承受其权利的法人或者其他组织。但在下列情况下,法人或其他组织的赔偿请求人资格不发生转移:①法人或其他组织被行政机关吊销许可证或执照,但该法人或组织仍有权以自己的名义提出赔偿请求,不发生请求权转移问题;②法人或其他组织破产,也不发生赔偿请求权转移问题。破产程序尚未终止时,破产企业仍有权就此前的行政侵权损害取得国家赔偿;③法人或其他组织被行政机关撤销、变更、兼并、注销,也不发生赔偿请求权转移问题。[1]

二、行政赔偿义务机关

(一)行政赔偿义务机关的概念

行政赔偿义务机关就是代表国家具体履行行政赔偿义务的组织。在我国,行政赔偿的主体是国家,但国家是一种抽象的政治实体,受害人无法直接请求抽象的国家承担具体的赔偿义务,国家也不可能在具体的赔偿案件中出现。因而,就需要由特定的机关来承担具体的赔偿义务。

(二)行政赔偿义务机关的确定

根据《国家赔偿法》第7、8条的规定,行政赔偿义务机关可以分为以下几种情形:

1.行政机关为赔偿义务机关。行政机关及其工作人员行使职权侵犯公民、法人或其他组织的合法权益造成损害的,该行政机关为赔偿义务机关。

2.共同行政赔偿义务机关。两个以上行政机关共同实施违法行政行为造成损害的,应由该两个以上行政机关为共同赔偿义务机关,承担连带赔偿责任。共同赔偿义务机关之间负连带责任,赔偿请求人有权向其中任何一个行政机关提出赔偿请求,该行政机关应当先予赔偿,但赔偿后可要求其他有责任的行政机关负担相应的赔偿费用。

3.法律、法规授权的组织为赔偿义务机关。法律、法规授权的组织在行使被授予的行政职权时,侵犯公民、法人和其他组织合法权益造成损害的,该被授权组织为赔偿义务机关。

4.委托机关为赔偿义务机关。当受委托的组织或个人违法行使职权引起赔偿责任时,应由委托的行政机关承担法律责任,充当赔偿义务机关。当行政机关赔偿损失后,赔偿义务机关有权责令有故意或者重大过失的受委托的组织或者个人承担部分或者全部赔偿费用。

5.致害机关被撤销后的赔偿义务机关。《国家赔偿法》第7条第5款规定,行政机关实施侵权行为给他人造成损害后又被撤销的,一般由继续行使职权的行政机关为赔

---

[1] 马怀德主编:《行政法与行政诉讼法》,中国法制出版社2000年版,第508页。

偿义务机关。如果没有继续行使其职权的行政机关,撤销该赔偿义务机关的行政机关为赔偿义务机关。

6.经行政复议后的赔偿义务机关。根据《国家赔偿法》第8条规定:"经复议机关复议的,最初造成侵权行为的行政机关为赔偿义务机关,但复议机关的复议决定加重损害的,复议机关对加重的部分履行赔偿义务。"这就是说凡是复议机关的复议决定加重侵害的,复议机关应与原作出侵害行为的行政机关共同承担赔偿义务。

■　第四节　行政赔偿程序

一、行政赔偿程序的概念

行政赔偿程序是指受害人提起赔偿请求,赔偿义务机关和人民法院解决赔偿争议所要遵循的方式和步骤。根据《国家赔偿法》第9条、《行政诉讼法》第67条的规定,我国行政赔偿分为两种途径:①单独就赔偿问题向行政机关及人民法院提出请求;②在行政复议、行政诉讼中一并提起。

"单独提起"是指行政机关及其工作人员的违法行为已经被确认,赔偿请求人仅就赔偿问题提出请求。单独提出赔偿请求,必须遵循"赔偿义务机关先行处理"规则。只有在赔偿请求人向赔偿义务机关提出赔偿请求,赔偿义务机关拒绝赔偿或赔偿请求人对赔偿数额有异议的,才可以向人民法院提起行政赔偿诉讼。

"一并提起"是指赔偿请求人在申请行政复议或行政诉讼的同时,一并提出赔偿的请求。它是将两项不同的请求一并向同一机关提出,要求合并审理解决。一并提起赔偿请求在申请行政复议时提出,按行政复议程序进行,在行政诉讼时一并提出赔偿请求的,按行政诉讼程序进行。

二、行政赔偿义务机关的先行处理程序

(一)行政赔偿请求的提出

根据《国家赔偿法》第32条的规定,行政赔偿请求人自行政机关及其工作人员行使职权时的行为被依法确认为违法之日起2年内,有权向行政赔偿义务机关提出赔偿请求。行政赔偿请求人向行政赔偿义务机关请求赔偿,应当递交书面赔偿申请书。

(二)行政赔偿义务机关的受案

行政赔偿义务机关在收到申请书之后,应按照法律的规定,对申请书提出的赔偿要求进行审查,如果经审查后认为赔偿申请符合行政赔偿条件的,应决定受理并通知赔偿请求人。

行政赔偿义务机关审查的主要内容有:①赔偿请求人是否符合法定条件;②申请书的形式和内容是否符合要求;③赔偿请求人所要求赔偿的事实及理由是否确实、充分,损害是否确系由本行政机关及其工作人员或受本机关委托的组织和个人的违法行

为所造成;④请求赔偿事项是否属于国家赔偿法所规定的赔偿范围之内;⑤申请人是否在法定时效期限内提出赔偿申请。

赔偿义务机关如果发现有以下情况,应按规定分别处理:①申请书的内容、形式有缺漏,应当告知申请人予以补正;②申请人不具有请求权,应当告知有请求权的人申请;③申请人已丧失请求权的,应告知其不予受理的原因。

（三）行政赔偿义务机关的处理

根据《国家赔偿法》第13条的规定,行政赔偿义务机关应当自收到赔偿申请之日起2个月内作出赔偿或不予赔偿的决定。通常,行政赔偿义务机关可与赔偿请求人就赔偿事项进行协商,达成一致意见,以解决赔偿争议。协商的内容主要有:赔偿方式、赔偿金额、履行期限等。如果协商不成,赔偿义务机关也可以直接采取决定的方式对赔偿请求人予以赔偿。

行政赔偿义务机关逾期不予赔偿或者赔偿请求人对赔偿数额有异议的,赔偿请求人可自期间届满之日起3个月内向人民法院提起诉讼。

三、行政赔偿诉讼

行政赔偿诉讼是特殊的诉讼形式,它是人民法院根据赔偿请求人的诉讼请求,依照行政诉讼程序和国家赔偿的基本制度和原则裁判赔偿争议的活动。这种诉讼在受案范围、起诉条件、审理形式、举证责任及适用法律等方面都有其自身的特点。①从受案范围看,有些不能提起行政诉讼的案件,却可以提起行政赔偿诉讼。如行政裁决为终局裁决的具体行政行为,被作出终局裁决的行政机关确认为违法,赔偿请求人仍可就行政赔偿争议提起行政赔偿诉讼。②从起诉条件看,在单独提起赔偿诉讼时,要以行政赔偿义务机关先行处理为前提条件。在一并提起赔偿请求时,通常以行政复议或行政诉讼确认行政行为违法为赔偿先决条件。③在举证责任的分担上,不完全采取"被告负举证责任"的原则,赔偿请求人必须对自己的诉讼请求和主张承担举证责任。④从审理形式看,行政诉讼不适用调解,而赔偿诉讼则可以适用调解。总的来看,尽管行政赔偿诉讼在某些方面与行政诉讼不一致,但其他方面如管辖、诉讼当事人、审判组织和执行等,则与行政诉讼基本相同。人民法院审理行政赔偿案件,除依照《国家赔偿法》有关行政赔偿程序的规定外,对没有规定的,在不与《国家赔偿法》相抵触的情况下,可以适用行政诉讼的有关规定,对《行政诉讼法》没有规定的,还可以参照适用相应的民事诉讼程序。

（一）行政赔偿诉讼的受案范围

根据《国家赔偿法》第3、4条和《行政诉讼法》的有关规定,公民、法人或其他组织认为行政机关及其工作人员在行使行政职权时有下列侵犯人身权、财产权情形之一的,有权向人民法院提起行政赔偿诉讼。具体包括:①违法实施行政处罚或者违法采取行政强制措施的;②非法拘禁或者以其他方法非法剥夺公民人身自由的;③以暴力行为造成公民身体伤害或者死亡的;④违法使用武器等造成公民身体伤害或死亡的;

⑤违反国家规定征收财物、摊派费用的。⑥其他违法行为。根据最高人民法院《关于审理行政赔偿案件若干问题的规定》(以下简称《行政赔偿规定》)第1条规定,其他违法行为包括具体行政行为和与行政机关及其工作人员行使行政职权有关的,给公民、法人或者其他组织造成损害的,违反行政职责的行为。必须指出的是,赔偿请求人单独提起的行政赔偿诉讼,必须以赔偿义务机关先行处理为前提,否则人民法院不予受案。

另外,根据最高人民法院《行政赔偿规定》,人民法院针对以下情况也应当依法受理:①赔偿请求人对行政机关确认具体行政行为违法但又决定不予赔偿,或者对确定的赔偿数额有异议提起行政赔偿诉讼的;②赔偿请求人认为行政机关及其工作人员实施了《国家赔偿法》第3条第3、4、5项和第4条第4项规定的非具体行政行为的行为侵犯其人身权、财产权并造成损失,赔偿义务机关拒不确认致害行为违法,赔偿请求人可直接向人民法院提起行政赔偿诉讼;③赔偿请求人对赔偿义务机关确定的赔偿数额有异议或者赔偿义务机关逾期不予赔偿,赔偿请求人有权在法定期限内向人民法院提起行政赔偿诉讼;④法律规定由行政机关最终裁决的具体行政行为,被作出最终裁决的行政机关确认违法,赔偿请求人以赔偿义务机关应当赔偿而不予赔偿或逾期不予赔偿或者对赔偿数额有异议提起行政赔偿诉讼的。

根据最高人民法院《行政赔偿规定》第6条规定,公民、法人或者其他组织以国防、外交等国家行为或者行政机关制定发布行政法规、规章或者具有普遍约束力的决定、命令侵犯其合法权益造成损害为由,向人民法院提起行政赔偿诉讼的,人民法院不予受理。此外,行政机关工作人员在执行职务中致人伤亡已构成犯罪,受害人或其亲属提起刑事附带民事赔偿诉讼的,人民法院对民事赔偿诉讼请求不予受理。但应当告知受害人可以依据《国家赔偿法》的有关规定向人民法院提起行政赔偿诉讼。如果人民法院已作刑事附带民事赔偿处理,受害人或其家属再提起行政赔偿诉讼的,人民法院不予受理。[1]

(二)行政赔偿诉讼的管辖

《国家赔偿法》和《行政诉讼法》对行政赔偿诉讼的管辖未作具体规定。为了解决审判实践中确定管辖的统一标准,最高人民法院《行政赔偿规定》对行政赔偿诉讼的管辖问题作出了统一的司法解释,具体规定如下:

1.公民、法人或者其他组织在提起行政诉讼的同时一并提出行政赔偿请求的,人民法院依照《行政诉讼法》第17、18、20条的规定管辖。

2.赔偿请求人提起行政赔偿诉讼的请求涉及不动产的,由不动产所在地的人民法院管辖。

3.赔偿请求人单独提起行政赔偿诉讼,案件由被告住所地的基层人民法院管辖。

---

〔1〕 最高人民法院《关于行政机关工作人员执行职务致人伤亡构成犯罪的赔偿诉讼程序问题的批复》第1、2条。

但被告为海关、专利管理机关或国务院各部门以及省、自治区、直辖市人民政府的第一审行政赔偿诉讼案件,则由中级人民法院管辖。此外,中级人民法院还管辖本辖区内其他有重大影响和复杂的行政赔偿案件。高级人民法院管辖本辖区内有重大影响和复杂的第一审行政赔偿案件。最高人民法院管辖全国范围内有重大影响和复杂的第一审行政赔偿案件。

4.赔偿请求人因同一事实对两个以上行政机关提起行政赔偿诉讼的,可以向其中任何一个行政机关住所地的人民法院提起。赔偿请求人向两个以上有管辖权的人民法院提起行政赔偿诉讼的,由最先收到起诉状的人民法院管辖。

5.公民对限制人身自由的行政强制措施不服,或者对行政机关基于同一事实对同一当事人作出限制人身自由和对财产采取强制措施的具体行政行为不服,在提起行政诉讼的同时一并提出行政赔偿请求的,由受理该行政案件的人民法院管辖;单独提起行政赔偿诉讼的,由被告住所地或原告住所地或者不动产所在地的人民法院管辖。

6.如果人民法院发现受理的行政赔偿案件不属于自己管辖,应当移送有管辖权的人民法院;受移送的人民法院不得再行移送。

7.人民法院对行政赔偿案件的管辖权发生争议的,由争议双方协商解决,协商不成的,报请他们的共同上级人民法院指定管辖。如果双方为跨省、自治区、直辖市的人民法院,高级人民法院协商不成的,由最高人民法院及时指定管辖。上级人民法院指定管辖时,应当逐级进行,不得越级报请。

(三)行政赔偿诉讼当事人

行政赔偿诉讼当事人包括原告、被告和第三人。

一般情况下,行政赔偿诉讼的原告即为受害人,是其合法权益受到行政机关及其工作人员的违法行使职权行为侵犯并造成了损害的公民、法人或其他组织。受害的公民死亡,其继承人和其他有扶养关系的亲属以及死者生前扶养的无劳动能力的人有权提起行政赔偿诉讼。企业法人或者其他组织被行政机关撤销、变更、兼并、注销,认为经营自主权受到侵害,依法提起行政赔偿诉讼,原企业法人或其他组织,或者对其享有权利的法人或其他组织均具有原告资格。

行政赔偿诉讼的被告是行政赔偿义务机关。《国家赔偿法》第7条规定了各种不同情形所对应的行政赔偿义务机关。如果两个以上行政机关共同侵权,赔偿请求人可以对其中一个或者数个侵权机关提起行政赔偿诉讼,若诉讼请求系可分之诉,被诉的一个或者数个侵权机关为被告;若诉讼请求系不可分之诉,由人民法院依法追加其他侵权机关为共同被告。如果复议机关的复议决定加重损害的,赔偿请求人只对作出原决定的行政机关提起行政赔偿诉讼,作出原决定的行政机关为被告;赔偿请求人只对复议机关提起行政赔偿诉讼的,复议机关为被告。

现行《国家赔偿法》并没有就行政赔偿诉讼第三人制度作出规定,但根据最高人民法院《行政赔偿规定》第14条的规定,行政赔偿诉讼第三人是指与行政赔偿案件处理结果有法律上的利害关系的其他公民、法人或其他组织。第三人有权向人民法院申请参加已经开始而尚未终结的行政赔偿诉讼,人民法院也可以通知第三人参加该行政赔偿诉讼。第三人在行政赔偿诉讼中的法律地位与赔偿诉讼当事人相同,其享有相应的诉讼权利,亦承担相应的诉讼义务。

（四）行政赔偿诉讼的提起

赔偿请求人单独提起行政赔偿诉讼,应当符合下列条件:

1. 原告具有请求资格。原告应当是其合法权益受到违法侵权行为侵犯并造成损害的公民、法人和其他组织,或者是依法取得行政赔偿请求人资格的公民、法人和其他组织。

2. 有明确的被告。被告必须是因其违法行使行政职权造成相对人损害并负有赔偿义务的行政机关或组织。

3. 有具体的赔偿请求和受损害的事实根据。赔偿请求人必须写明请求赔偿的具体要求,并可以根据受到的不同损害,同时提出数项赔偿要求。

4. 加害行为为具体行政行为的,该行为已被确认为违法。对具体行政行为造成损害进行行政赔偿的前提是该行为必须是违法的,如果具体行政行为不存在违法问题,也就谈不上行政赔偿问题。

5. 赔偿义务机关已先行处理或超过法定期限不予处理。未经赔偿义务机关先行处理,或者赔偿义务机关还在法定处理期限,则赔偿请求人不能提起行政赔偿诉讼。

6. 属于人民法院行政赔偿诉讼的受案范围和受诉人民法院管辖。

7. 符合法律规定的起诉期限。

（五）行政赔偿诉讼的受理

根据最高人民法院《行政赔偿规定》第 27 条的规定,人民法院接到赔偿请求人单独提起的行政赔偿起诉状,应当进行审查,并在 7 日内立案或者作出不予受理的裁定。如果人民法院在 7 日内不能确定可否受理的,应当先予受理。审理中发现不符合受理条件的,裁定驳回起诉。当事人对不予受理或者驳回起诉的裁定不服的,可以在裁定书送达之日起 10 日内向上一级人民法院提起上诉。

（六）行政赔偿诉讼的审理与判决

当事人在提起行政诉讼的同时一并提出行政赔偿请求,或者因具体行政行为和与行使职权有关的其他行为侵权造成损害一并提出行政赔偿请求的,人民法院应当分别立案,根据具体情况可以合并审理,也可以单独审理。人民法院审理行政赔偿案件,就当事人之间的行政赔偿争议进行审理与裁判。人民法院审理行政赔偿案件在坚持合法、自愿的前提下,可以就赔偿范围、赔偿方式和赔偿数额进行调解。调解成立的,应当制作行政赔偿调解书。调解书与判决具有同等的法律效力。

被告在一审判决前同原告达成赔偿协议,原告申请撤诉的,人民法院应当依法予以审查并裁定是否准许。

原告在行政赔偿诉讼中对自己的主张承担举证责任。被告有权提供不予赔偿或者减少赔偿数额方面的证据。

被告的具体行政行为违法但尚未对原告合法权益造成损害的,或者原告的请求没有事实根据或法律根据的,人民法院应当判决驳回原告的赔偿请求。人民法院对赔偿请求人未经确认程序而直接提起行政赔偿诉讼的案件,在判决时应当对赔偿义务机关致害行为是否违法予以确认。

(七)行政赔偿诉讼的执行与期间

行政赔偿案件审结后,发生法律效力的行政赔偿判决、裁定或调解协议,当事人必须履行。一方拒绝履行的,对方当事人可以向第一审人民法院申请执行。申请执行的期限,申请人是公民的为1年,申请人是法人或者其他组织的为6个月。

单独受理的第一审行政赔偿案件的审理期限为3个月,第二审为2个月;一并受理行政赔偿请求案件的审理期限与该行政案件的审理期限相同。如因特殊情况不能按期结案,需要延长审限的,应按照行政诉讼法的有关规定报请批准。

■ 第五节　行政赔偿的方式和计算标准

一、行政赔偿方式

行政赔偿方式,是指国家对行政机关及其工作人员的职务侵权行为承担赔偿责任的各种形式。我国《国家赔偿法》第25条规定:"国家赔偿以支付赔偿金为主要方式。能够返还财产或者恢复原状的,予以返还财产或者恢复原状。"根据这一规定,我国行政赔偿的方式有三种:即支付赔偿金、返还财产和恢复原状。

1. 支付赔偿金。支付赔偿金,又称为金钱赔偿,是指以货币形式支付赔偿金额,补偿受害人所受损失的一种赔偿方式。支付赔偿金的方式适用范围较广,无论是人身权损害还是财产权损害,都可以通过计算或者估算进行适当的金钱赔偿,这是其他任何赔偿方式所无法替代的。

2. 返还财产。返还财产是行政机关将违法占有或控制的财产返还给受害人的赔偿方式。返还财产只适用于财产损害,如返还罚款、没收的财物,返还扣押、查封、冻结的财产,返还违法征收、摊派的费用等。

3. 恢复原状。恢复原状是指赔偿义务机关对受害人受损害的财产进行修复,使之恢复到受损害前的形状和性能的赔偿方式。恢复原状这一赔偿方式,是作为返还财物的附加方式存在的。应予返还的财产受到损害,能够恢复原状的,应恢复原状后方可返还。

除上述三种行政赔偿方式外,我国国家赔偿法还明确规定了其他的赔偿方式。《国家赔偿法》第30条规定:"赔偿义务机关对依法确认有本法第3条第1、2项,第15条第1、2、3项规定的情形之一,并造成受害人名誉权、荣誉权损害的,应当在侵权行为影响的范围内,为受害人消除影响,恢复名誉、赔礼道歉。"根据这一规定,行政赔偿的其他方式,还包括消除影响、恢复名誉、赔礼道歉。其适用范围主要是侵犯受害人的人身权并影响受害人名誉权和荣誉权的行为。

二、行政赔偿的计算标准

行政赔偿标准,是指国家支付赔偿金赔偿行政侵权受害人损失时所适用的标准。从世界各国的赔偿制度来看,行政赔偿标准大致有三种,即惩罚性标准、补偿性标准和抚慰性标准。我国行政赔偿采用的主要是抚慰性标准。所谓抚慰性标准,是指国家赔偿不足以填补受害人的实际损失,仅仅是象征安慰性地给予一定的补偿,这种赔偿金的数额往往少于受害人的实际损失。

根据这一原则,我国对受害者所受财产损失只赔偿直接损失而不赔偿间接损失,人身权所受损害只赔偿身体所受损害及直接损失而不赔偿精神痛苦及间接损失,且有最高额限制。

根据《国家赔偿法》第26、27、28 条的规定,行政赔偿的具体计算标准如下:

(一)人身权损害赔偿的计算标准

人身权的损害包括侵犯公民人身自由和侵犯公民生命健康权两类,其损害赔偿计算标准分别为:

1. 人身自由权损害赔偿的计算标准。对侵犯公民人身自由权的赔偿标准,《国家赔偿法》第26 条规定:"侵犯公民人身自由的,每日的赔偿金按照国家上年度职工日平均工资计算。"即按日支付赔偿金,每日的赔偿金按照国家上年度职工日平均工资计算。具体计算标准是公民应得到的赔偿金等于该公民被限制人身自由的天数乘以上年度职工的日平均工资。

2. 生命健康权损害赔偿的计算标准。按照《国家赔偿法》第27 条的规定,侵犯公民生命健康权的赔偿按照下列标准计算:

(1)造成身体伤害的,应当支付医疗费,以及赔偿因误工减少的收入。减少的收入,每日的赔偿金按照国家上年度职工的日平均工资计算,最高额为国家上年度职工年平均工资的 5 倍。

(2)造成部分或者全部丧失劳动能力的,应当支付医疗费,以及残疾赔偿金。残疾赔偿金根据丧失劳动能力的程度确定,部分丧失劳动能力的最高赔偿额为国家上年度职工年平均工资的 10 倍,全部丧失劳动能力的为国家上年度职工年平均工资的 20 倍。造成全部丧失劳动能力的,对其扶养的无劳动能力的人,还应当支付生活费。生活费的发放标准参照当地民政部门有关生活救济的规定办理。被扶养人是未成年人的,生活费给付至 18 周岁为止;其他无劳动能力的被扶养人的生活费给付至死亡时止。

(3)造成公民死亡的,应当支付死亡赔偿金、丧葬费,总额为国家上年度职工年平均工资的 20 倍。对死者生前扶养的无劳动能力的人,还应当支付生活费。生活费的支付对象、时间以及支付标准与致残损害赔偿相同。

(二)财产权损害赔偿的计算标准

根据《国家赔偿法》第28 条的规定,财产权损害赔偿的计算标准如下:

1.对违法取得的财物予以返还。返还的财产包括金钱和其他财物。对金钱的赔偿,国家赔偿法只规定返还,未规定赔偿利息,对其他财产的间接损失,也不在国家赔偿的范围内。行政机关违法罚款、追缴、没收财产或者违反国家规定征收财物、摊派费用的,以及行政机关违法查封、扣押、冻结财产的,都适用返还财产。

2.应当返还的财产损害的,予以恢复原状。

3.不能返还财产或财产损害不能恢复原状的,支付赔偿金。具体包括:①造成财产损坏的,能够恢复原状的恢复原状,不能恢复原状的按照损害程度给付相应的赔偿金;②应当返还的财产灭失的,给付相应的赔偿金;③财产已经拍卖的,给付拍卖所得的价款。

4.吊销许可证和执照。责令停产停业的,赔偿停产停业期间必要的经常性的费用开支。所谓必要的经常性费用开支,是指企业、商店、公民等停产停业期间用于维持其生存的基本开支,如各种税费、水电费、仓储保管费、房屋租金、职工基本工资等。其中职工基本工资是按国家统一规定的劳保工资的平均数来计算的。[1] 至于停产停业期间损失的实际利益和利润,国家目前尚不予赔偿。

5.对财产权造成其他损害的,按照直接损失给予赔偿。所谓直接损失,是指由于侵权行为直接造成的已经发生的实际损失。在我国,直接损失不包括可得利益在内。

三、行政赔偿费用

行政赔偿制度能否对受害人提供有效的救济,重要环节之一就是行政赔偿费用有无相应保障。我国行政赔偿经费的来源,最早由《行政诉讼法》第69条规定:"赔偿费用,从各级财政列支。各级人民政府可以责令有责任的行政机关支付部分或者全部赔偿费用。具体办法由国务院规定。"之后,《国家赔偿法》第29条规定:"赔偿费用,列入各级财政预算,具体办法由国务院规定。"1995年1月25日发布的《国家赔偿费用管理办法》第6条规定,国家赔偿费用,列入各级财政预算,由各级财政按照财政管理体制分级负担。各级政府应当根据本地区的实际情况,确定一定数额的国家赔偿费用,列入本级财政预算。国家赔偿费用由各级财政机关负责管理。当年实际支付国家赔偿费用超过年度预算的部分,在本级预算预备费中解决。

■ 第六节 行政追偿

一、行政追偿的概念

行政追偿,是指国家向赔偿请求人支付了赔偿金、履行了赔偿责任之后,依法责令有故意或者重大过失的行政机关工作人员,法律、法规授权组织的工作人员,以及受委

---

〔1〕 薛刚凌主编:《国家赔偿法教程》,中国政法大学出版社1997年版,第122页。

托的组织或者个人承担部分或者全部赔偿费用的法律制度。这一概念包含了以下几层含义:①行政追偿的主体是国家,但具体的追偿事务是由行政赔偿义务机关来承担的;②行政追偿的对象是对损害的造成有故意或重大过失的行政机关工作人员,法律、法规授权组织的工作人员,以及受委托执行公务的组织或个人;③行政追偿以行政赔偿为前提,赔偿义务机关只有在赔偿了受害人的损失后,才能对有故意或重大过失的行政机关工作人员、法律、法规授权组织的工作人员、受委托的组织或个人行使追偿权;④行政追偿采用支付赔偿费用的方式,其程序与行政赔偿的程序不同,且主要是一种内部程序。[1]

追偿制度本质上就是行政机关代表国家对有故意或者重大过失的行政机关工作人员、法律、法规授权组织的工作人员以及受委托的组织或者个人行使追偿权。追偿责任是一种独立的责任,是国家追究违法行使行政职权且主观上有故意或者重大过失的行政机关工作人员、法律、法规授权组织的工作人员以及受委托的组织或者个人的内部责任形式,在法律上不具备民事责任的性质,也不是行政处分,它不具有惩罚性,而是暗含有警戒性质。

行政追偿与行政赔偿是两个不同的概念。行政赔偿所要解决的是国家行政机关与受害人二者之间有关行政赔偿过程中权利与义务关系的问题,而行政追偿所要解决的则是国家或行政机关与行政机关工作人员之间有关损害赔偿费用分担过程中权利与义务关系的问题。

二、行政追偿的条件

我国《国家赔偿法》第 14 条规定:"赔偿义务机关赔偿损失后,应当责令有故意或者重大过失的工作人员或者受委托的组织或者个人承担部分或者全部赔偿费用。"《行政诉讼法》第 68 条第 2 款亦规定:"行政机关赔偿损失后,应当责令有故意或者重大过失的行政机关工作人员承担部分或者全部赔偿费用。"上述规定表明,行政追偿必须具备以下两个条件:

1. 行政赔偿义务机关已经向受害人支付了赔偿金。追偿本身的性质就决定了只有在国家承担了赔偿责任之后才产生追偿问题,即国家在向赔偿请求人支付了赔偿费用、履行了赔偿责任之后,才能向有关个人和组织进行追偿,这是行使追偿权的前提条件。在行政赔偿义务机关向受害人赔偿之前,追偿权是不存在的。

2. 行政机关工作人员、法律、法规授权组织的工作人员以及受委托的组织或者个人有故意或者重大过失。这是国家行使追偿权的主观条件。行政追偿的对象限于对侵权损害行为的发生有故意或重大过失的工作人员或者受委托的组织和个人。对有故意或者重大过失的工作人员除进行行政追偿外,有关机关还应当对其给予行政处分;构成犯罪的,依法追究其刑事责任。

---

[1] 刘嗣元、石佑启编著:《国家赔偿法要论》,北京大学出版社 2005 年版,第 123 页。

　　只要具备上述两个条件,国家就应当行使追偿权。根据《国家赔偿法》的规定,赔偿义务机关应当责令有故意或重大过失的工作人员或受委托的组织和个人承担部分或者全部赔偿费用。这里《国家赔偿法》使用了"应当"一词,说明了赔偿义务机关必须行使追偿权,而不得放弃。这样,一方面可以避免或减少国家的损失,另一方面也可以起到对行政机关工作人员的教育作用。如果行政机关工作人员确属经济困难的,国家也可以减少以至免除其赔偿责任。

三、行政追偿人与被追偿人

（一）行政追偿人

按照法律规定,行政追偿人应当是行政赔偿义务机关,包括以下几种情形:

1. 因行政机关工作人员违法行使职权,侵犯公民、法人和其他组织的合法权益造成损害,引起赔偿的,该工作人员所在行政机关为追偿人。

2. 法律、法规授权的组织的工作人员行使职权导致侵权损害赔偿的,该组织是追偿人。

3. 受行政机关委托的组织或者个人违法行使受委托的职权导致侵权损害赔偿的,委托的行政机关是追偿人。

（二）被追偿人

被追偿人是指在行使国家行政职权过程中,有故意或重大过失,实施加害行为的行政机关工作人员、法律、法规授权组织的工作人员以及受行政机关委托的组织和个人。主要有以下几种情形:

1. 两个或两个以上行政机关工作人员共同实施加害行为导致国家赔偿时,相应行为人均为被追偿人。在追偿实务中,应根据各行为人在加害行为中的地位作用以及过错的轻重,分别确定其追偿责任。

2. 经过行政机关合议的事项,造成损害赔偿的,所有参加合议的人都是被追偿人。但对最终形成的决议表示反对的除外。

3. 法律、法规授权组织的工作人员行使行政职权造成侵权损害赔偿的,该工作人员是被追偿人。

4. 受行政机关委托行使行政职权的组织的成员实施加害行为,造成损害赔偿的,该受委托的组织为被追偿人。该组织在承担了追偿责任后,可以根据其内部规章再追究直接责任人员的责任。[1]

四、行政追偿的范围

关于行政追偿的范围,《国家赔偿法》并无明确规定,根据行政法关于行政追偿的理论和行政赔偿案件的审判经验和实践,赔偿义务机关在行使追偿权确定追偿金额

〔1〕　姜明安主编:《行政法与行政诉讼法》,高等教育出版社、北京大学出版社1999年版,第467～468页。

时,一般应遵循下列原则:

1.追偿的范围以赔偿义务机关支付的损害赔偿金额为限。在行政赔偿案件处理中,赔偿义务机关在赔偿金以外所支付的办公经费、诉讼费用等应从行政机关的财政经费中支付,不应列入追偿范围;如果赔偿请求人放弃部分请求权,赔偿义务机关也相应减少给付的,减少的部分不能追偿;如果请求人放弃全部请求权,赔偿义务机关全部未支付的,不能追偿。

2.赔偿义务机关因自己的过错而支付了过多的赔偿金的,超额部分赔偿义务机关无权追偿。

3.追偿数额的大小要与过错程度相适应,同时还要考虑被追偿者的薪金收入。追偿金的执行只能涉及行政机关工作人员、法律、法规授权组织的工作人员以及受委托的个人的薪金和津贴,不能涉及其他个人财产和其家庭财产与收入。

4.追偿数额的确定通常应与被追偿者进行协商,协商不成的,由行政赔偿义务机关作出处理决定。

五、行政追偿的方式

行政追偿方式是行政赔偿义务机关(代表国家)对被追偿对象就追偿问题作出处理的具体方法。对于追偿方式我国法律目前没有明确具体的规定,这有待于今后通过立法予以完善。由于追偿权的行使对行政机关工作人员的影响重大,需要审慎对待。一般地讲,追偿可以采取协议与决定两种方式。行政赔偿义务机关与被追偿人通过协商,确定偿还数额、给付方式等;如果双方不能达成协议的,赔偿义务机关有权作出具体决定。不管采取什么方式,赔偿义务机关在处理过程中,都应当充分保证被追偿人的申辩权。被追偿人不服追偿决定的,允许其向有关机关申诉。

【思考题】

1.简述行政赔偿概念与特征。

2.试论行政赔偿的归责原则和构成要件。

3.简述行政赔偿的范围。

4.简述行政赔偿的请求人和行政赔偿义务机关。

5.简述行政赔偿诉讼的受案范围。

6.简述行政赔偿诉讼的管辖。

7.简述行政赔偿诉讼的条件。

8.简述行政赔偿的方式和计算标准。

9.简述行政追偿及其条件和方式。

【实务训练】

陈某、黄某诉某县公安局行政赔偿案[1]

案情简介:1993 年 7 月 14 日晚,原告陈某、黄某之子陈某华酒后到水茜新街王某的饮食店寻衅滋事,砸坏店内玻璃柜台。经他人劝说,陈某华承认错误并表示愿意赔偿。此时恰逢某县公安局水茜派出所副所长张某来到店内。张打了陈某华两巴掌,并扭送陈某华到派出所处理。因用力过猛导致陈扑倒在地,头面部撞在水泥地上,造成陈某华因颅内弥漫性蛛网膜下腔出血死亡。1994 年 1 月 15 日,某县人民法院以过失杀人罪判处张某有期徒刑 2 年 6 个月,缓刑 3 年。原告陈某、黄某多次要求县公安局解决无果后,于 1995 年 2 月 15 日向某县人民法院提起行政侵权赔偿诉讼。

法律问题:本案是否具备行政侵权赔偿责任的构成要件? 是行政赔偿还是行政补偿?

提示与分析:行政赔偿是指国家行政机关及其工作人员违法行使职权,侵犯公民、法人和其他组织的合法权益造成其损害时,由国家向受害人承担赔偿责任的制度。根据《行政诉讼法》和《国家赔偿法》的规定,行政赔偿的构成要件包括侵权行为主体、侵权行为、损害事实和因果关系等四个方面:侵权行为的主体只能是国家行政机关及其工作人员、法律、法规授权的组织及其工作人员、行政机关委托的组织或个人;侵权行为是指行政机关及其工作人员、法律、法规授权的组织及其工作人员以及行政机关委托的组织或个人在行使行政职权的过程中所实施的违法行为;必须要有损害事实的存在;行政侵权行为与损害事实之间存在因果关系。就本案而言,被告某县公安局所属水茜派出所副所长张某在行使治安管理职权时,以殴打等暴力行为造成被害人陈某华死亡的法定事实,其行为具有违法性,且该违法行为与被害人陈某的死亡具有因果关系。因此,本案中被告某公安局应当为其工作人员张某的公务致害行为承担行政赔偿责任。

行政补偿不同于行政赔偿。行政补偿是指国家机关及其公务人员在其合法行为给当事人造成特别损失,国家予以赔偿的制度。二者虽然都是对在国家权力运作过程中受特别损害的相对人的补救,但二者还是有本质的区别。行政赔偿是国家行政机关及其工作人员违法行为引起的,以违法为前提;行政补偿是指国家机关及其公务人员合法行为造成的,以合法为条件。本案中,派出所副所长张某的行为时是以殴打等暴力行为行使职权,具有典型的违法性,应该是行政赔偿而非行政补偿。

---

[1] 姜明安、李洪雷主编:《行政法与行政诉讼法教学案例》,法律出版社 2004 年版,第 285～287 页。

第二十一章

我国行政诉讼制度
的发展与完善

学习目的与要求 通过本章的学习,了解我国现行行政诉讼制度在司法实践中存在的一些问题,掌握行政法学界有关我国行政诉讼制度发展与完善的最新研究成果,并尝试运用自己所学的知识提出自己的独立见解。

我国行政诉讼制度自建立以来在保障行政相对人合法权益、监督行政机关依法行政、推进民主法治建设进程等方面发挥了重要的作用。但随着整个国家依法治国水平的提高和人们法治观念的增强,随着中国入世和社会主义市场经济的进一步发展完善和贯彻"以人为本"治国理念、构建和谐社会的要求,这项制度中存在的一些问题也越来越突出。为此,修改现行《行政诉讼法》以适应新形势的要求就成为行政法学理界和实务界共同面临的问题。本章结合目前行政法学的最新研究成果就行政诉讼法的发展完善作出介绍。

一、行政诉讼法立法宗旨的修订

立法宗旨即制定一部法律的基本目的和价值追求,我国行政诉讼法的立法目的就是"行政诉讼法立法者确定的,制定和实施行政诉讼法所要达到的目标和所要实现的任务"。[1] 我国现行《行政诉讼法》第 1 条规定:"为保证人民法院正确、及时审理行政案件,保护公民、法人和其他组织的合法权益,维护和监督行政机关依法行使行政职权,根据宪法制定本法。"据此,理论与实务界通常将行政诉讼法的立法目的概括为三点,即保证人民法院正确、及时审理行政案件;保护公民、法人和其他组织的合法权益;维护和监督行政机关依法行使行政职权。但分析考察行政诉讼制度的功能,目前行政诉讼法的立法宗旨存在需要修订之处。

1."保护公民、法人和其他组织的合法权益"是行政诉讼的一项根本目的,但这一

---

[1] 于安、江必新、郑淑娜编著:《行政诉讼法学》,法律出版社 1997 年版,第 32 页。

立法宗旨在表达上应该加以完善,问题在于"公民"的表述范围过窄,应当修改为"自然人"。公民是指具有本国国籍的人,自然人则是指具有自然的生理机能的人类成员,它的范围要比公民的范围广泛。我国法律在空间效力上并不是仅仅根据属人原则,它还包括属地原则、普遍性原则等,这样法律(包括行政诉讼法)的空间效力已超越了本国公民的范围。尤其是在我国加入 WTO 以后,外国人、无国籍人、国籍不明的人在我国作为行政相对人的情况越来越多,涉外行政诉讼相应大幅度增加,因此,他们的合法权益如同我国公民一样要受到行政诉讼法的保护,立法上把保护对象从"公民"扩展到"自然人"更确切,也符合现实要求。

2. 行政诉讼的主要目的本是监督行政机关依法行使行政职权,但现行立法宗旨却确立为"维护和监督行政机关依法行使职权",其中"维护"的规定与行政诉讼制度的应有作用是明显背离的。这是因为:①行政诉讼作为一项救济和监督制度,其设立的本意就是通过监督行政机关依法行使职权,防范行政权力违法行使、侵害行政相对人的合法权益,对已发生的侵害则通过诉讼给予行政相对人权利救济,"维护"行政机关的职权不是行政诉讼制度设立的目的所在。②行政权自身配备的强制力已能够保障和维护其行使,而无须司法权来加以维护。现行法律中对某些行政行为的实现有向人民法院申请强制执行的规定,也是为了防止行政机关若自己享有强制执行权力则可能滥用而对其作出的制约性的规定,从这个意义讲它实质上也是一种司法监督,是司法权对行政权的约束。③行政诉讼制度的启动机制也决定了行政诉讼不能是维护行政权。行政诉讼原告只能是行政相对人一方,行政机关没有行政诉权,而原告起诉的要求(除涉及针对第三人之外)一般都不会是要维护行政机关的职权。这表明,行政审判总是围绕保护行政相对人权利、审查行政权力是否合法而进行的。虽然在我国目前行政诉讼判决种类中有"维持"具体行政行为的判决,但这并不不能说明行政诉讼制度具有"维护"行政权力的目的,而应理解为是对具体行政行为进行监督审查后得出的其不违法的一种结论。由于这种维持判决易于引起误解,许多学者认为应当将其改为判决驳回诉讼请求,即如果被告的具体行政行为经司法审查被认定为是合法的,则判决驳回原告的诉讼请求,而不是判决维持被告的具体行政行为。

3. "保证人民法院正确、及时审理行政案件"是行政诉讼法立法的一项目的。但是,它作为首要的、第一位的立法目的则欠妥。从立法目的的层次性来讲,相对于"保护自然人、法人和其他组织的合法权益"以及"监督行政机关依法行使行政职权"两者而言,"保证人民法院正确、及时审理行政案件"只是手段而非目的,应当处于次要位置。

二、行政诉讼受案范围的适当扩展

我国《行政诉讼法》是从三个方面来规定行政诉讼受案范围的:从确定方式上讲,采用的是混合式;从保护范围而言,只限于行政相对人的人身权、财产权和经营自主权;从审查对象上讲则只限于部分外部具体行政行为。这就有诸多的不足。

1.受案范围确定方式上存在缺陷。受案范围确定方式包括概括式、列举式和混合式。概括式简单、全面,不致发生遗漏,但却不易统一掌握;列举式具体、细致,受案或不受案的界限分明,易于统一掌握,但却有繁琐且难以列举穷尽的弱点。混合式将上述两种方法混合使用,可以发挥各自的长处,我国就采用的是混合式。但现有的混合式并行了肯定式列举与否定式列举后,应受理的案件与不应受理的事项虽各自有了固定范围,却又使那些既不属于明确应受理的、又不属于那些明确不应受理的事项成为了空白地带。实践中法官们往往受肯定式列举的束缚,在受理案件时将这些空白地带的、并不属于不应受理事项的案件排除出在行政诉讼的范围之外,这样客观上缩小了行政诉讼的受案范围。正因为此,《行诉解释》第 1 条力图加以弥补,即只采用否定式列举,即将不予受理的事项明确列举,以封闭它们,对可受案的范围只要其属于《行政诉讼法》第 2 条概括规定之内的则不作具体案件种类的限定而使之开放。这一司法解释的本意是积极的,但它本身也已表明《行政诉讼法》确定受案范围的方式出现了漏洞。为此,需要直接修改《行政诉讼法》的条文来完善现行的行政诉讼受案范围。

2.对行政相对人正当权益保护的范围过窄。《行政诉讼法》第 2 条规定行政相对人认为"具体行政行为侵犯其合法权益",有权提起行政诉讼,而第 11 条所列举的应受理的案件却都只限于"人身权、财产权和经营自主权",这样规定就产生了问题:行政相对人的人身权、财产权和经营自主权当然属于其合法权益,但合法权益远远不只是第 11 条所限的人身权、财产权和经营自主权,从而导致立法自身内容不一致。同时,现行行政诉讼制度只注重了对行政相对人人身权、财产权的保护,而未考虑对其他如政治权利和自由、劳动权、休息权、受教育权等合法权益的保护,显然需要发展完善。

3.所审查的行政行为非常有限。根据《行政诉讼法》现有受案范围的规定,我国行政诉讼只是受理针对行政机关部分外部具体行政行为起诉的案件,换言之,也只限于审查部分外部具体行政行为是否合法,而将抽象行政行为、内部行政行为等排除在受案的范围之外。这就使这类违法并给行政相对人造成的损害的行政行为脱离了司法审查的监督,造成行政相对人合法权益受其侵害却得不到行政诉讼保护的情况。

据此,我国的行政诉讼受案范围有待从以下几个方面进一步完善。

1.应采用肯定概括加否定列举的方式来界定行政诉讼受案范围。这就是首先应以概括的方式对应受案的范围作原则性、一般性的规定,然后只需要将不予受案的各类事项以否定式列举的方式明确出来,其他就全属于应当受理的范围,这样就尽可能地扩大了受案范围的空间,也不再会留出情况不明的空白地带。这种方式是行政诉讼发展成熟的表现,因为它可以最大限度地囊括各种可诉案件,更广泛、有效地保护行政相对人的合法权益。

2.将行政诉讼所受理的案件从只保护人身权、财产权和经营自主权扩大到所有合法权益。我国宪法和法律对公民一方的基本权利,除了人身权、财产权之外,还包括政治权利和自由以及其他社会权利。自然人、法人和其他组织除法律条文明确规定的权益之外,还享有依据法的精神和法律原则所应当得到、享有和受保护的权益。当自然人、法人、其他组织认为行政行为侵犯这些权利时,都应有权向法院提起行政诉讼获得司法救济。

3.扩大对行政行为的司法审查范围。这包括:

(1)将部分抽象行政行为纳入受案范围。法治国家最基本的要求之一就是国家的法制必须是统一的[1] 这主要包括:国家在立法上具有统一性,确保整个法律体系内部和谐与一致;禁止下位法与上位法相抵触,禁止地方保护主义和部门保护主义的立法,法律具有权威性和至上性;法律规范的实施具有统一性,各级各类执法机关和司法机关都应统一地执行和适用法律规范。行政诉讼制度的作用之一是审查行政行为是否合法和适当,这就必然涉及认定行政立法等活动是否符合国家法制统一的原则。对抽象行政行为进行司法审查有利于发挥行政诉讼"维护国家法制统一"的独特功能。抽象行政行为纳入司法审查范围在很多国家已经实行,如美国、英国、法国、德国等。从国际交往上看,我国已加入 WTO,WTO 规则要求各国政府对外经济贸易管理的所有行政行为都要接受司法审查,其中包括抽象行政行为。就我国目前的现实状况以及可操作性来看,行政法规因其制定主体的特殊性、审查难度以及司法体制与行政体制对应上的问题等原因,目前将其纳入行政诉讼接受法院的审查还不具备成熟的条件和可行性,但把规章及以下具有普遍约束力的决定、命令纳入行政诉讼受案范围则具有可行性。这是因为这类规范性文件由于制定主体众多,内容混乱,部门和地方保护主义情况严重,制定随意性较大等原因,违法现象比较多见,往往易于侵犯行政相对人的合法权益。事实上行政复议目前对行政规范性文件的审查已经打开了这个通道。借鉴其他法治发达国家的经验和制度,我国把规章及以下具有普遍约束力的决定、命令纳入行政诉讼受案范围进行司法审查是完善行政诉讼制度时应当考虑的。

(2)将内部行政行为纳入行政诉讼的受案范围。我国受"二战"前德、日等国家的"特别权力关系理论"的影响,认为行政机关对其内部行政人员的奖惩任免等是一种特别权力关系,《行政诉讼法》明确将由此发生的纠纷排除在行政诉讼受案范围之外。事实上20世纪以来,"特别权力关系理论"已开始走向消亡。现在,德国法院对行政机关产生、变更、消灭以及涉及特别权力关系的行政行为均有司法审查权,而在英美法系和法国的行政法中均未采用所谓的"特别权力关系理论",对于公务员引起的诉讼,法院都有管辖权。将内部行政行为纳入行政诉讼受案范围已是国际上通行的做法。目前,我国的内部人事行政管理尚未能接受来自外部有效的司法审查,为此,应将内部行政行为也纳入行政诉讼受案范围,这样有利于有效监督内部行政管理的公开、公平、公

---

[1] 法制统一作为法治的基本内容是自近代以来西方法理学界研究的一个共识。如美国法学家富勒在阐述他主张的八个法治原则中,就提出了避免法律的矛盾、官方行动和法律的一致性等体现法制统一的思想。参见沈宗灵:《现代西方法理学》,北京大学出版社 1997 年版,第 57～61 页。我国有学者曾总结道:"法律的不矛盾,是指法律的协调性、和谐性。作为一种主导性和确定性的行为,形式化法律体系必须避免自相矛盾,以达到和谐统一,这是历代思想家和法学家所普遍承认的基本定律。"见王人博、程燎原:《法治论》,山东人民出版社 1998 年版,第 168 页。

正,防范各种腐败现象,平等保障公务员依照宪法、法律享有的基本权利。

（3）将行政终局裁决行为纳入行政诉讼的受案范围。目前我国有几部法律还存在对行政终局行为的规定,即《中国公民出境入境管理法》、《外国人入境出境管理法》、《集会游行示威法》和《行政复议法》。对于行政终局行为的救济途径仅限于行政系统,显然不符合现代法治社会的自然公正和正当程序原则,不符合由司法最终裁决的要求。司法是社会实现公平、正义的最后一道屏障,而公正则是司法的实质和最高价值追求。因此,在行政纠纷的处理过程中,更需要司法机关的公正裁决。我国法律中关于行政终局的规定,应当通过修改法律取消。随着法治建设进程的推进,我国在这方面已有所进步,2000 年通过的《专利法》和 2001 年通过的《商标法》都取消了行政最终裁决原则而贯彻了司法最终裁决原则,这是我国行政诉讼受案范围的一大进步。但还需要进一步改进,即对所有行政权力行使的领域尽可能贯彻司法最终裁决原则,切实保证公平和保护相对方的合法权益。

三、改革行政诉讼的管辖制度

现行行政诉讼管辖制度对体现行政诉讼立法的宗旨,保护公民、法人和其他组织的合法权益,促进行政诉讼制度的发展起着作用。但我国现行司法体制中行政化、地方化倾向仍存在,法院对地方政府的人、财、物存在依赖关系,在基层法院审判案件受到各种不同干扰的现象也较多地发生。为了尽可能创造好的司法审判环境,防范出现司法不公正的结果,现行行政诉讼管辖制度也有必要进行改革。目前,学术界和司法实务部门研究并提供了多种模式,主要有:①设立行政法院的模式,即借鉴大陆法系设立行政法院的做法,在全国设立独立的行政法院体系来专门受理、管辖和审理行政案件,法官的人事任免权由全国人民代表大会常务委员会行使。②提高初审案件级别管辖,建立巡回法庭模式,即取消基层法院受理一审行政案件的管辖权,由中级人民法院直接受理,在基层法院建立巡回法庭审理一审行政案件。③当事人选择管辖模式,即授予原告有权选择有管辖权的基层法院或者其上级法院作为案件审理的一审法院。其中第一种行政法院模式涉及到国家司法体制改革等重大问题,在中国是否适用尚需要进一步深入研究,后两种模式只需对现行行政诉讼管辖制度作小的修改,可行性更大一些。

四、完善行政诉讼的原、被告制度

《行政诉讼法》规定了"公民、法人或其他组织"这样一个十分广泛的范围,但在确定承继原告的规定上还不够科学完善。《行政诉讼法》规定:"有权提起诉讼的公民死亡,其近亲属可以提起诉讼。"这在本意上是为了保护死亡公民近亲属的诉权和能承继的合法权益,监督和追究行政机关的对死者已发生的违法行政行为。但这一规定同时却不公平地限制了死亡公民非近亲属之外的其他权益承受人,即非死亡公民近亲属是不能成为承继原告起诉的。这样,当死亡公民没有近亲属但却有债权人等这类权益承受人时,这些权益承受人就都得不到行政诉讼的平等保护。

在关于被告的规定上,则有以下两个主要问题需要得到解决。①《行政诉讼法》规定了两大类具有被告资格的组织,即行政机关和法律、法规授权的组织,二者的共性是它们都必须是行政主体。而在行政执法实践中许多违法具体行政行为的直接实施者并不是行政主体而只是行政主体的下属机构(如一个行政机关下设的执法机构、内部机构、临时机构、派出机构、多个机关共设的综合执法机构等),有些与行政主体有直接的上、下级隶属关系,有些只是代管、监督关系,在机构设立混乱的地方有时甚至实施具体行政行为的机构到底应属于哪个行政主体都难以确定,而《行政诉讼法》只规定行政主体才能作被告,这样,公民、法人或其他组织受到违法具体行政行为侵害后不能直接起诉很明确的实施该具体行政行为的主体(或称"行为主体"),而必须诉"行为主体"所应当从属的那个行政主体,这样"行为主体"与"行政主体"的分立,只认行政主体而不认行为主体的规定,便人为地制造了对被告确认的困难和繁琐,原告还可能因被告确认的困难而放弃诉权,或被法院裁定不予受理或驳回起诉。②对经过复议的案件,《行政诉讼法》规定:复议机关决定维持原具体行政行为的案件,由作出原具体行政行为的行政机关作被告;复议机关改变原具体行政行为的,由复议机关作被告。这一规定在理论逻辑关系上是确定只能由作出具体行政行为的行政机关作被告,这一规定但实践中所发生的较普遍问题是:由于复议机关经复议决定改变原具体行政行为后,自己要当被告,这一风险承担机制导致复议机关在许多情况下不愿改变原具体行政行为,可能即使明知其违法或不当,也加以维持,以避免当事人不服后以自己为被告提起行政诉讼。其结果就是未能使复议充分发挥及时先行解决行政纠纷的作用,原违法具体行政行为未能得到有效监督的纠正,行政相对人的合法权益也不能得到及时维护。可见这一被告的确定方式需要根据实际情况加以改进。

为此,有关行政诉讼当事人中的原、被告的规定都还需要完善。

1.对于原告,不能不公平地限制了死亡公民非近亲属之外的其他权益承受人的承继原告资格,即在作为原始原告的公民死亡后,除了规定其近亲属能成为承继原告起诉外,在死亡公民没有近亲属或其近亲属不愿意起诉的情况下,应当扩展死亡公民非近亲属之外的债权人等其他权益承受人也具有承继原告的资格,以使他们的合法权益都得到行政诉讼的平等保护。

2.对于被告的确定应规定:①谁作出行政行为谁就应成为被告,即无论作出行政行为的主体是否具备行政主体的资格,只要它是作出行政行为的主体就列其为被告,这样简单明了,便于直接受行政行为侵害的行政相对人识别,以解决实践中被告确定上的困难;②经复议的案件,复议机关无论决定维持还是改变原具体行政行为的,均由作出原具体行政行为的行政机关与复议机关作共同被告,或者由行政复议机关作被告,或者由当事人作出选择。由此督促行政复议机关在复议活动中尽职尽责,及时解决行政纠纷,充分发挥行政复议的作用。

五、扩展对行政行为的合理性审查

现行《行政诉讼法》第 5 条规定,人民法院审理行政案件,审查具体行政行为的合法性。第 54 条第 4 项同时规定,对行政处罚显失公正的,法院可以判决变更。这种以合法性审查为主,以合理性审查为辅的原则不利于充分、有效地保护行政相对人的合法权益和监督行政主体。①对于运用行政自由裁量权的行政行为来讲,人民法院进行全面的合理性审查是十分必要的。由于法的概括性和普遍性与社会关系的复杂多变性及行政管理事务的具体性、个别性的矛盾,行政自由裁量权的存在和扩大是当代行政权发展的重要特点和趋势。行政自由裁量权的不断扩大可以发挥行政机关的能动作用,满足复杂多变的社会事务的需要,但如果对行政自由裁量权缺乏必要的监督,则极可能导致行政专横和不公正,为此,运用司法审查控制行政机关的自由裁量权是一个重要途径。②行政诉讼只对行政处罚进行合理性审查而对非行政处罚的行政行为(如行政征用、行政征收、行政强制措施等)不进行合理性审查是不妥当的。事实上,有些非行政处罚的行政行为有时造成的权益侵害比行政处罚更严重,而且权力的自由度更多,滥用的可能性更大。因此,应当将其他行政行为是否合理行使自由裁量权也纳入司法审查范围,使我国行政诉讼在对行政行为的审查深度上有所发展,即不仅要审查其合法性,同时还要审查其合理性。

六、废止诉讼不停止行政行为执行制度

现行《行政诉讼法》明确规定了"诉讼期间不停止行政行为执行"这一制度,即原则上不停止行政行为执行,只有在例外的情况下才停止。诉讼不停止行政行为执行的理由主要有:①根据行政行为效力的理论,行政行为具有公定力、确定力、执行力等法律效力。在未经法定程序由法定机关宣告行政行为失效前,作为行政行为效力组成部分的执行力不能因起诉而中止。②基于公共利益的考虑,国家行政管理必须具有连续性和不间断性,这要求行政行为的效力不能随意中止,如果因行政相对人起诉就中止行政行为的执行,势必影响行政管理的连续性和不间断性。上述制度及其理由实际上是有缺陷的:

1.从制度模式上来看,这种制度不符合行政诉讼法保护行政相对人合法权益的立法目的。行政相对人提起行政诉讼通常是因否认行政机关作出的行政行为的合法性,这使得在行政诉讼中不能只强调国家行政管理连续性、不间断性的效率问题,也不能一味考虑公共利益地位优先,而应强调保护行政相对人合法权益的公正性问题;更何况行政诉讼程序已不像行政程序那样只是行政主体与行政相对人之间的两方关系,此时已是法院、原告(行政相对人)和被告(行政机关)的三方关系,后两者都要受法院的约束,因而不能再由行政相对人先行服从行政机关,而是他们都要同等地服从法院的安排。为此,一旦进入行政诉讼,行政行为如属于明显违法的,其本身就没有公定力而自然应停止执行,如果是否违法问题尚不明确,双方有争议,原告一旦提起诉讼后,原

则上就应先由法院裁定停止行政行为的执行,这一方面符合"经法定程序由法定机关宣告行政行为失效"这一基本规则,一方面在指导思想上是强调法院要注重保护行政相对人的合法权益,贯彻了行政诉讼法的立法宗旨。

2. 从现行制度规定的停止执行的条件上来看,也有很不合理之处:①第44条规定的第一种条件是"被告认为需要停止执行的",则无须任何条件便可决定停止执行;而原告申请停止执行的,人民法院在认为该具体行政行为的执行会造成难以弥补的损失、并且停止执行不损害社会公共利益的,才可予以裁定停止执行。这使得在诉讼活动中被告与审判机关的地位发生错位。②"公共利益"本身是一个典型的不确定概念,其内容和对象都处于难以确定的状态,不损害公共利益则更难具体把握。以"不损害公共利益"作为条件而决定停止行政行为的执行,实际上形同虚设,起不到保护行政相对人合法权益的作用。实际上,更为科学、合理的评断应当是坚持"以人为本"的理念,通过衡量不停止执行行政行为对行政相对人利益造成的损害与停止执行行政行为给公共利益可能造成的损害之间的比例大小,来决定是否停止执行行政行为。

为了充分发挥行政诉讼保护行政相对人合法权益的作用,"诉讼不停止行政行为执行"的制度应当修改为"诉讼期间一般应由法院先行裁定停止行政行为执行"的制度。当然,确立起诉期间一般要停止行政行为执行的制度,并不是说所有情况下都停止行政行为的执行,在特殊情况下法院也可根据需要裁定不停止行政行为的执行:如被告或者有利害关系的第三人申请执行,人民法院认为停止执行对公共利益或他人利益造成不可弥补的损失的;行政决定属于支付赡养费、抚养费、抚育费、抚恤金、医疗费用、社会保险金、最低生活保障费等情况紧急的费用的;行政决定属于支付劳动报酬的;法律、法规规定不停止执行的;等等。

七、创设行政诉讼调解制度

我国现行《行政诉讼法》明确规定除赔偿案件以外,其他行政案件不得适用调解。这样的规定主要基于如下考虑:①行政诉讼要审查行政行为的合法性,行政行为在合法与否的问题上没有调解的余地;②调解以双方当事人能自行处分自己的实体权益为前提,行政机关代表国家实施行政行为,其不能自行任意处分国家的行政权力牺牲国家的利益与对方达成妥协,行政争议缺乏调解的基础。

应当指出的是,行政诉讼审查行政行为的合法性与实行调解并非是不相容的,调解也不是要行政机关将原合法行政行为让步变为不合法,而是让双方在一定程度上互谅互让达成一致意见,及时化解纠纷。在合法行政行为的问题上没有调解的余地,但在不合法或不合理行政行为上行政机关是应当也是可以让步的,如果这种自我让步比法院的硬性判决更节省社会成本,更能及时化解矛盾,解决纠纷,调解就是有余地而且必要的。同时,有关调解会导致行政机关任意处分国家利益的担忧,也只是停留在抽象的国家利益层面上考虑,并没有深入分析国家利益的具体表现形态。事实上,抽象的国家利益对行政机关而言,都要体现在行政行为之中,行政机关是否会因要与对方达成调解而任意处分国家利益,应当对个案中的具体行政行为进行考察。在现实的案件中,行政行为主要分为羁束行政行为与自由裁量行政行为两大类,前者又可分为合法行为与违法行为,后者又可分为合理行为与不合理行为。羁束行政行为中的合法行为,是行政机关在具体情形下对国家行政权力和公共利益的唯一正确处理,行政机关无论将自己的行政行为撤销还是改变,都会使合法的行政行为变得不合法。因此,对这一类行政行为,行政机关是不能以牺牲合法为代价而与行政相对人达成调解结案的。但对于违法行为与不合理的行政行为,行政机关应当将其撤销或者改变,使之成为合法行为与合理行为,在取得行政相对人谅解的情况下达成调解结果。在这一类案件中进行调解不仅不会损害国家利益,相反,可以使受到损害的国家利益或者个人利益得到恢复。对于合理行政行为也存在调解的空间。在具体的行政管理活动中,针对特定的事实和法律情境,只有更合理的选择而没有最合理的选择。因此行政机关往往有多种合理性处置,只要是更有益于平衡国家利益与行政相对人的合法权益,更有利于及时化解矛盾,减小人力、物力、时间和精力的耗费,节省成本,行政机关就可以在一定范围内作出选择而与相对人达成调解处理结果,避免双方在诉讼中旷日持久,花费大量的人力、财力、物力。

行政诉讼确立调解制度的优点主要有:①能够节约诉讼成本。在不准许调解的情况下,法院对行政案件只能以裁判的方式结案,这就至少必须走完整个一审的诉讼过程,对一审不服的,有的还会进入二审程序。如果能够在一审中调解结案,则无论对当事人双方还是对法院都能节约诉讼资源和成本。②能够使许多纠纷得到较彻底地解决,做到案结事了。法院的裁判是硬性的、强制性的,主要解决的是形式意义的案件纠纷,至于当事人内心之间的不满,并不一定会随着案件的解决而得到彻底解决。调解能够增进行政机关与行政相对人的相互了解和体谅,消除双方之间的对立情绪,从而从深层次化解矛盾,彻底地解决纠纷,促进双方建立和谐的行政法律关系。

八、创建行政诉讼简易程序

现行《行政诉讼法》只规定了普通审理程序,没有规定简易程序。这是因为:①行政诉讼当时在我国是一个新事物,行政案件数量有限,案件均采用普通程序审理并不会造成办案效率的压力。②由于行政诉讼涉及的被告是国家行政机关,审判有一定难度,而且作为一种新的诉讼制度,法院和法官都还比较缺乏审判经验,如果规定简易程序实行独任制审判,案件质量难以保证;而采用普通程序,实行合议制,则可以集思广益,使案件质量得到保障。

但在《行政诉讼法》实施了10多年的今天,与当初相比,情形发生了很大的变化:①行政案件数量从行政诉讼初期每年的数百起案件上升到现在每年的10万余起案件,而法官的门槛越来越高,法官的数量有所减少,如果仍旧不分案件繁简,一律采用普通程序审理,会影响行政审判的效率。②通过较长时间的审判实践,法官们已积累了较丰富的审判经验,对于简单的案件,法官们基本都能胜任独任审判。相反,对于这些简单的案件如果继续采用普通程序审理,将浪费宝贵的审判资源。③随着行政法和行政诉讼法理论研究的深入,在行政诉讼领域如何构建简易程序,已不存在理论上的难题。总之,从现在的条件来看,我国在行政诉讼领域构建简易程序不仅很有必要,而且条件已经成熟。

简易程序与普通程序相比,其"简"在五个方面:①简易程序适用事实清楚、权利义务关系明确、争议不大的一审行政案件,且所收取的诉讼费用应低于普通程序审理的案件,鼓励当事人更多地选择接受简易程序;②由审判员一人独任审判;③审理期限较短,可以规定在立案之日起 30 日内审结,注重当庭宣判;④庭前准备工作简化,起诉、答辩、传唤当事人、法庭调查、法庭辩论程序均可以相应的简化;⑤裁判文书制作简化。

九、完善行政诉讼判决种类

我国现行《行政诉讼法》规定了维持判决、撤销判决(含责令重作判决)、履行判决、变更判决、赔偿判决五种判决形式,《行诉解释》增加了驳回诉讼请求判决和确认判决两种形式。但是,现有的判决形式与审判实践的要求之间仍然存在许多不相适应的地方。

1. 维持判决不必要存在。《行政诉讼法》之所以规定维持判决,是其原立法目的"维护行政机关依法行使行政职权"在判决形式上的反映。前面已经谈到,维护行政机关依法行使行政职权不应当成为行政诉讼法的立法目的,因而维持判决没有存在的必要。如果法院经过审查认为,行政行为在合法性与合理性方面均不存在问题,完全可以用驳回原告诉讼请求的判决形式结案。

2. 变更判决适用范围太窄。根据现行《行政诉讼法》的规定,变更判决仅限于行政处罚显失公正的情形,对于其他行政行为,即使存在显失公正的情形,法院也不能直接变更。从行政行为的表现形态和内容来分析,有些行政行为本身不存在变更的可能,如行政许可行为只存在许可和不许可两种情形,对这类行政案件,法院要么维持或确认合法,要么撤销或确认违法,要么责令行政机关予以许可,法院不能直接对其予以变更。但大部分行政行为,从内容上看都存在变更的可能性。如关于行政强制措施,我国《税收征收管理法》第 38 条规定,税务机关可"扣押、查封纳税人的价值相当于应纳税款的商品、货物或者其他财产",如果税务机关所扣押、查封的商品、货物或者其他财产的价值明显超出纳税人应纳的税款,对这些强制措施即存在变更的必要。又如行政给付行为,如果行政机关给付的抚恤金、养老保障金等低于法定的标准,也需要变更,等等。因此,《行政诉讼法》应修改扩大法院对变更判决的适用范围。

3. 完善驳回诉讼请求判决。《行诉解释》第 56 条列举了三种判决驳回诉讼请求的情形,同时设立了一个兜底条款,该《解释》第 50 条规定被告改变具体行政行为、原告不撤诉、原具体行政行为合法的,也应当判决驳回原告诉讼请求。这些规定一定程度上弥补了《行政诉讼法》判决形式的不足,适应了审判实践的需要,但仍有需要完善的地方。①如前所述,行政行为合法且合理的,法院本应采用驳回诉讼请求的判决形式,但由于《行政诉讼法》不恰当地规定了维持判决而没有规定驳回判决,因而采用了不该采用的维持判决形式。②有些情况下,行政行为虽然违法,但如果撤销或者变更该行政行为将对公共利益造成重大的损失。这时候,可以一方面确认行政行为违法,一方面驳回原告要求撤销或者变更行政行为部分的诉讼请求。③在有些案件中,原告提起行政诉讼的同时一并提起行政赔偿诉讼。法院经审查认为,行政行为确有违法的情形,需要予以撤销或确认违法,但原告的赔偿请求并不成立,法院就该请求应当采用驳回赔偿请求的判决形式。④"被诉具体行为行政行为合法但存在合理性问题的"的表述没有明确合理性问题的程度,对存在严重合理性问题的,如行政机关滥用职权或显失公正,则不适用此判决形式,应判决撤销。

4. 缩小确认判决的范围。《行诉解释》规定确认判决包括:合法或有效确认判决、违法或无效确认判决。但合法或有效确认判决如同维持判决一样,存在着超出诉讼请求范围、超出司法权范围、妨碍相对方权益救济的问题,与法院的居中裁判地位不符,应予取消。

十、强化被告妨害诉讼行为的法律责任

在行政诉讼的实践中,作为被告的行政机关妨害行政诉讼秩序的行为比较突出。这种现象的发生,除了有体制、法律意识、官本位等传统观念因素外,其重要原因之一就是现行《行政诉讼法》在认定被告妨害诉讼秩序行为以及追究其法律责任方面存在一些缺陷。这突出表现在:①行政诉讼法对扰乱法庭秩序行为的范围规定过窄。如在《行政诉讼法》第 49 条所规定的各种扰乱法庭秩序行为中,却没有包括在审理期间行政机关未经人民法院准许,对原告或其他诉讼参与人采取强制措施或者限制人身自由以及经法院两次合法传唤,无正当理由拒不到庭应诉等严重扰乱法庭秩序的行为。②行政诉讼法对行政机关不执行法院的判决、裁定行为的惩处措施不力:罚款数额明显偏轻;司法建议对行政机关没有直接的强制约束性;对情节严重、构成犯罪的行为给予制裁的规定形同虚设;《行诉解释》第 96 条规定对拒不执行法院判决和裁定的行政机关的主要负责人和直接责任人可以处以罚款,但与《民事诉讼法》的规定相比,却没有规定法院可以对行政机关主管人员或直接责任人员实施拘留等措施,这些都使得一些不执行法院判决和裁判的行为得不到应有的惩处。

为了有效控制和制裁妨害行政诉讼秩序的行为,维护司法权威,有必要修改《行政诉讼法》,完善和加强对行政机关及其工作人员妨害诉讼秩序行为的治理,这主要包括:

1. 扩大妨害诉讼秩序行为的范围。根据我国行政诉讼的现状,将一些主观上有故意,客观上已构成妨害行政诉讼结果的行政机关行为列入到妨害行政诉讼的行为中来。

2. 从严治理行政机关妨害行政诉讼的违法行为,加强对行政机关拒不执行法院的

判决、裁定等行为的督促和惩处。如提高执行罚的额度,对行政机关逾期不履行法院判决和裁判的,按日处以较高额的罚款;对行政机关的上级机关发出通知要求督促、在政府公报上发表公告予以督促;参考民事诉讼法的相关规定,对拒不执行法院已生效判决、裁定的行政机关主管人员或直接责任人员采取拘留的强制方式,情节严重的,可以按拒不执行判决裁定罪追究刑事责任,以保证法院生效判决裁定的顺利执行。

3.强调追究行政首长的行政责任。行政机关有妨害诉讼秩序的行为,除了对主管人员、直接责任人员等采取强制措施或处罚外,还应追究行政机关行政首长的行政责任。

此外,行政诉讼中有关证据制度、受理条件、法律适用规则、行政诉讼类型、赔偿诉讼等问题,都需要在修订《行政诉讼法》时加以调整和修正,对域外较成熟的行政公益诉讼制度也可结合我国的具体情况,作些有益的尝试。

【思考题】

1.试论行政诉讼法立法宗旨的修订。
2.试论我国现行行政诉讼法受案范围的不足与完善。
3.试论我国行政诉讼管辖的改革。
4.试论行政诉讼原、被告制度的发展。
5.简述行政诉讼调解制度的建立。
6.简述行政诉讼简易程序的创建。
7.试论行政诉讼不停止行政行为执行的废止。
8.试论行政诉讼对行政行为的合理性审查及其扩展。
9.试论行政诉讼判决类型的完善。
10.简述如何强化被告妨害行政诉讼行为的法律责任。

【实务训练】

行政处分决定案

1.李静等诉重庆邮电学院行政处分决定案[1]

案情简介:2002年10月初,重庆邮电学院女生李静被校医院诊断为宫外孕。学校依据原国家教委颁布的《高等学校学生行为准则》、《普通高等学校学生管理规定》及该校《学生违纪处罚条例》等相关规定,认为李静及其男友张军违反了校纪校规,给予两人勒令退学处分。两学生对处分不服将重庆邮电学院推上被告席。2003年1月15

---

[1] http://edu.sina.com.cn/l/2003—01—30/37412.html.

日,重庆南岸区人民法院作出行政裁定认为,两个学生起诉学校一案,不属于人民法院受案范围,驳回原告的起诉。

2. 王洪杰诉牡丹江医学院行政处分决定案[1]

案情简介:2005 年 2 月 6 日,牡丹江医学院医学检验专业学生王洪杰产下一个男婴。在分娩前一周,王洪杰和爱人林晓功办理了结婚证。2005 年 3 月 24 日,牡丹江医学院认定王洪杰在校外与林晓功非法同居,严重触犯了校规校纪,在社会和学院造成了极坏影响,决定给予王洪杰开除学籍处分。2005 年 9 月 21 日,王洪杰不服牡丹江医学院对她的处理决定,向牡丹江市爱民区法院提起行政诉讼。法院经审理认为,被告牡丹江医学院依照国家的授权,有权制定校规校纪,据此进行教学管理和违纪处理,但必须符合法律、法规和规章的规定,必须保护当事人的合法权益。被告牡丹江医学院对王洪杰作出开除学籍的处理,有违法律的规定,应视为无效。2005 年 12 月 8 日,法院判决撤销被告牡丹江医学院《关于给予王洪杰开除学籍处分的决定》。

法律问题:学校对学生作出的行政处分决定是否属于人民法院受案范围?

提示与分析:在我国,高等院校等学校经法律、法规授权可以成为行政主体,因而学生有权以学校为被告提起行政诉讼。

以上两案案情基本相同,且均涉及的是行政主体对其内部管理对象所作的行政行为是否可诉的问题。从司法实践来看,两个法院对此作出的处理完全不同。前一案中法院认为"不属于行政诉讼受案范围"因而判决驳回原告的起诉;后一案中法院受理了该案并判决撤销被告的行政行为,致使原告胜诉。由此应当引发我们深思和讨论。

我国《行政诉讼法》明确将行政主体的奖惩、任免等内部行政行为排除在行政诉讼受案范围之外,因而许多法院不受理该类案件或对起诉予以驳回。第一案就是一个典型例子。将行政主体的奖惩、任免等内部行政行为排除在行政诉讼受案范围之外的理论基础是"特别权力关系理论"。特别权力关系为传统德国行政法学对行政法律关系所作之一类型化归类,他们将公务员与国家之间的关系、公立学校的学生与学校之间的关系、监狱受刑人与监狱之间的关系、强制治疗的传染病患者与医院之间的关系等视为"特别权力关系",以区别于一般行政法律关系。特别权力关系的法律后果是:无法律保留、无基本权利的适用和无权利保护。[2] 因而,凡涉及特别权力关系的行政案件,法院都不予受理。但 20 世纪以来,特别是第二次世界大战以后,由于受实质法治国精神、人权保障理念的冲击,1972 年德国联邦宪法法院通过司法判例提出了"重要性理论",[3]"特别权力关系理论"开始走向消亡。由于行政机关、学校等行政主体对其内部管理的公务员、学生等作出开除学籍、开除公职的行政行为,影响到相对一方的受教育权、劳动就业权等宪法、法律规定的基本权利,将其视为特别权力关系的性质

〔1〕 http://www.legaldaily.com.cn/misc/2006－02/13/content_264074.htm.
〔2〕 [德]平特纳:《德国普通行政法》,朱林译,中国政法大学出版社 1999 年版,第 86～87 页。
〔3〕 [德]哈特穆特·毛雷尔:《行政法学总论》,高家伟译,法律出版社 2000 年版,第 168～170 页。

而排除在行政诉讼受案范围之外,有悖于法治原则和行政诉讼的立法目的,也不利于平等、有效地保护学生、公务员等的合法权益。现在,德国法院对行政机关涉及特别权力关系的行政行为也有司法审查权,而在英美法系和法国行政法中均未采用特别权力关系理论,对于因学生、公务员等内部管理引起的诉讼,法院都有管辖权,这已是国际上通行的做法。从我国司法实践来看,有一些法院已突破了这种理论和制度的束缚,上述第二案也是其中一个典型例子。两案不同的情况表明我国在此问题上司法不统一和不平等,为此亟待从法律制度上予以完善,应当考虑将行政主体的内部行政行为也纳入行政诉讼的受案范围,通过行政诉讼制度来充分保障行政主体内部的行政相对人合法权利的实现。

实务训练

附录 行政法律文书样式[1]

一、行政执法类法律文书样式

(一)行政处罚决定书(公安行政执法专用)

(公安机关名称)

公安行政处罚决定书

X公( )决字[ ]第 号

被处罚人(单位)_____

_____。

现查明_____

_____。

以上事实有_____

_____等证据证实。

根据_____,现决定_____

_____。

履行方式:_____

_____。

被处罚人如不服本决定,可以在收到本决定书之日起六十日内向_____

_____申请行政复议或者在三个月内依法向_____

_____人民法院提起行政诉讼。

附:_____清单共_____份。

(公安机关印章)

年 月 日

被处罚人(签名):

年 月 日

_____

〔1〕 本部分的文书样式主要采用了公安部制定的《公安行政法律文书(式样)》、国务院制定的《行政复议
法律文书(试行)》和最高人民法院制定的《一审行政判决书样式(试行)》等规定的格式。

（二）行政裁决书

（行政裁决机关名称）
行政裁决书

_____裁字〔　〕第（　）号

申请人:姓名_____性别_____年龄_____住址_____（法人或者其他组织名称_____住址_____法定代表人或者主要负责人姓名_____职务_____）。

被申请人:姓名_____性别_____年龄_____住址_____（法人或者其他组织名称_____住址_____法定代表人或者主要负责人姓名_____职务_____）。

争议的主要事实和理由:

裁决的依据、理由:

根据_____的规定,裁决如下:

_____

_____。

对本裁决不服,可以自接到本裁决书之日起六十日内,依法向_____（行政复议机关名称）申请行政复议,也可以在三个月内依法提起行政诉讼。

（行政裁决机关印章）

年　月　日

（三）行政赔偿申请书

行政赔偿申请书

申请人:姓名_____性别_____年龄_____住址_____（法人或者其他组织名称_____　住址_____法定代表人或者主要负责人姓名_____职务_____）。

委托代理人:姓名_____住址_____。

申请事项:_____

_____。

事实和理由:_____

_____。

此致

（被申请的行政机关名称）

　　　　　　　　　　　　　　　　　　　　　　申请人：

　　　　　　　　　　　　　　　　　　　　　　　年　月　日

附：证据　　　　份。

二、行政复议类法律文书样式

（一）行政复议申请书

行政复议申请书

　　申请人：姓名_____性别_____年龄_____住址_____（法人或者其他组织名称_____住址_____法定代表人或者主要负责人姓名_____）。

　　委托代理人：姓名_____住址_____。

　　被申请人：名称_____住址_____。

　　行政复议请求：

_____

_____。

　　事实和理由：

_____

_____。

　　此致

_____（行政复议机关）

　　　　　　　　　　　　　　　　　　　　　　申请人：

　　　　　　　　　　　　　　　　　　　　　　　年　月　日

附件：

（二）行政复议决定书

（行政复议机关名称）

行政复议决定书

　　　　　　　　　　　　　　　　　　　　　　　　[　]号

　　申请人：姓名_____年龄_____性别_____住址_____（法人或者其他组织名称_____住址_____法定代表人或者主要负责人姓名_____）。

委托代理人:姓名_____住址_____。

被申请人:名称_____住址_____。

第三人:姓名_____住址_____。

委托代理人:姓名_____住址_____。

申请人不服被申请人的(具体行政行为),于_____年_____月_____日提起行政复议申请,本机关依法已予受理。申请人请求,_____
_____。

申请人称,_____。

被申请人称,_____。

经查,_____。

本机关认为:(具体行政行为认定事实是否清楚,证据是否确凿,适用法律依据是否正确,程序是否合法,内容是否适当)。根据《中华人民共和国行政复议法》第二十八条规定,本机关决定如下:_____
_____。

(符合行政诉讼受案范围的,写明:对本决定不服,可以自接到本决定之日起15日内向人民法院提起行政诉讼。)

(法律规定行政复议决定为最终裁决的,写明:本决定为最终裁决,申请人、被申请人或者第三人应于_____年_____月_____日前履行。)

年　月　日

(行政复议机关印章或者行政复议专用章)

三、行政诉讼类法律文书样式

(一)行政起诉状

行政起诉状

原告(姓名、性别、出生年月日、民族、籍贯、职业、工作单位和职务、住址)……

(法人或其他组织提起行政诉讼的,注明名称、住所地、法定代表人或者代表人的姓名、性别、职务)

被告……(写明行政主体名称和所在地址)。

法定代表人……(写明姓名、性别和职务)。

诉讼请求

事实和理由

证据和证据来源,证人姓名和住址

此致

_____人民法院

起诉人：

年 月 日

附：1. 本诉状副本＿＿＿＿＿＿份。

2. 其他材料＿＿＿＿＿＿份。

(二)行政答辩状

行政答辩状

答辩人(姓名、性别、出生年月日、民族、籍贯、职业、工作单位和职务、住址)……

(法人或其他组织提出答辩的,注明名称、住所地、法定代表人或者代表人的姓名、性别、职务)

因 ＿＿＿＿＿＿(案由)一案,提出答辩如下：

(写明作出的具体行政行为的内容、事实及法律依据,原告起诉缺乏事实或者法律根据的理由等;被起诉不作为的,也应说明理由)

此致

＿＿＿＿人民法院

附：本答辩状副本＿＿＿＿份

答辩人：

年 月 日

(三)一审行政判决书(一审作为类行政案件用)

＿＿＿＿人民法院

行政判决书

(＿＿＿＿)＿＿行初字第＿＿＿号

原告……(写明姓名或名称等基本情况)。

法定代表人……(写明姓名、性别和职务)。

委托代理人(或指定代理人、法定代理人)……(写明姓名等基本情况)。

被告……(写明行政主体名称和所在地址)。

法定代表人……(写明姓名、性别和职务)。

委托代理人……(写明姓名等基本情况)。

第三人……(写明姓名或名称等基本情况)。

法定代表人……(写明姓名、性别和职务)。

委托代理人(或指定代理人、法定代理人)……(写明姓名等基本情况)。

原告＿＿＿＿不服(行政主体名称)(具体行政行为),于＿＿＿＿年＿＿＿＿月＿＿＿＿日向本院提起行政诉讼。本院于＿＿＿＿年＿＿＿＿月＿＿＿＿日受理后,于＿＿＿＿

年＿＿＿＿月＿＿＿＿日向被告送达了起诉状副本及应诉通知书。本院依法组成合议庭，于＿＿＿＿年＿＿＿＿月＿＿＿＿日公开(或不公开)开庭审理了本案。……(写明到庭参加庭审活动的当事人、诉讼代理人、证人、鉴定人、勘验人和翻译人员等)到庭参加诉讼。……(写明发生的其他重要程序活动，如:被批准延长本案审理期限等情况)。本案现已审理终结。

　　被告(行政主体名称)(写明作出具体行政行为的行政程序)于＿＿＿＿年＿＿＿＿月＿＿＿＿日对原告作出＿＿＿＿号＿＿＿＿决定(或其他名称)，……(详细写明被诉具体行政行为认定的事实、适用的法律规范和处理的内容)。被告于＿＿＿＿年＿＿＿＿月＿＿＿＿日向本院提供了作出被诉具体行政行为的证据、依据(若有经法院批准延期提供证据的情况，应当予以说明):1.……(证据的名称及内容等)，证明……(写明证据的证明目的。可以按被告举证顺序，归类概括证明目的);2.……(可以根据案情，从法定职权、执法程序、认定事实、适用法律等方面，分类列举有关证据和依据;或者综合列举证据，略写无争议部分)。

　　原告＿＿＿＿＿＿＿＿诉称，……(概括写明原告的诉讼请求及理由，原告提供的证据)。

　　被告＿＿＿＿＿＿＿＿辩称，……(概括写明被告答辩的主要理由和要求)。

　　第三人＿＿＿＿＿＿述称，……(概括写明第三人的主要意见，第三人提供的证据)。

　　本院依法(或依原告、第三人的申请)调取了以下证据:……

　　经庭审质证(或交换证据)，本院对以下证据作如下确认:……

　　经审理查明，……(经审理查明的案件事实内容)。

　　本院认为，……(运用行政实体及程序法律规范，对具体行政行为合法性进行分析论证，对各方当事人的诉讼理由逐一分析，论证是否成立，表明是否予以支持或采纳，并说明理由)。依照……(写明判决依据的行政诉讼法以及相关司法解释的条、款、项、目)之规定，判决如下:

　　……(写明判决结果)，分以下九种情况:

　　第一、维持被诉具体行政行为的，写:维持(行政主体名称)＿＿＿＿＿＿年＿＿＿＿＿＿月＿＿＿＿＿＿日作出的(＿＿＿＿＿＿)＿＿＿＿＿＿字第＿＿＿＿＿＿号……(具体行政行为名称)。

　　第二、撤销被诉具体行政行为的，写:

　　一、撤销(行政主体名称)＿＿＿＿＿＿年＿＿＿＿＿月＿＿＿＿＿＿日作出的(＿＿＿＿＿＿＿)＿＿＿＿＿＿字第＿＿＿＿＿＿＿＿号……(具体行政行为名称);

　　二、责令(行政主体名称)在＿＿＿＿＿＿＿＿日内重新作出具体行政行为(不需要重作的，此项不写;不宜限定期限的，期限不写)。

　　第三、部分撤销被诉具体行政行为的，写:

　　一、维持(行政主体名称)＿＿＿＿＿＿年＿＿＿＿月＿＿＿＿日作出的(＿＿＿＿＿＿)＿＿＿＿字第＿＿＿＿号……(具体行政行为名称)的第＿＿＿＿＿＿项，即……(写明维持的具体内容);

　　二、撤销(行政主体名称)＿＿＿＿＿＿年＿＿＿＿月＿＿＿＿日(＿＿＿＿)＿＿＿＿字第

_____号……(具体行政行为名称)的第_____项,即……(写明撤销的具体内容);

三、责令(行政主体名称)在_____日内重新作出具体行政行为(不需要重作的,此项不写;不宜限定期限的,期限不写)。

第四、判决变更行政处罚的,写:

变更(行政主体名称)_____年_____月_____日作出的(_____)_____字第_____号行政处罚决定(或行政复议决定、或属行政处罚等性质的其他具体行政行为),改为……(写明变更内容)。

第五、驳回原告诉讼请求的,写:

驳回原告_____要求撤销(或变更、确认违法等)(行政主体名称)_____年_____月_____日作出的(_____)_____字第_____号……(具体行政行为名称)的诉讼请求。

第六、确认被诉具体行政行为合法或有效的,写:

确认(行政主体名称)_____年_____月_____日作出的(_____)_____字第_____号……(具体行政行为名称)合法(或有效)。

第七、确认被诉具体行政行为违法(或无效)的,写:

一、确认(行政主体名称)_____年_____月_____日作出的(_____)_____字第_____号……(具体行政行为名称)违法(或无效)。

二、责令_____在……(限定的期限)内,……(写明采取的补救措施。不需要采取补救措施的,此项不写)。

第八、驳回原告赔偿请求的,写:

驳回原告_____关于……(赔偿请求事项)的赔偿请求。

第九、判决被告予以赔偿的,写:

(行政主体名称)于本判决生效之日起_____日内赔偿原告_____……(写明赔偿的金额)。

……(写明诉讼费用的负担)。

如不服本判决,可在判决书送达之日起十五日内提起上诉,向本院递交上诉状,并按对方当事人的人数递交上诉状副本,上诉于_____人民法院。

审判长_____

审判员_____

审判员_____

_____年_____月_____日

(院印)

本件与原本核对无异

书记员_____

附录(根据案件需要,可以通过附录形式载明判决书中的有关内容):

（四）行政上诉状

行政上诉状

上诉人（原审中的地位）（姓名、性别、出生年月日、民族、籍贯、职业、工作单位和职务、住址）……

（法人或其他组织上诉的,注明名称、住所地、法定代表人或者代表人的姓名、性别、职务;原审被告上诉的,写明行政主体的名称和所在地址,法定代表人的姓名、性别和职务）

被上诉人（原审中的地位）（姓名、性别、出生年月日、民族、籍贯、职业、工作单位和职务、住址）……

（法人或其他组织是被上诉人的,注明名称、住所地、法定代表人或者代表人的姓名、性别、职务;原审被告是被上诉人的,写明行政主体的名称和所在地址,法定代表人的姓名、性别和职务）

上诉人因＿＿＿＿＿＿（案由）一案,不服＿＿＿＿＿＿人民法院＿＿＿＿＿＿年＿＿＿月＿＿＿日（　　）字第＿＿＿＿＿＿号判决（或者裁定）,现提出上诉。

上诉请求
上诉理由

此致
＿＿＿＿＿＿人民法院

上诉人:
年　　月　　日

附:本上诉状副本　　　份

（五）二审行政判决书

＿＿＿＿＿＿人民法院

行政判决书

（＿＿＿＿＿＿）＿＿＿＿行终字第＿＿＿＿＿＿号

上诉人（原审原（被）告）……（写明姓名或名称等基本情况）。

被上诉人（原审被（原）告）……（写明姓名或名称等基本情况）。

（当事人及其他诉讼参加人的列项和基本情况的写法,除当事人的称谓外,与一审行政判决书样式相同）

上诉人＿＿＿＿＿＿因……（写明案由）一案,不服＿＿＿＿＿＿人民法院（＿＿＿＿＿＿）＿＿＿＿行初字第＿＿＿＿＿＿号行政判决,向本院提起上诉。本院依法组成合议庭,公开（或不公开）开庭审理了本案。……（写明到庭的当事人、诉讼代理人等）到庭参加诉讼。本案现

附
录

已审理终结。(未开庭的,写"本院依法组成合议庭,对本案进行了审理,现已审理终结。")

……(概括写明原审认定的事实和判决结果,简述上诉人的上诉请求及其主要理由和被上诉人的主要答辩的内容)。

经审理查明,……(写明二审认定的事实和证据)。

本院认为,……(针对上诉请求和理由,就原审判决认定的事实是否清楚,适用法律、法规是否正确,有无违反法定程序,上诉理由是否成立,上诉请求是否应予支持,以及被上诉人的答辩是否有理等,进行分析论证,阐明维持原判或者撤销原判予以改判的理由)。依照……(写明判决所依据的法律条款项)的规定,判决如下:

……(写明判决结果),分以下四种情况:

第一、维持原审判决的,写:

"驳回上诉,维持原判。"

第二、对原审判决部分维持、部分撤销的,写:

"一、维持_____人民法院(_____)____行初字第_____号行政判决第_____项,即……(写明维持的具体内容);

二、撤销_____人民法院(_____)行初字第_____号行政判决第_____项,即……(写明撤销的具体内容);

三、……(写明对撤销部分作出的改判内容。如无须作出改判的,此项不写)。"

第三、撤销原审判决,维持行政机关的具体行为的,写:

"一、撤销_____人民法院(_____)行初字第_____号行政判决;

二、维持_____(行政机关名称)_____年_____月_____日(_____)字第_____号处罚决定(复议决定或其他具体行政行为)。"

第三、撤销原审判决,同时撤销或变更行政机关的具体行政行为的,写:

"一、撤销_____人民法院(_____)____行初字第_____号行政判决;

二、撤销(行政机关名称)_____年_____月_____日(_____)_____字第_____号处罚决定(复议决定或其他具体行政行为);

三、……(写明二审法院改判结果的内容。如无须作出改判的,此项不写)"

……(写明诉讼费用的负担)。

本判决为终审判决。

审判长_____

审判员_____

审判员_____

_____年_____月_____日

(院印)

本件与原本核对无异

书记员_____

（六）行政赔偿调解书（一审行政赔偿案件用）

_____人民法院
行政赔偿调解书

（_____）_____行初字第_____号

原告……（写明起诉人的姓名或名称等基本情况）。

被告……（写明被诉的行政机关名称和所在地址）。

第三人……（写明姓名或名称等基本情况）。

（当事人及其他诉讼参加人的列项和基本情况的写法，与一审行政判决书样式相同。）

案由：……

……（简要写明当事人的诉讼请求和案件的事实）。

经本院调解，双方当事人自愿达成如下协议：

……（写明协议的内容）。

……（写明诉讼费用的负担）。

上述协议，符合有关法律规定，本院予以确认。

本调解书经双方当事人签收后，即具有法律效力。

审判长_____

审判员_____

审判员_____

_____年_____月_____日

（院印）

本件与原本核对无异

书记员_____

（七）行政裁定书（不予受理起诉用）

_____人民法院
行政裁定书

（_____）____行初字第_____号

起诉人……（写明姓名或名称等基本情况）。

_____年_____月_____日，本院收到_____（起诉人的姓名或名称）的起诉状，……（概括写明起诉的事由）。

经审查，本院认为，……（写明不予受理的理由）。依照……（写明引用的法律条

款项)的规定,裁定如下:

对_____(起诉人)的起诉,本院不予受理。

如不服本裁定,可在裁定书送达之日起十日内,向本院递交上诉状,上诉于_____
人民法院。

审判长_____

审判员_____

审判员_____

_____年_____月_____日

(院印)

本件与原本核对无异

书记员_____

(八)强制执行申请书(行政机关申请行政强制执行具体行政行为用)

强制执行申请书

申请人:名称_____住址_____。

被申请人:姓名_____性别_____年龄_____住址_____(法人或者
其他组织名称_____住址_____法定代表人或者主要负责人姓名_____职务
_____)。

申请事项:

强制执行……(具体行政行为)

事实和理由:

……(写明具体行政行为认定的事实、处理结果,被申请人在法定期限内不提起诉
讼又不履行的情况等)

鉴于上述情况,根据《行政诉讼法》第六十六条的规定及相关法规、规章的规定,
特申请贵院依法强制执行。

此致

_____人民法院

申请人:

年____月____日

附:(具体行政行为)____份。

图书在版编目（CIP）数据

行政法原理与实务 / 方世荣主编. 一北京：中国政法大学出版社，2007.7
普通高等教育"十一五"国家级规划教材
ISBN 978-7-5620-3069-0

Ⅰ.行... Ⅱ. 方... Ⅲ.行政法 - 中国 - 高等学校 - 教材　Ⅳ.D922.1

中国版本图书馆CIP数据核字(2007)第118417号

出版发行　　中国政法大学出版社

经　　销　　全国各地新华书店

承　　印　　固安华明印刷厂

787×960　　16开本　　23.25印张　　475千字
2007年8月第1版　　2010年7月第2次印刷
ISBN 978-7-5620-3069-0/D·3029
定　价: 28.00元

社　　址　　北京市海淀区西土城路25号

电　　话　　(010)58908435(教材编辑部)　　58908325(发行部)　　58908334(邮购部)

通信地址　　北京100088信箱8034分箱　　邮政编码 100088

电子信箱　　fada. jc@sohu.com(教材编辑部)

网　　址　　http://www.cuplpress.com　（网络实名：中国政法大学出版社）

声　　明　　1. 版权所有，侵权必究。

　　　　　　 2. 如有缺页、倒装问题，由本社发行部负责退换。